『일본서기(日本書紀)』의 사실기사와 왜곡기사

-고대 한일관계를 중심으로-

최재석

집문당

서 문

『일본서기(日本書紀)』는 일본의 나라·헤이안(奈良·平安) 시대에 일본왕의 명령으로 편집된 6종의 정사(일본에서는 이를 '육국사(六國史)'라 칭한다) 가운데 첫 번째 역사서로, 다른 5종의 역사서(『속일본기』, 『일본후기』, 『속일본후기』, 『일본문덕천황실록』, 『일본삼대실록』)보다도 월등하게 고대 한일관계사에 대하여 많이 서술되어 있다. 『일본서기』는 알려져 있는 바와 같이 A.D. 400년경부터 697년까지의 일본의 역사서이다. 일본(야마도 왜)은 A.D. 400년 전후시기에 백제로부터의 대량출국(Exodus)으로 시작된 나라이다. 따라서 400년 이전의 역사는 조작된 것임을 알 수 있다. 그리고 『일본서기』는 한일관계사에 대하여 많이 언급된 만큼 왜곡된 서술도 많다. 일본왕의 명령으로 편집된 역사서가 왜곡되어 있다면 이는 보통의 문제가 아니다. 지금까지 살펴본 수십 명의 일본 고대 사학자들의 역사 왜곡(부록 5 참조)도 그 기원은 여기에 있는지 모르겠다. 『일본서기』를 주무른 지도 어언 20수년이 되었다. 그러다보니 이제는 『일본서기』의 어느 기사가 사실의 기사이고 어느 기사가 왜곡 내지 조작된 기사인지 알 것 같다. 본서는 『일본서기』에서 사실의 고대 한일관계 기사와 왜곡된 고대 한일관계 기사를 뽑은 것이다. 다행히도 『일본서기』에는 사실을 기록한 기사도 있기 때문에, 왜곡된 기사를 뽑는데 적지 않은 도움을 준다. 여기서 사용된 텍스트는 1984년 이와나미서점에서 간행한 『日本書紀』 上·下권이다.

사실의 기사와 왜곡의 기사를 모두 수록한 책자는 과문의 탓인지 모르나 있다는 소리는 아직 듣지 못하였다. 그래서 책명을 『일본서기』의 사실기사와 왜곡기사—고대 한일관계를 중심으로—라고 하였다.

그리고 원고정리를 해준 고려대 사회학과 박사과정 수료생인 이진희 양에게 고마움을 표한다. 또 어려운 여건임에도 본서를 출간해주신 집문당 임동규 사장님에게 깊은 사의를 표한다. 87세가 되는 해에 이 교정지의 교정을 끝냈다. 내 나이 80대 후반을 지나자 급속히 정신력과 체력의 저하를 가져와(내 자신도 놀랐다) 교정지의 교정도 전과 같이 할 수 없었다. 이러한 역경을 잘 도와준 집문당 편집부의 전정아 씨에게도 고마움을 표한다. 1959년 33세 때에 논문(신앙 촌락의 연구)을 발표한 해부터 본 저서가 간행된 2012년까지 중단 없는 53년간의 논저 집필이 이것으로 끝난다고 생각하니 감개무량하기도 하지만 한편으로는 아쉽기도 하다.

『일본서기』가 간행된 지 1,400여 년의 세월이 흘렀지만 지금까지 사실의 기사와 왜곡의 기사로 구분하여 고찰하는 시도가 한 번도 없었다는 것은 놀라운 일이다.

2012년 7월

저자

목 차

부 록

제1부 사실을 기록한 기사

『일본서기』는 책명 그대로 일본의 고대 역사서이다. 그러나 이 책은 일본의 고대 역사서임에도 고대 한국과 일본의 관계에 대하여 적지 않게 기록하고 있다. 『일본서기』는 고대 한국이 일본을 통치하였다는 기사와, 반대로 고대 일본이 한국을 지배하였다는 기사로 대별할 수 있을 것이다. 일본 역사서에 고대 한국이 일본을 통치하였다는 기록과 고대 일본이 한국을 지배하였다는 기록 등 두 범주의 기록이 있다고 한다면 상식적으로도 전자는 사실을 기록한 기사이고, 후자는 일본이 민족의식이 고조된 시기에 기록된 기사임이 자명해진다. 사실을 기록한 제1부의 기록 가운데서도 일본왕의 원적(原籍)이 한국이라는 것, 일본의 지명과 사물의 명칭이 한국에서 왔다는 것 그리고 추상적이 아니라 구체적으로 일본 천황이 백제의 한 왕족의 지시를 따랐다는 기록이 우선 시선을 끌게 된다. 그리고 제2~제5부의 기록은 고대 한국(신라 · 백제 · 고구려 · 탐라)이 주로 일본에 조공을 바친 나라로 묘사하였다. 사실을 기록한 기사부터 살펴보자.

1. 일본왕의 원적이 백제인임을 나타내는 기사

① **卷第廿三 息長足日廣額天皇 舒明天皇 十一年 秋 七月**(639년 7월)

- 원문 : 以百濟川側爲宮處 是以 西民造宮 東民作寺
- 국역 : 百濟川 옆을 궁궐터로 하여 서쪽의 백성은 궁궐을 짓고 동쪽의 백성은 절을 지었다.

② **卷第廿三 息長足日廣額天皇 舒明天皇 十一年 十二月**(639년 12월)

- 원문 : 是月 於百濟川側 建九重塔
- 국역 : 이달 百濟川 옆에 9층탑을 세웠다.

③ **卷第二十三 息長足日廣額天皇 舒明天皇 十二年 十月**(640년 10월)

- 원문 : 是月 徙於百濟宮
- 국역 : 이달 百濟宮으로 거처를 옮겼다.

④ **卷第二十三 息長足日廣額天皇 舒明天皇 十三年 冬 十月**(641년 10월 9일)

- 원문 : 天皇崩于百濟宮
- 국역 : 천황이 百濟宮에서 죽었다.

⑤ **卷第二十三 息長足日廣額天皇 舒明天皇 十三年 十月**(639년 10월 18일)

- 원문 : 殯於宮北 是謂百濟大殯
- 국역 : (百濟)宮의 북쪽에 시신을 모셨다. 이것을 百濟大殯이라 한다.

2. 일본왕의 왕권이 지방호족보다도 못함을 나타내는 기사

① **卷十四 大泊瀨幼武天皇 雄略天皇 十四年 四月 甲午朔**(470년 4월 1일)

- 원문 : 小根使主 夜臥謂人曰 天皇城不堅 我父城堅 天皇傳聞是語 使人見根使主宅 實如其言
- 국역 : 小根使主가 밤에 누워서 사람에게 말하기를 "천황의 집은 견고하지 않지만, 나의 아버지가 지은 집은 견고하다"고 하였다. 천황이 사람을 통해 이 말을 듣고 사람을 보내 小根使主의 집을 보니 정말 그러하였다.

② **卷第十八 廣國押武金日天皇 安閑天皇 元年 秋 七月**(534년 음7월)

- 원문 : (前略) 勅使奉勅 宣於大河內直味張 曰 今汝宜奉進膏腴雌雉田 味張忽然悋惜 欺誑勅使曰 此田者 天旱難漑 水潦易浸費功極多 收獲甚少 勅使依言服命無隱
- 국역 : (전략) 勅使가 명을 받들어 大河內直味張에게 말하기를 "지금 너의 비옥한 밭을 천황에 내어 놓아라" 하자 味張은 갑자기 아까워서 勅使를 속이면서 말하기를 "이 밭은 가뭄이 들면 물을 대기가 어렵고 홍수가 나면 물에 잠기기 쉽다. 고생하는 일은 대단히 많고 수확은 대단히 적다"고 했는데, 勅使는 그 말을 그대로 복명하며 감추지 않았다.
- 해석 : 賜, 下賜는 군주가 신하에게 물품을 수여할 때 사용하는 용어이다. 그런데 앞의 ①, ②에 나타나 있는 바와 같이 일본왕의 집은 그 신하의 집보다도 못하고 일본왕 자신도 그 신하가 넘볼 수 있는 존재에 불과하였다. 이와 같이 일본 내에서도 왕으로 대접받지 못하는 일본왕이 백제왕에 대하여는 군주로서 고가의 물품을 하사(賜)

하였다고 하니, 이는 동화의 영역을 넘어 난센스라고 할 수밖에 없을 것이다. 일본왕이 백제왕에게 물품을 진상한 것을 『일본서기』는 반대로 일본왕이 백제왕에게 물품을 하사하였다고 표현한 것이다. 일본왕이 백제왕에게 물품을 '하사'하였다는 『일본서기』의 기사를 제시하면 다음과 같다.

Ⓐ 卷十七 男大迹天皇 繼體天皇 六年 夏 四月 丙寅(512년 4월 6일)

- 원문 : 遣穗積臣押山使於百濟 仍賜筑紫國馬卅匹
- 국역 : 遣穗積臣押山을 백제에 파견하여 筑紫國의 말 40필을 하사하였다.

Ⓑ 卷第十九 天國排開廣庭天皇 欽明天皇 七年 正月 丙午(546년 1월 3일)

- 원문 : 百濟使人中部奈率己連等罷歸 仍賜以良馬七十匹 船一十隻
- 국역 : 백제의 사인 中部奈率己連 등이 귀국길에 올랐다. 良馬 70필과 선박 10척을 하사하였다.

Ⓒ 卷第十九 欽明天皇 一年 二月 庚寅(550년 2월 10일)

- 원문 : (前略) 北敵强暴 故賜矢卅具
- 국역 : 북적(고구려)은 강포하니 활 30구(1,500본)를 하사한다.

Ⓓ 卷第十九 欽明天皇 二年 春 三月(552년 3월)

- 원문 : 以麥種一千斛賜百濟王
- 국역 : 보리 종자 1,000석을 백제왕에게 하사하였다.

Ⓔ 卷第十九 欽明天皇 二年 六月(553년 6월)

- 원문 : 遣內臣 使於百濟 仍賜良馬二疋 同船二隻 弓五十張 箭五十具
- 국역 : 內臣을 사인으로 백제에 보냈다. 良馬 2필, 선박 2척, 활

50장, 화살 50구(2,500본)를 하사하였다.

Ⓕ 卷第十九 欽明天皇 十七 年 春正月(556년 1월)

• 원문 : 百濟王子惠請罷 仍賜兵仗 良馬甚多

• 국역 : 백제 왕자 惠가 귀국을 청하였다. 그래서 兵仗 · 良馬를 많이 하사하였다.

3. 일본의 지명이 한국에서 유래됨을 나타내는 기사

① 卷第廿 渟中倉太珠敷天皇 敏達天皇 元年 夏 四月(572년 4월)

• 원문 : 是月 宮于百濟大井

• 국역 : 이달 百濟大井에 宮을 만들었다.

② 卷第廿 渟中倉太珠敷天皇 敏達天皇 十二年(583년)

• 원문 : 乃以妻子 居于石川百濟村 水手等居于石川大伴村 收縛德爾等 置於下百濟河田村

• 국역 : 처자식들은 石川 百濟村에 살게 하고 水手 등은 石川 大伴村에 살게 했다. 德爾 등을 붙잡아 下百濟 河田村에 두었다.

『일본서기』에는 百濟大井, 石川百濟村, 下百濟河田村 등 '백제'라는 지명이 몇 군데 있다고 기록하였다. 그러나 1940년 조선총독부 중추원이 편찬한 『조선(朝鮮)의 국명을 본뜬 명사고(名詞考)』는 일본 열도의 모든 지명(촌락, 교량, 절, 역, 목장, 산, 도선장, 고개, 내(川), 들판, 해안, 저수지, 해변, 섬, 선착장, 항구 등)이 한국(백제 · 신라 · 고구려 · 가야) 지명으로 되어 있다고 적혀 있다.

4. 일본의 여러 사물의 명칭이 한국에서 유래됨을 나타내는 기사

(1) 사찰의 명칭

卷第卄四 天豐財重日足姬天皇 皇極天皇 元年 九月(642년 9월 3일)

- 원문 : 九月癸丑朔乙卯 天皇詔大臣曰 朕思欲起造大寺 宜發近江與越之丁百濟大寺
- 국역 : 9월 3일 천황이 大臣에게 조를 내려 "나는 큰 절을 짓고자 한다. 마땅히 近江國과 越國의 장정을 징발하라"고 하였다. 百濟大寺이다.

(2) 棺 안치소의 명칭

卷第卄三 息長足日廣額天皇 舒明天皇 十三年 冬 十月(641년 10월 9일)

- 원문 : 天皇崩于百濟宮, 殯於宮北 是謂百濟大殯
- 국역 : 천황이 百濟宮에서 돌아가셨다. (百濟)宮의 북쪽에 시신을 모셨다. 이것을 百濟大殯이라 한다.

(3) 선박의 명칭

卷第卄五 天萬豊日天皇 孝德天皇 白雉 元年 是歲(650년 이해)

- 원문 : 遣倭漢直縣 白髮部連鐙 難波吉士胡床於安藝國使造百濟舶二隻
- 국역 : 倭漢直縣 · 白髮部連鐙 · 難波吉士胡床을 安藝國에 파견하여 백제선박 2척을 만들게 하였다.

(4) 객관의 명칭

卷第卄四 天豐財重日足姬天皇 皇極天皇 二年 三月(643년 3월 13일)

- 원문 : 災難波百濟客舘堂與民家室
- 국역 : 難波의 백제 客館과 민가에 화재가 났다.

(5) 음악의 명칭

卷第卄九 天渟中原瀛眞人天皇下 天武天皇 十二年 春 正月 丙午(684년 1월 18일)

- 원문 : 是日 奏小墾田儛及高麗・百濟・新羅三國樂於庭中
- 국역 : 이날 小墾田의 儛와 고구려・백제・신라 3국의 음악을 조정에서 연주했다.

5. 일본의 항해 수준이 유치하며 단독으로는 한국도 내왕할 수 없음을 나타내는 기사

① **卷第卄六 天豐財重日足姬天皇 齊明天皇 三年**(657년)

- 원문 : 是歲 使於新羅曰 欲將沙門智達・間人連御廐 依網連稚子等 付汝國使令送到大唐 新羅不肯聽送 由是 沙門智達等還歸
- 국역 : 이해 사신을 新羅에 보내 "沙門 智達, 間人連御廐, 依網連稚子 등을 당신의 나라 사신에 딸려 唐에 보내고 싶다"고 말하였으나, 新羅가 그 말을 따르지 않았다. 그래서 沙門 智達 등이 그대로 일본으로 귀국하였다.

② 卷第卄三 **息長足日廣額天皇 舒明天皇 十一年 秋 九月**(639년 9월)

• 원문 : 秋九月 大唐學問僧惠隱 · 惠雲 從新羅送使入京

• 국역 : 가을 9월 唐에서 학문을 배우던 승려 惠隱 · 惠雲이 신라의 送使를 따라 서울(일본 왕경)에 들어왔다.

6. 한국과 일본의 관계를 나타내는 기사

① 卷第卄六 **天豐財重日足姫天皇 齊明天皇 六年 十二月 庚寅**(660년 12월 24일)

• 원문 : 天皇方隨福信所乞之意 思幸筑紫 將遣救軍 而初幸斯 備諸軍器

• 국역 : 천황은 福信(백제 왕족)이 청한 뜻에 따라 筑紫에 행차하여 구원군을 보낼 것을 생각하고, 처음 이곳에 와서 여러 軍器를 갖추었다.

이 기사에 일본과 백제의 관계가 여실히 나타나 있다.

② 卷第卄一 **橘豐日天皇 用明天皇 二年 六月**(587년 6월)

• 원문 : 是月 百濟調使來朝 大臣謂使人曰 率此尼等 將渡汝國 令學戒法 了時發遣 使人答曰 臣等歸蕃 先道國主 而後發遣 亦不遲也

• 국역 : 이달 백제의 調使가 일본에 왔다. 大臣이 사신에게, "이 비구니들(일본비구니)을 데리고 당신의 나라에 가서 戒法을 배우게 하고 다 마치면 보내라"고 말하였다. 사신이, "우리들이 저희 나라에 돌아가 먼저 국왕에게 아뢴 뒤에 보내도 늦지 않을 것입니다"라고 대답하였다.

使人을 調使라고 한 것은 왜곡한 것이지만 일본의 실권자인 大臣(蘇我)이 백제 調使 다시 말하여 백제 사인의 말을 경청한 것이 나타나 있다. 백제의 使人은 백제왕의 명을 받아 일본에 지시를 하기 위하여 파견된 사람이고 백제의 調使는 일본에 조공을 하기 위하여 온 사람이다. 그런데 『일본서기』는 백제의 調使가 조공은 하지 않고 당시 일본의 실권자인 蘇我大臣에게 지시한 것으로 되어 있다. 이렇게 볼 때 당시 『일본서기』의 집필자는 「사인」과 「調使」의 구분도 하지 못한 것이 아닌가 한다. 혹은 使人이라 할 것을 調使라 했는지도 모를 일이다.

③ **卷第廿一 橘豐日天皇 用明天皇 二年 七月**(588년)

- 원문 : 蘇我馬子宿禰 請百濟僧等 問受戒之法 以善信尼等 付百濟國使恩率首信等 發遣學問
- 국역 : 蘇我馬子宿禰가 백제 승려들을 초청하여 受戒의 법을 묻고, 善信尼 등을 백제국 사신 恩率 首信 등에게 부탁하여 보내어 學問을 배우도록 하였다.

④ **卷第廿四 天豐財重日足姬天皇 皇極天皇 二年 是歲**(643년)

- 원문 : 百濟太子餘豐 以密蜂房四枚 放養於三輪山 而終不蕃息
- 국역 : 백제 太子 餘豐이 벌통 4개를 가져와 三輪山에 놓아 길렀으나 끝내 번식시키지 못하였다.

위의 ①은 일본왕이 백제왕의 신하인 福信의 지시에 따라 筑紫로 행차하여 백제를 도우려고 무기를 비축했다는 기사이고, ②는 일부 조작기사가 있지만 당시 일본의 실질적 왕인 蘇我가 일본에 간 백제왕의 사인에게 여승을 백제에 데리고 가서 戒法을 가르쳐 달라고 말하였으나, 백제왕의 사신은 귀국하여 백제왕에게 말하여 허락을 받은 후에 여승을 데리고 가도 늦지 않다고 蘇我의 청을 거절한 기사이다. ③은 蘇我가 백제왕의 사인의 지시를 따라 그대로 행한 기사이고, ④는 백제왕자 豐이 백제국 내에서처럼 일본에서도 유유자적한 생활을 하였음을 나타내는 기사이다.

위에서 언급한 바와 같이 『일본서기』는 1) 일본왕의 국적이 백제인이며, 2) 일본왕은 일본의 지방 호족보다도 힘이 없으며, 3) 일본 열도의 지명은 고대 한국의 지명으로 뒤덮여 있으며, 4) 지명뿐만 아니라 각종 사물의 명칭도 고대 한국 국명(백제 · 신라 · 고구려 · 가야)에서 유래되었으며, 5) 고대 일본의 항해 수준이 유치하여 고대 한국 특히 신라의 도움 없이는 중국은 물론이려니와 한국도 내왕할 수 없으며, 6) 일본의 왕도, 실력자인 蘇我도 백제왕이 파견한 사인의 지시에 행동을 하였다는 것을 나타낸다. 이것이 당시 일본의 상황이었다. 그러나 이러한 기사는 얼마 되지 않고 한반도의 여러 나라에서 일본에 조공을 하였다는 식의 기사는 대단히 많다. 일본이 결사적으로 역사 왜곡을 하였음이 이런 곳에서도 나타나 있다고 하겠다. 그리고 고대 한일관계에 관한 『일본서기』의 기사 가운데 제1부는 백제가 일본을 경영하였다는 사실을 기록한 기사이고 이와 반대되는 기사는 모두 왜곡되거나 조작된 기사이다. 그러면 왜곡기사는 구체적으로 어떻게 왜곡 내지 조작하였는지 다음 제2부에서부터 알아보고자 한다.

제2부 신라와 일본(아마도 왜)의 관계를 왜곡한 기사

먼저 신라와 일본의 관계를 왜곡한 기사부터 살펴보자.

① **卷第六 活目入彦五十狹茅天皇 垂仁天皇 二年**(기원전 28년 7월)

- **원문** : 是歲 任那人蘇那曷叱智請之 欲歸于國 蓋先皇之世來朝未還歟 故敦賞蘇那曷叱智 仍齎赤絹一百匹 賜任那王 然新羅人遮之於道而奪焉 其二國之怨 始起於是時也
- **국역** : 이해에 任那人 蘇那曷叱智가 자기 나라에 돌아가고자 청하였다. 先皇의 시대에 조공하러 왔다가 돌아가지 않았던 것이다. 그러므로 蘇那曷叱智에게 많은 상을 주고 붉은 비단 1백 필을 가지고 가 임나왕에게 주게 하였다. 그러나 신라인이 길을 막고 그것을 빼앗았다. 그 두 나라의 원한은 이때 처음으로 시작되었다.

일본왕이 아마도 전왕(崇神)시대에 일본에 왔다가 후대를 받고 귀국하는 미마나 사람(任那人) 蘇那曷叱智에게 붉은 비단(赤絹) 100필을 주어 미마나 왕에게 선물했는데 중간에 신라인이 이를 탈취하여, 두 나라 관계의 싸움은 이때부터 시작되었다는 내용이다.

B.C. 98년부터 A.D 70년까지 두 일본왕(崇神, 垂仁)이 존재했으며, 그때부터 신라와 일본은 싸웠다는 기사이다.

② 卷第六 活目入彦五十狹茅天皇 垂仁天皇 三年 春 三月(기원전 27년 3월)

• 원문 : 三年春三月 新羅王子天日槍來歸焉 將來物 羽太玉一箇 足高玉一箇 鵜鹿鹿赤石玉一箇 出石小刀一口 出石桙一枝 日鏡一面 熊神籬一具 幷七物 則藏于但馬國 常爲神物也 *一云 初天日槍 乘艇泊于播磨國 在於宍粟邑 時天皇遣三輪君祖大友主 與倭直祖長尾市於播磨 而問天日槍曰 汝也誰人 且何國人也 天日槍對曰 僕新羅國主之子也 然聞日本國有聖皇 則以己國授弟知古而化歸之 仍貢獻物 葉細珠 足高珠 鵜鹿鹿赤石珠 出石刀子 出石槍 日鏡 熊神籬 膽狹淺大刀 幷八物 仍詔天日槍曰 播磨國宍粟邑 淡路島出淺邑 是二邑 汝任意居之 時天日槍啓之曰 臣將住處 若垂天恩 聽臣情願地者 臣親歷視諸國 則合于臣心欲被給 乃聽之 於是 天日槍自菟道河泝之 北入近江國吾名邑而暫住 復更自近江經若狹國 西到但馬國則定住處也 是以 近江國鏡谷陶人 則天日槍之從人也 故天日槍娶但馬出嶋人 太耳女麻多烏 生丹馬諸助也 諸助生但馬日楢杵 日楢杵生淸彦 淸彦生田道間守之

• 국역 : 3년 봄 3월 신라 왕자 天日槍이 귀화했다. 가지고 온 물건은 羽太玉 1개, 足高玉 1개, 鵜鹿鹿赤石玉 1개, 出石小刀 1자루, 出石桙 1자루, 日鏡 1개, 熊神籬 1개 등 7가지였는데, 但馬國에 보관하여 항상 神物로 삼았다. 일설은 다음과 같다. 처음에 天日槍이 작은 배를 타고 와서 播磨國에 정박하여 宍粟邑에 있었다. 그때 천황이 三輪君의 시조 大友主와 倭直의 시조 長尾市를 播磨에 보내어 天日槍에게, "너는 누구이며, 어느 나라 사람인가?"라고 물었다. 天日槍이, "저는 신라 국왕의 아들인데, 日本國에 聖皇이 있다는 말을 듣고 나라를 동생 知古에게 주고 귀화하였습니다"라 대답하고 물건을 바쳤는데 葉細珠, 足高珠, 鵜鹿鹿赤石珠, 出石刀子, 出石槍, 日鏡, 熊神籬, 膽狹淺大刀 등 8가지였다. 이에 (천황이) 天日槍에게 "播磨國 宍粟邑이나 淡路島 出淺邑의 두 읍 중에서 너의 마음대로 살도록 하라"고 조를 내렸다. 이때 天日槍이, "신이 거주할 곳에 대하여 만일 天恩을 내려 신이 원하는 곳을 허락하신다면, 신이 직접 여러 나라를 돌아보고 마음에 드는 곳을 지급받고자 합니다"

라고 아뢰니, 이를 허락하였다. 이에 天日槍이 道河로부터 거슬러 올라가 북으로 近江國 吾名邑에 들어가 잠시 머물다가 다시 近江으로부터 若狹國을 거쳐 서쪽으로 但馬國에 이르러 거주지를 정하였다. 近江國 鏡村谷 陶人은 바로 天日槍을 따라온 사람이었다. 그러므로 天日槍은 但馬國 出嶋의 사람 太耳가 딸 麻多烏와 결혼하여 但馬諸助를 낳았다. 諸助는 但馬日楢杵를 낳고, 日楢杵는 淸彦을 낳았으며, 淸彦은 田道間守를 낳았다.

③ 卷第六 活目入彦五十狹茅天皇 垂仁天皇 八十八年 秋 七月(59년 음7월 10일)

- 원문 : 八十八年秋七月己酉朔戊午 詔群卿曰 朕聞 新羅王子天日槍 初來之時 將來寶物 今有但馬 元爲國人見貴 則爲神寶也 朕欲見其寶物 卽日 遣使者 詔天日槍之曾孫淸彦而令獻 於是 淸彦被勅 乃自捧神寶而獻之 羽太玉一箇・足高玉一箇 鵜鹿鹿赤石玉一箇・日鏡一面・熊神籬一具 唯有小刀一 名曰出石 則淸彦忽以爲非獻刀子 仍匿袍中 而自佩之 天皇未知匿小刀之情 欲寵淸彦 而召之賜酒於御所 時刀子從袍中出而顯之 天皇見之 親問淸彦曰 爾袍中刀子者 何刀子也 爰淸彦知不得匿刀子而呈言 所獻神寶之類也 則天皇謂淸彦曰 其神寶之 豈得離類乎 乃出而獻焉 皆藏於神府 然後 開寶府而視之 小刀自失 則使問淸彦曰 爾所獻刀子忽失矣 若至汝所乎 淸彦答曰 昨夕 刀子自然至於臣家 乃明旦失焉 天皇則惶之 且更勿覓 是後 出石刀子 自然至于淡路嶋 其嶋人謂神 而爲刀子立祠 是於今所祠也 昔有一人 乘艇而泊于但馬國 因問曰 汝何國人也. 對曰 新羅王子 名曰天日槍 則留于但馬 娶其國前津耳 *一云 前津見 一云 太耳 女 麻拖能烏 生但馬諸助 是淸彦之祖父也
- 국역 : 88년 가을 7월 10일 여러 신하에게 조를 내려, "짐이 듣자 하니 신라 왕자 天日槍이 처음 올 때에 가지고 온 보물이 但馬에 있다고 한다. 처음에 나라 사람들이 이를 보고 귀하다고 여겨 神寶로 삼았는데, 짐이 그 보물을 보고자 한다"라 하고, 그날 사자를 보내

天日槍의 증손 淸彦에게 조를 내려 바치도록 하였다. 淸彦이 칙을 받고 스스로 神寶를 받들어 바쳤다. 羽太玉 1개, 足高玉 1개, 鵜鹿鹿赤石玉 1개, 日鏡 1개, 熊神籬 1개 등을 바쳤으나, 오직 出石이라는 小刀에 대해서는 淸彦이 갑자기 이를 바쳐서는 안 되겠다고 생각하여 도포 속에 숨겨놓고 자신이 차고 다녔다. 천황이 小刀를 숨겨놓은 것을 알지 못하고 淸彦을 총애하고자 하여 御所에 불러 술을 내렸다. 이때 칼이 도포로부터 나와 드러나니, 천황이 보고 친히 淸彦에게, “네 도포 안에 있는 칼은 어떤 칼인가?”라고 물었다. 이에 淸彦이 칼을 숨길 수 없음을 알고, “바친 神寶와 같은 종류의 물건입니다”라고 대답하였다. 이에 천황이 淸彦에게, “그 神寶를 어찌 달리 둘 수 있겠느냐?”라고 하므로, 이에 바치니 모두 神府에 보관하였다. 그 후 얼마 있다가 寶府를 열어보니 小刀가 없어졌다. 이에 사람을 시켜 淸彦에게, “네가 바친 칼이 홀연히 없어졌는데, 혹시 너의 집에 돌아오지 않았느냐?”라고 물었다. 淸彦이 “어제 저녁에 칼이 저절로 臣의 집에 이르렀다가 오늘 아침에 사라졌습니다”라고 대답하므로, 천황이 두려워하며 다시 찾지 말라고 하였다. 이후 出石刀子가 저절로 淡路嶋에 이르렀는데 그 섬사람들이 ‘神’이라 이르고 칼을 위하여 사당을 세웠다. 이는 지금까지도 제사를 지낸다. 옛날 한 사람이 작은 배를 타고 但馬國에 정박하였는데, “너는 어느 나라 사람인가?”라고 물으니, “신라 왕자인데, 이름은 天日槍이다”라고 대답하였다. 이에 但馬에 머물러 그 나라 前津耳 *일설에는 前津見이라 하고, 또 일설에는 太耳라고 한다 의 딸 麻拕能烏와 결혼하여 但馬諸助를 낳았는데 이가 淸彦의 할아버지이다.

④ **卷第八 足仲彦天皇 仲哀天皇 八年 秋 九月**(199년 음7월 5일)

- 원문 : (八年) 秋九月乙亥朔己卯 詔群臣以議討熊襲 時有神 託皇后而誨曰 天皇何憂熊襲之不服 是膂宍之空國也 豈足擧兵伐乎 愈茲國而有寶國 譬如處女之睩 有向津國 *睩, 此云麻用弭枳 眼炎之金·銀·彩色 多在其國 是謂栲衾新羅國焉 若能祭吾者 則曾不血刃 其國必自服矣 復熊襲爲服 其祭之 以天皇之御船 及穴門直踐立所獻之水田 名大田 是等物爲幣也

- 국역 : (8년) 가을 9월 5일 群臣에게 詔를 내려 熊襲 토벌을 의논케 했다. 이때 神이 황후에게 신탁하여 가르쳐 주기를, "천황은 어찌 熊襲이 복종하지 않는 것을 근심하는가. 그곳은 힘없고 쓸모없는 나라이니 어찌 군대를 일으켜 칠 만하겠는가. 이 나라보다 더욱 寶物이 많은 나라가 있으니 비유하면 처녀의 눈썹과 같고 津의 건너편에 있는 나라이다. *睩은 우리말로 麻用弭枳(まよびき)라고 한다 눈부신 금과 은, 비단이 그 나라에 많이 있다. 이 나라를 栲衾新羅國이라고 한다. 네가 나에게 제사를 잘 지낸다면 칼에 피를 묻히지 않고도 그 나라가 반드시 스스로 항복해 올 것이며 熊襲도 복종하게 될 것이다. 제사를 지낼 때에는 천황의 배와 穴門直踐立이 바친 水田, 大田이라 이름하는 것 등의 물건을 폐백으로 하라"고 하였다.

⑤ **卷第九仲哀天皇 九年**(200년)

- 원문 : 是年, 由新羅役, 以下得葬天皇也
- 국역 : 이해 新羅 정벌로 말미암아 천황을 장사지낼 수 없었다.

⑥ **仲哀天皇 九年 冬 十月**(200년 음10월 3일)

- 원문 : 冬十月己亥朔辛丑 從和珥津發之 時飛廉起風 陽侯擧浪 海中大魚 悉浮扶船 則大風順吹 帆舶隨波 不勞櫓楫 便到新羅 時隨船潮浪 遠逮

國中 卽知 天神地祇悉助歟 新羅王 於是 戰戰慄慄措身無所 則集諸人曰 新羅之建國以來 未嘗聞海水淩國 若天運盡之 國爲海乎 是言未訖之間 船師滿海 旌旗耀日 鼓吹起聲 山川悉振 新羅王遙望以爲 非常之兵 將滅己國 讋焉失志 乃今醒之曰 吾聞 東有神國 謂日本 亦有聖王 謂天皇 必其國之神兵也 豈可擧兵以距乎 卽素旆而自服 素組以面縛 封圖籍 降於王船之前 因以 叩頭之曰 從今以後 長與乾坤 伏爲飼部 其不乾船柂 而春秋獻馬梳及馬鞭 復不煩海遠 以每年貢男女之調 則重誓之曰 非東日更出西 且除阿利那禮河返以之逆流 及河石昇爲星辰 而殊闕春秋之朝 怠廢梳鞭之貢 天神地祇 共討焉 時或曰 欲誅新羅王 於是 皇后曰 初承神敎 將授金銀之國 又號令三軍曰 勿殺自服 今旣獲財國 亦人自降服 殺之不祥 乃解其縛爲飼部 遂入其國中 封重寶府庫 收圖籍文書 卽以皇后所杖矛 樹於新羅王門 爲後葉之印 故其矛今猶樹于 新羅王之門也 爰新羅王波沙寐錦 卽以微叱己知波珍干岐爲質 仍齎金銀彩色及綾·羅·縑絹 載于八十艘船 令從官軍 是以 新羅王 常以八十船之調貢于日本國 其是之緣也 於是 高麗·百濟二國王 聞新羅收圖籍 降於日本國 密令伺其軍勢 則知不可勝 自來于營外 叩頭而款曰 從今以後 永稱西蕃 不絶朝貢 故因以 定內官家屯倉 是所謂之三韓也 皇后從新羅還之

• 국역 : 겨울 10월 3일 和珥津으로부터 출발했다. 이때 바람의 신은 바람을 일으키고 파도의 신은 파도를 일으켰으며 바닷속의 큰 고기가 모두 떠올라 배를 도왔다. 곧 큰 바람이 순조롭게 불고 배는 물결을 따라갔으므로 노 젓는 데 힘들이지 않고 바로 신라에 도착하였다. 이때 배를 실은 물결이 멀리 나라 가운데까지 미쳤으니 곧 하늘과 땅의 신들이 모두 도왔음을 알겠다. 신라왕은 이에 두려워 떨며 몸둘 바를 모른 채 여러 사람을 모아놓고 "신라의 건국 이래 일찍이 바닷물이 나라에 넘친 일을 듣지 못했다. 만약 天運이 다

했다면 나라가 바다가 될 것이다"라고 하였다. 이 말이 끝나기도 전에 배가 바다에 가득 차고 깃발들이 햇빛에 빛났다. 북과 나팔 소리가 나니 산천이 모두 떨었다. 신라왕이 멀리서 바라보고 심상치 않은 군대가 장차 자기 나라를 멸망시킬 것으로 여겨 두려워하며 싸울 뜻을 잃었다. 잠시 후 정신을 차리고 "내가 들으니 동쪽에 神國이 있는데 日本이라고 하며 성스러운 왕이 있어 天皇이라고 한다. 반드시 그 나라의 神兵일 것이니 어찌 병사를 일으켜 막을 수 있겠는가?"라 하고 곧 흰 기를 들고 스스로 항복하여 왔다. 흰 끈을 목에 걸어 항복하고 圖籍을 봉인하여 왕의 배 앞에 와서 항복하였다. 인하여 머리를 조아리고 "지금 이후로는 하늘과 땅과 같이 길이 엎드려 飼部가 되겠습니다. 배의 키가 마를 틈 없이 봄가을로 말의 털을 씻는 빗과 말채찍을 바치겠습니다. 또한 바다가 먼 것을 번거롭게 여기지 않고 해마다 남녀의 調를 바치겠습니다"라고 하였다. 거듭 맹세하여 "동쪽의 해가 다시 서쪽에서 떠오르지 않는다면, 또한 阿利那禮河가 오히려 거꾸로 흐르고, 냇돌이 올라가 별이 되는 일이 없는 한, 봄가을의 조공을 거르고 빗과 채찍을 바치지 않거나 게을리하면 하늘과 땅의 신이 함께 토벌할 것입니다"라고 하였다. 이때 어떤 사람들은 "신라왕을 죽여야 한다"고 말하였는데, 황후는 "처음에 금은의 나라를 주겠다고 한 신의 가르침을 받들고 3軍에 호령하여 '스스로 항복하는 자는 죽이지 마라'고 하였다. 지금 이미 財國을 얻었고 또 사람들이 스스로 항복했으니 죽이는 것은 좋지 않다"고 하였다. 이에 항복의 결박을 풀고 飼部로 삼았다. 드디어 그 나라 안에 들어가 보물 창고를 봉하고 圖籍文書를 거두었다. 그리고 황후가 가지고 있던 창을 신라왕의 문에 세워 후세의 증거로 삼았다. 그래서 그 창은 지금도 신라왕의 문에 서 있다. 이에 신라왕 波沙寐錦은 微叱己知波珍干岐를 볼모로 하여

金銀·彩色綾羅·縑絹을 배 80척에 싣고 官軍을 따르게 했다. 이리하여 신라왕은 항상 80척의 調를 日本國에 바쳤는데 이러한 연유 때문이다. 이때 고구려와 백제 두 나라 국왕이 신라가 圖籍을 거두어 일본국에 항복하였다는 것을 듣고 몰래 그 軍勢를 살피도록 하였다. 이길 수 없음을 알고 스스로 軍營 밖에 와서 머리를 조아리고 서약하여 "지금 이후로는 길이 서쪽 蕃國이 되어 조공을 그치지 않겠습니다"라고 하였다. 그리하여 內官家屯倉으로 정하였다. 이것이 이른바 三韓이다. 황후가 신라로부터 돌아왔다.

⑦ **卷第九 仲哀天皇 九年 十二月**(200년 음12월 14일)

• 원문 : 十二月戊戌朔辛亥 生譽田天皇於筑紫 故時人號其産處曰宇瀰也 (중략) 則皇后爲男束裝 征新羅 時神留導之 由是 隨船浪之 遠及于新羅國中 於是 新羅王宇流助富利智干 參迎跪之 取王船旣叩頭曰 臣自今以後 於日本國所居神御子 爲內官家 無絶朝貢 一云 禽獲新羅王 詣于海邊 拔王臏筋 令匍匐石上 俄而斬之 埋沙中 則留 一人 爲新羅宰而還之 然後新羅王妻 不知埋夫屍之地 獨有誘宰之情 乃誂宰曰 汝當令識埋王屍之處 必敦報之 且吾爲汝妻 於是 宰信誘言 密告埋屍之處 則王妻與國人 共議之殺宰 更出王屍葬於他處 乃時取宰屍 埋于王墓土底 以擧王櫬 窆其上曰 尊卑次第 固當如此 於是 天皇聞之 重發震忿 大起軍衆 欲頓滅新羅 是以 軍船滿海而詣之 是時 新羅國人悉懼 不知所如 則相集共議之 殺王妻以罪

• 국역 : 12월 14일 譽田天皇이 筑紫에서 태어났다. 그래서 그때 사람들이 태어난 곳을 宇瀰라고 불렀다. (중략) 즉 황후는 남자의 복장을 하고 신라를 정벌하였다. 이때 신이 (황후에게) 머물며 인도하였으므로 배를 따라 파도가 일어 멀리 신라까지 미쳤다. 이에 신라왕 宇流助富利智干이 나와서 맞이하여 무릎을 꿇고 왕의 배에 나아가 머

리를 조아리며 "臣은 지금 이후로 일본국에 있는 신의 아들에게 內官家가 되어 조공을 끊지 않겠습니다"라 하였다.

또 일설은 다음과 같다. 신라왕을 사로잡아 해변에 데리고 가서 왕의 무릎뼈를 빼고 돌 위에서 기게 하였다. 조금 있다가 목을 베어 모래 속에 묻었다. 그리고 한 사람을 머물게 하여 신라의 재상으로 삼고 돌아왔다. 그 후 신라왕의 처가 남편의 주검을 묻은 곳을 몰라서 혼자 재상을 꼬일 생각을 하였다. 곧 재상을 유인하여 "당신이 왕의 주검을 묻은 곳을 가르쳐 준다면 반드시 후하게 보답하고 또 제가 당신의 아내가 되겠습니다"라고 하였다. 이에 재상이 속이는 말을 믿고 주검을 묻은 곳을 몰래 알려 주었다. 그러자 왕의 처가 나라 사람들과 함께 의논하여 재상을 죽이고 또 왕의 주검을 파내어 다른 곳에 장사지냈다. 이때 재상의 주검을 왕묘의 밑에 묻고 왕의 널을 들어 그 위에 얹고 "높고 낮음의 순서는 진실로 이와 같아야 한다"고 하였다. 이를 천황이 듣고 다시 매우 화가 나 크게 군대를 일으켜 신라를 멸망시키려고 하였다. 그래서 軍船이 바다에 가득 차게 나아가니, 이때 신라 사람들이 모두 두려워하며 어찌할 바를 몰랐다. 곧 서로 모여 함께 의논하여 왕의 처를 죽이고 사죄하였다.

⑧ **卷第九 仲哀天皇 九年 十二月**(200년 음12월 14일)

- 원문 : 爰伐新羅之明年春二月 皇后領群卿及百寮 移于穴門豐浦宮 (下略)
- 국역 : 신라를 친 이듬해 봄 2월에 황후는 여러 신하를 거느리고 穴門豐浦宮으로 옮겨 갔다. (하략)

⑨ **卷第九 氣長足姫尊 神功皇后 五年 春 三月**(205년 음3월 7일)

- 원문 : 五年春三月癸卯朔己酉 新羅王遣汚禮斯伐・毛麻利叱智・富羅母智等

朝貢 仍有返先質微叱許智伐旱之情 是以 誂許智伐旱 而紿之曰 使者汚禮斯伐・毛麻利叱智等 告臣曰 我王以坐臣久不還 而悉沒妻子爲孥 冀暫還本土 知虛實而請焉 皇太后則聽之 因以 副葛城襲津彦而遣之 共到對馬 宿于鉏海水門 時新羅使者毛麻利叱智等 竊分船及水手 載微叱旱岐 令逃於新羅 乃造蒭靈 置微叱許智之床 詳爲病者 告襲津彦曰 微叱許智忽病之將死 襲津彦使人令看病者 旣知欺 而捉新羅使者三人 納檻中 以火焚而殺 乃詣新羅 次于蹈鞴津 拔草羅城還之 是時俘人等 今桑原・佐糜・高宮・忍海 凡四邑漢人等之始祖也

• 국역 : 5년 봄 3월 7일 신라왕이 汚禮斯伐과 毛麻利叱智, 富羅母智 등을 보내어 조공하였는데 전에 볼모로 와 있던 微叱許智伐旱을 돌아가게 하려는 생각이 있었다. 이에 許智伐旱을 꾀어 "사신 汚禮斯伐과 毛麻利叱智 등이 나에게 '우리 왕이 제가 오래도록 돌아오지 않는 것에 연루하여 처자를 모두 종으로 삼았다'고 말하였습니다. 바라건대 잠시 본토에 돌아가서 그 사정을 알아볼 수 있도록 해 주십시오"라고 속여 말하였다. 황태후가 곧 들어주며 葛城襲津彦을 딸려 보냈다. 함께 對馬에 도착하여 鉏海의 水門에 머물렀다. 이때 신라의 사신 毛麻利叱智 등이 몰래 배와 뱃사공을 나누어 微叱旱岐를 태우고 신라로 도망가게 하였다. 그리고 풀을 묶어 사람 모습을 만들어 微叱許智의 자리에 두고 거짓으로 병든 사람인 체하고 襲津彦이 사람을 시켜 병자를 돌보게 했는데, 속은 것을 알고 신라 사신 세 사람을 붙잡아서 우리 속에 집어넣고 불태워 죽였다. 그리고 신라에 나아가 蹈鞴津에 이르러 草羅城을 정벌하고 돌아왔다. 이때 사로잡힌 사람들이 오늘날의 桑原과 佐糜・高宮・忍海 4邑의 漢人 등의 시조이다.

⑩ **卷第九 氣長足姫尊 神功皇后 卌七年 夏 四月**(247년 음4월)

● 원문 : 卌七年夏四月 百濟王使久氐・彌州流・莫古 令朝貢 時新羅國調使與久氐共詣 於是 皇太后・太子譽田別尊 大歡喜之曰 先王所望國人今來朝之 痛哉 不逮于天皇矣 群臣皆莫不流涕 仍檢校二國之貢物 於是 新羅貢物者 珍異甚多 百濟貢物者 少賤不良 便問久氐等曰 百濟貢物 不及新羅 奈之何 對曰 臣等失道 至沙比新羅 則新羅人捕臣等禁囹圄 經三月而欲殺 時久底等 向天而呪詛之 新羅人怖其呪詛而不殺 則奪我貢物 因以 爲己國之貢物 以新羅賤物 相易爲臣國之貢物 謂臣等曰 若誤此辭者 及于還日 當殺汝等 故久氐等恐怖從耳 是以 僅得達于天朝 時皇太后 譽田別尊 責新羅使者 因以 祈天神曰 當遣誰人於百濟 將檢事之虛實 當遣誰人於新羅 將推問其罪 便天神誨之曰 令武內宿禰行議 因以千熊長彦爲使者 當如所願*千熊長彦者 分明不知其姓人 一云武藏國人 今是額田部槻本首等之始祖也 百濟記云 職麻那那加比跪者 蓋是歟也 於是 遣千熊長彦于新羅 責以濫百濟之獻物

● 국역 : 47년 여름 4월 백제왕이 久氐・彌州流・莫古를 보내어 조공하게 했다. 이때 신라국의 調使(조공사)가 久氐와 함께 왔다. 이에 황태후와 태자 譽田別尊이 매우 기뻐하며 "선왕이 바라던 나라 사람들이 지금 와서 조공하니, 천황에게까지 미치지 못하는 것이 슬프도다"라 하니, 여러 신하가 모두 눈물을 흘렸다. 그리고 두 나라의 공물을 조사하였더니 신라의 공물은 진기한 것이 매우 많았는데, 백제의 공물은 적고 천하여 좋지 않았다. 이에 久氐 등에게 "백제의 공물이 신라에 미치지 못하니 어찌 된 것이냐?"고 물었다. "우리가 길을 잃어서 沙比新羅에 이르렀는데 신라인들이 우리를 붙잡아 감옥에 가두었습니다. 세 달이 지난 후 죽이고자 하였는데 이때 久氐 등이 하늘을 향하여 저주하였더니 신라인들이 그 저주를 두려워하여 죽이지 않았습니다. 그리고 우리 공물을 빼앗아 자기 나라

의 공물로 하고 신라의 천한 물건을 우리나라의 공물로 바꾸었습니다. 또 우리에게 '만약 이 일을 말하면 돌아가는 날 너희를 죽이겠다'고 하였습니다. 그래서 久氐 등은 두려워서 그대로 따랐습니다. 이리하여 겨우 天朝에 도착할 수 있었습니다"고 대답하였다. 이때 황태후와 譽田別尊이 신라 사신을 책망하고 天神에게 기도하여 "누구를 백제에 파견하여 일의 사실 여부를 조사하며, 누구를 신라에 파견하여 그 죄를 물으면 좋겠습니까?"라 하였다. 天神이 "武內宿禰로 하여금 의논하도록 하고 千熊長彦을 사자로 삼으면 소원대로 될 것이다"라고 가르쳐 주었다*千熊長彦은 어떤 성씨의 사람인지 분명히 알지 못한다. 일설에는 武藏國人이니 지금의 額田部 槻本首 등의 시조라고 한다. 『百濟記』에 職麻那那加比跪라고 한 사람은 대개 이 사람인 듯하다. 이에 千熊長彦을 신라에 보내어 백제가 바치는 물건을 훔친 것을 질책하였다.

⑪ 卷第九 氣長足姫尊 神功皇后 卌九年 春 三月(249년 음3월)

- 원문 : 卌九年春三月 以荒田別・鹿我別爲將軍 則與久氐等 共勒兵而度之 至卓淳國 將襲新羅 時或曰 兵衆少之 不可破新羅 更復 奉上沙白・蓋盧 請增軍士 卽命木羅斤資 沙沙奴跪*是二人 不知其姓人也 但木羅斤資者 百濟將也 領精兵 與沙白・蓋盧共遣之 俱集于卓淳 擊新羅而破之 因以 平定比自㶱・南加羅・㖨國・安羅・多羅・卓淳・加羅七國 仍移兵 西廻至古奚津 屠南蠻 忱彌多禮 以賜百濟 於是 其王肖古及王子貴須 亦領軍來會 時比利・辟中・布彌支・半古 四邑 自然降服 是以 百濟王父子及荒田別・木羅斤資等 共會意流村 *今云州流須祇 相見欣感 厚禮送遣之 唯千熊長彦與百濟王 至于百濟國 登辟支山盟之 復登古沙山 共居磐石上 時百濟王盟之曰 若敷草爲坐 恐見火燒 且取木爲坐 恐爲水流 故居磐石而盟者 示長遠之不朽者也

是以 自今以後 千秋萬歲 無絶無窮 常稱西蕃 春秋朝貢 則將千熊長彦 至都下厚加禮遇 亦副久氐等而送之

- 국역 : 49년 봄 3월 荒田別과 鹿我別을 장군으로 삼아 久氐 등과 함께 군대를 거느리고 건너가 卓淳國에 이르러 신라를 치려고 하였다. 이때 어떤 사람이 "군대가 적어서 신라를 깨뜨릴 수 없으니, 다시 沙白·蓋盧를 보내어 군사를 늘려 주도록 요청하십시오"라 하였다. 곧 木羅斤資와 沙沙奴跪에게*이 두 사람은 그 姓을 모르는데 다만 木羅斤資는 백제 장군이다 精兵을 이끌고 沙白·蓋盧와 함께 가도록 명하였다. 함께 탁순국에 모여 신라를 격파하고, 比自㶱·南加羅·㖨國·安羅·多羅·卓淳·加羅의 7국을 평정하였다. 또 군대를 옮겨 서쪽으로 돌아 古奚津에 이르러 남쪽의 오랑캐 忱彌多禮를 무찔러 백제에게 주었다. 이에 백제왕 肖古와 왕자 貴須가 군대를 이끌고 와서 만났다. 이때 比利·辟中·布彌支·半古의 4읍이 스스로 항복하였다. 그래서 백제왕 父子와 荒田別·木羅斤資 등이 意流村*지금은 州流須祇라 한다에서 함께 서로 만나 기뻐하고 후하게 대접하여 보냈다. 오직 千熊長彦과 백제왕은 백제국에 이르러 辟支山에 올라가 맹세하였다. 다시 古沙山에 올라가 함께 반석 위에 앉아서 백제왕이 "만약 풀을 깔아 자리를 만들면 불에 탈까 두렵고 또 나무로 자리를 만들면 물에 떠내려갈까 걱정된다. 그러므로 반석에 앉아 맹세하는 것은 오래도록 썩지 않을 것임을 보여주는 것이니, 지금 이후로는 천년만년 영원토록 늘 서쪽 번국이라 칭하여 봄가을로 조공하겠다"라고 맹세하였다. 그리고 千熊長彦을 데리고 도읍에 이르러 후하게 예우를 더하고 久氐 등을 딸려서 보냈다.

⑫ 卷第九 氣長足姫尊 神功皇后 六十二年(262년)

- 원문 : 六十二年 新羅不朝 卽年 遣襲津彦擊新羅*百濟記云 壬午年 新羅不奉貴國

貴國遣沙至比跪令討之 新羅人莊飾美女二人 迎誘於津 沙至比跪 受其美女 反伐加羅國 加羅國王己本旱岐 及兒百久至・阿首至・國沙利・伊羅麻酒・爾汶至等 將其人民 來奔百濟 百濟厚遇之

• 국역 : 62년 신라가 조공하지 않았다. 이해에 襲津彦을 보내어 신라를 쳤다 *『百濟記』에 다음과 같이 말하였다. 壬午年에 신라가 貴國을 받들지 않았으므로 귀국이 沙至比跪를 보내 토벌하게 하였는데, 신라인은 미녀 두 사람을 단장시켜 나루에서 맞아 유혹하게 하였다. 沙至比跪는 그 미녀를 받아들이고 오히려 加羅國을 쳤다. 가라국왕 己本旱岐와 아들 百久至・阿首至・國沙利・伊羅麻酒・爾汶至 등이 그 人民을 데리고 백제로 도망하여 오니 백제는 후대하였다

⑬ **卷第十 譽田天皇 應神天皇 卽位前紀**(270년)

• 원문 : 譽田天皇 足仲彦天皇第四子也 母曰氣長足姬尊 天皇 以皇后討新羅之年 歲次庚辰仲冬十二月 生於筑紫之蚊田 幼而聰達 玄監深遠 動容進止 聖表有異焉 皇太后攝政之三年 立爲皇太子*時年三 初天皇在孕而 天神地祇授三韓

• 국역 : 譽田天皇(應神天皇)은 足仲彦天皇(仲哀天皇)의 넷째 아들로서 어머니는 氣長足姬尊(神功皇后)이다. 天皇은 (神功)皇后가 新羅를 정벌하던 해인 庚辰年(仲哀天皇 9년) 겨울 12월에 筑紫의 蚊田에서 태어났다. 어릴 때부터 총명하여 사물을 깨달아 보는 것이 깊고 원대하였으며, 하는 행동은 절도가 있었고 성스러운 모습이 남달랐다. 皇太后가 섭정한 지 3년 되던 해에 皇太子가 되었다.*그때 나이가 3세였다. 처음 천황이 뱃속에 있을 때, 하늘과 땅의 신이 三韓을 주었다.

⑭ **卷第十 譽田天皇 應神天皇 七年 秋 九月**(276년 음9월)

• 원문 : 七年秋九月 高麗人・百濟人・任那人・新羅人 竝來朝 時命武內宿禰 領諸韓人等作池 因以名池號韓人池

● 국역 : 7년 가을 9월 고구려인 · 백제인 · 임나인 · 신라인이 함께 來朝하였다. 그때 武內宿禰에게 명하여 여러 韓人들을 이끌고 연못을 만들게 하였다. 그래서 이 연못 이름을 韓人池라 불렀다.

⑮ **卷第十 譽田天皇 應神天皇 十四年**(283년)

● 원문 : 是歲 弓月君自百濟來歸 因以奏之曰 臣領己國之人夫百廿縣而歸化 然因新羅人之拒 皆留加羅國 爰遣葛城襲津彥 而召弓月之人夫於加羅 然經三年 而襲津彥不來焉

● 국역 : 이해 弓月君이 百濟로부터 와서 귀화하였다. 그리고 아뢰기를, "臣은 우리나라 120縣의 人夫를 이끌고 귀화하려 하였습니다. 그러나 新羅人이 방해하여 모두 加羅國에 머물고 있습니다"라고 하였다. 이에 葛城襲津彥을 파견하여 弓月의 人夫를 加羅에서 데리고 오도록 하였다. 그러나 3년이 지나도 襲津彥은 돌아오지 않았다.

⑯ **卷第十 譽田天皇 應神天皇 十六年 八月**(285년 음8월)

● 원문 : 八月 遣平群木菟宿禰 · 的戶田宿禰於加羅 仍授精兵詔之曰 襲津彥久之不還 必由新羅人拒而滯之 汝等急往之擊新羅 披其道路 於是 木菟宿禰等進精兵 莅于新羅之境 新羅王愕之服其罪 乃率弓月之人夫 與襲津彥共來焉

● 국역 : 8월 平群木菟宿禰 · 的戶田宿禰를 加羅에 보냈다. 그리고 날랜 군사를 주면서 詔를 내려, "襲津彥이 오래도록 돌아오지 않고 있다. 틀림없이 신라가 막고 있기 때문에 머물러 있을 것이다. 너희는 빨리 가서 新羅를 공격하여 그 길을 열라"고 하였다. 이에 木菟宿禰 등이 날랜 군사를 거느리고 진격하여 新羅의 국경에 다다르자, 新羅王은 두려워하며 그 죄를 自服하였다. 그래서 弓月의 人夫를 거느리고 襲津彥과 함께 돌아왔다.

⑰ **卷第十 譽田天皇 應神天皇 廿五年**(294년)

● 원문 : 廿五年 百濟直支王薨 卽子久爾辛立爲王 王年幼 木滿致執國政 與王母相婬 多行無禮 天皇聞而召之*百濟記云 木滿致者 是木羅斤資 討新羅時 娶其國婦 而所生也 以其父功 專於任那 來入我國 往還貴國 承制天朝 執我國政 權重當世 然天朝聞其暴召之

● 국역 : 25년 百濟의 直支王이 죽었다. 곧 아들 久爾辛이 왕위에 올랐다. 왕은 나이가 어렸으므로 木滿致가 國政을 잡았는데, 왕의 어머니와 서로 정을 통하여 무례한 행동이 많았다. 天皇은 이 말을 듣고 그를 불렀다.*『百濟記』에는, "木滿致는 木羅斤資가 新羅를 칠 때에 그 나라의 여자를 아내로 맞아 낳은 사람이다. 아버지의 功으로 任那에서 專橫하다가 우리나라로 들어왔다. 貴國(日本)에 갔다가 돌아와 天朝의 명을 받들어 우리나라의 국정을 잡았는데, 권세의 높이가 세상을 덮을 정도였다. 그러나 天朝에서는 그의 횡포함을 듣고 그를 불렀다"라고 되어 있다.

⑱ **卷第十 譽田天皇 應神天皇 卅一年 秋 八月**(300년 음8월)

● 원문 : 卅一年秋八月 詔群卿曰 官船名枯野者 伊豆國所貢之船也 是朽之不堪用 然久爲官用 功不可忘 何其船名勿絶 而得傳後葉焉 群卿便被詔 以令有司 取其船材 爲薪而燒鹽 於是 得五百籠鹽 則施之周賜諸國 因令造船 是以 諸國一時貢上五百船 悉集於武庫水門 當是時 新羅調使 共宿武庫 爰於新羅停忽失火 卽引之及于聚船 而多船見焚 由是 責新羅人 新羅王聞之 讋然大驚 乃貢能匠者 是猪名部等之始祖也 …

● 국역 : 31년 가을 8월 여러 신하에게 詔를 내려, "官船 가운데 枯野라고 하는 것은 伊豆國에서 바친 배이다. 그런데 이 배는 썩어서 사용할 수 없게 되었다. 하지만 오랫동안 官用으로 쓰인 功을 잊을 수가 없다. 어떻게 하여야 그 배의 이름이 끊이지 않고 후세에 전해지도록 할 수 있겠는가?"라고 하였다. 여러 신하는 詔를 받고 담

당 관리에게 명령하여 그 배의 材木을 땔감으로 하여 소금을 굽게 하였다. 그래서 500광주리(籠)의 소금을 얻어 여러 나라에 두루 나누어 주고는 배를 만들게 하였다. 이에 여러 나라에서는 한꺼번에 500척의 배를 만들어 바쳤다. 그것을 모두 武庫의 水門에 모아놓았다. 이때 新羅의 조공 사신이 모두 武庫에 머무르고 있었는데, 新羅 사신의 숙소에서 갑자기 불이 나 모아 놓은 배에까지 번져 많은 배가 타버렸다. 이로 말미암아 新羅人을 책망하였다. 新羅王은 이 말을 듣고 매우 놀라고 두려워하여 즉시 뛰어난 匠人을 바쳤다. 이들이 猪名部 등의 始祖이다. …

⑲ 卷第十一 大鷦鷯天皇 仁德天皇 十一年(323년)

- 원문 : (十一年) 是歲 新羅人朝貢 則勞於是役
- 국역 : (11년) 이해 新羅人이 朝貢하였다. 따라서 이 役事에 동원하였다.

⑳ 卷第十一 大鷦鷯天皇 仁德天皇 十七年 秋 九月(329년 음9월)

- 원문 : 秋九月 遣的臣祖砥田宿禰・小泊瀨造賢遺臣 而問闕貢之事 於是 新羅人懼之乃貢獻 調絹一千四百六十匹 及種種雜物 并八十艘
- 국역 : 가을 9월 的臣의 조상인 砥田宿禰와 小泊瀨造의 조상인 賢遺臣을 (新羅에) 보내어 朝貢을 거른 일을 문책하였다. 이에 新羅人은 두려워하며 貢物을 바쳤다. 貢物은 비단 1,460필 및 여러 가지 물품을 합하여 모두 80척이었다.

㉑ 卷第十一 大鷦鷯天皇 仁德天皇 五十三年 夏 五月(365년 음5월)

- 원문 : 夏五月 遣上毛野君祖竹葉瀨 令問其闕貢 是道路之間獲白鹿 乃還之獻于天皇 更改日而行 俄且重遣竹葉瀨之弟田道 則詔之日 若新羅距者擧兵擊之 仍授精兵 新羅起兵而距之 爰新羅人 日日挑戰 田道固塞而

不出 時新羅軍卒一人 有放于營外 則掠俘之 因問消息 對曰 有强力者 曰百衝 輕捷猛幹 每爲軍右前鋒 故伺之擊左則敗也 時新羅空左備右 於是 田道連精騎擊其左 新羅軍潰之 因縱兵乘之 殺數百人 卽虜四邑之人民以歸焉

- 국역 : 여름 5월 上毛野君의 조상인 竹葉瀨를 (新羅에) 보내어 조공을 거른 일을 문책하였다. 가는 도중에 흰 사슴을 잡았으므로 돌아와 天皇에게 바치고 다시 날을 받아 출발하였다. 잠시 후에 또다시 竹葉瀨의 아우인 田道를 보내면서 詔를 내려, "만약 신라가 대항하거든 군사를 일으켜 공격하라"고 하고, 날랜 병사를 주었다. 新羅는 군사를 일으켜 맞섰다. 이때 新羅人은 매일 싸움을 걸어왔다. 그러나 田道는 요새를 굳게 지키고 나가지 않았다. 그때 신라 군졸 한 명이 진영 밖으로 나온 것을 붙잡아다가 동정을 물으니, "힘센 사람이 있어 百衝이라 하는데 그는 날래고 용감하여 항상 軍의 오른쪽 선봉이 되고 있다. 그러니 기회를 엿보아 왼쪽을 공격하면 물리칠 수 있을 것이다"라고 대답하였다. 그때 新羅軍이 왼쪽을 비워놓고 오른쪽을 방비하였다. 이에 田道는 날랜 기병을 계속하여 보내 그 왼쪽을 공격하였다. 그리하여 新羅軍이 무너지자, 그 틈을 타 병사를 풀어 수백 명의 사람을 죽이고, 4邑의 백성을 사로잡아 돌아왔다.

㉓ 卷第十三 雄朝津間稚子宿禰天皇 允恭天皇 三年 春 正月(414년 음1월 1일)

- 원문 : 三年春正月辛酉朔 遣使求良醫於新羅
- 국역 : 3년 봄 정월 辛酉 초하루 신라에 사신을 보내어 뛰어난 醫員을 구하였다.

㉔ **卷第十三 雄朝津間稚子宿禰天皇 允恭天皇 三年 秋 八月**(414년 음8월)

- 원문 : 秋八月 醫至自新羅 則令治天皇病 未經幾時 病已差也 天皇歡之 厚賞醫以歸于國
- 국역 : 가을 8월 醫員이 신라로부터 이르자 천황의 병을 치료하게 하였는데, 얼마 지나지 않아 병이 나았다. 천황이 기뻐하여 의원에게 후한 상을 주어서 자기 나라에 돌려보냈다.

㉕ **卷第十三 雄朝津間稚子宿禰天皇 允恭天皇 卌二年 春 正月**(453년 음1월 14일)

- 원문 : 卌二年春正月乙亥朔戊子 天皇崩 時年若干 於是 新羅王聞天皇既崩而驚愁之 貢上調船八十艘 及種種樂人八十 是泊對馬而大哭 到筑紫亦大哭 泊于難波津 則皆素服之 悉捧御調 且張種種樂器 自難波至于京或哭泣 或儛歌 遂參會於殯宮也
- 국역 : 42년 봄 정월 14일 천황이 죽었다. 이때 나이는 若干이었다. 신라왕은 천황이 이미 죽었다는 소식을 듣고 놀라고 슬퍼하여 배 80척으로 조공하고 아울러 각종 樂人 80명을 바쳤다. 이들은 對馬島에 도착하여 큰 소리로 울고 筑紫에 이르러 또 큰 소리로 울었다. 難波津에 이르러 모두 흰 옷을 입었다. 조공물을 받들고 또 여러 가지 악기를 연주하며 難波로부터 서울에 이르기까지 울부짖기도 하고 춤추고 노래 부르기도 하였는데, 마침내 屍身을 모셔둔 곳에 參禮하였다.

㉖ **卷第十三 雄朝津間稚子宿禰天皇 允恭天皇 卌二年 冬 十一月**(453년 음11월)

- 원문 : 冬十一月 新羅弔使等 喪禮既閡而還之 爰新羅人 恒愛京城傍耳成山・畝傍山 則到琴引坂 顧之曰 宇泥咩巴椰 彌彌巴椰 是未習風俗之言語故訛畝傍山 謂宇泥咩 訛耳成山 謂彌彌耳 時倭飼部 從新羅人 聞是辭而 疑之以爲 新羅人通采女耳 乃返之啓于大泊瀨皇子 皇子則悉禁固

新羅使者 而推問 時新羅使者啓之曰 無犯釆女 唯愛京傍之兩山而言耳 則知虛言皆原之 於是 新羅人大恨 更減貢上之物色及船數

• 국역 : 겨울 11월 신라의 弔問使들이 問喪의 예를 마치고 돌아갔다. 신라인은 늘 왕도 근방에 있는 耳成山(우네비야마), 畝傍山을 좋아하였다. 琴引坂에 도착하여 그곳을 돌아보며 "내 사랑하는 우네비여, 미미나시야마"라고 하였다. 이는 민간에서 일상적으로 쓰는 말에 아직 익숙지 않았던 까닭에 畝傍山을 '宇泥咩(うねめ)'라 잘못 말하고 耳成山을 '瀰瀰(みみ)'로 잘못 말한 것이다. 이때 왜의 飼部에 속해 있던 사람이 신라 사람을 따라갔는데, 이 말을 듣고 신라 사람이 釆女와 정을 통했다고 의심하여 돌아와 大泊瀨皇子에게 아뢰었다. 황자는 곧 신라의 使者들을 모두 가두고는 사실 여부를 캐물었다. 이때 신라 使者들이 "釆女를 범하지 않았습니다. 오직 서울 근방에 있는 두 산을 사랑한다고 말했을 뿐입니다"라고 아뢰었다. 그리하여 잘못된 말인 것을 알고는 모두 풀어주었다. 이에 신라인들은 매우 원망하여 다음부터는 바치는 물건의 종류와 배의 수를 줄였다.

㉗ 卷第十四 大泊瀨幼武天皇 雄略天皇 七年(463년)

• 원문 : 是歲 吉備上道臣田狹 侍於殿側 盛稱稚媛於朋友曰 天下麗人 莫若吾婦 茂矣綽矣 諸子備矣 曄矣溫矣 種相足矣 鉛花弗御 蘭澤無加 曠世罕儔 當時獨秀者也 天皇 傾耳遙聽 而心悅焉 便欲自求稚媛爲女御 拜田狹 爲任那國司 俄而 天皇幸稚媛 田狹臣娶稚媛 而生兄君・弟君 *別本云 田狹臣婦名毛媛者 葛城襲津彦*子 玉田宿禰*之女也 天皇聞體貌閑麗 殺夫自幸焉 田狹旣之任所 聞天皇之幸其婦 思欲求援而入新羅 于時 新羅不事中國 天皇詔田狹臣子弟君與吉備海部直赤尾曰 汝宜往罰新羅 於是 西漢才伎歡因知利在側 乃進而奏曰 巧於奴者多在韓國 可召而使

天皇詔群臣曰 然則宜以歡因知利 副弟君等 取道於百濟 并下勅書 令獻巧者 於是 弟君銜命 率衆 行到百濟 而入其國 國神化爲老女 忽然逢路 弟君就訪國之遠近 老女報言 復行一日 而後可到 弟君自思路遠不伐而還 集聚百濟所貢今來才伎於大嶋中 託稱候風 淹留數月 任那國司田狹臣 乃喜弟君不伐而還 密使人於百濟 戒弟君曰 汝之領項 有何罕錮而伐人乎 傳聞 天皇幸吾婦 遂有兒息*兒息已見上文 今恐 禍及於身可蹻足待 吾兒汝者 跨據百濟 勿使通於日本 吾者據有任那 亦勿通於日本 弟君之婦樟媛 國家情深 君臣義切 忠踰白日 節冠青松 惡斯謀叛盜殺其夫 隱埋室內 乃與海部直赤尾將百濟所獻手末才伎 在於大嶋 天皇聞弟君不在 遣日鷹吉士堅磐固安錢*堅磐 此云柯陀之波 使共復命 遂即安置於倭國吾礪廣津*廣津 此云比盧岐頭邑 而病死者衆 由是 天皇詔大伴大連室屋 命東漢直掬 以新漢陶部高貴 鞍部堅貴 畫部因斯羅我 錦部定安那錦 譯語卯安那等 遷居于上桃原 下桃原 眞神原三所*或本云 吉備臣弟君 還自百濟 獻漢手人部 衣縫部 宍人部

• 국역 : 이해 吉備上道臣田狹이 궁중에서 侍從하고 있었는데, 큰 소리로 친구들에게 稚媛에 대하여 말하기를 "천하의 미인들 중에서 내 아내 만한 이가 없다. 빼어나게 아름다우며 온갖 좋은 점을 갖추었고 환히 빛나고 온화하여 여러 가지 좋은 용모를 갖추었다. 화장도 필요 없으며 향수를 바를 것까지도 없다. 넓은 세상에서 견줄 만한 이가 드무니 이 시대에 홀로 빼어난 사람이다"라고 하였다. 천황이 귀를 기울여 멀리서 듣고 마음속으로 기뻐하였다. 꼭 자기가 稚媛을 얻어 시중드는 여자로 삼고자 하여 田狹을 任那國司로 삼았다. 얼마 지난 후 천황이 稚媛과 동침하였다. 田狹臣은 稚媛에게 장가들어 而生兄君과 弟君을 낳았다*다른 책에서는 "田狹臣 아내의 이름은 毛媛인데 葛城襲津彦의 아들 玉田宿禰의 딸이다. 천황이 용모가 아름답다는 말을 듣고 그 남편을 죽이고 자기가 데리고 살았다"고 한다. 田狹은

이미 任地에 가 있었는데, 천황이 그의 아내와 사통하였다는 말을 듣고 도움을 얻고자 신라에 들어갈 생각을 하였다. 이때 신라는 '中國'을 섬기지 않고 있었다. 천황이 田狹臣의 아들 弟君과 吉備海部直赤尾에게 명하여 "너희는 마땅히 가서 신라를 懲罰하라"고 하였다. 이때 西漢 才伎 歡因知利가 옆에 있다가 나아가 "저희보다 뛰어난 자가 韓國에 많이 있으니 불러서 부릴 만합니다"라고 아뢰었다. 천황이 여러 신하에게 "그러면 마땅히 歡因知利를 弟君 등에게 딸려 보내 백제 길을 취하고 아울러 칙서를 내려 재주가 뛰어난 자를 바치게 하도록 하라"고 명하였다. 이에 弟君은 명을 받들어 무리를 이끌고 백제에 도착하였다. 그 나라(신라)에 들어가는데 나라의 신이 늙은 여자로 변하여 忽然히 길에서 맞이하였다. 弟君이 나라의 멀고 가까움을 묻자 늙은 여자가 "다시 하루를 더 간 다음에야 다다를 수 있다"라고 대답하였다. 弟君이 스스로 생각하기를 길이 멀다고 여겨 정벌하지 않고 돌아왔다. 백제에게 바친 재주 있는 사람들을 큰 섬 안에 모아놓고 바람을 기다린다는 핑계로 몇 달 동안 머물러 있었다. 任那國司 田狹臣은 弟君이 (신라를) 치지 않고 되돌아간 것을 기뻐하며 몰래 백제에 사람을 보내어 弟君에게 警戒하여 "너의 목이 얼마나 단단하기에 다른 사람을 치는가. 전하는 말을 듣건대 천황이 나의 아내와 사통하여 자식까지 있다고 한다. *자식에 대해서는 윗글에서 이미 보았다. 이제 禍가 나에게까지 미치기는 발을 들고 서서 기다리는 것만큼이나 순식간일 것이다. 내 아들인 너는 백제를 차지하고 앉아 일본에 통하지 않도록 하라. 나는 任那를 차지하고서 역시 일본에 통하지 않겠다"라고 하였다. 弟君의 아내 樟媛은 국가를 사랑하는 마음이 깊고 君臣의 義를 중히 여기며, 충성스러운 마음은 밝은 해보다 더하고 절의는 푸른 소나무보다 뛰어났다. 그래서 그 모반을 미워하여 몰래 남편을 죽여 집 안에 숨겨 묻어두고 海部直赤尾와 함께 백제에서 바친 손재주 좋은 기술자를 거느리고 큰 섬에 있었다. 천황은 弟君이 죽은 것을 알고 日鷹吉士堅磐固安錢*堅磐은 우리말로 柯陀之波(かたには)라 한다.을 보내어 함께 복명하게 했다. 마침내 倭國 吾礪 廣津*廣津은 우리말로 比盧岐頭(ひろきつ)라 한다.邑에 안치하였으나 병들어 죽은 사람이 많았다. 이로 말미암아 천황이 大伴大連室屋에게 詔를 내려 東漢直掬에게 명하여 新漢 陶部 高貴, 鞍部 堅貴, 畫部 因斯羅我, 錦部 定安那錦, 譯語 卯安那 등을 上桃原, 下桃原, 眞神原의 세 곳에 옮겨 살게 하였다.*어떤 책에는 "吉備臣弟君"이 백제로부터 돌아와 漢手人部, 衣縫部, 宍人部를 바쳤다고 한다.

㉘ 卷第十四 大泊瀨幼武天皇 雄略天皇 八年 春 二月(464년 음2월)

● 원문 : 八年春二月 遣身狹村主靑・檜隈民使博德使於吳國 自天皇卽位 至于是歲 新羅國背誕 苞苴不入 於今八年 而大懼中國之心 脩好於高麗 由是 高麗王 遣精兵一百人守新羅 有頃高麗軍士一人 取假歸國 時以新羅人爲典馬*典馬 此云于麻柯比 而顧謂之曰 汝國爲吾國所破非久矣*一本云汝國果成吾土非久矣 其典馬聞之 陽患其腹 退而在後 遂逃入國 說其所語 於是 新羅王乃知高麗僞守 遣使馳告國人曰 人殺家內所養鷄之雄者 國人知意 盡殺國內所有高麗人 惟有遺高麗一人 乘間得脫 逃入其國 皆具爲說之 高麗王卽發軍兵 屯聚筑足流城*或本云 都久斯岐城 遂歌儛興樂 於是 新羅王 夜聞 高麗軍四面歌儛 知賊盡入新羅地 乃使人於任那王曰 高麗王征伐我國 當此之時 若綴旒然 國之危殆 過於累卵 命之脩短 太所不計 伏請救於日本府行軍元帥等 由是 任那王勸膳臣斑鳩*(斑鳩 此云伊柯屢餓)・吉備臣小梨・難波吉士赤目子 往救新羅 膳臣等未至營止 高麗諸將 未與膳臣等相戰皆怖 膳臣等乃自力勞軍 令軍中 促爲攻具 急進攻之 與高麗相守十餘日 乃夜鑿險 爲地道 悉過輜重 設

奇兵 會明 高麗謂膳臣等爲遁也 悉軍來追 乃縱奇兵 步騎夾攻 大破之 二國之怨 自此而生*言二國者 高麗新羅也 膳臣等謂新羅曰 汝以至弱當至强 官軍不救 必爲所乘 將成人地殆於此役 自今以後 豈背天朝也

• 국역 : 8년 봄 2월 身狹村主靑과 檜隈民使博德을 吳나라에 사신으로 보냈다. 천황이 즉위한 때부터 이해에 이르기까지 신라국은 천황의 명을 듣지 않고 마음대로 하며 공물을 보내지 않았는데, 지금 8년째가 된다. 그리고는 '中國'의 마음을 몹시 두려워하여 고구려와 우호를 맺었다. 이로 말미암아 고구려왕이 날랜 병사 100명을 보내어 신라를 지켜주었다. 얼마 되지 않아 고구려 군사 한 사람이 말미를 얻어 자기 나라에 돌아갈 때 신라 사람을 말몰이*典馬는 우리말로 于麻柯比(うまかひ)라고 한다로 삼았는데, 돌아보면서 "너희 나라는 우리나라에 망할 날이 머지않았다"고 하였다.*어떤 책에는 "너희 나라가 우리의 땅이 될 날이 머지않았다" 하였다고 한다. 말몰이가 그 말을 듣고 거짓으로 배가 아프다고 하여 뒤에 처져 있다가 마침내 도망하여 자기 나라에 돌아와 그가 말한 것을 설명하였다. 이에 신라왕은 고구려가 거짓으로 지켜주는 것을 알고는 사자를 급히 보내어 나라 사람들에게 "사람들이여, 집 안에서 기르는 수탉을 죽여라"라고 하였다. 나라 사람들이 그 뜻을 알고는 나라 안에 있는 고구려 사람들을 모두 죽였다. 그런데 살아남은 고구려 사람 12명이 틈을 타서 빠져나가 도망하여 자기 나라에 들어가 모든 것을 이야기하였다. 고구려왕이 곧 군사를 일으켜 筑足流城*어떤 책에서는 都久斯岐城이라고 한다에 모여 진을 치고서 드디어 노래하고 춤추며 음악을 연주하였다. 신라왕은 밤에 고구려군이 사방에서 노래하고 춤추는 소리를 듣고 적군이 모두 신라땅에 들어왔음을 알았다. 이에 사람을 시켜 任那王에게 "고구려왕이 우리나라를 정벌합니다. 지금의 시기는 깃대에 묶어놓은 술(綴旒)과 같고 나라의 위태로움

은 계란을 쌓아놓은 것보다 더하여 나라 운명의 길고 짧음을 헤아릴 수 없습니다. 엎드려 바라건대 日本府行軍元帥에게 구원을 청해 주십시오"라고 하였다. 이로 말미암아 任那王이 膳臣斑鳩*斑鳩는 우리말로 伊柯屢餓(いかふが)라 한다, 吉備臣小梨, 難波吉士赤目子에게 권하여 가서 신라를 구해주도록 했다. 膳臣 등이 아직 軍營에 이르지 않고 머물러 있었다. 고구려의 여러 장수는 膳臣 등과 싸우기도 전에 모두 두려워하였다. 膳臣 등은 힘써 군사를 위로하고 軍中에 令을 내려 속히 공격 준비를 하고는 급히 나아가 공격하였다. 고구려군과 서로 10여 일을 대치하다가 밤에 지세가 험한 곳을 파서 地道로 삼고는 군대의 짐을 모두 옮기고 기습할 군사를 그곳에 배치하였다. 날이 밝을 무렵에 고구려는 膳臣 등이 도망한 것으로 여기고 모든 군사로 뒤쫓아왔다. 이에 기습군사를 풀어놓아 보병과 기병이 협공하여 그들을 크게 깨뜨렸다. 두 나라의 원한은 이로부터 생겼다.*두 나라란 고구려와 신라를 말한다. 膳臣 등이 신라에게 "너희는 매우 약한데 매우 강한 나라와 부닥쳤다. 官軍이 구해주지 않는다면 반드시 업신여김을 당하는 바가 되었을 것이다. 장차 다른 사람의 영토가 되었다면 이는 이미 이번 전쟁에 의해서였을 것이다. 지금 이후로 어찌 天朝를 배반할 것인가?"라고 말하였다.

㉙ 卷第十四 大泊瀨幼武天皇 雄略天皇 九年 三月(465년 음3월)

- 원문 : 三月 天皇欲親伐新羅 神戒天皇曰 無往也 天皇由是 不果行 乃勅紀小弓宿禰・蘇我韓子宿禰・大伴談連*談 此云箇陀利・小鹿火宿禰等曰 新羅自居西土 累葉稱臣 朝聘無違 貢職允濟 逮乎朕之王天下 投身對馬之外 竄跡匝羅之表 阻高麗之貢 呑百濟之城 況復朝聘旣闕 貢職莫脩 狼子野心 飽飛 飢附 以汝四卿 拜爲大將 宜以王師薄伐 天罰龔行 於

是 紀小弓宿禰 使大伴室屋大連 憂陳於天皇曰 臣雖拙弱 敬奉勅矣 但今 臣婦命過之際 莫能視養臣者 公冀將此事具陳天皇 於是 大伴室屋大連 具爲陳之 天皇聞悲頹歎 以吉備上道采女大海 賜於紀小弓宿禰爲隨身視養 遂推轂以遣焉 紀小弓宿禰等 卽入新羅 行屠傍郡*行屠 竝行竝擊 新羅王 夜聞官軍四面鼓聲 知盡得喙地 與數百騎亂走 是以 大敗 小弓宿禰追斬敵將陣中 喙地悉定 遺衆不下 紀小弓宿禰亦收兵 與大伴談連等會 兵復大振 與遺衆戰 是夕 大伴談連及紀岡前來目連 皆力鬪而死 談連從人同姓津麻呂 後入軍中 尋覓其主 從軍不見出問曰 吾主大伴公 何處在也 人告之曰 汝主等果爲敵手所殺 指示屍處 津麻呂聞之 踏叱曰 主旣已陷 何用獨全 因復赴敵 同時殞命 有頃 遺衆自退 官軍亦隨而却 大將軍紀小弓宿禰 値病而薨

• 국역 : 3월 천황이 新羅를 직접 정벌하려고 하였다. 神이 천황에게 "가지 마라"고 경계하니, 천황이 이로 말미암아 가지 않았다. 그리고 紀小弓宿禰·蘇我韓子宿禰·大伴談連*談은 우리말로 箇陀利라고 한다·小鹿火宿禰 등에게 칙명으로 "新羅는 본래 서쪽 땅에 있으면서 여러 대에 걸쳐 신하를 칭하며 조빙을 어기지 않았고 공물도 잘 바쳤다. 짐이 천하를 다스림에 미쳐 몸을 對馬의 밖에 두고 자취를 匝羅 밖에 감춘 채 고구려의 조공을 막고 百濟의 城을 병탄하였다. 하물며 다시 조빙을 이미 걸렀으며 공물도 바치지 않았음에 있어서이겠는가. 이리 같은 사나운 마음이 있어 배부르면 나는 듯 달려가고 굶주리면 붙좇는다. 그대들 네 卿을 대장으로 삼으니 王師를 거느리고 가 쳐서 하늘이 내리는 벌을 받들어 행하라"고 하였다. 이에 紀小弓宿禰는 大伴室屋大連으로 하여금 천황에게 호소해주도록 하면서 "신이 비록 미약하지만 삼가 칙명을 받들겠습니다. 다만 지금 신의 아내가 목숨이 다할 무렵이 되어 신을 돌볼 수 없습니다. 바라건대 公은 이 일을 갖추어 천황께 아뢰어 주십

시오"라 하였다. 大伴室屋大連이 갖추어 아뢰니 천황이 듣고 슬피 탄식하면서 吉備上道의 采女 大海를 紀小弓宿禰에게 하사하여 그를 따라가서 돌보게 하였다. 드디어 수레를 밀어 (군대를) 보냈다. 紀小弓宿禰 등이 곧 新羅에 들어가 이웃 郡을 같이 공격하였다. *行屠는 함께 가서 함께 공격한다는 것이다. 新羅王은 밤에 官軍이 사방에서 북을 울리는 소리를 듣고 (관군이) 㖨의 모든 땅을 얻었음을 알고 수백 騎와 함께 어지러이 도망갔다. 그러므로 크게 패배시키고 小弓宿禰는 (新羅軍을) 쫓아가 陣 속에서 적장을 베었다. 㖨의 땅이 모두 평정되었으나 남은 무리는 항복하지 않았다. 紀小弓宿禰는 또한 군사를 거두어 大伴談連 등과 만나 군대를 다시 크게 일으켜 남은 무리와 싸웠다. 이날 저녁 大伴談連과 紀岡前來目連이 모두 힘써 싸우다가 죽었다. 談連의 시종으로 같은 姓인 津麻呂는 나중에 진영 안으로 들어가 자신의 주인을 찾았다. 진영에서 찾지 못하자 나와서 "우리 주인 大伴公은 어느 곳에 계십니까?"라고 물으니, 사람들이 "너의 주인 등은 적의 손에 살해되었다"고 알려주며 주검이 있는 곳을 가리켰다. 津麻呂는 그 말을 듣고 땅을 구르면서 "주인이 이미 죽었는데 어찌 혼자 살겠는가"라 소리치고 적에게 나아가 함께 죽었다. 얼마 후 남은 무리가 스스로 물러가니 관군도 따라서 물러났다. 大將軍 紀小弓宿禰는 병에 걸려 죽었다.

㉚ 卷第十四 大泊瀨幼武天皇 雄略天皇 九年 夏 五月(465년 음5월)

● 원문 : 夏五月 紀大磐宿禰 聞父既薨 乃向新羅 執小鹿火宿禰所掌兵馬・船 官及諸小官 專用威命 於是 小鹿火宿禰 深怨乎大磐宿禰 乃詐告於韓子宿禰曰 大磐宿禰 謂僕曰 我當復執韓子宿禰所掌之官不久也 願固守之 由是 韓子宿禰與大磐宿禰有隙 於是 百濟王 聞日本諸將緣小事有隙 乃使人於韓子宿禰等曰 欲觀國堺 請 垂降臨 是以 韓子宿禰等 竝轡

而往 及至於河 大磐宿禰 飲馬於河 是時 韓子宿禰 從後而射大磐宿禰鞍几後橋 大磐宿禰愕然反視 射墮韓子宿禰 於中流而死 是三臣由前相競 行亂於道 不及百濟王宮而却還矣 於是 采女大海 從小弓宿禰喪 來到日本 遂憂諮於大伴室屋大連曰 妾不知葬所 願占良地 大連卽爲奏之 天皇勅大連曰 大將軍紀小弓宿禰 龍驤虎視 旁眺八維 掩討逆節 折衝四海

• 국역 : 여름 5월 紀大磐宿禰는 아버지가 이미 돌아가셨음을 듣고 新羅를 향하면서 小鹿火宿禰가 관장하던 兵馬와 船官 및 小官들을 장악하고 명령을 마음대로 하였다. 그러므로 小鹿火宿禰는 大磐宿禰를 매우 원망하여 韓子宿禰에게 거짓으로 "大磐宿禰가 저에게 '내가 다시 韓子宿禰가 장악한 관리들을 뺏는 것이 머지않았다'고 하였습니다. 원컨대 굳게 지키십시오"라고 고했다. 이로 말미암아 韓子宿禰는 大磐宿禰와 틈이 벌어졌다. 이때 百濟王은 日本의 장수들이 사소한 일 때문에 틈이 벌어졌음을 듣고 韓子宿禰 등에게 사람을 시켜 "나라의 경계를 살펴보고자 합니다. 왕림하시기를 청합니다"고 하였다. 그러므로 韓子宿禰 등은 말고삐를 나란히 하고 갔는데, 강에 이르러 大磐宿禰가 강에서 말에게 물을 먹였다. 이때 韓子宿禰가 뒤에서 大磐宿禰의 말안장 뒤를 받친 나무에 활을 쏘았다. 大磐宿禰가 놀라 돌아보며 韓子宿禰를 쏘니 물에 빠져 죽었다. 이 세 신하가 앞에서 서로 다투었으므로 길에서 행렬이 어지러워져 百濟 왕궁에 이르지 못하고 돌아갔다. 이때 采女 大海가 小弓宿禰의 관을 따라 日本에 도착하였다. 드디어 大伴室屋大連에게 근심스럽게 상의하기를 "저는 장례 치를 곳을 모르겠습니다. 원컨대 좋은 땅을 골라주십시오"라 하니, 大連이 곧 아뢰었다. 천황이 大連에게 명령하여 "大將軍 紀小弓宿禰는 용처럼 뛰어오르고 호랑이처럼 노려보며 8方을 널리 바라보았고, 반역자들을 불시에 토벌하

고 사방의 적들을 물리쳤다"고 하였다.

㉛ **卷第十四 大泊瀨幼武天皇 雄略天皇 卄三年 八月**(479년 음8월 7일)

• 원문 : 是時 征新羅將軍吉備臣尾代 行至吉備國過家 後所率五百蝦夷等 聞天皇崩 乃相謂之曰 領制吾國天皇旣崩 時不可失也 乃相聚結 侵寇傍郡

• 국역 : 이때 新羅를 정벌하러 갔던 장군 吉備臣尾代의 행렬이 吉備國에 이르러 집을 지나갔다. 뒤를 따르던 500蝦夷들이 천황이 죽었다는 말을 듣고 서로 이르기를 "우리나라를 다스리던 천황이 죽었으니 때를 잃어서는 안 된다"고 하였다. 그리고 서로 모여 이웃 郡을 침략하여 노략질하였다.

㉜ **卷第十七 男大迹天皇 繼體天皇 六年 冬 十二月**(512년 음12월)

• 원문 : 冬十二月 百濟遣使貢調 別表請任那國上哆唎 下哆唎・娑陀・牟婁・四縣 哆唎國守穗積臣押山奏曰 此四縣 近連百濟 遠隔日本 旦暮易通 鷄犬難別 今賜百濟 合爲同國 固存之策 無以過此 然縱賜合國 後世猶危 況爲異場 幾年能守 大伴大連金村 具得是言 同謨而奏 迺以物部大連麤鹿火 宛宣勅使 物部大連 方欲發向難波館 宣勅於百濟客 其妻固要曰 夫住吉大神 初以海表金銀之國 高麗・百濟・新羅・任那等 授記胎中譽田天皇

• 국역 : 겨울 12월 백제가 사신을 보내어 調를 바쳤다. 따로 표를 올려 任那國의 上哆唎・下哆唎・娑陀・牟婁의 4현을 청했다. 哆唎國守 穗積臣押山이 "이 4현은 백제와 인접해 있고 일본과는 멀리 떨어져 있습니다. (백제와는) 아침저녁으로 통하기 쉽고 (어느 나라의) 닭과 개인지를 구별할 수 없을 정도이니 지금 백제에게 주어 합쳐서 같은 나라로 만들면 굳게 지키는 계책이 이보다 나은 것이 없을 것입니다. 비록 주어서 나라를 합치더라도 후세에는 오히려 위태

로울 것인데, 하물며 다른 곳이 된다면 몇 년이나 지킬 수 있겠습니까?"라 아뢰었다. 大伴大連金村이 이 말을 다 듣고 같은 계책을 아뢰었다. 이에 物部大連麤鹿火를 칙을 선포하는 사신으로 삼았다. 物部大連이 難波館을 향해 출발하여 百濟客에게 칙을 선포하고자 하였다. 그의 妻가 진실로 간하기를 "主吉大神이 처음에 바다 밖 金銀의 나라 고구려·백제·신라·임나 등을 胎中의 譽田天皇에게 주겠다고 예언하였습니다"라고 하였다.

㉝ 卷第十七 男大迹天皇 繼體天皇 七年 冬 十一月(513년 음11월 5일)

- 원문 : 冬十一月辛亥朔乙卯 於朝庭 引列百濟姐彌文貴將軍 斯羅汶得至 安羅辛已奚及賁巴委佐 伴跛既殿奚及竹汶至等 奉宣恩勅 以己汶·帶沙 賜百濟國
- 국역 : 겨울 11월 5일 朝庭에서 백제의 姐彌文貴 장군과 斯羅(신라)의 汶得至, 安羅의 辛已奚와 賁巴委佐, 伴跛의 既殿奚와 竹汶至 등을 불러놓고 恩勅을 선포하여 己汶과 帶沙를 백제국에 주었다.

㉞ 卷第十七 男大迹天皇 繼體天皇 八年 三月(514년 음3월)

- 원문 : 三月 伴跛築城於子呑·帶沙 而連滿奚 置烽候邸閣 以備日本 得築城於爾列比·麻須比 而絙麻且奚·推封 聚士卒兵器 以逼新羅 駈略子女 剝掠村邑 凶勢所加 罕有遺類 夫暴虐奢侈 惱害侵淩 誅殺尤多 不可詳載
- 국역 : 3월 伴跛가 子呑와 帶沙에 성을 쌓아 滿奚와 이어서 봉수와 軍倉을 설치하여 일본에 대비했다. 또 爾列比와 麻須比에 성을 쌓아 麻且奚와 推封에 걸치게 했다. 士卒과 兵器를 모아 신라를 핍박하여 백성을 약탈하고 촌읍을 노략질하였으니 흉악한 세력이 가해진 곳은 남겨진 것이 거의 없었다. 포학하고 사치하였으며 괴롭혀 해를

끼치고 침략하여 죽인 것이 매우 많았으므로 이루 다 실을 수 없다.

㉟ **卷第十七 男大迹天皇 繼體天皇 九年 春 二月甲戌朔 丁丑**(515년 9월 4일)

- 원문 : 九年 春 二月 甲戌朔丁丑 百済使者文貴將軍等請罷 仍勅 副物部連 *闕名 遣罷歸之(以下 略)
- 국역 : 9년 3월 4일 백제의 사인 文貴장군 등이 귀국하기를 청하였다. 그래서 허락하며 物部連이름을 잊었다을 부쳐서 보냈다.

㊱ **卷第十七 男大迹天皇 繼體天皇 九年 春 二月**(515년 음2월)

- 원문 : 是月 到于沙都嶋 傳聞伴跛人 懷恨御毒 恃强縱虐 故物部連 率舟師 五百 直詣帶沙江 文貴將軍 自新羅去
- 국역 : 이달 沙都嶋에 이르러 伴跛人이 한을 품고 독을 머금었으며 강성함을 믿고 사납기 이를 데 없음을 전해 들었다. 物部連은 水兵 5백 명을 이끌고 곧바로 帶沙江으로 나아갔으며 文貴장군은 신라로부터 갔다.

㊲ **卷第十七 男大迹天皇 繼體天皇 廿一年 夏 六月**(527년 음6월 3일)

- 원문 : 廿一年夏六月壬辰朔甲午 近江毛野臣 率衆六萬 欲往任那 爲復興建新羅所破南加羅 喙己呑 而合任那 於是 筑紫國造磐井 陰謨叛逆 猶預經年 恐事難成 恒伺間隙 新羅知是 密行貨賂于磐井所 而勸防遏毛野臣軍 於是 磐井掩據火豐二國 勿使修職 外邀海路 誘致高麗・百濟・新羅・任那等國年貢職船 內遮遣任那毛野臣軍 亂語揚言曰 今爲使者昔爲吾伴 摩肩觸肘 共器同食 安得率爾爲使 俾余自伏爾前 遂戰而不受驕而自矜 是以 毛野臣 乃見防遏 中途淹滯 天皇詔大伴大連金村・物部大連麤鹿火・許勢大臣男人等曰 筑紫磐井反掩 有西戎之地 今誰可將者 大伴大連等僉曰 正直仁勇通於兵事 今無出於麤鹿火右 天皇曰 可

• 국역 : 21년 여름 6월 3일 近江毛野臣이 군사 6만을 이끌고 任那에 가서 신라에게 멸망한 南加羅·喙己呑를 다시 세워 임나에 합치고자 하였다. 이때 筑紫國造 磐井이 몰래 반역을 도모하였는데 꾸물거리다가 해를 넘겼다. 일을 이루기 어려울까 염려하며 늘 틈을 엿보았다. 신라가 이를 알고 몰래 磐井의 居所에 뇌물을 보내어 毛野臣의 군대를 막아달라고 부탁했다. 이에 磐井이 火와 豐 두 나라에 세력을 뻗쳐 직무를 행하지 못하게 했다. 밖으로는 海路를 끊어 고구려·백제·신라·임나 등의 나라에서 해마다 조공을 바치는 배를 꾀어서 이르게 하고, 안으로는 임나에 파견되는 毛野臣의 군대를 막고 무례하게 말하기를, "지금 使者가 된 사람은 전에 나의 동료로서 어깨를 맞대고 팔꿈치를 부딪치며 같은 그릇에 함께 밥먹던 사이이다. 어찌 별안간 사신이 되어 나로 하여금 자기 앞에 스스로 엎드리게 할 수 있겠는가"라 하였다. 드디어 싸우고 받아들이지 않았으며 교만하게 스스로 뽐내었다. 이 때문에 毛野臣은 길이 막혀서 중도에서 지체했다. 천황은 大伴大連金村과 物部大連麤鹿火·許勢大臣男人 등에게 "筑紫의 磐井이 반란을 일으켜 西戎의 땅을 차지하고 있다. 지금 누가 장수가 될 만한가?"라고 조를 내렸다. 大伴大連 등이 모두 "正直하고 어질고 용감하며 兵事에 능통한 것은 지금 麤鹿火보다 뛰어난 사람이 없습니다"라 아뢰었다. 천황이 "좋다"라고 하였다.

㊳ 卷第十七 男大迹天皇 繼體天皇 卄三年 三月(529년 3월)

• 원문 : 是月 遣物部伊勢連父根·吉士老等 以津賜百濟王 於是 加羅王謂勅使云 此津 從置官家以來 爲臣朝貢津涉 安得輒改賜隣國 違元所封限地 勅使父根等 因斯 難以面賜 却還大嶋 別遣錄史 果賜扶餘 由是 加羅結儻新羅 生怨日本 加羅王娶新羅王女 遂有兒息 新羅初送女時 并遣

百人 爲女從 受而散置諸懸 令着新羅衣冠 阿利斯等 嗔其變服 遣使徵還 新羅大羞 飜欲還女曰 前承汝聘 吾便許婚 今旣若斯 請 還王女 加羅已富利知伽 *未詳 報云 配合夫婦 安得更離 亦有息兒 棄之何往 遂於所經 拔刀伽・古跛・布那牟羅 三城 亦拔北境五城

是月 遣近江毛野臣 使于安羅 勅勸新羅 更建南加羅・㖨己呑 百濟遣將軍君尹貴・麻那 甲背・麻鹵等 往赴安羅 式聽詔勅 新羅 恐破蕃國官家 不遣大人 而遣夫智奈麻禮・奚奈麻禮等 往赴安羅 式聽詔勅 於是 安羅新起高堂 引昇勅使 國主隨後昇階 國內大人 預昇堂者一二 百濟使將軍君等 在於堂下 凡數月再三 謨謀乎堂上 將軍君等 恨在庭焉

• 국역 : 이달 物部伊勢連父根과 吉士老 등을 보내어 (多沙)津을 백제왕에게 내려주었다. 이에 加羅王이 勅使에게 이르기를 "이 津은 官家를 둔 이래로 臣의 조공하는 나루터였습니다. 어찌 갑자기 바꾸어서 이웃나라에 줄 수 있으며 처음에 봉해 주었던 것을 어길 수 있습니까?"라 하였다. 勅使 父根 등이 이 때문에 바로 줄 수 없어서 大嶋로 되돌아왔다가 따로 錄史를 보내어 결국 扶餘에게 내려주었다. 그러자 加羅가 신라와 한편이 되어 일본을 원망하였다. 가라왕은 신라 王女를 아내로 맞아 드디어 자식을 두었다. 신라가 처음에 왕녀를 보낼 때에 100人을 함께 보내어 왕녀의 從者로 삼았다. 받아서 여러 縣에 나누어 두고 신라 衣冠을 착용하게 했다. 阿利斯 等이 복장을 바꾼 것에 화를 내며 사신을 보내어 되돌아가게 했다. 신라가 매우 부끄럽게 여기고 생각을 바꾸어 왕녀를 되돌아오도록 하려고 "전에 너희의 요청을 받아 우리가 문득 혼인을 허락하였으나, 지금 이와 같으니 왕녀를 돌려보내도록 하라"고 하였다. 加羅의 已富利知伽*자세하지 않다가 "夫婦가 되었는데 어찌 다시 떨어질 수 있겠습니까. 또한 자식이 있으니 버리고 어찌 가겠습니까?"라고 답하였다. (신라는) 마침내 길목의 刀伽・古跛・布那牟羅의 3城을 쳐부수고 또

북쪽 경계의 5城을 쳐부수었다.

이달 近江毛野臣을 安羅에 사신으로 보내어 명령을 내려 신라에게 南加羅와 喙己呑을 다시 세우도록 권하게 하였다. 백제는 장군 君尹貴와 麻那甲背·麻鹵 등을 보내어 安羅에 가서 조칙을 받게 했다. 신라는 번국의 官家를 없앤 것이 두려워서 大人을 보내지 않고 夫智奈麻禮와 奚奈麻禮 등을 보내어 安羅에 가서 조칙을 듣게 했다. 이에 安羅는 새로이 높은 堂을 세워서 勅使를 오르게 하고 國主는 그 뒤를 따라 계단을 올라갔다. 국내의 大人으로서 堂에 올랐던 사람은 한둘 정도였다. 백제의 사신 장군 君 등은 堂 아래에 있었는데 몇 달간 여러 번 당 위에 오르고자 하였다. 장군 君 등은 뜰에 있는 것을 한스럽게 여겼다.

㊴ 卷第十七 男大迹天皇 繼體天皇 廿三年 夏 四月 戊子(529년 음4월 7일)

- 원문 : 夏四月壬午朔戊子 任那王己能末多干岐來朝*言己能末多者 蓋阿利斯等也 啓大伴大連金村曰 夫海表諸蕃 自胎中天皇 置內官家 不棄本土 因封其地 良有以也 今新羅 違元所賜封限 數越境以來侵 請 奏天皇 救助臣國 大伴大連 依乞奏聞
- 국역 : 여름 4월 7일 任那王 己能末多干岐가 조정에 왔다.*己能末多란 대개 阿利斯等이다. 大伴大連金村에게 아뢰기를 "바다 밖의 여러 번국들은 胎中天皇이 內官家를 두었을 때부터 본토를 저버리지 않았으므로 그 땅을 봉하였는데 그것은 진실로 까닭이 있어서입니다. 지금 신라는 원래 내려주었던 경계를 어기고 자주 경계를 넘어 침략해 오니 청컨대 천황께 아뢰어 臣의 나라를 구해 주십시오"라 하였다. 大伴大連이 요청한 대로 아뢰었다.

⑩ 卷第十七 男大迹天皇 繼體天皇 廿三年 四月(529년 음4월)

• 원문 : 是月 遣使送己能末多干岐 幷詔在任那近江毛野臣 推問所奏 和解相疑 於是 毛野臣次于熊川*一本云 次于任那 久斯牟羅 召集新羅・百濟二國之王 新羅王佐利遲遣久遲布禮*一本云 久禮爾師知于奈師磨里 百濟遣恩率彌騰利 赴集毛野臣所 而二王不自來參 毛野臣大怒 責問二國使云 以小事大 天之道也*一本云 大木端者以大木續之 小木端以小木續之 何故二國之王 不躬來集受天皇勅 輕遣使乎 今縱汝王 自來聞勅 吾不肯勅 必追逐退 久遲布禮・恩率彌騰利 心懷怖畏 各歸召王 由是 新羅改遣其上臣伊叱夫禮智干岐*新羅 以大臣爲上臣 一本云 伊叱夫禮知 奈末 率衆三千 來請聽勅 毛野臣 遙見兵仗圍繞 衆數千人 自熊川 入任那己叱利城 伊叱夫禮智干岐 次于多多羅原 不敬歸待三月 頻請聞勅 終不肯宣 伊叱夫禮智所將士卒等 於聚落乞食 相過毛野臣傔人河內馬飼首御狩 御狩入隱他門 待乞者過 捲手遙擊乞者見云 謹待三月 佇聞勅旨 尙不肯宣 惱聽勅使 乃知欺誑 誅戮上臣矣 乃以所見 具述上臣 上臣抄掠四村*金官・背伐・安多・委陀 是爲四村 一本云 多多羅 須那羅 和多 費智爲四村也 盡將人物 入其本國 或曰 多多羅等四村之所掠者 毛野臣之過也

• 국역 : 이달 사신으로 己能末多干岐를 보냈다. 아울러 임나에 있는 近江毛野臣에게 명령하여 "아뢴 바를 알아보고 서로 의심하는 것을 화해시키라"고 하였다. 이에 毛野臣은 熊川에 머물면서*어떤 책에는 任那의 久斯牟羅*에 머물렀다고 한다 신라와 백제 두 나라의 왕을 불러 모았다. 신라왕 佐利遲는 久遲布禮를 보내었고*어떤 책에는 久禮爾師知于奈師磨里라 하였다 백제는 恩率 彌騰利를 보내어 毛野臣이 있는 곳에 가서 모이게 하고 두 왕은 참석하러 오지 않았다. 毛野臣이 매우 화를 내며 두 나라 사신을 꾸짖기를 "작은 나라가 큰 나라를 섬기는 것은 하늘의 道이다.*어떤 책에는 큰 나무의 끝은 큰 나무로 잇고 작은 나무의 끝은 작은 나무로 잇는다고 하였다. 어찌 두 나라의 왕이 몸소

와서 천황의 명령을 받지 않고 가벼이 사신을 보내는가. 이제 비록 너희 왕이 스스로 와서 명령을 받겠다 하더라도 나는 칙을 선포하지 않고 반드시 쫓아가서 물리칠 것이다"라 하였다. 久遲布禮와 恩率 彌騰利가 마음속으로 두려워 각각 돌아가서 왕을 부른다고 하였다. 이에 신라는 그 上臣 叱夫禮智干岐로 바꾸어 보냈는데 *신라에서는 大臣을 上臣이라 하는데 어떤 책에는 伊叱夫禮知奈末이라 하였다 군사 3천 명을 거느리고 와서 칙을 듣기를 청했다. 毛野臣이 멀리 병사들이 둘러싸고 있는 무리가 수천 명인 것을 보고, 熊川으로부터 任那의 己叱己利城으로 들어갔다. 伊叱夫禮智干岐는 多多羅原에 머물며 공경하여 돌아가지 않고 세 달을 기다리며 칙을 들으려고 자주 청했으나 끝내 선포하려고 하지 않았다. 伊叱夫禮智가 거느린 士卒들이 마을에서 걸식하고 있었는데 毛野臣의 從者 河內馬飼首御狩와 마주쳤다. 御狩는 다른 문으로 들어가 숨어서 걸식하는 자가 지나가기를 기다렸다가 주먹으로 쳤다. 걸식자가 보고 "삼가 세 달을 기다리며 勅旨를 듣고자 했으나 아직도 선포하려고 하지 않고 칙을 들으려는 사신을 괴롭히는 것은 곧 속여서 上臣을 죽이고자 함임을 알겠다"라 하였다. 이에 所見을 모두 上臣에게 아뢰었더니 上臣은 4개의 村*金官·背伐·安多·委陀가 4개 촌이다. 어떤 책에는 多多羅·須那羅·和多·費智를 4개 촌이라 하였다을 노략질하여 빼앗고 사람과 물건을 다 가지고 본국으로 들어갔다. 어떤 사람이 "多多羅 등의 4개 촌을 노략질하게 한 것은 毛野臣의 잘못이다"라 하였다.

㊶ 卷第十七 男大迹天皇 繼體天皇 廿四年 秋 九月(530년 음9월)

• 원문 : 秋九月 任那使奏云 毛野臣 遂於久斯牟羅 起造舍宅 淹留二歲*一本云三歲者 連去來歲年數也 懶聽政焉 爰以日本人與任那人 頻以兒息 諍訟難決 元無能判 毛野臣樂置誓湯曰 實者不爛 虛者必爛 是以 投湯爛死

者衆 又殺吉備韓子那多利・斯布利*大日本人 娶蕃女所生 爲韓子也 恒惱人民 終無和解 於是 天皇聞其行狀 遣人徵入 而不肯來 願以河內母樹馬飼首御狩 奉詣於京而奏曰 臣未成勅旨 還入京鄕 勞往虛歸 慙恧安措 伏願 陛下 待成國命 入朝謝罪 奉使之後 更自謨曰 其調吉士亦是皇華之使 若先吾取歸 依實奏聞 吾之罪過 必應重矣 乃遣調吉士率衆守伊斯枳牟羅城 於是 阿利斯等 知其細碎爲事 不務所期 頻勸歸朝 尙不聽還 由是 悉知行迹 心生飜背 乃遣久禮斯己母 使于新羅請兵 奴須久利 使于百濟請兵 毛野臣聞百濟兵來 迎討背評背評*地名 亦名能備己富里也 傷死者半 百濟 則捉奴須久利 杻械枷鏁 而共新羅圍城 責罵阿利斯等曰 可出毛野臣 毛野臣 嬰城自固 勢不可擒 於是二國圖度便地 淹留弦晦 筑城而還 號曰久禮牟羅城 還時觸路 拔騰利枳牟羅・布那牟羅・牟雌枳牟羅・阿夫羅・久知波多枳 五城

• 국역 : 가을 9월 임나의 사신이 "毛野臣이 드디어 久斯牟羅에서 집을 짓고 2년*어떤 책에 3년이라고 한 것은 가고 온 해를 센 것이다을 머물며 다스리기를 게을리하였습니다. 이에 일본인과 임나인이 자식 때문에 자주 다투었으나 해결하기 어려웠고 처음부터 판결할 수도 없었습니다. 毛野臣은 즐겨 誓湯을 설치해 놓고 '진실한 사람은 문드러지지 않을 것이고, 거짓된 사람은 반드시 문드러질 것이다'라 하였습니다. 그러므로 탕에 던져져 데어 죽은 사람이 많았습니다. 또 吉備의 韓子 那多利・斯布利*大日本人이 蕃女를 취하여 낳은 자식을 韓子라 한다를 죽이고 人民을 괴롭혔으며 끝내 화해시키지 못하였습니다" 라고 아뢰었다. 이에 천황이 그 행실을 듣고 사람을 보내어 불러들였으나 오려고 하지 않았다. 도리어 河內母樹馬飼首御狩로 하여금 서울로 나아가 "臣은 王命을 이루지 못하였는데 서울로 되돌아간다면 힘써 갔다가 헛되이 돌아가는 것이 되니 부끄러워 편안할 수 없습니다. 엎드려 바라건대 폐하께서는 國命을 이루고 조정에

들어가 謝罪할 때까지 기다려 주십시오"라 아뢰게 하였다. 使者를 보낸 후 다시 스스로 꾀하기를 "그 調吉士는 또한 皇華의 使이니 만약 나보다 먼저 돌아가서 사실대로 아뢰면 나의 罪過는 반드시 무겁게 될 것이다"라 하였다. 이에 調吉士를 보내어 무리를 거느리고 伊斯枳牟羅城을 지키게 했다. 이에 阿利斯等은 (毛野臣이) 사소한 것만 일삼고 맡은 바 임무에 힘쓰지 않는 것을 알고 歸朝할 것을 자주 권했으나 오히려 돌아가지 않았다. 이 때문에 (阿利斯等은 毛野臣의) 행적을 다 알아서 배반하려는 마음이 생겼으므로 久禮斯己母를 보내어 신라에 가서 請兵하고 奴須久利를 백제에 보내어 청병했다. 毛野臣이 百濟兵이 온다는 것을 듣고 背評*背評은 지명인데 또한 能備己富里라고도 한다에서 맞아 토벌했는데 부상하거나 죽은 자가 반이었다. 백제는 奴須久利를 붙잡아 형틀을 채우고 쇠사슬로 묶어놓고 신라와 함께 성을 에워쌌다. 阿利斯等을 책망하며 꾸짖기를 "毛野臣을 내줄 수 있겠는가?"라 하였다. 毛野臣은 城에 의지하여 스스로 굳게 지켰으므로 사로잡을 수 없었다. 이에 두 나라는 편리한 곳을 찾아 한 달을 머물다가 성을 쌓고 돌아갔는데 久禮牟羅城이라 한다. 돌아올 때 길목의 騰利枳牟羅・布那牟羅・牟雌枳牟羅・阿夫羅・久知波多枳의 다섯 성을 쳐부수었다.

㊷ 卷第十八 武小廣國押盾天皇 宣化天皇 二年 冬 十月(537년 음10월 1일)

- 원문 : 二年冬十月壬辰朔 天皇 以新羅寇於任那 詔大伴金村大連 遣其子磐與狹手彦 以助任那 是時 磐留筑紫 執其國政 以備三韓 狹手彦往鎭任那加救百濟
- 국역 : 2년 겨울 10월 초하루 天皇은 신라가 任那를 침략하였으므로 大伴金村大連에게 명령하여 그 아들 磐과 狹手彦을 보내어 임나를 돕게 했다. 이때 磐은 筑紫에 머물며 國政을 잡고 三韓에 대비하

고 있었다. 狹手彦은 가서 임나를 평정하고 또 백제를 구원했다.

㊸ 卷第十九 天國排開廣庭天皇 欽明天皇 元年 八月(540년 음8월)

• 원문 : 八月 高麗・百濟・新羅・任那 竝遣使獻 竝脩貢職 召集秦人・漢人等 諸蕃投化者 安置國郡 編貫戶籍 秦人戶數 總七千五十三戶 以大藏掾 爲秦伴造

• 국역 : 8월 高句麗・百濟・新羅・任那가 함께 사신을 보내고, 아울러 공물을 바쳤다. 秦人・漢人 등 여러 나라에서 투화하여 온 사람을 불러모아, 國郡에 안치하고 호적을 편성하였다. 秦人의 戶數가 총 7,053戶였다. 大藏掾을 秦伴造로 삼았다.

㊹ 卷第十九 天國排開廣庭天皇 欽明天皇 元年 九月(540년 음9월 5일)

• 원문 : 九月乙亥朔己卯 幸難波祝津宮 大伴大連金村・許勢臣稻持・物部大連尾與等從焉 天皇問諸臣曰 幾許軍卒 伐得新羅 物部大連尾與等奏曰 少許軍卒 不可易征 曩者 男大迹天皇六年 百濟遣使 表請任那上哆唎・下哆唎・娑陀・牟婁 四縣 大伴大連金村 輒依表請 許賜所求 由是 新羅怨曠積年 不可輕爾而伐 於是 大伴大連金村 居住吉宅 稱疾不朝 天皇遣青海夫人句子 慰問慇懃 大連怖謝曰 臣所疾者 非餘事也 今諸臣等謂臣滅任那 故恐怖不朝耳 乃以鞍馬贈使 厚相資敬 青海夫人依實顯奏 詔曰 久竭忠誠 莫恤衆口 遂不爲罪 優寵彌深

• 국역 : 9월 5일 難波祝津宮에 행차하였다. 大伴大連金村・許勢臣稻持・物部大連尾與 등이 따라갔다. 천황이 여러 신하에게, "어느 정도의 군사가 있으면 新羅를 칠 수 있겠는가" 하고 물었다. 物部大連尾與 등이, "적은 군사로는 쉽게 칠 수 없습니다. 지난번 男大迹天皇(繼體天皇) 6년에 百濟가 사신을 보내 表를 올려 任那의 上哆唎・下哆唎・娑陀・牟婁의 네 縣을 청하였는데, 大伴大連金村이 表에

서 청하는 대로 구하는 곳을 내려 주었습니다. 이로 말미암아 新羅의 원망이 여러 해 동안 쌓여 갔으니 가볍게 칠 수 없습니다"라고 아뢰었다. 이때 大伴大連金村은 住吉의 집에 있으면서 병을 핑계대고 조정에 나아오지 않았다. 천황은 靑海夫人 句子를 보내 은근하게 위문하였다. 大連은 두려워하여 사죄하면서, "臣이 앓고 있는 것은 다름 아니라, 지금 여러 臣 등은 臣이 任那를 멸망시켰다고 말합니다. 그래서 두려워서 조정에 나아가지 못했을 뿐입니다"라고 말하였다. 그리고 장식한 말을 사신에게 주어 후하게 접대하며 경의를 표하였다. 靑海夫人이 사실대로 보고하였다. 명령을 내려, "오랫동안 충성을 다하였으니, 여러 사람의 말에 근심하지 마라"고 하였다. 드디어 허물 삼지 않고 총애함이 더욱 깊었다.

㊺ 卷第十九 天國排開廣庭天皇 欽明天皇 二年 夏 四月(541년 음4월)

● 원문 : 夏四月 安羅次旱岐夷呑奚・大不孫・久取柔利 加羅上首位古殿奚 卒麻旱岐 散半奚旱岐兒 多羅下旱岐夷他 斯二岐旱岐兒 子他旱岐等 與任那日本府吉備臣*厥名字 往赴百濟 俱聽詔書 百濟聖明王謂任那旱岐等言 日本天皇所詔者 全以復建任那 今用何策 起建任那 盍各盡忠 奉展聖懷 任那旱岐等對曰 前再三廻 與新羅議 而無答報 所圖之旨 更告新羅 尙無所報 今宜俱遣使 往奏天皇 夫建任那者 爰在大王之意 祇承敎旨 誰敢間言 然任那境接新羅 恐致卓淳等禍*等謂喙己呑・加羅 言卓淳等國 有敗亡之禍 聖明王曰 昔我先祖速古王・貴首王之世 安羅・加羅・卓淳旱岐等 初遣使相通 厚結親好 以爲子弟 冀可恒隆 而今被誑新羅 使天皇忿怒 而任那憤恨 寡人之過也 我深懲悔 而遣下部中佐平麻鹵・城方甲背昧奴等赴加羅 會于任那日本府相盟 以後 繫念相續 圖建任那 旦夕無忘 今天皇詔稱 速建任那 由是 欲共爾曹謨計 樹立任那等國 宜善圖之 又於任那境 徵召新羅 問聽與不 乃俱遣使奏聞天皇

恭承示教 儻如使人未還之際 新羅候隙 侵逼任那 我當往救 不足爲憂 然善守備 謹警無忘 別汝所導 恐致卓淳等禍 非新羅自强故 所能爲也 其㖨己呑 居加羅與新羅境際 而被連年攻敗 任那無能救援 由是見亡 其南加羅 蕞爾狹小 不能卒備 不知所託 由是見亡 其卓淳 上下携貳 主欲自附 內應新羅 由是見亡 因斯而觀 三國之敗 良有以也 昔新羅 請援於高麗 而攻擊任那與百濟 尙不剋之 新羅安獨滅任那乎 今寡人 與汝戮力幷心 翳賴天皇 任那必起 因贈物各有差 忻忻而還

● 국역 : 여름 4월 安羅의 次旱岐 夷呑奚・大不孫・久取柔利 등과 加羅의 上首位 古殿奚, 卒麻의 旱岐, 散半奚의 旱岐의 아들, 多羅의 下旱岐 夷他, 斯二岐의 旱岐의 아들, 子他의 旱岐 등이 任那의 日本府의 吉備臣*이름이 빠졌다과 더불어 百濟에 가서 함께 詔勅을 들었다. 百濟의 聖明王이 任那의 旱岐들에게, “日本의 천황이 명령한 바는 오로지 任那를 재건하라는 것이다. 지금 어떤 계책으로 任那를 다시 일으키겠는가 어찌 각기 충성을 다하여 천황의 마음을 받들어 펼치지 않겠는가?”라고 말하였다. 任那의 旱岐 등이, “전에 두세 번 新羅와 더불어 의논하였으나 대답이 없었습니다. 도모하려는 뜻을 다시 新羅에 이른다 하여도 여전히 대답하는 바가 없을 것입니다. 이제 마땅히 함께 사신을 보내어 천황에게 아뢰어야 합니다. 任那를 재건하는 일은 대왕의 뜻에 달려 있습니다. 공경하게 (왕의) 敎旨를 받들려 하는데 누가 감히 다른 말을 하겠습니까? 그러나 任那의 경계는 新羅와 접해 있어서 卓淳 등과 같은 화를 입을까 두렵습니다”라고 말하였다*(卓淳) 등이라 함은 㖨己呑, 加羅를 말한다. 卓淳 등의 나라와 같은 패망의 화를 당할 수 있다는 것을 말한다. 聖明王은, “옛적에 우리 선조 速古王, 貴首王의 때에, 安羅・加羅・卓淳의 旱岐 등이 처음으로 사신을 보내고 서로 통교하여 친교를 두터이 맺어, 子弟의 나라로 여기고 더불어 융성하기를 바랐다. 그런데

지금 新羅에게 속아 천황을 노엽게 하고 任那를 한에 사무치게 한 것은 과인의 잘못이다. 나는 깊이 뉘우쳐 下部 中佐平 麻鹵, 城方 甲背昧奴 등을 보내어 加羅에 나아가 任那의 日本府에 모여 서로 맹세하게 하였다. 그 후에도 계속 마음을 두고 任那를 재건하려고 하는 일을 아침저녁으로 잊은 적이 없었다. 지금 천황이 명령을 내려, '속히 任那를 재건하라'고 말씀하셨다. 이로 말미암아 그대들과 함께 계책을 모의하여 任那 등의 나라를 세우려고 하니, 잘 생각하여야 한다. 또 任那의 경계에서 新羅를 불러, (조를) 받들 것인가의 여부를 물어야겠다. 함께 사신을 보내어 천황에 아뢰고 삼가 교시를 받들자. 만일 사인이 돌아오지 않았을 때 新羅가 틈을 엿보아 任那를 침략해 오면 나는 마땅히 가서 구원할 것이니 근심할 바가 아니다. 그러나 잘 방비하고 삼가 경계하기를 잊지 마라. 또한 그대들은 말하기를, 卓淳 등과 같은 화를 입을까 두렵다고 하였으나, (그것은) 신라가 혼자 강하다고 하여 할 수 있는 일이 아니다. 喙己呑은 加羅와 新羅의 경계에 있어 해마다 공격을 받아 패배하였는데, 任那도 구원할 수가 없었고, 이로 말미암아 망하게 되었다. 南加羅는 땅이 협소하여 불의의 습격에 방비할 수 없었고 의지할 바도 알지 못하여, 이로 말미암아 망하였다. 卓淳은 위아래 사람들이 다른 마음을 지녔는데, 군주가 혼자 항복하려고 新羅에 내응하여, 이 때문에 망하게 되었다. 이로 인하여 살펴보니 三國의 패망은 진실로 까닭이 있는 것이다. 옛적에 신라가 고구려에 구원을 청하여 任那와 百濟를 쳤으나 오히려 이기지 못하였는데, 신라가 어찌 혼자서 任那를 멸망시키겠는가. 지금 과인이 그대들과 더불어 힘을 다하고 마음을 같이하여 천황에게 의지하면 任那는 반드시 일어날 것이다"라고 말하였다. 그리고 물건을 주었는데, 각각 차등이 있었다. 기뻐하며 돌아갔다.

㊻ 卷第十九 天國排開廣庭天皇 欽明天皇 二年 秋 七月(541년 음7월)

●원문 : 秋七月 百濟聞安羅日本府與新羅通計 遣前部奈率鼻利莫古・奈率宣文・中部奈率木刕眯淳・紀臣奈率彌麻沙等*紀臣奈率者 蓋是紀臣娶韓婦所生 因留百濟 爲奈率者也 未詳其父 他皆效此也 使于安羅 召到新羅任那執事 謨建任那 別以安羅日本府河內直 通計新羅 深責罵之*百濟本記云 加不至費直・阿賢移那斯・佐魯麻都等 未詳也 乃謂任那曰 昔我先祖速古王・貴首王與故旱岐等 始約和親 式爲兄弟 於是 我以汝爲子弟 汝以我爲父兄 共事天皇 俱距强敵 安國全家 至于今日 言念先祖 與舊旱岐 和親之詞 有如皎日 自茲以降 勤修隣好 遂敦與國 恩踰骨肉 善始有終 寡人之所恒願 未審 何緣輕用浮辭 數歲之間 慨然失志 古人云 追悔無及 此之謂也 上達雲際 下及泉中 誓神乎今 改咎乎昔 一無隱匿 發露所爲 精誠通靈 深自克責 亦所宜取 蓋聞 爲人後者 貴能負荷先軌 克昌堂構 以成勳業也 故今追崇先世和親之好 敬順天皇詔勅之詞 拔取新羅所折之國南加羅・㖨己呑等 還屬本貫 遷實任那 永作父兄 恒朝日本 此寡人之所食不甘味 寢不安席 悔往戒今之 所勞想也 夫新羅甘言希誑 天下之所知也 汝等妄信 旣墮人權 方今任那境接新羅 宜常設備 豈能弛柝爰恐 陷羅誣欺網穽 喪國亡家 爲人繫虜 寡人念茲 勞想而不能自安矣 竊聞 任那與新羅運策席際 現蜂蛇怪 亦衆所知 且夫妖祥 所以戒行 災異所以悟人 當是 明天告戒 先靈之徵表者也 禍至追悔 滅後思興 孰云及矣 今汝遵余 聽天皇勅 可立任那 何患不成 若欲長存本土 永御舊民 其謨在茲 可不愼也 聖明王更謂任那日本府曰 天皇詔稱 任那若滅 汝則無資 任那若興 汝則有援 今宜興建任那 使如舊日 以爲汝助 撫養黎民 謹承詔勅 悚懼塡胸 誓效丹誠 冀隆任那 永事天皇 猶如往日 先慮未然 然後康樂 今日本府 復能依詔 救助任那 是爲天皇 所必褒讚 汝身所當賞祿 又日本卿等 久住任那之國 近接新羅之境 新羅情狀 亦是所知 毒害任那 謨防日本 其來尙矣 匪唯今年 而不敢動者 近

羞百濟 遠恐天皇 誘事朝庭 僞和任那 如斯感激任那日本府者 以未禽任那之間 僞示伏從之狀 願今候其間隙 佔其不備 一擧兵而取之 天皇以詔勅 勸立南加羅・㖨己呑 非但數十年 而新羅一不聽命 亦卿所知 且夫信敬天皇 爲立任那 豈若是乎 恐卿等輒信甘言 輕被謾語 滅任那國 奉辱天皇 卿其戒之 勿爲他欺

• 국역 : 가을 7월 百濟는 安羅의 日本府와 新羅와 더불어 계책을 공모한다는 말을 듣고, 前部奈率 鼻利莫古, 奈率 宣文, 中部 奈率 木刕眯淳, 紀臣 奈率 彌麻沙 등을 보내*紀臣 奈率이라는 사람은 아마도 紀臣의 韓의 여자를 얻어 낳은 자로, 百濟에 머물러 奈率이 된 사람일 것이다. 아직 아버지는 알 수 없다. 다른 사람도 모두 이와 비슷하다. 安羅에 가서 新羅에 온 任那의 執事를 불러 任那를 세울 것을 도모하게 하였다. 따로 安羅 日本府의 河內直이 新羅와 공모한 것을 심하게 꾸짖었다. *『百濟本記』에는 "加不至費直・阿賢移那斯・佐魯麻都 等"이라고 하였으나 잘 알 수 없다. 그리고 왕은 任那에게, "옛적에 우리 선조 速古王・貴首王이 옛날의 旱岐 등과 처음으로 화친을 맺고서 형제가 되었다. 이에 우리는 그대를 子弟로 여기고, 그대는 우리를 父兄으로 생각하며, 함께 천황을 섬기고 함께 강적에게 항거하며, 나라를 평안하게 하고 왕실을 보전하여 오늘에 이르렀다. 선조가 옛날에 旱岐와 화친할 때의 말을 생각하면 해와 같이 밝음이 있다. 그 후 이웃과 삼가 우호를 닦아서 드디어 다른 나라와 (관계가) 돈독하게 되었으니, 은혜가 골육보다 더하였다. 처음을 잘하고 끝도 좋아야 한다는 것은 과인이 항상 원하는 바이다. 그런데 무슨 까닭으로 가벼이 헛된 말들을 하고 몇 해 사이에 한탄스럽게 뜻을 잃게 되었는지 잘 모르겠다. 옛날 사람들이 '후회 막급이다'라고 한 말은 바로 이를 두고 이른 것이로구나. 위로 하늘에 다다르고 아래로 지하에 이르기까지 이제 神에게 맹세컨대, 옛날의 허물을 고치겠으며, 하나도 숨김없이 행

할 바를 밝히겠다. 정성이 신령에 통하고 깊이 자기를 책하는 것은 역시 취할 만한 바가 있다. 듣건대 先代의 뒤를 계승한 자는 조상이 남긴 궤범을 이어받고, 선조의 업을 번성하게 하여 공훈을 이루는 것을 귀하게 여긴다고 한다. 그러므로 이제 先世의 화친한 우호를 받들고 삼가 천황이 명령한 말에 따라, 新羅에게 빼앗긴 나라인 南加羅와 喙己呑 등을 취하여 본래대로 돌이켜 任那에 옮기고, 길이 父兄의 나라가 되어 항상 日本을 섬기려 한다. 이는 과인이 먹어도 맛이 없고 자도 자리가 편안치 못한 바이다. 지난 일을 뉘우쳐 오늘날을 경계하는 것이 힘써 생각할 바이다. 新羅가 감언으로 속이는 것은 천하가 다 아는 바인데도, 그대들은 망령되이 믿었다가 이미 다른 사람의 속임수에 빠졌었다. 바야흐로 지금 任那의 경계는 新羅와 접하고 있으니, 항상 방비를 하여야 한다. 어찌 경계를 게을리할 것인가? 속이는 함정에 빠져 국가를 망하게 하며, 남에게 사로잡히게 될까 두려우니, 과인이 이를 생각하면 걱정이 되어 편안히 지낼 수 없다. 적이 들으니 任那와 新羅가 계책을 꾸미는 자리에 벌과 뱀이 괴이함을 드러냈다고 하는데, (그것은) 또한 많은 사람이 아는 바이다. 대개 괴이한 조짐은 행동을 경계하는 것이며, 재난과 이변은 사람을 깨우치는 것이다. 곧 이는 하늘이 경계하는 것이고 조상이 징조를 보이는 것이니, 화가 이른 다음에 후회하고, 멸망한 후에 부흥하기를 생각하여도 누가 미칠 수 있겠는가? 이제 그대가 나를 따라 천황의 명령을 들으면 任那를 일으킬 수 있으니, 어찌 이루지 못할 것을 적정하겠는가? 만약 본래의 땅을 길이 보존하고 원래의 백성을 영원히 다스리고 싶다면, 그 계략이 여기에 있으니, 신중하지 않을 수 있겠는가?"라고 말하였다. 聖明王이 다시 任那의 日本府에, "天皇의 명령이, '任那가 멸망하면 너희는 의지할 데가 없어질 것이고, 任那가 일어나면 너희는 도움을 받게 될 것이다. 이제 마땅히 任那를 일으켜 세워 옛날과 같게 하여, 너희의 도움으로 삼고, 백성을 어루만져 기르도록 하라'고 하였다. 삼가 조칙을 받들고 나니 송구스러운 마음이 가슴에 가득 차서, 정성을 다할 것을 맹세하고 任那를 융성시킬 것을 기약하였다. 영원히 천황을 섬기기를 지난날과 같이할 것이며, 먼저 앞의 일을 생각한 후에 편안히 쉴 것이다. 이제 日本府가 (천황의) 조에 따라 任那를 구하면, 이는 천황이 반드시 칭송하는 바가 될 것이며, 그대 자신도 당연히 포상을 받게 될 것이다. 또한 日本府의 卿 등은 오랫동안 任那國에 머물러 있고, 新羅의 경계와 가까이 접하고 있어서, 新羅의 정세를 역시 알 것이다. (新羅가) 任那를 해치고 日本을 막으려고 모의한 것은 그 유래가 오래된 것으로 단지 올해만의 일이 아니다. 그러나 감히 움직이지 못하는 것은 가까이는 百濟를 경계하고, 멀리는 천황을 두려워하기 때문이다. (新羅는) 거짓으로 조정(日本)을 섬기고 거짓으로 任那와 화해했다. 이와 같이 (新羅가) 任那의 日本府를 기쁘게 한 것은 아직 任那를 빼앗지 못했으므로 거짓으로 복종하는 모습을 보이다가 이제 그 틈을 염탐하고 그 방비하지 못함을 엿보아, 한 번 군사를 일으켜 (任那를) 취하고자 하는 것이다. 천황이 조를 내려 南加羅, 㖨己呑을 세우라고 권한 것은 단지 수십 년 동안 만의 일이 아니다. 그런데도 新羅가 한결같이 명을 듣지 않는 것은 卿들도 아는 바이다. 천황의 조칙을 삼가 믿고 任那를 세우려고 하는데 어찌 이와 같은가. 卿 등이 번번이 감언을 믿고 경솔하게 거짓말에 속아서 任那國을 멸하고 천황을 욕되게 할까 두렵다. 卿들은 그것을 경계하고 남에게 속지 마라"라고 말하였다.

㊼ 卷第十九 天國排開廣庭天皇 欽明天皇 五年 二月(544년 음2월)

● 원문 : 二月 百濟遣施德馬武・施德高分屋・施德斯那奴次酒等 使于任那 謂日本府與任那旱岐等曰 我遣紀臣奈率彌麻沙・奈率己連・物部連奈率用奇多朝謁天皇 彌麻沙等 還自日本 以詔書宣曰 汝等 宜共在彼日本府 早建良圖 副朕所望 爾其戒之 勿被他誑 又津守連 從日本來*百濟本記云 津守連己麻奴跪 *而語訛不正 未詳 宣詔勅 而問任那之政 故將欲共日本府・任那執事 議定任那之政 奉奏天皇 遣召三廻 尙不來到 由是 不得共論圖計任那之政 奉奏天皇矣 今欲請留津守連 別以疾使 具申情狀 遣奏天皇 當以三月十日 發遣使於日本 此使便到 天皇必須問汝 汝日本府卿・任那旱岐等 各宜發使 共我使人 往聽天皇所宣之詔 別謂河內直*百濟本記云 河內直・移那斯・麻都 而語訛未詳其正也 自昔迄今 唯聞汝惡汝先祖等*百濟本記云 汝先那干陀甲背・加獵直岐甲背 亦云那奇陀甲背・鷹奇岐彌 語訛未詳 俱懷奸僞誘說 爲哥可君*百濟本記云 爲哥岐彌 名有非岐 專信其言 不憂國難 乖背吾心 縱肆暴虐 由是見逐 職汝之由 汝等來住任那恒行不善 任那日損 職汝之由 汝是雖微 譬猶小火燒焚山野 連延村邑由汝行惡 當敗任那 遂使海西諸國官家 不得長奉天皇之闕 今遣奏天皇乞移汝等 還其本處 汝亦往聞 又謂日本府卿・任那旱岐等曰 大建任那之國 不假天皇之威 誰能建也 故我思欲就天皇 請將士 而助任那之國將士之糧 我當須運 將士之數 未限若干 運粮之處 亦難自決 願居一處俱論可不 擇從其善 將奏天皇 故頻遣召 汝猶不來 不得議也 日本府答曰任那執事 不赴召者 是由吾不遣 不得往之 吾遣奏天皇 還使宣曰 朕當以印奇臣*語訛未詳 遣於新羅 以津守連 遣於百濟 汝 待聞勅際 莫自勞往新羅百濟也 宣勅如是 會聞印奇臣使於新羅 乃追遣問天皇所宣 詔曰日本臣與任那執事 應就新羅 聽天皇勅 而不宣就百濟聽命也 後津守連遂來過此 謂之曰 今余被遣於百濟者 將出在下韓之 百濟郡令城主 唯聞此說 不聞任那與日本府 會於百濟 聽天皇勅 故不往焉 非任那意 於是

任那旱岐等曰 由使來召 便欲往參 日本府卿 不肯發遣 故不往焉 大王爲建任那 觸情曉示 覩茲忻喜 難可具申

• 국역 : 2월 百濟가 施德 馬武, 施德 高分屋, 施德 斯那奴次酒 등을 任那에 사신으로 보내어 日本府와 任那의 旱岐 등에게, "나는 紀臣 奈率 彌麻沙, 奈率 己連, 物部連 奈率 用奇多를 보내어 천황에게 조회하고 알현하였는데, 彌麻沙 등이 日本에서 돌아와 조서를 선포하여, '그대들은 거기에 있는 日本府와 함께 빨리 좋은 계획을 세워 짐의 바라는 바에 부응하라. 그대들은 경계하여 다른 사람의 속임에 빠지지 마라'고 하였다. 또 津守連이 日本에서 와서 *『百濟本記』에서는 津守連己麻奴跪*라 하였다. 그러나 방언이므로 정확하지 않아 잘 알 수 없다. 조칙을 전하고 任那의 정사를 물었다. 그러므로 日本府와 任那의 執事와 함께 任那의 정사를 의논하여 천황에게 아뢰려고, 사자를 보내어 부른 것이 세 번이나 되는데 아직도 오지 않고 있다. 이로 말미암아 任那의 정사를 도모할 계획을 함께 의논하여 천황에게 아뢰지 못하고 있다. 이제 津守連을 머무르도록 청하고, 따로 빠른 사자로써 상황을 갖추어 천황에게 아뢰고자 한다. 3월 10일에 日本에 사자를 보내겠다. 이 사자가 도달하면 천황은 반드시 그대들을 문책할 것이다. 그대 日本府의 卿과 任那의 旱岐들은 각기 사자를 보내어 내가 보내는 사자와 함께 천황이 베푸는 조서를 들으라"라고 말하였다. 따로 河內直*『百濟本記』에는 河內直과 移那斯와 麻都로 되어 있다. 그러나 방언이므로 정확한 것을 알 수 없다에게, "옛날부터 지금까지 오직 그대의 악행만을 들어왔다. 그대의 선조도*『百濟本記』에는, "그대의 선조 那干陀甲背, 加獵直岐甲背"라고 하였다. 또한 "那奇陀甲背, 鷹奇岐彌"라고도 하였는데, 방언이므로 잘 알 수 없다 모두 간악함을 품고 거짓되게 말하였다. 爲哥可君*『百濟本記』에 爲哥岐彌이고 이름은 有非岐라고 하였다이 그 말만을 믿어 국난을 걱정하지 않으며, 내 뜻을 어기고 포악한

일을 마음대로 자행하다가, 이 때문에 쫓겨났으니 오로지 그대로부터 말미암은 것이다. 그대들은 任那에 와서 살면서 항상 나쁜 짓을 행하였다. 任那가 나날이 해를 입는 것은 오로지 그대들 때문이다. 그대는 비록 하찮다고 할지 모르나, 비유컨대 작은 불이 산야를 태우고 마을로 번지는 것과 같다. 그대들이 악행을 저지름으로 말미암아 任那는 패망할 것이고, 마침내는 바다 서쪽 여러 나라의 관가로 하여금 길이 천황의 곁에서 섬기지 못하게 할 것이다. 이제 사신을 보내어 천황에게 아뢰어 그대들을 옮겨 본래 있던 곳으로 돌려보내도록 청하겠다. 그대 또한 가서 들으라"라고 말하였다. 또 日本府의 卿과 任那의 旱岐 등에게, "任那國을 세우는 일은 천황의 위엄을 빌리지 않고서 누가 할 수 있겠는가. 그러므로 나는 천황에게 가서 군사를 청하여 任那國을 도우려 한다. 병사들의 양식은 내가 운반해야 하겠으나, 군사의 수를 아직 모르고 군량을 운반할 곳도 역시 혼자 결정하기 어렵다. 한 군데에 모여서 같이 可否를 의논하고, 그 좋은 것을 택하여 천황에게 아뢰기를 원하나, 여러 번 불러도 그대들이 오지 않아 의논할 수 없다"라고 말하였다. 日本府가 답하여, "任那의 執事가 부름에 나아가지 않은 것은 우리가 보내지 않았던 까닭으로 가지 못한 것입니다. 우리가 천황에게 아뢰기 위하여 보낸 사신이 돌아와서, '짐이 印奇臣*방언이므로 알 수 없다을 新羅에 보내고, 津守連을 백제에 보내겠다. 그대는 칙을 들을 때를 기다리고, 혼자 수고로이 新羅·百濟에 가지 마라'고 하셨다 합니다. 칙이 이와 같았는데 마침 印奇臣이 新羅에 사신으로 간다는 것을 듣고, 쫓아 보내어 천황이 말씀하신 바를 물었습니다. 조에는 '日本府의 臣과 任那의 執事는 新羅에 가서 천황의 칙언을 들으라' 하였고, 百濟에 가서 명을 들으라는 말씀은 없었습니다. 후에 津守連이 이곳을 지날 때, '지금 내가 百濟에 파견되는 것은

下韓에 있는 百濟의 郡令·城主를 내보내려고 하는 것이다'라고 말하였습니다. 오직 이 말만을 들었고, 任那와 日本府가 百濟에 모여서 천황의 칙언을 들으라는 말은 듣지 못하였습니다. 그래서 가지 않았으나 任那의 뜻은 아닙니다"라고 말하였다. 이때에 任那의 旱岐들이, "사신이 와서 부르므로 곧 가려고 하였으나 日本府의 卿이 떠나보내려 하지 않았습니다. 그래서 가지 못했습니다. 대왕은 任那를 세우려고 자세한 것까지도 지시하셨습니다. 이를 보고 기뻐함은 이루 다 말하기 어렵습니다"라고 하였다.

㊽ 卷第十九 天國排開廣庭天皇 欽明天皇 五年 三月(544년 3월)

• 원문 : 三月 百濟遣奈率阿乇得文·許勢奈率奇麻·物部奈率奇非等 上表曰 奈率彌麻沙·奈率己連等 至臣蕃 奉詔書曰 爾等宜共在彼日本府 同謀善計 早建任那 爾其戒之 勿被他誑 又津守連等 至臣蕃奉勅書 問建任那 恭承來勅 不敢停時 爲欲共謀 乃遣使召日本府*百濟本記云 遣召烏胡跛臣 盖是的臣也 與任那 俱對言 新年旣至 願過而往 久而不就 復遣使召 俱對言 祭時旣至 願過而往 久而不就 復遣使召 而由遣微者 不得同計 夫任那之 不赴召者 非其意焉 是阿賢移那斯·佐魯麻都*二人名也 已見上文 姦佞之所作也 夫任那者 以安羅爲兄 唯從其意 安羅人者 以日本府爲天 唯從其意*百濟本記云 以安羅爲父 以日本府爲本也 今的臣·吉備臣·河內直等 咸從移那斯·麻都指撝而已 移那斯·麻都 雖是小家微者 專擅日本府之政 又制任那 障而勿遣 由是 不得同計 奏答天皇 故留己麻奴跪*蓋是津守連也 別遣疾使迅如飛鳥 奉奏天皇 假使二人*二人者 移都斯 與麻都也 在於安羅 多行奸佞 任那難建 海西諸國 必不獲事 伏請 移此二人 還其本處 勅喩日本府與任那 而圖建任那 故臣遣奈率彌麻沙·奈率己連等 副己麻奴跪 上表以聞 於是 詔曰 的臣等*等者 謂吉備弟君臣 河內直等也 往來新羅 非朕心也 襄者 印支彌*未詳 與阿鹵旱岐

在時 爲新羅所逼 而不得耕種 百濟路迥 不能救急 由的臣等往來新羅方得耕種 朕所曾聞 若已建任那 移那斯・麻都 自然却退 豈足云乎 伏承此詔 喜懼兼懷 而新羅誑朝 知匪天勅 新羅春取㖨淳 仍擯出我久禮山戍 而遂有之 近安羅處 安羅耕種 近久禮山處 斯羅耕種 各自耕之 不相侵奪 而移那斯 麻都 過耕他界 六月逃去 於印支彌後來 許勢臣時*百濟本記云 我留印支彌之後 至旣洒臣時 皆未詳 新羅無復侵逼他境 安羅不言爲新羅逼不得耕種 臣嘗聞 新羅每春秋 多聚兵甲 欲襲安羅與荷山 或聞 當襲加羅 頃得書信 便遣將士 擁守任那 無懈息也 頻發銳兵應時往救 是以 任那隨序耕種 新羅不敢侵逼 而奏百濟路迥 不能救急由的臣等 往來新羅 方得耕種 是上欺天朝 轉成姦佞也 曉然若是 尙欺天朝 自餘虛妄 必多有之 的臣等 猶住安羅 任那之國 恐難建立 宜早退却 臣深懼之 佐魯麻都 雖是韓腹 位居大連 厠日本執事之間 入榮班貴盛之例 而今反著新羅奈麻禮冠 卽身心歸附 於他易照 熟觀所作都無怖畏 故前奏惡行 具錄聞訖 今猶著他服 日赴新羅域 公私往還都無所憚 夫㖨國之滅 匪由他也 㖨國之函跛旱岐 貳心加羅國 而內應新羅 加羅自外合戰 由是滅焉 若使函跛旱岐 不爲內應 㖨國雖小 未必亡也 至於卓淳 亦復然之 假使卓淳國主 不爲內應新羅招寇 豈至滅乎 歷觀諸國敗亡之禍 皆由內應貳心人者 今麻都等 腹心新羅 遂着其服 往還旦夕 陰搆姦心 乃恐, 任那由玆永滅 任那若滅 臣國孤危 思欲朝之 豈復得耶 伏願天皇 玄鑒遠察 速移本處 以安任那

• 국역 : 3월 백제에서 奈率 阿乇得文・許勢의 奈率 奇麻・物部의 奈率 奇非 등을 보내어 表를 올려 말하였다. "奈率 彌麻沙・奈率 己連 등이 臣의 나라에 이르러 詔書를 받들어 '너희는 저 日本府와 함께 좋은 계책을 꾀하여 빨리 任那를 세우는 것이 마땅하니, 너희는 경계하여 저들(신라)에게 속지 마라'고 하였습니다. 또 津守連 등이 신의 나라에 이르러 勅書를 받들어 任那를 세우는 일을 물었습니다.

삼가 勅에 따라 감히 시간을 지체하지 못하고 함께 도모하고자 하여 사신을 보내어*『百濟本記』에는 烏胡跛臣을 보내었다고 하였는데 아마도 的臣인 듯하다 日本府와 任那를 불렀으나 모두 대답하기를 '새해가 이미 왔으니 지나간 다음에 가고자 한다'라고 말하였습니다. 오랫동안 나아오지 아니하므로 다시 사신을 보내어 부르니 모두 대답하기를 '이미 제사 지낼 때가 되었으니 지나간 다음에 가고자 한다'라고 말하였으나, 오랫동안 나아오지 아니하였습니다. 다시 사신을 보내어 불렀는데, 미천한 자를 보낸 까닭으로 함께 도모하지 못하였습니다. 무릇 任那가 부름에 나아오지 않은 것은 본심이 아니라, 阿賢移那斯・佐魯麻都*두 사람의 이름이다. 이미 윗 문장에 보인다가 간교하게 속여서 그렇게 된 것입니다. 무릇 任那는 安羅를 兄으로 삼아 오직 그 뜻을 좇고, 安羅人들은 日本府를 하늘로 삼아 오직 그 뜻을 따르므로*『百濟本記』에는 安羅를 아버지로 삼고 日本府로써 근본을 삼았다고 하였다 이제 的臣・吉備臣・河內直 등은 모두 移那斯・麻都의 지휘를 좇았을 따름입니다. 移那斯・麻都는 비록 小家의 미천한 자로서 日本府의 정치를 오로지 제멋대로 하며 또 任那를 제압하여 (길을) 막고 (사신을) 보내지 않았습니다. 이로 말미암아 함께 꾀하여 天皇에게 답변을 아뢸 수 없었으므로, 己麻奴跪*아마도 津守連인 듯하다가 머무르고 있었는데 특별히 나는 새와 같이 빠른 사신을 보내어 天皇에게 아뢰기를, '만일 두 사람*두 사람은 移那斯와 麻都이다이 安羅에 있어 간특하고 아첨하는 일을 많이 행하면 任那도 세우기 어려울 것이며, 바다 서쪽의 여러 나라도 반드시 섬길 수 없을 것입니다. 엎드려 바라옵건대 이 두 사람을 옮겨 그 본래 있었던 곳으로 돌아가도록 하고 日本府와 任那에게 칙을 내려 任那 건설을 도모하도록 하십시오. 그러므로 신이 奈率 彌麻沙・奈率 己連 등을 己麻奴跪에게 딸려 보내어 표를 올립니다'라고 하였습니다. 이에 조를 내려, '的臣 等*等이라 한 것은 吉備弟君臣·河內直 등을 말한다이 신라를 왕래한 것은 짐의 뜻이 아니다. 옛날 印支彌*자세하지 않다와 阿鹵旱岐가 있을 때 신라의 핍박을 받아 논밭을 갈고 씨를 뿌리지 못하였는데, 백제는 길이 멀어 그 위급함을 구하지 못하였다. 的臣 등이 신라를 왕래함으로 말미암아 바야흐로 논밭을 갈고 씨를 뿌릴 수 있게 되었다고 짐은 일찍이 들었다. 만일 이미 任那를 세웠다면 移那斯·麻都는 자연히 물러났을 것이니 어찌 족히 말할 필요가 있겠는가'라고 하였습니다. 엎드려 이 조를 듣고 기쁨과 두려움이 교차하며, 신라가 천조를 속이고 칙명을 따르지 않음을 알았습니다. 신라는 봄에 喙淳을 취하고 이어 우리의 久禮山 수비병을 내쫓고 드디어 점유하였습니다. 安羅에 가까운 곳은 안라가 논밭을 일구어 씨를 뿌렸고, 久禮山에 가까운 곳은 斯羅가 논밭을 일구고 씨를 뿌렸는데, 각각 경작하여 서로 침탈하지 아니하였습니다. 그런데 移那斯·麻都가 남의 경계를 넘어 경작하다가 6월에 도망하였습니다. 印支彌의 뒤에 온 許勢臣의 때에는*『百濟本記』에는 "우리가 印支彌를 머무르게 한 뒤에 온 既酒臣의 때"라고 하였으니 모두 자세하지 않다 신라가 다시 남의 경계를 침범하지 못하였습니다. 安羅는 신라의 핍박을 받아 농사짓지 못함을 말하지 않았는데, 신이 일찍이 듣건대 신라는 매년 봄과 가을에 군사와 무기를 많이 모아놓고 安羅와 荷山을 습격하고자 한다 하며, 또는 加羅를 습격하려 한다고 들었습니다. 최근에 서신을 받고서 바로 군대를 보내어 任那를 굳게 지키는 데 게으르지 않았으며 자주 날랜 군사를 보내어 필요할 때마다 가서 구하였습니다. 이로써 任那가 때에 따라 농사를 짓고 신라가 감히 침범하여 핍박하지 못하였습니다. 그런데 '백제는 길이 멀어 능히 위급함을 구하지 못하였는데, 的臣 등이 신라를 왕래하면서부터 바야흐로 농사를 지을 수 있게 되었습니다'라고 아뢰었으니, 이는 위로는 천조를 속이는 것으로서 매우 간특한 일입니다. 사실의 명확함이 이와 같은데도 오히려 천조를 속이니 그 밖에도 거짓됨이 필시 많을 것입니다. 的臣 등이 여전히 安羅에 거주하고 있다면 임나의 나라를 건립하기는 어려울 것이니, 마땅히 일찍 물러나게 해야 할 것입니다. 신이 매우 두려워하는 것은 佐魯麻都가 비록 韓 출신으로서 지위가 大連에 이르러 일본 執事의 사이에 섞여 명예롭고 권세 있는 자리에 들어섰지만, 이제는 오히려 신라 奈麻禮의 冠을 썼으니 곧 몸과 마음으로 귀부하여 다른 사람에게 쉽게 드러나는 바입니다. 행한 바를 자세히 보면 도무지 두려워함이 없습니다. 그러므로 전에 악행을 아뢰고 모두 글을 갖추어 보고하였습니다. 아직도 다른 나라의 관복을 입고 날마다 신라의 땅에 나아가 公·私의 일로 往來하면서 도대체가 꺼려하지 않습니다. 무릇 㖨國의 멸망은 다른 까닭이 아니라, 㖨國의 函跛旱岐가 加羅國에 두 마음을 품어 신라에 내응하고 加羅는 밖에서 싸움으로써 이로 말미암아 망한 것입니다. 만일 函跛旱岐로 하여금 내응하지 못하게 하였다면 㖨國이 비록 작다 하더라도 반드시 망하지는 않았을 것입니다. 卓淳의 경우에도 역시 그러하였습니다. 만일 卓淳國의 왕이 신라에 내응하여 적들을 불러들이지 않았다면 어찌 멸망에 이르렀겠습니까. 여러 나라가 패망하게 된 화근을 살펴보면 모두 안에서 응하여 두 마음을 품은 자로 말미암은 것입니다. 이제 麻都 등이 신라에 마음을 두어 드디어는 그 나라의 옷을 입고 아침저녁으로 내왕하면서 속으로 간악한 마음을 굳혀왔습니다. 이에 任那가 이로 말미암아 영원히 멸망할까 두렵습니다. 만일 任那가 멸망한다면 신의 나라가 고립되어 위태할 것이니, 朝謁하고자 생각하나 어찌 다시 할 수 있겠습니까. 엎드려 바라옵건대 천황께서는 깊이 살피시고 멀리 헤아리시어, 속히 본래 있었던 곳으로 옮기셔서 任那를 안정시키십시오."

㊾ **卷第十九 天國排開廣庭天皇 欽明天皇 五年 十一月**(544년 음11월)

• 원문 : 十一月 百濟遣使 召日本府臣・任那執事曰 遣朝天皇 奈率得文・許勢奈率哥麻・物部奈率奇非等 還自日本 今日本府臣及任那國執事 宜來聽勅 同議任那 日本吉備臣 安羅下旱岐大不孫・久取柔利 加羅上首位古殿奚・卒麻君・斯二岐君・散半奚君兒 多羅二首位訖乾智 子他旱岐久嗟旱岐 仍赴百濟 於是 百濟王聖明 略以詔書示曰 吾遣奈率彌麻佐・奈率己連・奈率用奇多等 朝於日本 詔曰 早建任那 又津守連奉勅問成任那 故遣召之 當復何如 能建任那 請各陳謀 吉備臣・任那旱岐等曰 夫建任那國 唯在大王 欲冀遵王 俱奏聽勅 聖明王謂之曰 任那之國 與吾百濟 自古以來 約爲子弟 今日本府印岐彌*謂在任那日本臣名也既討新羅 更將伐我 又樂聽新羅虛誕謾語也 夫遣印支彌於任那者 本非侵害其國*未詳 往古來今新羅無導 食言違信 而滅卓淳 股肱之國 欲快返悔 故遣召到 俱承恩詔 欲冀 興繼任那之國 猶如舊日 永爲兄弟 竊聞 新羅安羅 兩國之境 有大江水 要害之地也 吾欲據此 修繕六城 謹請天皇三千兵士 每城充以五百 幷我兵士 勿使作田 而逼惱者 久禮山之五城 庶自投兵降首 卓淳之國 亦復當興 所請兵士 五給衣糧 欲奏天皇 其策一也 猶於南韓 置郡令・城主者 豈欲違背天皇 遮斷貢調之路 唯庶 剋濟多難 殲撲强敵 凡厥凶黨 誰不謀附 北敵强大 我國微弱 若不置南韓 郡領・城主 修理防護 不可以禦此强敵 亦不可以制新羅 故猶置之 攻逼新羅 撫存任那 若不爾者 恐見滅亡 不得朝聘 欲奏天皇 其策二也 又吉備臣・河內直・移那斯・麻都 猶在任那國者 天皇雖詔建成任那 不可得也 請 移此四人 各遣還其本邑 奏於天皇 其策三也 宜與日本臣・任那旱岐等 俱奉遣使 同奏天皇 乞聽恩詔 於是

吉備臣 旱岐等曰 大王所述三策 亦協愚情而已 今願 歸以敬諮日本大臣*謂在任那日本府之大臣也 安羅王・加羅王 俱遣使同奏天皇 此誠千載一會之期 可不深思而熟計歟

• 국역 : 11월 백제가 사신을 보내어 日本府 臣과 任那 執事를 불러, "천황에게 조알하기 위하여 보낸 奈率 得文・許勢의 奈率 哥麻・物部의 奈率 奇非 등이 일본으로부터 돌아왔다. 이제 日本府 臣과 任那國 執事는 마땅히 와서 勅을 듣고 함께 任那의 문제를 논의해야 할 것이다"라고 말하였다. 日本의 吉備臣, 安羅 下旱岐 大不孫과 久取柔利, 加羅의 上首位 古殿奚, 卒麻君, 斯二岐君, 散半奚君의 아이, 多羅의 二首位 訖乾智, 子他旱岐, 久嗟旱岐가 이에 백제에 나아갔다. 이때 백제왕 聖明이 대략 詔書를 보이며, "내가 奈率 彌麻佐・奈率 己連・奈率 用奇多 등을 보내어 일본에 조공하였는데, (천황이) 조를 내려 '조속히 任那를 건설하라'고 하였다. 또 津守連이 칙을 받들어 任那를 만드는 일을 물으므로 (사신을) 보내 (그대들을) 불렀다. 마땅히 어떻게 해야 任那를 세울 수 있겠는가. 각각 자신의 계책을 말하여 주기를 바란다"고 말하였다. 吉備臣・任那旱岐 등이 "무릇 任那國을 세우는 일은 오직 대왕에게 달려 있습니다. 왕을 따르고자 하니 모두 갖추어 아뢰어 (천황의) 勅을 듣도록 합시다"라고 말하였다. 聖明王이 이들에게 일러, "任那라는 나라는 우리 백제와 예로부터 子弟가 되기를 약속하였다. 이제 日本府 印岐彌*任那에 있던 日本 신하의 이름이다가 이미 신라를 토벌하고 다시 장차 우리(백제)를 치려고 하며, 또 신라의 허망한 거짓말을 즐겨 듣는다. 무릇 印支彌를 任那에 보낸 것은 본래 그 나라를 침탈하여 해롭게 하고자 하는 것이 아니었다*자세하지 않다. 예로부터 지금까지 신라는 무도하며 약속을 어기고 신의를 거슬러 卓淳을 멸망시켰다. 충직한 나라를 속히 회복코자 하는데 (그렇지 않으면) 도리

어 후회할 것이다. 그러므로 사신을 보내어 (日本府의 臣과 任那의 執事를) 오게 하여 함께 恩詔를 받들어, 任那의 나라를 일으켜 맥을 잇고 옛날처럼 길이 형제가 되기를 바랬다. 가만히 듣건대 新羅·安羅 두 나라 사이에는 큰 강이 있어 적을 방비하기 좋은 곳이라 한다. 내가 이를 차지하여 6성을 수축하려고, 삼가 천황에게 3천 병사를 청하여 매 성마다 5백 명씩 배치하고 아울러 우리 병사들이 (신라인들로 하여금) 농사를 짓지 못하도록 하려는데, 걱정스러운 것은 久禮山의 5城이 거의 무기를 버리고 항복하였다는 점이다. 卓淳의 나라 또한 다시 부흥시켜야 할 것이니, 청한 병사는 내가 옷과 식량을 지급할 것이다. 이를 천황에게 주청하고자 하는 계책이 그 첫째이다. 오히려 南韓에 郡令과 城主를 두는 것이 어찌 천황을 거스려 貢調의 길을 차단하고자 하는 것이겠는가. 다만 바라는 바는 많은 어려움을 이기고 강적(고구려)을 물리치는 것이니, 무릇 그 흉칙한 무리들이 누구인들 부용하려고 꾀하지 않겠는가. 북쪽의 적(고구려)은 강대하고 우리나라는 미약하니, 만일 南韓에 郡令·城主를 설치하여 방호사실을 수리하지 않는다면 이 강적을 방어할 수 없을 것이며, 또한 신라를 제어할 수 없을 것이다. 그러므로 오히려 이들을 두어 신라를 공격 핍박하여 임나를 위로하고 흫문할 것이다. 만일 그렇지 아니하면 멸망을 당해 조빙한 수 없을까 두렵다. 이를 천황에게 주청하고자 하니 그 책략의 둘째이다. 또 吉備臣·河內直·移那斯·麻都가 오히려 任那國에 있기 때문에, 천황이 비록 조를 내려 任那를 세우라 하였으나 이를 시행할 수 없었다. 이 4명을 옮겨 각각 그 本邑에 돌려보낼 것을 천황에게 아뢰어 청하는 것이 그 계책의 셋째이다. 마땅히 日本 臣·任那旱岐 등과 더불어 모두 받들어 사신을 보내어 함께 천황에게 아뢰고 恩詔를 들을 수 있기를 바란다"라고 말하였다. 이에 吉備臣과

早岐 등이, "大王이 말한 세 가지 책략은 또한 우리의 뜻과 같을 뿐입니다. 이제 돌아가 日本 大臣*任那에 있는 日本府의 大臣을 일컫는다, 安羅王·加羅王에게 공경히 아뢰고 모두 사신을 보내어 함께 천황에게 주청하기를 원합니다. 이는 진실로 천년에 한번 올 정도의 기회로, 깊이 생각하고 자세히 계획하지 않을 수 있겠습니까"라고 말하였다.

⑸⓪ 卷第十九 天國排開廣庭天皇 欽明天皇 十二年(551년)

- **원문** : 百濟聖明王 親率衆及二國兵*二國謂新羅·任那也 往伐高麗 獲漢城之地 又進軍討平壤 凡六郡之地 遂復故地
- **국역** : 백제 聖明王이 몸소 군사 및 두 나라의 병사를 거느리고*두 나라는 新羅·任那를 말한다 고구려를 정벌하여 漢城의 땅을 차지하였다. 또 진군하여 平壤을 토벌하였는데, 무릇 옛 땅 6군을 회복하였다.

⑸① 卷第十九 天國排開廣庭天皇 欽明天皇 十三年 五月(552년 음5월 8일)

- **원문** : 五月戊辰朔乙亥 百濟·加羅·安羅 遣中部德率木刕今敦·河內部阿斯比多等奏曰 高麗與新羅 通和幷勢 謀滅臣國與任那 故謹求請救兵 先攻不意 軍之多少 隨天皇勅 詔曰 今百濟王·安羅王·加羅王 與日本府臣等 俱遣使奏狀聞訖 亦宜共任那 幷心一力 猶尙若玆 必蒙上天擁護之福 亦賴可畏天皇之靈也
- **국역** : 5월 8일 百濟·加羅·安羅가 中部 德率 木刕今敦·河內部 阿斯比多 등을 보내어 "고구려가 신라와 화친하고 세력을 합쳐 신의 나라와 任那를 멸하려고 도모합니다. 그러므로 삼가 구원병을 청해 먼저 불시에 공격하고자 합니다. 군사의 많고 적음은 천황의 명령에 따르겠습니다"라고 아뢰었다. 이에 조를 내려 "지금 百濟王·安羅王·加羅王이 日本府의 신하들과 함께 사신을 보내 아뢴 것을

다 들었다. 역시 任那와 마음을 함께하고 힘을 하나로 하는 것이 마땅하다. 이와 같이 한다면 반드시 하늘이 지켜주는 복을 받을 것이며 황공하신 천황의 靈에게 도움을 받을 것이다"라고 하였다.

52 卷第十九 天國排開廣庭天皇 欽明天皇 十三年(552년)

- 원문 : 是歲 百濟棄漢城與平壤 新羅因此入居漢城 今新羅之牛頭方・尼彌方也 *地名未詳
- 국역 : 이해 百濟가 漢城과 平壤을 버렸다. 이로 말미암아 新羅가 한성에 들어가 살았으니, 현재 新羅의 牛頭方・尼彌方也이다.*지명은 자세하지 않다.

53 卷第十九 天國排開廣庭天皇 欽明天皇 十四年 八月(553년 음8월 7일)

- 원문 : 八月辛卯朔丁酉 百濟遣上部奈率科野新羅・下部固德汶休帶山等 上表曰 去年臣等同議 遣內臣德率次酒・任那大夫等 奏海表諸彌移居之事 伏待恩詔 如春草之仰甘雨也 今年忽聞 新羅與狛國通謀云 百濟與任那頻詣日本 意謂是乞軍兵 伐我國歟 事若實者 國之敗亡 可企踵而待 庶先日本兵 未發之間 伐取安羅 絶日本路 其謀若是 臣等聞茲 深懷危即遣疾使輕舟 馳表以聞 伏願 天慈速遣前軍後軍 相續來救 逮于秋節 以固海表彌移居也 若遲晩者 噬臍無及矣 所遣軍衆 來到臣國 衣糧之費 臣當充給 來到任那 亦復如是 若不堪給 臣必助充 令無乏少別的臣敬受天勅 來撫臣蕃 夙夜乾乾 勤修庶務 由是 海表諸蕃 皆稱其善 謂當萬歲 肅淸海表 不幸云亡 深用追痛 今任那之事 誰可修治伏願 天慈速遣其代 以鎭任那 又復海表諸國 甚乏弓馬 自古迄今 受之天皇 以禦强敵 伏願 天慈多貺弓馬
- 국역 : 8월 7일 百濟가 上部의 奈率 科野新羅, 下部의 固德 汶休帶山 등을 보내 표를 올려 "지난해 신들이 함께 의논하여 內臣 德率 次酒・任那 大夫 등을 보내 바다 밖 여러 彌移居(みやけ: 官家)의 일을

아뢰었습니다. 엎드려 은혜로운 조를 기다리기를 봄에 돋은 풀이 단비를 기다리듯 하였습니다. 올해 문득 들으니 新羅가 狛國(고구려)과 함께 모의하여 '百濟와 任那가 자주 日本에 나아가니, 생각건대 군사를 빌려 우리나라를 치려는 듯하다. 이 일이 만약 사실이라면 나라의 패망은 발꿈치를 들고 기다리는 것과 같을 것이다. 日本의 군대가 떠나기 전에 安羅를 공격해 빼앗아 일본과의 통로를 끊자'라고 하였답니다. 그 계획이 이와 같으니, 신 등이 이를 듣고 두려운 마음을 깊이 품었습니다. 바로 빠른 배로 사신을 보내 표를 올려 아룁니다. 천황께서 빨리 前軍과 後軍을 보내 서로 이어 와서 구원해주기를 원합니다. 가을까지는 바다 밖 彌移居를 굳게 지키겠습니다. 만약 지체하여 늦는다면 후회해도 늦을 것입니다. 보낸 군대가 신의 나라에 도착하면 옷과 식량은 신이 마땅히 공급할 것이고, 任那에 도착하여도 다시 이와 같을 것입니다. 만약 (任那가) 공급을 감당하지 못하면 반드시 신이 도와 충당하여 부족하고 모자라는 일이 없도록 하겠습니다. 따로 的臣이 삼가 천황의 칙을 받들고 와서 신의 나라를 위로하고 일찍부터 늦게까지 쉬지 않고 모든 일에 힘썼습니다. 이 때문에 바다 밖의 蕃들은 그의 훌륭함을 칭송하여 '틀림없이 영원히 바다 밖을 깨끗이 할 것이다'라 하였는데, 불행하게도 죽었다 하니 깊이 추모하여 가슴이 아픕니다. 이제 任那의 일을 누가 다스릴 수 있겠습니까? 천황께서 속히 그를 대신할 사람을 보내 任那를 진정시키기 바랍니다. 또 바다 밖의 나라들은 활과 말이 매우 부족한데, 옛날부터 지금까지 그것을 천황에게 받아 강한 적을 막았으니, 천황께서 활과 말을 많이 내려 주시기 바랍니다"라 하였다.

㉤ 卷第十九 天國排開廣庭天皇 欽明天皇 十五年 冬 十二月(554년 음12월)

● 원문 : 冬十二月 百濟遣下部杆率汶斯干奴 上表曰 百濟王臣明 及在安羅諸倭臣等 任那諸國旱岐等奏 以斯羅無道 不畏天皇 與狛同心 欲殘滅海北彌移居 臣等共議 遣有至臣等 仰乞軍士 征伐斯羅 而天皇遣有至臣帥軍以六月至來 臣等深用歡喜 以十二月九日 遣攻斯羅 臣先遣東方領物部莫奇武連 領其方軍士 攻函山城 有至臣所將來民竹斯物部莫奇委沙奇 能射火箭 蒙天皇威靈 以月九日酉時 焚城拔之 故遣單使馳船奏聞 別奏 若但斯羅者 有至臣所將軍士亦可足矣 今狛與斯羅 同心戮力難可成功 伏願 速遣竹斯嶋上諸軍士 來助臣國 又助任那 則事可成又奏 臣別遣軍士萬人 助任那 并以奏聞 今事方急 單船遣奏 但奉好錦二匹・毾㲪一領・斧三百口 及所獲城民 男二女五 輕薄追用悚懼餘昌謀伐新羅 耆老諫曰 天未與 懼禍及 餘昌曰 老矣 何怯也 我事大國 有何懼也 遂入新羅國 築久陀牟羅塞 其父明王憂慮 餘昌長苦行陣久廢眠食 父兹多闕 子孝希成 乃自往迎慰勞 新羅聞明王親來 悉發國中兵 斷道擊破 是時 新羅謂佐知村飼馬奴苦都*更名谷智 曰 苦都賤奴也 明王名主也 今使賤奴殺名主 冀傳後世 莫忘於口 已而苦都 乃獲明王 再拜曰 請斬王首 明王對曰 王頭不合受奴手 苦都曰 我國法 違背所盟 雖曰國王 當受奴手*一本云 明王乘踞胡床 解授佩刀於谷知令斬 明王仰天 大息涕泣 許諾曰 寡人每念 常痛入骨髓 顧計不可苟活 乃延首受斬 苦都斬首而殺 掘坎而埋*一本云 新羅留理明王頭骨 而以禮送餘骨於百濟 今新羅王埋明王骨於北廳階下 名此廳曰都堂 餘昌遂見圍繞 欲出不得 士卒遑駭 不知所圖 有能射人 筑紫國造 進而彎弓 占擬射落新羅騎卒最勇壯者 發箭之利 通所乘鞍前後橋 及其被甲領會也 復續發箭如雨 彌厲不懈 射却圍軍 由是 餘昌及諸將等 得從間道逃歸 餘昌讃國造射却圍軍 尊而名曰鞍橋君*鞍橋 此云矩羅賦 於是 新羅將等 具知百濟疲盡遂欲謀滅無餘 有一將云 不可 日本天皇 以任那事 屢責吾國 況復謀

滅百濟官家 必招後患 故止之

- 국역 : 겨울 12월 百濟가 下部의 杆率 汶斯干奴를 보내 표를 올려 "百濟王 臣 明과 安羅에 있는 倭臣들, 任那 여러 나라의 旱岐들은 아룁니다. 斯羅가 無道하여 천황을 두려워하지 않고 狛(고구려)과 마음을 함께 하여 바다 북쪽의 彌移居(みやけ: 관가)를 멸망시키려고 합니다. 신들이 함께 의논하기를 有至臣 등을 보내 우러러 군사를 청해 斯羅를 정벌하려고 하였습니다. 이에 천황께서 有至臣을 보내시니, (그가) 군사를 거느리고 6월에 왔으므로 신들은 매우 기뻤습니다. 12월 9일에 斯羅를 공격하러 보내면서, 신이 먼저 東方의 領인 物部莫奇武連을 보내 자기 方의 군사를 거느리고 函山城을 공격하도록 하였는데, 有至臣이 데리고 온 백성 竹斯 物部莫奇委沙奇가 불화살을 잘 쏘았습니다. 천황의 威靈에 도움을 받아 이달 9일 酉時에 성을 불태우고 빼앗았으므로 한 사람의 사신을 보내 배를 달려 아룁니다"라고 하였다. 따로 아뢰기를 "만약 新羅 뿐이라면 有至臣이 데리고 온 군사로도 충분할 것입니다. 그러나 狛이 斯羅와 마음을 함께 하고 힘을 합하였으므로 성공하기 어렵습니다. 竹斯島에 있는 군사들을 빨리 보내, (그들이) 와서 신의 나라를 돕고 또 임나를 돕기를 바랍니다. 그렇게 한다면 일을 이룰 수 있을 것입니다"라 하였다. 또 "신이 따로 군사 만 명을 보내 임나를 돕겠습니다. 아울러 아룁니다. 이번 일이 매우 급하여 한 척의 배를 보내 아뢰며, 단지 좋은 비단 2필, 氍毹 1領, 도끼 300口, 사로잡은 城의 백성 남자 둘과 여자 다섯을 바칩니다. (보낸 물건이) 적어 송구합니다"라 아뢰었다. 餘昌이 新羅를 정벌할 것을 계획하자 耆老가 "하늘이 함께하지 않으니 화가 미칠까 두렵습니다"라고 간하였다. 餘昌이 "늙었구려! 어찌 겁내시오. 우리는 大國을 섬기고 있으니 어찌 겁낼 것이 있겠소?"라 하고 드디어 新羅國에 들어가 久陀牟羅

에 보루를 쌓았다. 그 아버지 明王은 餘昌이 행군에 오랫동안 고통을 겪고 한참 동안 잠자지 못하고 먹지 못했음을 걱정하였다. 아버지의 자애로움에 부족함이 많으면 아들의 효도가 이루어지기 어렵다 생각하고 스스로 가서 위로하였다. 新羅는 明王이 직접 왔음을 듣고 나라 안의 모든 군사를 내어 길을 끊고 격파하였다. 이때 新羅에서 佐知村의 飼馬奴 苦都*다른 이름은 谷智이다에게 "苦都는 천한 奴이고 明王은 뛰어난 군주이다. 이제 천한 노로 하여금 뛰어난 군주를 죽이게 하여 후세에 전해져 사람들의 입에서 잊혀지지 않기를 바란다"고 하였다. 얼마 후 苦都가 明王을 사로잡아 두 번 절하고 "왕의 머리를 베기를 청합니다"라고 하였다. 明王이 "왕의 머리를 奴의 손에 줄 수 없다"고 하니, 苦都가 "우리나라의 법에는 맹세한 것을 어기면 비록 국왕이라 하더라도 奴의 손에 죽습니다"라 하였다*다른 책에는 "明王이 胡床에 걸터 앉아 차고 있던 칼을 谷知에게 풀어주어 베게 했다"고 하였다. 明王이 하늘을 우러러 크게 탄식하고 눈물 흘리며 허락하기를 "과인이 생각할 때마다 늘 고통이 골수에 사무쳤다. 돌이켜 생각해 보아도 구차히 살 수는 없다"라 하고 머리를 내밀어 참수당했다. 苦都는 머리를 베어 죽이고 구덩이를 파묻었다*다른 책에는 "新羅가 明王의 頭骨을 남겨두고 나머지 뼈를 百濟에 예를 갖춰 보냈다. 지금 新羅王이 明王의 뼈를 北廳계단 아래에 묻었는데, 이 관청을 都堂이라 이름한다"고 하였다. 餘昌은 포위당하자 빠져나오려 하였으나 나올 수 없었는데 사졸들은 놀라 어찌할 줄 몰랐다. 활을 잘 쏘는 사람인 筑紫國造가 나아가 활을 당겨 新羅의 말 탄 군졸 중 가장 용감하고 씩씩한 사람을 헤아려 쏘아 떨어뜨렸다. 쏜 화살이 날카로워 타고 있던 안장의 앞뒤 가로지른 나무(鞍橋)를 뚫었고, 입고 있던 갑옷의 옷깃을 맞추었다. 계속 화살을 날려 비오듯 하였으나 더욱 힘쓰고 게을리하지 않아 포위한 군대를 활로 물리쳤다. 이로 말미암아 餘昌과 여러 장수들이 샛길로 도망하여 돌아왔다. 餘昌이 (筑紫)國造가 활로 포위한 군대를 물리친 것을 칭찬하고 높여 '鞍橋君'이라 이름하였다*鞍橋는 우리 말로 矩羅賦(くろじ)라 한다. 이때 新羅 장수들이 百濟가 지쳤음을 모두 알고 드디어 멸망시켜 남겨두지 않으려 했다. 한 장수가 "안 된다. 日本 天皇이 任那의 일 때문에 여러 번 우리나라를 책망하였다. 하물며 다시 百濟官家를 멸망시키기를 꾀한다면 반드시 후환을 부르게 될 것이다"라고 하였으므로, 그만두었다.

⑮ 卷第十九 天國排開廣庭天皇 欽明天皇 十六年 春 二月(555년 음2월)

- 원문 : 十六年春二月 百濟王子餘昌 遣王子惠*者 威德王之弟也 奏曰 聖明王爲賊見殺*十五年 爲新羅所殺 故今奏之 天皇聞而傷恨 迺遣使者 迎津慰問
- 국역 : 16년(555) 봄 2월 백제 왕자 餘昌이 왕자 惠*왕자 惠는 威德王의 아우이다를 보내어 "聖明王이 賊에게 죽음을 당했습니다"라고 아뢰었다 *15년에 신라에게 죽음을 당했으므로 지금 그것을 아뢰었다. 천황이 듣고서 가엾고 한스럽게 여겼다. 그래서 使者를 보내어 나루에서 맞이하여 위문하였다.

⑯ 卷第十九 天國排開廣庭天皇 欽明天皇 十六年 八月(555년 음8월)

- 원문 : 八月 百濟餘昌 謂諸臣等曰 少子今願 奉爲考王 出家脩道 諸臣百姓報言 今君王欲得出家修道者 且奉敎也 嗟夫前慮不定 後有大患 誰之過歟 夫百濟國者 高麗·新羅之所爭欲滅 自始開國 迄于是歲 今此國宗 將授何國 要須道理分明應敎 縱使能用耆老之言 豈至於此 請悛前過 無勞出俗 如欲果願 須度國民 餘昌對曰 諾 卽就圖於臣下 臣下遂用相議 爲度百人 多造幡蓋 種種功德 云云
- 국역 : 8월 백제 餘昌이 여러 신하에게 "少子는 이제 돌아가신 父王을 받

들기 위하여 출가하여 修道하고자 한다"라고 말하였다. 여러 신하와 백성들이 "지금 임금께서 출가하여 수도하고자 하신다면 우선 왕명을 받들겠습니다. 슬프도다! 前의 생각이 바르지 못하여 후에 큰 근심을 가지게 되었으니 누구의 잘못입니까? 무릇 백제국은 고구려와 신라가 다투어 멸망시키고자 하는 것이 나라를 연 이후부터 지금까지 계속되고 있으니, 지금 이 나라의 종묘 사직을 장차 어느 나라에게 넘겨주려 하십니까? 모름지기 道理는 왕명을 따르는 것이 분명한데, 만약 능히 耆老의 말을 들었다면 어찌 여기에 이르렀겠습니까. 바라건대 앞의 잘못을 뉘우치고서 속세를 떠나는 수고로움은 하지 마십시오. 원하시는 것을 굳이 하고 싶으시다면 나라 백성들을 출가시키는 것이 마땅합니다"라고 하였다. 餘昌이 "좋다"고 대답하고는 곧 나아가 신하들에게 꾀하도록 하였다. 신하들은 마침내 상의하여 100명을 출가시키고 幡蓋를 많이 만들어 여러 가지 공덕을 행하였다고 하였다.

57 卷第十九 天國排開廣庭天皇 欽明天皇 廿一年 秋 九月(560년 음9월)

- 원문 : 廿一年秋九月 新羅遣彌至己知奈末獻調賦 饗賜邁常 奈末喜歡而罷口 調賦使者 國家之所貴重 而私議之所輕賤 行李者百姓之所懸命 而選用之所卑下 王政之弊 未必不由此也 請差良家子爲使者 不可以卑賤爲使
- 국역 : 21년(560) 가을 9월 신라가 彌至己知 奈末를 보내어 調賦를 바쳤는데 평상시보다 성대하게 연회를 베풀어주었다. 奈末이 기뻐하며 돌아가서 "調賦를 바치는 使者는 나라에서 귀중하게 여기는 바인데 나의 議論은 가볍고 비천하며, 使者는 백성의 운명이 달려 있는 사람인데 뽑아 쓰는 것은 비천하고 낮은 사람입니다. 王政의 폐해는 이로부터 말미암지 않음이 없으니, 바라건대 좋은 집 자제를 뽑아 使者로 삼으시고 비천한 사람을 使者로 삼지 마십시오"라고 하였다.

⑱ **卷第十九 天國排開廣庭天皇 欽明天皇** 廿二年(561년)

● 원문 : 是歲 復遣奴氏大舍 獻前調賦 於難波大郡 次序諸蕃 掌客額田部連・葛城直等 使列于百濟之下而引導 大舍怒還 不入館舍 乘船歸至穴門 於是 修治穴門舘 大舍問曰 爲誰客造 工匠河內馬飼首押勝欺紿曰 遣問西方無禮使者之所停宿處也 大舍還國 告其所言 故新羅築城於阿羅波斯山 以備日本

● 국역 : 이해 다시 奴氏 大舍를 보내어 지난번의 調賦를 바쳤다. 難波의 大郡에서 여러 蕃國들의 서열을 매겼는데, 掌客 額田部連과 葛城直 등이 백제의 아래쪽 열에 서게 하여 인도했다. 大舍가 화를 내고 돌아가 館舍에 들지 않고 배를 타고 돌아가 穴門에 이르렀다. 이때 穴門舘을 수리하고 있었다. 大舍가 묻기를 "어떤 손님을 위하여 짓는가"라고 하자 工匠 河內馬飼首押勝이 거짓으로 "西方의 무례한 짓을 문책하러 보낼 사자가 머물 숙소이다"라고 말하였다. 大舍가 나라에 돌아가 그가 말한 것을 고하였다. 그래서 신라는 阿羅의 波斯山에 성을 쌓고서 일본에 대비하였다.

⑲ **卷第十九 天國排開廣庭天皇 欽明天皇** 廿三年 **春** 五月(562년 음1월)

● 원문 : 廿三年 春正月 新羅打滅任那官家*一本云 廿一年 任那滅焉 總言任那 別言加羅國・安羅國・斯二岐國・多羅國・卒麻國・古嵯國・子他國・散半下國・乞飡國・稔禮國 合十國

● 국역 : 23년(562) 봄 정월 신라가 任那官家를 공격하여 멸망시켰다.*어떤 책에서는 21년에 임나가 멸망하였다고 한다. 통틀어 말하면 任那이고, 개별적으로 말하면 加羅國, 安羅國, 斯二岐國, 多羅國, 卒麻國, 古嵯國, 子他國, 散半下國, 乞飡國, 稔禮國 모두 열 나라이다.

⑥⓪ **卷第十九 天國排開廣庭天皇 欽明天皇 廿三年 夏 六月**(562년 음6월)

• 원문 : 夏六月 詔曰 新羅西羌小醜 逆天無狀 違我恩義 破我官家 毒害我黎民 誅殘我郡縣 我氣長足姬尊 靈聖聰明 周行天下 劬勞群庶 饗育萬民 哀新羅所窮見歸 全新羅王將戮之首 授新羅要害之地 崇新羅非次之榮 我氣長足姬尊 於新羅何薄 我百姓 於新羅何怨 而新羅 長戟强弩 凌蹙任那 鉅牙鉤爪 殘虐含靈 刳肝斮趾 不厭其快 曝骨焚屍 不謂其酷 任那族姓 百姓以還 窮刀極俎 既屠且膾 豈有率土之賓 謂爲王臣 乍食人之禾 飮人之水 孰忍聞此而不悼心 况乎太子大臣 處趺萼之親 泣血御怨之寄 當蕃屛之任 摩頂至踵之恩 世受前朝之德 身當後代之位 而不能瀝膽抽腸 共誅姦逆 雪天地之痛酷 報君父之仇讐 則死有恨臣之子道不成

• 국역 : 여름 6월 조를 내려 "신라는 서쪽의 오랑캐로 작고 보잘것없는 나라이다. 하늘을 거스르고 예의가 없어 우리의 두터운 은혜를 저버리고 나의 官家를 깨뜨렸으며 나의 백성에게 해독을 끼치고 나의 郡縣을 멸망시켰다. 우리 氣長足姬尊은 거룩하고 총명하여 천하를 두루 돌아다니시며 뭇 人民을 힘써 보살피시고 온 백성을 먹이고 길렀다. 신라가 窮해져가는 것을 애달피 여기시고 신라왕이 장차 목베일 것을 온전히 두었으며 신라에게 요충의 땅을 주었고 신라를 남달리 번영하게 해주시었다. 우리 氣長足姬尊께서 신라에 대하여 무엇을 가볍게 대우했으며 우리 백성이 신라에 무슨 원한이 있었는가. 그러나 신라는 긴 창과 강한 활로 임나를 凌辱해 멸망시켰고 강한 이빨과 갈고리 같은 손톱으로 잔인하게 백성을 죽였다. 간을 꺼내고 발목을 끊어도 마음에 흡족해하지 않고 뼈를 드러내고 주검을 태워도 혹독하다고 생각하지 않았다. 任那의 귀족과 백성 이하 모두는 칼을 다 쓰고 도마를 다하도록 이미 살육당하고 膾쳐졌으니 어찌 온 천하가 왕의 신하라 말할 수 있겠는가.

또 다른 사람 곡식을 먹고 다른 사람 물을 마시면서 누가 차마 이것을 들을 수 있겠으며 누가 마음으로 슬퍼하지 않겠는가. 하물며 태자·대신이 형제 친척에게 피눈물을 흘리고 원한을 머금고 부탁하여, 蕃邦을 지키는 임무를 맡음에 머리를 부수는 것이 발꿈치까지 이르도록 은혜롭게 하고 대대로 前朝의 덕을 받아 후대의 지위를 맡았으니 쓸개를 마시고 창자를 꺼내어 함께 간악한 역적을 죽여 천지의 큰 아픔을 씻고 임금과 아비의 원수를 갚지 못하면 죽어서도 신하와 아들의 도리를 이루지 못하는 한이 있다고 함에 있어서랴"라고 하였다.

⑥① 卷第十九 天國排開廣庭天皇 欽明天皇 廿三年 秋 七月(562년 음7월 1일)

- 원문 : 秋七月己巳朔 新羅遣使獻調賦 其使人知新羅滅任那 恥背國恩 不敢請罷 遂留不歸本土 例同國家百姓 今河內國更荒郡鸕鷀野邑新羅人之先也
- 국역 : 가을 7월 초하루 신라가 사신을 보내어 調賦를 바쳤다. 그 사신이 신라가 임나를 멸망시켰다는 것을 알고 나라(일본)의 은혜를 저버린 것을 부끄럽게 여겨 감히 돌아가기를 청하지 못하고 마침내 머물러 本土에 돌아가지 않았다. (그를) 국가의 백성과 같은 例로 대우하였는데, 지금 河內國 更荒郡 鸕鷀野邑 신라인의 先祖이다.

⑥② 卷第十九 天國排開廣庭天皇 欽明天皇 廿三年 七月(562년 음7월)

- 원문 : 是月 遣大將軍紀男麻呂宿禰 將兵出哆唎 副將河邊臣瓊缶 出居曾山 而欲問新羅攻任那之狀 遂到任那 以薦集部首登弭 遣於百濟 約束軍計 登弭仍宿妻家 落印書弓箭於路 新羅具知軍計 卒起大兵 尋屬敗亡 乞降歸附 紀男麻呂宿禰 取勝旋師 入百濟營 令軍中曰 夫勝不忘敗 安必慮危 古之善教也 今處疆畔 豺狼交接 而可輕忽 不思變難哉 況復平安之世刀劒不離於身 蓋君子之武備 不可以已 宜深警戒 務崇斯令

士卒皆委心而服事焉　河邊臣瓊缶　獨進轉鬪　所向皆拔　新羅更擧白旗　投兵降首　河邊臣瓊缶　元不曉兵　對擧白旗　空爾獨進　新羅鬪將曰　將軍河邊臣　今欲降矣　乃進軍逆戰　盡銳遄攻破之　前鋒所破甚衆　倭國造手彦　自知難救　棄軍遁逃　新羅鬪將　手持鉤戟　追至城洫　運戟擊之　手彦因騎駿馬　超渡城洫　僅以身免　鬪將臨城洫而歎曰　久須尼自利*此新羅語 未詳也 於是　河邊臣　遂引兵退　急營於野　於是　士卒盡相欺蔑　莫有遵承　鬪將自就營中　悉生虜河邊臣瓊缶等　及其隨婦　于時父子夫婦不能相恤　鬪將問河邊臣曰　汝命與婦　孰與尤愛　答曰　何愛一女　以取禍乎　如何不過命也　遂許爲妾　鬪將遂於露地　姦其婦女　婦女後還　河邊臣欲就談之　婦人甚以慙恨　而不隨曰　昔君輕賣妾身　今何面目以相遇　遂不肯言　是婦人者　坂本臣女　曰甘美媛　同時所虜調吉士伊企儺　爲人勇烈　終不降服　新羅鬪將　拔刀欲斬　逼而脫褌　追令以尻臀向日本　大號叫*叫咷也曰　日本將　嚙我臗脽　卽號叫曰　新羅王　啗我臗脽　雖被苦逼　尙如前叫　由是見殺　其子舅子　亦抱其父而死　伊企儺　辭旨難奪　皆如此　由此　特爲諸將帥所痛惜　其妻大葉子亦竝見禽　愴然而歌曰　柯羅俱爾能　基能陪儞陀致底　於譜磨故幡　比例甫囉須母　耶魔等陛武岐底　或有和曰　柯羅俱爾能　基能陪儞陀陀志　於譜磨故幡　比禮甫羅須彌喩那儞婆陛武岐底

• 국역 : 이달 大將軍 紀男麻呂宿禰를 보내어 군사를 거느리고 哆唎에서 출동하고, 副將軍 河邊臣瓊缶는 居曾山으로부터 출동하도록 하여 신라가 임나를 공격한 상황에 대하여 문책하고자 하였다. 드디어 임나에 도착하여 薦集部首登弭를 백제에 보내어 군사계책을 약속케 했다. 登弭는 처가에 묵었는데, 봉인한 서신과 활과 화살을 길에 떨어뜨렸다. 신라가 군사계획을 모두 알고 갑자기 군사를 크게 일으켰으나 얼마 후에 패하였으므로 항복하여 歸附하기를 빌었다. 紀男麻呂宿禰가 승리를 거두고 나서 군사를 돌려 백제의 군영으로

돌아갔다. 軍中에 명을 내려 "무릇 이겨도 패하는 것을 잊지 말고 편안할 때도 반드시 위험을 생각해야 하는 것은 옛날의 훌륭한 가르침이다. 지금 처해 있는 땅은 들개와 이리와 같이 사나운 무리들과 이웃해 있으니 가볍고 소홀히 하여 변란이 일어날 것을 생각지 않을 수 있으랴. 하물며 또 태평한 시대에도 칼을 몸에서 떼어놓지 않는 법이니, 무릇 군자가 무기를 갖추는 것은 그만둘 수 없는 것이다. 마땅히 깊이 경계하고 이 명령을 받드는 데 힘쓰라"라고 하였다. 병졸들은 모두 마음으로부터 복종하고 섬겼다. 河邊臣瓊缶는 홀로 나아가 이곳저곳에서 싸워 가는 곳마다 모두 함락시켰다. 신라가 문득 흰 깃발을 들고 무기를 던져버리고 항복했는데, 河邊臣瓊缶는 원래 軍事에 밝지 못하여 마주 대하여 흰 기를 들고 헛되이 혼자 앞으로 나아갔다. 신라 장군이 "장군 河邊臣이 지금 항복하려고 한다"고 하고는 진군하여 역습하여 싸웠다. 매우 날쌔고 빠르게 공격하여 깨뜨렸는데, 맨 앞선 부대는 敗한 바가 매우 많았다. 倭國造手彦이 구하기 어렵다는 것을 알고 군사를 버리고 도망하였다. 신라 장군이 손에 갈고리창을 쥐고 성의 해자까지 뒤쫓아와 창을 휘두르며 공격하였다. 手彦은 날랜 말을 타고 있었으므로 성의 해자를 뛰어 건너 겨우 죽음을 면하였다. 신라 장군이 성의 해자가에 서서 "久須尼自利"*이는 신라말로 자세하지 않다 라고 탄식하였다. 이에 河邊臣은 마침내 군사를 이끌고 물러나와 들에 급히 군영을 만들었다. 이때 병졸들은 모두 서로 속이고 업신여기며 우러러 따르지 않았다. 신라 장군이 스스로 군영에 나아가 河邊臣瓊缶 등과 그를 따라왔던 부인을 모두 사로잡았다. 이때는 아버지와 아들, 부부 사이에서도 서로 도울 수가 없었다. 신라 장군이 河邊臣에게 "너의 목숨과 부인 중에서 어느 것을 더 아끼는가?"라고 묻자 "어찌하여 한 여자를 아껴 화를 취하겠습니까. 어떤 것도 목숨보다 더한 것은 없습니다"라 대답하고 첩으로 삼기를 허락하였다. (신라) 장군은 마침내 벌판에서 그 여자를 간음하였다. 여자가 후에 돌아가니, 河邊臣이 가서 사정 이야기를 하고자 하였다. 부인은 매우 부끄럽고 한스럽게 여겨 따르지 않고 "옛날에 당신이 저의 몸을 가볍게 팔았는데 지금 무슨 낯으로 서로 만나겠는가?" 하고는 마침내 승락하는 말을 하지 않았다. 이 부인은 坂本臣의 딸인데 이름은 甘美媛이라 한다. 함께 사로잡혔던 調吉士伊企儺은 사람됨이 용맹하여 끝까지 항복하지 않았다. 신라 장군이 칼을 빼서 목을 치려고 하며 억지로 잠뱅이를 벗기고 이어서 엉덩이를 일본으로 향하게 하고 "일본 장군은 내 엉덩이를 물어라"라고 크게 부르짖게 하자*부르짖는다(叫)는 것은 울부짖으며 소리친다는 말이다, 곧 "신라왕은 내 엉덩이를 먹어라"고 소리쳤다. 비록 고통과 핍박을 받았으나 여전히 앞에서와 같이 소리쳤다. 이로 말미암아 죽음을 당하였다. 그의 아들 舅子 역시 그의 아버지를 안고서 죽었다. 伊企儺의 말하고자 하는 바를 빼앗기 어려운 것이 모두 이와 같았다. 이로 말미암아 특히 여러 장수들이 가슴 아파하는 바가 되었다. 그의 아내 大葉子도 역시 잡혔는데 비통하게 노래하기를 "韓國의 城 위에 서서 大葉子는 머리에 쓰는 천을 흔들며 일본으로 향하네"라고 하자, 어떤 사람이 和答하기를 "韓國의 성 위에 서서 大葉子는 머리에 쓰는 천을 흔들어 보이며 난파로 향하네"라고 하였다.

⑥③ 卷第十九 天國排開廣庭天皇 欽明天皇 廿三年 冬 十一月(562년 음11월)

- 원문 : 冬十一月 新羅遣使獻 幷貢調賦 使人悉知國家 憤新羅滅任那 不敢請羅 恐致刑戮 不歸本土 例同百姓 今攝津國三嶋郡埴廬新羅人之先祖也
- 국역 : 겨울 11월 신라가 사신을 보내어 물건을 바치고 아울러 調賦를

바쳤다. 사신은 신라가 임나를 멸망시킨 것을 일본이 분하게 여기고 있음을 알고 감히 돌아가기를 청하지 못하였다. 형벌을 받을까 두려워 본국에 돌아가지 않았다. (그를) 백성과 같은 例로 취급하였는데, 지금의 攝津國 三嶋郡 埴廬가 신라인이 선조이다.

(64) **卷第十九 天國排開廣庭天皇 欽明天皇** 卅二年 **春 三月**(571년 음3월 5일)

- 원문 : 卅二年春三月戊申朔壬子 遣坂田耳子郎君 使於新羅 問任那滅由
- 국역 : 32년(571) 봄 3월 5일 坂田耳子郎君을 신라에 사신으로 보내어 임나를 멸망시킨 사유를 물었다.

(65) **卷第十九 天國排開廣庭天皇 欽明天皇** 卅二年 **夏 四月**(571년 음4월 15일)

- 원문 : 夏四月戊寅朔壬辰 天皇寢疾不豫 皇太子向外不在 驛馬召到 引入臥內 執其手詔曰 朕疾甚 以後事屬汝 汝須打新羅 封建任那 更造夫婦 惟如舊曰 死無恨之
- 국역 : 여름 4월 15일 천황이 병환으로 자리에 누웠다. 황태자는 밖에 나가 없었으므로 역마로 불러들였다. (천황이) 누워 있는 내전에 불려 들어가니, 그의 손을 잡고 명하기를 "내 병이 심하니 이후의 일을 너에게 맡긴다. 너는 반드시 신라를 쳐서 임나를 세워 封하라. 다시 서로 화합하여 옛날과 같이 된다면 죽어도 한이 없겠다"고 하였다.

(66) **卷第十九 天國排開廣庭天皇 欽明天皇** 卅二年 **秋 八月**(571년 음8월 1일)

- 원문 : 秋八月丙子朔 新羅遣弔使未叱子失消等 奉哀於殯
- 국역 : 가을 8월 초하루 신라가 조문사 未叱子失消 등을 보내어 빈소에서 (천황의) 죽음을 애도했다.

(67) 卷第廿 渟中倉太珠敷天皇 敏達天皇 三年 十一月(574년 음11월)

• 원문 : 十一月 新羅遣使進調

• 국역 : 11월 신라가 사신을 보내어 調를 바쳤다.

(68) 卷第廿 渟中倉太珠敷天皇 敏達天皇 四年 二月(575년 음2월)

• 원문 : 乙丑 百濟遣使進調 多益恒歲 天皇 以新羅未建任那 詔皇子與大臣曰 莫懶懈於任那之事

• 국역 : 백제가 사신을 보내어 調를 바쳤는데 여느 해보다 더욱 많았다. 천황은 신라가 任那를 세우지 않은 것과 관련하여 皇子와 대신에게 "任那의 일을 게을리 하지 마라"고 명령하였다.

(69) 卷第廿 渟中倉太珠敷天皇 敏達天皇 四年 夏 四月(575년 음4월 6일)

• 원문 : 夏四月乙酉朔庚寅 遣吉士金子 使於新羅 吉士木蓮子使於任那 吉士譯語彦使於百濟

• 국역 : 여름 4월 6일 庚寅 吉士金子를 신라에 사신으로 보내고, 吉士木蓮子를 임나에 사신으로 보냈으며, 吉士譯語彦을 백제에 사신으로 보냈다.

(70) 卷第廿 渟中倉太珠敷天皇 敏達天皇 四年 六月(575년 음6월)

• 원문 : 六月 新羅遣使進調 多益常例 并進多多羅·須奈羅·和陀·發鬼 四邑之調

• 국역 : 6월 신라가 사신을 보내어 調를 바쳤는데 보통 때보다 매우 많았으며, 아울러 多多羅·須奈羅·和陀·發鬼 4邑의 調를 바쳤다.

(71) 卷第廿 渟中倉太珠敷天皇 敏達天皇 八年 冬 十月(579년 음10월)

• 원문 : 八年冬十月 新羅遣枳叱政奈末進調 并送佛像

• 국역 : 8년(579) 겨울 10월 신라가 枳叱政奈末을 보내어 調를 바치고 아울러 佛像을 보냈다.

(72) 卷第廿 渟中倉太珠敷天皇 敏達天皇 九年 夏 六月(580년 음6월)

• 원문 : 九年夏六月 新羅遣安刀奈末・失消奈末進調 不納以還之

• 국역 : 9년(580) 여름 6월 신라가 安刀奈末과 失消奈末을 보내어 調를 바쳤는데 받아들이지 않고 되돌려 보냈다.

(73) 卷第廿 渟中倉太珠敷天皇 敏達天皇 十一年 冬 十月(582년 음10월)

• 원문 : 十一年冬十月 新羅遣安刀奈末・失消奈末進調 不納以還之

• 국역 : 11년 겨울 10월 신라가 安刀 奈末과 失消 奈末을 보내어 調를 바쳤는데 받아들이지 않고 되돌려 보냈다.

(74) 卷第廿 渟中倉太珠敷天皇 敏達天皇 十二年 秋 七月(583년 음7월 1일)

• 원문 : 十二年秋七月丁酉朔 詔曰 屬我先考天皇之世 新羅滅內官家之國 *天國排開廣庭天皇廿三年 任那爲新羅所滅 故云新羅滅我內官家也 先考天皇 謀復任那 不果而崩 不成其志 是以 朕當奉助神謀 復興任那 今在百濟火葦北國造阿利斯登子達率日羅 賢而有勇 故朕欲與其人相計 乃遣紀國造押勝與吉備海部直羽嶋 喚於百濟

• 국역 : 12년(583) 가을 7월 초하루 조를 내려 "나의 아버지 천황 때에 신라가 內官家의 나라를 멸망시켰다*天國排開廣庭天皇(欽明天皇) 23년 任那가 신라에게 멸망당하였으므로 신라가 우리 官家를 멸망시켰다고 하였다. 아버지 천황이 임나를 복구하고자 하였으나 실행하지 못하고 돌아가 그 뜻을 이루지 못하였다. 그리하여 朕은 神의 謀策을 도와 任那를 부흥시키고자 한다. 지금 백제에 있는 火葦北國造 阿利斯登의 아들 達率 日羅가 어질고 용맹스럽다고 하므로 朕은 그 사람과

함께 계획하고자 한다"고 말하였다. 이에 紀國造押勝과 吉備海部直羽嶋를 보내어 백제에서 불렀다.

(75) **卷第廿 渟中倉太珠敷天皇 敏達天皇 十二年**(583년)

- 원문 : 於是 恩率參官 臨罷國時*舊本 以恩率爲一人 以參官爲一人也 竊語德爾等言 計吾過筑紫許 汝等偸殺日羅者 吾具白王 當賜高爵 身及妻子 垂榮於後 德爾·余奴 皆聽許焉 參官等遂發途於血鹿 於是 日羅自桑市村 遷難波館 德爾等晝夜相計 將欲殺 時日羅身光 有如火焔 由是 德爾等恐而不殺 遂於十二月晦 候失光殺 日羅更蘇生曰 此是我駈使奴等所爲 非新羅也 言畢而死*屬是時 有新羅使 故云爾也 天皇詔贄子大連·糠手子連 令收葬於小郡西畔丘前 以其妻子水手等 居于石川 於是 大伴糠手子連議曰 聚居一處 恐生其變 乃以妻子 居于石川百濟村 水手等居于石川大伴村 收縛德爾等 置於下百濟河田村 遣數大夫 推問其事 德爾等伏罪言信 是恩率參官 教使爲也 僕等爲人之下 不敢違矣 由是 下獄 復命於朝庭 乃遣使於葦北 悉召日羅眷屬 賜德爾等 任情決罪 是時 葦北君等 受而皆殺 投彌賣嶋*彌賣嶋 蓋姬嶋也 以日羅移葬於葦北 於後 海畔者言 恩率之船 被風沒海 參官之船 漂泊津嶋 乃始得歸
- 국역 : 이에 恩率·參官이 나라로 되돌아갈 때에*옛 책에는 恩率을 한 사람, 참관을 한 사람이라 하였다 몰래 德爾 등에게 "내가 筑紫를 지나갈 때쯤을 헤아려 너희들이 몰래 日羅를 죽인다면 내가 왕에게 모두 아뢰어 높은 벼슬을 내리도록 하고 자신과 처자식들에게도 후에 영예를 내리도록 하겠다"라 하였다. 德爾·余奴가 모두 허락했다. 參官 등은 드디어 血鹿에서 출발하였다. 이때 日羅는 桑市村으로부터 難波館으로 옮겼다. 德爾 등이 밤낮으로 서로 모의하여 죽이고자 하였는데 이때에 日羅의 몸에서 빛이 나 불꽃같았으므로 德爾 등은 두려워서 죽이지 못하였다. 그러다가 12월 그믐에 빛을 잃기

를 기다려 죽였다. 그런데 日羅가 다시 살아나서 "이는 내가 부리던 奴 등의 짓이지 신라가 아니다"라는 말을 마치고 죽었다*마침 이때에 신라 사신이 있었기 때문에 그렇게 말한 것이다. 천황이 贄子大連과 糠手子連에게 명하여 小郡의 서쪽 부근 언덕 앞에 거두어서 장사지내게 하고, 그 처자식과 水手 등은 石川에 살게 했다. 이에 大伴糠手子連이 논의하여 "한곳에 모여서 살면 변고가 생길까 두렵다"라 하였으므로 처자식들은 石川百濟村에 살게 하고 水手 등은 石川 大伴村에 살게 했다. 德爾 등을 붙잡아 下百濟 河田村에 두고 몇몇 大夫를 보내어 그 일을 따져 물었다. 德爾 등이 죄를 자백하여 "진실로 이는 恩率・參官이 시켜서 한 짓입니다. 우리는 그 밑에 있기 때문에 감히 거스를 수 없었습니다"라 하였다. 이 때문에 옥에 가두고 조정에 복명했다. 葦北에 사신을 보내어 日羅의 권속을 다 불러 德爾 등을 주어서 뜻대로 죄를 판결하게 했다. 이때 葦北君 등이 (德爾 등을) 받아서 모두 죽여 彌賣嶋에 던져버리고*彌賣嶋는 아마 姫嶋(ひめしま)일 것이다 日羅를 葦北에 移葬시켰다. 그 후 바닷가에 있는 사람들이 "恩率의 배는 바람을 만나 바다에 빠졌고, 參官의 배는 津嶋에서 떠돌아다니다가 비로소 돌아갈 수 있었다"라 하였다.

(76) 卷第廿 渟中倉太珠敷天皇 敏達天皇 十三年 春 二月(585년 음2월 8일)

- 원문 : 十三年春二月癸巳朔庚子 遣難波吉士木蓮子 使於新羅 遂之任那
- 국역 : 13년(585) 봄 2월 8일 難波吉士木蓮子를 신라에 사신으로 보냈다. 마침내 任那에 갔다.

(77) 卷第廿一 泊瀨部天皇 崇峻天皇 三年(590년)

- 원문 : 是歲 度尼 大伴狹手彦連女善德・大伴狛夫人・新羅媛善妙・百濟媛妙光

又漢人善聰・善通・妙德・法定照・善智聰・善智惠・善光等 鞍部司馬達等子多須奈 同時出家 名曰德齊法師

• 국역 : 이해 출가한 비구니는 大伴狹手彦連의 딸 善德・大伴狛의 夫人・新羅媛 善妙・百濟媛 妙光, 또 漢人 善聰・善通・妙德・法定照・善智聰・善智惠・善光 등이다. 鞍部司馬達等의 아들 多須奈도 같은 때에 출가하였는데, 이름을 德齊法師라 한다.

(78) 卷第廿一 泊瀨部天皇 崇峻天皇 四年 冬 十一月(591년 음11월 4일)

• 원문 : 冬十一月己卯朔壬午 差紀男麻呂宿禰・巨勢猿巨・大伴囓連・葛城烏奈良臣 爲大將軍 率氏氏臣連 爲裨將部隊 領二萬餘軍 出居筑紫 遣吉士金於新羅 遣吉士木蓮子於任那 問任那事

• 국역 : 겨울 11월 4일 紀男麻呂宿禰・巨勢猿巨・大伴囓連・葛城烏奈良臣으로 대장군을 삼았다. 각 氏의 臣連으로 裨將과 部隊를 삼아 2만여 군사를 이끌고 나아가 筑紫에 머물게 했다. 吉士金을 신라에 보내고, 吉士木蓮子를 任那에 보내어 任那의 일을 물었다.

(79) 卷第廿二 豊御食炊屋姬天皇 推古天皇 五年 冬 十一月(597년 음11월 22일)

• 원문 : 冬十一月癸酉朔甲午 遣吉士磐金於新羅

• 국역 : 겨울 11월 22일 吉士磐金을 신라에 보냈다.

(80) 卷第廿二 豊御食炊屋姬天皇 推古天皇 六年 夏 四月(598년 음4월)

• 원문 : 六年夏四月 難波吉士磐金 至自新羅 而獻鵲二隻 乃俾養於難波社 因以巢枝而産之

• 국역 : 6년(598) 여름 4월 難波吉士磐金이 신라로부터 돌아와, 까치 두 마리를 바쳤다. 이에 難波社에서 기르도록 하였더니, 나뭇가지에 집을 짓고 새끼를 쳤다.

⑧① 卷第廿二 **豊御食炊屋姬天皇 推古天皇 六年 秋 八月**(598년 음8월 1일)

• 원문 : 秋八月己亥朔 新羅貢孔雀一隻

• 국역 : 가을 8월 초하루 신라가 공작 한 마리를 바쳤다.

⑧② 卷第廿二 **豊御食炊屋姬天皇 推古天皇 八年 春 二月**(600년 음2월)

• 원문 : 八年春二月 新羅與任那相攻 天皇欲救任那

• 국역 : 8년(600) 봄 2월 신라가 任那와 더불어 서로 공격하자, 천황이 任那를 구원하고자 하였다.

⑧③ 卷第廿二 **豊御食炊屋姬天皇 推古天皇 八年**(600년)

• 원문 : 是歲 命境部臣爲大將軍 以穗積臣爲副將軍*竝闕名 則將萬餘衆 爲任那擊新羅 於是 直指新羅 於是 直指新羅 以泛海往之 乃到于新羅 攻五城而拔 於是 新羅王 惶之擧白旗 到于將軍之麾下而立割多多羅・素奈羅・弗知鬼・委陀・南加羅・阿羅羅六城 以請服 時將軍共議曰 新羅知罪服之 强擊不可 則奏上 爰天皇更遣難波吉師神於新羅 復遣難波吉士木蓮子於任那 竝檢校事狀 爰新羅・任那 二國遣使貢調 仍奏表之曰 天上有神 地有天皇 除是二神 何亦有畏乎 自今以後 不有相攻 且不乾船柁 每歲必朝 則遣使以召還將軍 將軍等至自新羅 弭新羅亦侵任那

• 국역 : 이해 境部臣을 대장군으로 삼고 穗積臣을 부장군으로 삼아*모두 이름은 빠졌다 만여 명의 군사를 거느리고 任那를 위하여 신라를 치도록 명하였다. 이에 곧바로 신라를 향하여 바다를 건너갔다. 신라에 이르러 5城을 공격하여 빼앗았다. 이에 신라왕이 두려워하여 흰 기를 들고 장군의 깃발 아래에 이르러 서서 多多羅・素奈羅・弗知鬼・委陀・南加羅・阿羅羅 6城을 떼어 주며 항복을 청하였다. 그때 장군이 함께 의논하여, "신라가 죄를 알고 항복하니 억지로 공격하는 것은 옳지 않다"라고 하며, 곧 (천황에게) 아뢰었다. 천황

이 다시 難波吉師神을 신라에 보내고, 또 難波吉士木蓮子를 任那에 보내어 일의 상황을 살피도록 하였다. 이에 新羅·任那 두 나라가 사신을 보내어 調를 바치고, 表를 올려 "하늘에는 神이 있고 땅에는 天皇이 있으니, 이 두 신을 제외하고 또 무엇을 두려워하겠습니까. 앞으로는 이후로 서로 공격하지 않겠으며, 또 배와 노를 마르지 않도록 해마다 반드시 조공하겠습니다"라고 하였다. (천황이) 곧 사신을 보내어 장군을 불러들였다. 장군들이 신라로부터 이르자, 신라가 또 任那를 침략하였다.

⑧④ 卷第廿二 豊御食炊屋姬天皇 推古天皇 九年 秋 九月(601년 음9월 8일)

- 원문 : 秋九月辛巳朔戊子 新羅之間諜者迦摩多到對馬 則捕以貢之 流上野
- 국역 : 가을 9월 8일 신라의 간첩 迦摩多가 對馬에 이르렀다. 이에 잡아 들여 (천황에게) 올리니 上野에 유배하였다.

⑧⑤ 卷第廿二 豊御食炊屋姬天皇 推古天皇 九年 冬 十一月(601년 음11월 5일)

- 원문 : 冬十一月庚辰朔甲申 議攻新羅
- 국역 : 거울 11월 5일 신라를 칠 것을 의논하였다.

⑧⑥ 卷第廿二 豊御食炊屋姬天皇 推古天皇 十年 春 二月(602년 음2월 1일)

- 원문 : 十年春二月己酉朔 來目皇子爲擊新羅將軍 授諸神部及國造 伴造等 幷軍衆二萬五千人
- 국역 : 10년(602) 봄 2월 초하루 來目皇子를 신라를 치는 장군으로 삼고, 여러 神部와 國造·伴造 등과 군사 2만 5천 명을 주었다.

(87) 卷第廿二 豊御食炊屋姫天皇 推古天皇 十一年 春 二月(603년 음2월 4일)

• 원문 : 十一年春二月癸酉朔丙子 來目皇子 薨於筑紫 仍驛使以奏上 爰天皇聞之大驚 則召皇太子・蘇我大臣 謂之曰 征新羅大將軍來目皇子薨之 其臨大事 而不遂矣 甚悲乎 仍殯于周芳娑婆 乃遣土師連猪手 令掌殯事 故猪手連之孫曰娑婆連 其是之緣也 後葬於河內埴生山岡上

• 국역 : 11년(603) 봄 2월 4일 來目皇子가 筑紫에서 죽었다. 이에 驛使를 보내어 아뢰니, 천황이 듣고 크게 놀라 皇太子와 蘇我大臣을 불러, "신라를 정벌하는 대장군 來目皇子가 죽었다. 그가 큰 일에 임하고도 완수하지 못하였으니, 매우 슬프도다"라고 말하였다. 그리고 周芳娑婆에 빈소를 차리고, 土師連猪手를 보내어 장례를 관장하도록 하였다. 그러므로 猪手連의 후손을 '娑婆連'이라고 말하는 것은 이러한 연유 때문이다. 뒤에 河內의 埴生山의 산등성이 위에 장사지냈다.

(88) 卷第廿二 豊御食炊屋姫天皇 推古天皇 十一年 夏 四月(603년 음4월 1일)

• 원문 : 夏四月壬申朔 更以來目皇子之兄當摩皇子 爲征新羅將軍

• 국역 : 여름 4월 초하루 다시 來目皇子의 형 當摩皇子로 신라를 정벌하는 장군을 삼았다.

(89) 卷第廿二 豊御食炊屋姫天皇 推古天皇 十六年(608년)

• 원문 : 是歲 新羅人多化來

• 국역 : 이해 新羅人이 많이 귀화하여 왔다.

(90) 卷第廿二 豊御食炊屋姫天皇 推古天皇 十八年 秋 七月(610년 음7월)

• 원문 : 秋七月 新羅使人沙喙部奈末竹世士 與任那使人喙部大舍首智買 到于筑紫

● 국역 : 가을 7월 新羅의 사신 沙喙部 奈末 竹世士가 任那의 사신 喙部 大舍 首智買와 함께 筑紫에 이르렀다.

⑨① 卷第廿二 **豊御食炊屋姫天皇 推古天皇 十八年 九月**(610년 음9월)

● 원문 : 九月 遣使召新羅任那使人

● 국역 : 9월 사신을 보내어 新羅와 任那의 사신을 불렀다.

⑨② 卷第廿二 **豊御食炊屋姫天皇 推古天皇 十八年 冬 十月**(610년 음10월 8일)

● 원문 : 冬十月己丑朔丙申 新羅任那使人臻於京 是日 命額田部連比羅夫 爲迎新羅客莊馬之長 以膳臣大伴爲迎任那客莊馬之長 卽安置阿斗河邊舘

● 국역 : 겨울 10월 8일 新羅와 任那의 사신이 서울(일본 왕경)에 도착하였다. 이날에 額田部連比羅夫에게 명령하여 新羅의 사신을 맞이하는 莊馬의 長으로 삼고, 膳臣大伴을 任那의 사신을 맞이하는 莊馬의 長으로 삼았다. 그리고 阿斗河 근처의 숙소에 머물게 하였다.

⑨③ 卷第廿二 **豊御食炊屋姫天皇 推古天皇 十八年 十月**(610년 음10월 9일)

● 원문 : 丁酉 客等拜朝庭 於是 命秦造河勝・土部連菟 爲新羅導者 以間人連鹽蓋・阿閉臣大籠 爲任那導者 共引以自南門入 立于庭中 時大伴咋連・蘇我豐浦蝦夷臣・坂本糠手臣・阿倍鳥子臣 共自位起之 進伏于庭 於是 兩國客等各再拜 以奏使旨 乃四大夫 起進啓於大臣 時大臣自位起立廳前而聽焉 旣而賜祿諸客 各有差

● 국역 : 9일 사신들이 조정에 배례하였다. 이에 秦造河勝과 土部連菟를 명하여 新羅사신을 인도하는 사람으로 삼고, 間人連鹽蓋와 阿閉臣大籠을 任那사신을 인도하는 사람으로 하였다. 모두 인도하여 南門으로 들어와서 뜰 한가운데 섰다. 이때 大伴咋連, 蘇我豐浦蝦夷臣, 坂本糠手臣, 阿倍鳥子臣들은 모두 자리에서 일어나 나와 뜰에 엎

드렸다. 그러자 양국의 사신들은 각각 두 번씩 절하고 사행의 뜻을 아뢰었다. 이에 4명의 大夫가 일어나 大臣에게 나아가 아뢰니, 大臣은 자리에서 일어나 政廳 앞에 서서 들었다. 다 마치고 사신들에게 祿을 주었는데, 각각 차등이 있었다.

⑭ 卷第廿二 豊御食炊屋姬天皇 推古天皇 十八年 十月(610년 음10월 17일)

- **원문** : 乙巳 饗使人等於朝 以河內漢直贄爲新羅共食者 錦織首久僧爲任那共食者
- **국역** : 17일 사신들에게 조정에서 향응을 베풀었다. 以河內漢直贄을 新羅 사신과 함께 먹는 사람으로 삼고, 錦織首久僧을 任那 사신과 함께 먹는 사람으로 하였다.

⑮ 卷第廿二 豊御食炊屋姬天皇 推古天皇 十九年 秋 八月(611년 음8월)

- **원문** : 秋八月 新羅遣沙喙部奈末北叱智 任那遣習部大舍親智周智 共朝貢
- **국역** : 가을 8월 新羅가 沙喙部 奈末 北叱智를 보내고, 任那가 習部 大舍 親智周智를 보내어 함께 조공하였다.

⑯ 卷第廿二 豊御食炊屋姬天皇 推古天皇 廿四年 秋 七月(616년 음7월)

- **원문** : 秋七月 新羅遣奈末竹世士 貢佛像
- **국역** : 가을 7월 新羅가 奈末 竹世士를 보내어 佛像을 바쳤다.

⑰ 卷第廿二 豊御食炊屋姬天皇 推古天皇 廿九年(621년)

- **원문** : 是歲 新羅遣奈末伊彌買朝貢 仍以表書奏使旨 凡新羅上表 蓋始起于此時歟
- **국역** : 이해 新羅가 奈末 伊彌買를 보내어 조공하고, 表로써 使行의 뜻을 아뢰었다. 무릇 新羅가 表를 올리는 것은 대개 이때부터 시작된

일인 듯하다.

⑱ 卷第廿二 豊御食炊屋姬天皇 推古天皇 卅一年 秋 七年(623년 음7월)

• 원문 : 卅一年秋七月 新羅遣大使奈末智洗爾 任那遣達率奈末智 竝來朝 仍貢佛像一具及金塔幷舍利 且大觀頂幡一具・小幡十二條 卽佛像居於葛野秦寺 以餘舍利金塔觀頂幡等 皆納于四天王寺 是時 大唐學問者僧惠齊・惠光・及醫惠日・福因等 竝從智洗爾等來之 於是 惠日等共奏聞曰 留于唐國學者 皆學以成業 應喚 且其大唐國者 法式備定之珍國也常須達

• 국역 : 31년(623) 가을 7월 新羅가 大使 奈末 智洗爾를, 任那가 達率 奈末智를 보내어 함께 來朝하였다. 불상 1구 및 금탑과 사리, 또한 큰 觀頂幡 1구와 작은 幡 12條를 바쳤다. 이에 불상은 葛野의 秦寺에 두고, 그 나머지 사리와 금탑, 觀頂幡 등은 모두 四天王寺에 들였다. 이때 唐에서 학문을 닦던 승려인 惠齊・惠光 및 醫 惠日・福因 등이 모두 智洗爾 등을 따라 돌아왔는데, 惠日 등은, "唐나라에 머물며 공부하고 있는 사람들은 모두 학업을 달성하였으므로 불러들여야 할 것입니다. 또 저 唐나라는 법식이 두루 정비된 보기 드문 나라입니다. 모름지기 항상 왕래하여야 합니다"라고 함께 아뢰었다.

⑲ 卷第廿二 豊御食炊屋姬天皇 推古天皇 卅一年(623년)

• 원문 : 是歲 新羅伐任那 任那附新羅 於是 天皇將討新羅 謀及大臣 詢于群卿 田中臣對曰 不可急討 先察狀 以知逆後擊之不晚也 請試遣使覩其消息 中臣連國曰 任那是元我內官家 今新羅人伐而有之 請戒戎旅征伐新羅 以取任那 附百濟 寧非益有于新羅乎 田中臣曰 不然百濟是多反覆之國 道路之間尙詐之 凡彼所請皆非之 故不可附百濟 則不果征焉爰遣吉士磐金於新羅 遣吉士倉下於任那 令問任那之事 時新羅國主 遣

八大夫 啓新羅國事於磐金 且啓任那國事於倉下 因以約曰 任那小國天皇附庸 何新羅輒有之 隨常定內官家 願無煩矣 則遣奈末智洗遲 副於吉士磐金 復以任那人達率奈末遲 副於吉士倉下 仍貢兩國之調 然磐金等 未及于還 卽年 以大德境部臣雄摩侶・小德中臣連國爲大將軍 以小德河邊臣禰受 小德物部依網連乙等・小德波多臣廣庭・小德近江脚身臣飯蓋・小德平群臣宇志・小德大伴連*闕名・小德大宅臣軍爲副將軍率數萬衆 以征討新羅 時磐金等 共會於津 將發船以候風波 於是 船師滿海多至 兩國使人 望瞻之愕然 乃還留焉 更代堪遲大舍 爲任那調使而貢上 於是 磐金等相謂之曰 是軍起之 旣違前期 是以任那之事今亦不成矣 則發船而渡之 唯將軍等始到任那而議之 欲襲新羅 於是新羅國主 聞軍多至 而豫慴之請服 時將軍等 共議以上表之 天皇聽矣

• 국역 : 이해 新羅가 任那를 공격하여 任那가 新羅에 복속되었다. 이에 天皇은 장차 新羅를 치고자 大臣들에게 묻고 여러 卿들과 의논하였다. 田中臣은, "서둘러 치는 것은 좋지 않습니다. 먼저 상황을 살펴서 (新羅의) 반역을 알아본 뒤에 공격하여도 늦지 않을 것입니다. 청컨대 시험삼아 사자를 보내어 그 사정을 엿보게 하십시오"라고 대답하였다. (그러나) 中臣連國은, "任那는 원래 우리나라의 內官家였는데 오늘날 新羅人이 그것을 쳐서 소유하였습니다. 청컨대 군대를 정비하여 新羅를 정벌하고 任那를 취하여 百濟에 부속시키십시오. (그것이) 新羅에 소속되어 있는 것보다 이익이 아니겠습니까" 하고 말하였다. 田中臣은, "그렇지 않습니다. 百濟는 배반함이 많은 나라로 길가는 잠깐 사이에도 오히려 속임수를 씁니다. 무릇 그가 청한 바는 다 잘못된 것이므로 (任那를) 百濟에 부속시켜서는 안 됩니다"라고 말하였다. 그래서 결국 정벌하지 않기로 하였다. 그리고 吉士磐金을 新羅에 보내고 吉士倉下를 任那에 보내어 任那의 일을 묻게 하였다. 이때 新羅의 國王은 8명의 大夫를 파견하여

新羅國의 일을 磐金에게 아뢰고 또한 任那國의 사정을 倉下에게 아뢰었다. 그리고 "任那는 작은 나라이지만 천황의 부용국이다. 어찌 新羅가 함부로 그것을 영유하겠는가? 평상시대로 內官家로 정할 것이니 원컨대 걱정하지 마라"라고 약속하고, 奈末 智洗遲를 吉士 磐金에게 딸려 보내고, 또한 任那人 達率 奈末遲를 吉士 倉下에 딸려 보내어 두 나라의 調를 바쳤다. 그러나 磐金 등이 아직 돌아가지 않았는데, 그 해에 大德 境部臣雄摩侶・小德 中臣連國을 大將軍으로 하고, 小德 河邊臣禰受・小德 物部依網連乙等・小德 波多臣廣庭・小德 近江脚身臣飯蓋・小德 平群臣宇志・小德 大伴連*이름은 빠졌다・小德 大宅臣軍을 副將軍으로 하여, 수만의 군대를 거느리고 新羅를 정벌하게 하였다. 그때 磐金 등은 모두 항구에 모여서 배를 띄우려 바람과 파도를 살피고 있었는데, 바로 이때에 군대를 실은 배가 바다를 가득 채우며 수없이 들어오고 있었다. 두 나라의 使人은 멀리서 그것을 바라보고 깜짝 놀라 돌아가 머무르며, 대신에 堪遲 大舍를 任那의 조공 사신으로 삼아 바치게 하였다. 이때에 磐金 등은, "이렇게 군대를 일으키는 것은 이전의 약속에 이긋나는 것이다. 이 때문에 任那의 일은 이번에도 성공할 수 없게 되었다"라 서로 말하고, 배를 내어 건너갔다. 장군들은 처음에 任那에 도착해 의논하여 新羅를 습격하고자 하였다. 그러나 新羅 국왕은 많은 군대가 이르렀다는 말을 듣고 미리 두려워하여 항복을 청하였다. 이에 장군들이 함께 의논하여 表를 올리니, 천황이 허락하였다.

⑩⓪ **卷第卄二 豊御食炊屋姬天皇 推古天皇** 卅一年 **冬 十一月**(623년 음11월)

- 원문 : 冬十一月 磐金・倉下等 至自新羅 時大臣問其狀 對曰 新羅奉命 以驚懼之 則竝差專使 因以貢兩國之調 然見船師至 而朝貢使人更還耳

但調猶貢上 爰大臣曰 悔乎 早遣師矣 時人曰 是軍事者 境部臣・阿曇連 先多得新羅幣物之故 又勸大臣 是以 未待使旨 而早征伐耳 初磐金等 渡新羅之日 比及津 莊船一艘 迎於海浦 磐金問之曰 是船者何國迎船 對曰 新羅船也 磐金亦曰 曷無任那之迎船 卽時 更爲任那加一船 其新羅以迎船二艘 始于是時歟…

- 국역 : 겨울 11월 磐金・倉下 등이 新羅에 귀국하였다. 이때 大臣이 그 상황을 물으니, "新羅는 (천황의) 명령을 받들고는 놀라고 두려워하며 나란히 사자를 파견하여 (新羅・任那) 두 나라의 調를 바치려고 하였습니다. 그러나 군사를 실은 배가 이르른 것을 보고 조공사신은 다시 돌아가 버렸으므로 다만 調만을 올리게 되었습니다"라고 대답하였다. 이에 大臣은 "후회스럽구나, 너무 빨리 군대를 파견한 것이"라고 말하였다. 그때 사람들은 "이번에 군사를 일으킨 일은 境部臣과 阿曇連이 일찍이 新羅의 뇌물을 받았던 까닭에, 大臣에게 권한 것이다. 이 때문에 사자의 뜻을 미처 기다리지도 않고 서둘러 정벌한 것이다"라고 말하였다. 처음에 磐金 등이 新羅로 건너가던 날 항구에 도착할 즈음에 장식한 배 한 척이 바닷가에서 맞이하였다. 磐金이 또 "어찌하여 任那의 영접선은 없는가"라고 물으니, 곧바로 任那를 위하여 배 한 척을 더하였다. 新羅가 영접선을 2척으로 하는 것은 이때부터 시작된 일인 듯하다. …

⑩ **卷第廿三 息長足日廣額天皇 舒明天皇 四年 秋 八月**(632년 음8월)

- 원문 : 四年秋八月 大唐遣高表仁 送三田耜 共泊干對馬 是時 學問僧靈雲・僧旻及勝鳥養 新羅送使等從之
- 국역 : 4년(632) 가을 8월 唐이 高表仁을 파견하여 三田耜를 보내주었는데, 함께 對馬島에 다다랐다. 이때 學問僧 靈雲과 僧旻 및 勝鳥養, 신라의 送使 등이 그를 따랐다.

⑩② 卷第廿三 息長足日廣額天皇 舒明天皇 十年(638년)

• 원문 : 是歲 百濟新羅任那 並朝貢

• 국역 : 이해 백제・신라・임나가 나란히 조공하였다.

⑩③ 卷第廿三 息長足日廣額天皇 舒明天皇 十一年 秋 九月(639년 음9월)

• 원문 : 秋九月 大唐學問僧惠隱・惠雲 從新羅送使入京

• 국역 : 가을 9월 唐에서 학문을 배우던 승려 惠隱・惠雲이 신라의 送使를 따라 서울에 들어왔다.

⑩④ 卷第廿三 息長足日廣額天皇 舒明天皇 十一年 冬 十一月(639년 음11월 1일)

• 원문 : 冬十一月庚子朔 饗新羅客於朝 因給冠位一級

• 국역 : 겨울 11월 초하루 신라 사신에게 朝堂에서 잔치를 베풀고 冠位 1級을 주었다.

⑩⑤ 卷第廿三 息長足日廣額天皇 舒明天皇 十二年 冬 十月(640년 음10월 11일)

• 원문 : 冬十月乙丑朔乙亥 大唐學問僧淸安・學生高向漢人玄理 傳新羅而至之 仍百濟・新羅朝貢之使 共從來之 則各賜爵一級

• 국역 : 겨울 10월 11일 당에서 학문을 배우던 승려 淸安, 학생 高向漢人 玄理가 신라를 거처 이르렀다. 백제・신라의 조공사신이 함께 따라왔는데, 그들에게 각각 官爵 1級을 주었다.

⑩⑥ 卷第廿四 天豐財重日足姬天皇 皇極天皇 元年 二月(642년 음2월 22일)

• 원문 : 戊申 饗高麗・百濟客於難波郡 詔大臣曰 以津守連大海可使於高麗 以國勝吉士水鷄可使於百濟*水鷄 此云倶毗那 以草壁吉士眞跡可使於新羅 以坂本吉士長兄可使於任那

• 국역 : 22일 고구려・백제의 사신에게 難波郡에서 잔치를 베풀었다. 大臣

에게 조를 내려, "津守連大海는 고구려에 보낼 사신으로 삼을 만하고 國勝吉士水鷄는 백제에 보낼 사신으로 삼을 만하다*水鷄는 우리말로 俱毗那(くひな)라 한다. 草壁吉士眞跡은 신라에 보낼 사신으로 삼을 만하며, 坂本吉士長兄은 임나에 보낼 사신으로 삼을 만하다"라고 하였다.

⑩⑦ 卷第廿四 天豐財重日足姬天皇 皇極天皇 元年 三月(642년 음3월 6일)

- 원문 : 辛酉 新羅遣賀騰極使與弔喪使
- 국역 : 6일 신라가 登極을 축하하는 사신과 弔問使를 보냈다.

⑩⑧ 卷第廿四 天豐財重日足姬天皇 皇極天皇 元年 三月(642년 음3월 15일)

- 원문 : 庚午 新羅使人罷歸
- 국역 : 15일 신라 사신이 돌아갔다.

⑩⑨ 卷第廿四 天豐財重日足姬天皇 皇極天皇 元年 五月(642년 음5월 22일)

- 원문 : 丙子 翹岐兒死去 是時 翹岐與妻 畏忌兒死 果不臨喪 凡百濟・新羅風俗 有死亡者 雖父母兄弟夫婦姉妹 永不自看 以此而觀 無慈之甚豈別禽獸
- 국역 : 22일 翹岐의 아들이 죽었다. 이때 翹岐와 그의 처는 아들이 죽은 것을 두려워하고 꺼려 喪에 나아가지 않았다. 무릇 백제와 신라의 풍속에 죽은 사람이 있을 경우, 비록 부모 형제, 부부, 자매라 할지라도 절대로 스스로 보지 않는다. 이로 보건대 자애롭지 못하고 심한 정도가 어찌 禽獸와 다르겠는가.

⑪⓪ 卷第廿四 天豐財重日足姬天皇 皇極天皇 元年 八月(642년 음8월 26일)

- 원문 : 己酉 百濟・新羅使人罷歸

• 국역 : 26일 백제 · 신라 사신이 돌아갔다.

⑪ 卷第廿四 天豐財重日足姬天皇 皇極天皇 元年 十月(642년 음10월 15일)

• 원문 : 丁酉 蘇我大臣 設蝦夷於家 而躬慰問 是日 新羅弔使船與賀騰極使船泊于壹岐嶋

• 국역 : 15일 蘇我大臣이 蝦夷에게 집에서 잔치를 베풀고 몸소 위문하였다. 이날 신라 조문사의 배와 登極을 축하하는 배가 壹岐島에 다다랐다.

⑫ 卷第廿五 天萬豐日天皇 孝德天皇 大化元年 秋 七月(645년 음7월 10일)

• 원문 : 丙子 高麗 · 百濟 · 新羅 竝遣使進調 百濟調使 兼領任那使 進任那調 唯百濟大使佐平緣福遇病留津館 而不入於京 巨勢德大臣 詔於高麗使曰 明神御宇日本天皇詔旨 天皇所遣之使 與高麗神子奉遣之使 旣往短而將來長 是故 可以溫和之心 相繼往來而已 又詔於百濟使曰 明神御宇日本天皇詔旨 始我遠皇祖之世 以百濟國 爲內官家 譬如三絞之綱 中間以任那國屬賜百濟 後遣三輪栗隈君東人 觀察任那國堺 是故 百濟王隨勅 悉示其堺 而調有闕 由是 却還其調 任那所出物者 天皇之所明覽 夫自今以後 可具題國與所出調 汝佐平等 不易面來 早須明報 今重遣三輪君東人 · 馬飼造*闕名 又勅 可送遣鬼部率意斯妻子等

• 국역 : 10일 고구려 · 백제 · 신라가 함께 사신을 보내 調를 바쳤다. 백제의 調使가 任那의 사신을 겸하여 임나의 조를 바쳤다. 다만 백제의 大使인 佐平 緣福만이 병에 걸려 (難波)津의 館에 머물러 있고 서울에 들어오지 못했다. 巨勢德大臣이 고구려의 사신에게 詔를 내려 "明神御宇日本天皇의 詔旨이다. 과거는 짧으나 앞날은 길다. 그러므로 천황이 보낸 사신과 고구려의 神의 아들이 받들어 보낸 사신은 온화한 마음으로 서로 이어 왕래할 만하다"고 하였다. 또 백제 사신에게 詔를 내려 "明神御宇日本天皇의 詔旨이다. 과거 우

리의 먼 조상의 시대에 백제국은 內官家가 되었으니, 비유하자면 세 개로 묶은 그물과 같았다. 중간에 임나국을 백제에 속하도록 주었고, 후에 三輪栗隈君東人을 보내 임나국의 경계를 살피게 하였다. 그러므로 백제왕은 칙명에 따라 그 경계를 다 보여주었으나, 調에 빼놓은 것이 있었다. 이로 말미암아 그 調를 돌려보냈다. 임나에서 나는 물건은 천황이 환히 아는 것이니, 앞으로는 나라와 (그 나라에서) 나오는 물건을 갖추어 적어야 할 것이다. 너희 좌평 등은 얼굴도 바뀌지 않고 왔으니, 빨리 분명하게 보고해야 할 것이다. 이제 거듭 三輪君東人・馬飼造*이름이 빠져 있다를 보낸다. 또 명하여 鬼部의 達率인 意斯의 처자 등을 보내겠다"고 하였다.

⑬ 卷第廿五 天萬豊日天皇 孝德天皇 大化二年 二月 十五日(646년 2월 15일)

- 원문 : 高麗・百濟・任那・新羅 並遣使貢獻調賦
- 국역 : 고구려・百濟・任那・新羅가 함께 사신을 보내 조공을 바쳤다.

⑭ 卷第廿五 天萬豊日天皇 孝德天皇 大化二年 秋 九月(646년 음9월)

- 원문 : 九月 遣小德高向博士黑麻呂於新羅 而使貢質 遂罷任那之調*黑麻呂 更名玄理
- 국역 : 9월 小德 高向博士 黑麻呂를 신라에 보낸 인질을 바치게 했다. 드디어 임나의 調를 (바치는 것을) 그만두었다*黑麻呂의 다른 이름은 玄理이다.

⑮ 卷第廿五 天萬豊日天皇 孝德天皇 大化三年 春 正月 壬寅(647년 1월 15일)

- 원문 : 三年春正月戊子朔壬寅 射於朝庭 是日 高麗新羅 竝遣使 貢獻調賦
- 국역 : 大化 3년(647) 봄 정월 15일 조정에서 활을 쏘았다. 이날 고구려・신라가 사신을 보내 調賦를 바쳤다.

⑯ **卷第卄五 天萬豐日天皇 孝德天皇 大化三年 是歲**(647년 이해)

- 원문 : 新羅遣上臣大阿湌金春秋等 (중략) 來獻孔雀一隻 鸚鵡一隻 仍以春秋爲質
- 국역 : 신라가 大阿湌 金春秋 등을 보내 공작 1쌍, 앵무 1쌍을 보냈는데 일본은 春秋를 인질로 삼았다.

⑰ **卷第卄五 天萬豐日天皇 孝德天皇 大化四年**(648년)

- 원문 : 是歲 新羅遣使貢調 …
- 국역 : 이해 新羅가 사신을 보내 調를 바쳤다. …

⑱ **卷第卄五 天萬豐日天皇 孝德天皇 大化五年 五月**(649년 음5월 1일)

- 원문 : 五月癸卯朔 遣小花下三輪君色夫・大山上掃部連角麻呂等於新羅
- 국역 : 5월 1일 小花下 三輪君色夫・大山上 掃部連角麻呂 등을 新羅에 보냈다.

⑲ **卷第卄五 天萬豐日天皇 孝德天皇 白雉元年 二月 甲申**(650년 음2월 15일)

- 원문 : 甲中 朝庭隊仗 如元會儀 左右大臣百官人等 爲四列於紫門外 以粟田臣飯蟲等四人 使執雉輿 而在前去 左右大臣 乃率百官及百濟君豐璋・其弟塞城・忠勝・高麗侍醫毛治・新羅侍學士等 至中庭 …
- 국역 : 15일 조정의 의장대가 元旦에 모이는 儀禮와 같았다. 좌우의 대신과 百官들이 紫門 밖에서 네 줄로 늘어섰다. 粟田臣飯蟲 등 4명이 꿩을 태운 수레를 잡고 앞서서 갔다. 좌우의 대신들은 백관과 百濟君 豐璋, 아우 塞城・忠勝, 고구려의 侍醫 毛治, 新羅의 侍學士 등을 거느리고 中庭에 이르렀다. …

⑳ 卷第卄五 天萬豐日天皇 孝德天皇 白雉元年 夏 四月(650년 음4월)

- 원문 : 夏四月 新羅遣使貢調*或本云 是天皇世 高麗・百濟・新羅 三國 每年遣使貢獻也
- 국역 : 여름 4월 新羅가 사신을 보내 調를 바쳤다*어떤 책에는 "이 천황 때에 고구려・백제・신라 3국이 해마다 사신을 보내 바쳤다"고 하였다.

㉑ 卷第卄五 天萬豐日天皇 孝德天皇 白雉二年 夏 六月(651년 음6월)

- 원문 : 夏六月 百濟・新羅 遣使貢調獻物
- 국역 : 여름 6월 百濟・新羅가 사신을 보내 調와 물건을 바쳤다.

㉒ 卷第卄五 天萬豐日天皇 孝德天皇 白雉二年(651년)

- 원문 : 是歲 新羅貢調使知萬沙飡等 着唐國服 泊于筑紫 朝庭惡恣移俗 訶嘖追還 于時 巨勢大臣奏請之曰 方今不伐新羅 於後必當有悔 其伐之狀不須擧力 自難波津 至于筑紫海裏 相接浮盈艫舳 徵召新羅 問其罪者可易得焉
- 국역 : 이해 新羅의 貢調使 知萬 沙飡 등이 唐나라의 옷을 입고 筑紫에 이르렀다. 조정에서 함부로 풍속을 바꾼 것을 싫어하여 꾸짖고 돌려보냈다. 그때 巨勢大臣이 "지금 신라를 정벌하지 않으면 나중에 반드시 후회할 것입니다. 그 정벌하는 상황은 모든 힘을 다할 필요가 없습니다. 難波津으로부터 筑紫海 가운데까지 서로 이어지도록 배를 가득 띄우고 신라를 불러 그 죄를 묻는다면 쉽게 이룰 수 있을 것입니다"라고 청하였다.

㉓ 卷第卄五 天萬豐日天皇 孝德天皇 白雉三年 夏 四月(652년 음4월)

- 원문 : (三年夏四月) 是月 … 新羅・百濟 遣使貢調獻物
- 국역 : (白雉 3년, 여름 4월) 이달 … 新羅・百濟가 사신을 보내 調와 물건을 바쳤다.

⑫④ 卷第卄五 天萬豐日天皇 孝德天皇 白雉四年 夏 六月(653년 음6월)

- 원문 : 六月 百濟・新羅 遣使貢調獻物 …
- 국역 : 6월 百濟・新羅가 사신을 보내 調와 물건을 바쳤다. …

⑫⑤ 卷第卄五 天萬豐日天皇 孝德天皇 白雉五年 春 二月(654년 음2월)

- 원문 : 二月 遣大唐押使大錦上高向史玄理 *或本云 夏五月 遣大唐押使大花下高向玄理 大使小錦下河邊臣麻呂 副使大山下藥師惠日 判官大乙上書直麻呂・宮首阿彌陀*或本云 判官小山下書直麻呂・小乙上岡君宜・置始連大伯・小乙下中臣間人連老*老 此云於喩・田邊史鳥等 分乘二船 留連數月 取新羅道 泊于萊州 遂到于京 奉覲天子 於是 東宮監門郭丈擧 悉問日本之地里及國初之神名 皆隨問而答 押使高向玄理 卒於大唐伊吉博得言 學問僧惠妙 於唐死 知聰 於海死 智宗 以庚寅年 付新羅船歸 覺勝 於唐死 義通 於海死 …
- 국역 : 2일 唐에 보낸 押使 大錦上 高向史玄理*어떤 책에는 "여름 5월에 唐에 押使 大花下 高向玄理를 보냈다"고 하였다, 大使 小錦下 河邊臣麻呂, 副使 大山下 藥師惠日, 判官 大乙上 書直麻呂・宮首阿彌陀 *어떤 책에는 "判官 小山下 書直麻呂"라 하였나・小乙上 岡君宜・置始連大伯, 小乙下 中臣間人連老 *老는 우리나라에서는 於喩(おゆ)라 한다・田邊史鳥 등이 2척의 배에 나누어 타고 여러 달 머물다가 新羅道를 통해 萊州에 이르렀다. 드디어 서울(長安)에 이르러 天子를 뵈었다. 東宮監門 郭丈擧가 日本國의 地里(지방)와 國初의 神의 이름을 자세히 물으므로, 물음에 따라 모두 답하였다. 押使 高向玄理가 唐에서 죽었다. 伊吉博得은 "學問僧 惠妙가 당에서 죽었다. 知聰은 바다에서 죽었고, 智國도 바다에서 죽었다. 智宗은 庚寅年에 新羅의 배를 따라 돌아왔다. 覺勝은 당에서 죽었고, 義通은 바다에서 죽었다"고 하였다. …

⑫⑥ **卷第卄五 天萬豐日天皇 孝德天皇 白雉五年 秋 七月**(654년 음7월 24일)

• 원문 : 秋七月甲戌朔丁酉 西海使吉士長丹等 共百濟・新羅送使 泊于筑紫

• 국역 : 가을 7월 24일 西海使 吉士長丹 등이 百濟・新羅의 送使와 함께 筑紫에서 숙박하였다.

⑫⑦ **卷第卄五 天萬豐日天皇 孝德天皇 白雉五年**(654년)

• 원문 : 是歲 高麗・百濟・新羅 竝遣使奉弔

• 국역 : 이해 고구려・백제・신라가 함께 사신을 보내 조문하였다.

⑫⑧ **卷第卄六 天豐財重日足姬天皇 齊明天皇 元年**(655년)

• 원문 : 是歲 高麗・百濟・新羅 竝遣使進調 百濟大使西部達率余宜受 副使東部恩率調信仁 凡一百餘人 … 新羅 別以及湌彌武爲質 以十二人 爲才伎者 彌武 遇疾而死

• 국역 : 이해 고구려・백제・신라가 함께 사신을 보내 調를 바쳤다 *百濟의 大使는 西部의 達率余宜受이고, 副使는 東部 恩率 調信仁으로 모두 100여 명이었다. … 新羅는 따로 及湌 彌武를 볼모로 삼고 才伎者 12명을 바쳤는데, 彌武는 병으로 죽었다.

⑫⑨ **卷第卄六 天豐財重日足姬天皇 齊明天皇 二年**(656년)

• 원문 : 是歲 於飛鳥岡本 更定宮地 時 高麗・百濟・新羅 竝遣使進調 爲張紺幕於此宮地 而饗焉 … 西海使佐伯連栲繩*闕位階級 小山下難波吉士國勝等 自百濟還 獻鸚鵡一隻 …

• 국역 : 이해 飛鳥의 岡本에 다시 宮 터를 정했다. 이때 고구려・백제・신라가 함께 사신을 보내 調를 바쳤다. (그들을 위해) 이 궁터에 紺色 장막을 치고 잔치를 베풀었다. … 西海使 佐伯連栲繩*관위와 계급은 빠져 있다. 小山下 難波吉士國勝 등이 百濟로부터 돌아와 鸚鵡 1쌍

을 바쳤다. …

⑬⓪ **卷第廿六 天豐財重日足姬天皇 齊明天皇 四年 秋 七月**(658년 음7월)

- 원문 : (四年秋七月) 是月 沙門智通・智達 奉勅 乘新羅船 往大唐國 受無性衆生義 於玄奘法師所
- 국역 : (4년 가을 7월) 이달 沙門 智通・智達이 칙명을 받들어 新羅의 배를 타고 唐나라에 가서, 玄奘法師가 있는 곳에서 無性衆生義를 배웠다.

⑬① **卷第廿六 天豐財重日足姬天皇 齊明天皇 四年**(658년)

- 원문 : 是歲 … 出雲國言 於北海濱 魚死而積 厚三尺許 其大如鮐 雀啄針鱗 鱗長數寸 俗曰 雀入於海 化而爲魚 名曰雀魚*或本云 至庚申年七月 百濟遣使奏言 大唐 新羅 幷力伐我 旣以義慈王・王后・太子 爲虜而去 由是 國家 以兵士甲卒 陣西北畔 繕修城柵 斷塞山川之兆也 又西海使小花下阿曇連頰垂自百濟還言 百濟伐新羅還 時馬自行道於寺金堂 晝夜勿息 唯食草時止 *或本云 至庚申年 爲敵所滅之應也
- 국역 : 이해 … 出雲國이 "북쪽 바닷가에 물고기가 죽어서 쌓여 있는데, 두께가 석 자쯤 된다. 그 (물고기의) 크기는 복어 만하고 참새 같은 부리와 바늘 같은 비늘을 지녔는데, 비늘의 길이는 여러 치(寸)이다. 세속에서는 '참새가 바다에 들어가 변해서 물고기가 되었다'고 하는데, 이름은 雀魚라 한다*어떤 책에는 '경신년(齊明天皇 6년, 660) 7월에 이르러 百濟가 사자를 보내, 唐과 新羅가 힘을 합해 우리를 공격하여 이미 義慈王과 왕비, 태자를 포로로 하여 갔다고 아뢰었다. 이로 말미암아 국가(일본)는 병사들을 서북 경계에 진을 치게 하였다. 城柵을 수리하고 산천을 나누어 막을 징조였다'고 하였다"고 하였다. 또 西海使 小花下 阿曇連頰垂가 百濟로부터 돌아와 "百濟가 新羅를 정벌하고 돌아왔는데, 그때 말이 혼자 절의 금당을 돌면서 밤낮으로 쉬지 않고, 오직 풀을

먹을 때만 멈추었다*어떤 책에는 '경신년에 이르러 적에게 멸망할 조짐이 었다'고 하였다"고 말하였다.

⑬② 卷第廿六 天豐財重日足姬天皇 齊明天皇 六年 秋 七月(660년 음7월 16일)

• 원문 : 秋七月庚子朔乙卯 高麗使人乙相賀取文等罷歸 … 高麗沙門道顯日本世記曰 七月云云 春秋智 借大將軍蘇定方之手 挾擊百濟亡之 或曰 百濟自亡 由君大夫人 妖女之無道 擅奪國柄 誅殺賢良故 召斯禍矣 可不愼歟 可不愼歟 其注云 新羅春秋智 不得願於內臣蓋金 故亦使於唐 捨俗衣冠 請媚於天子 投禍於隣國 而搆斯意行者也 伊吉連博德書云 庚申年八月 百濟已平之後 九月十二日 放客本國 十九日 發自西京 十月十六日 還到東京 始得相見阿利麻等五人 十一月一日 爲將軍蘇定方等所捉百濟王以下 太子隆等 諸王子十三人 大佐平沙宅千福・國辨成以下卅七人 幷五十許人 奉進朝堂 急引趨向天子 天子恩勅 見前放着 十九日 賜勞 廿四日 發自東京

• 국역 : 7월 16일 고구려의 사신 乙相 賀取文 등이 사행을 마치고 돌아갔다. … 고구려의 沙門 道顯의 『日本世記』에 "7월에 云云, 春秋智가 大將軍 蘇定方의 손을 빌려 백제를 협공하여 멸망시켰다"고 했다. 어떤 사람은 "백제가 스스로 망하였다. 임금의 大夫人이 요사스럽고 간사한 여자로, 무도하여 마음대로 국가의 권력을 빼앗고 훌륭하고 어진 신하들을 죽였기 때문에 이러한 화를 불렀다. 삼가지 않을 수 있겠는가. 삼가지 않을 수 있겠는가"라 하였다. 그 注에 "신라의 春秋智는 (고구려의) 內臣 蓋金에게 청한 것이 받아들여지지 않자 唐에 사신으로 가서 자기나라 풍속의 衣冠을 버리고 천자에게 따를 것을 청하여, 이웃 나라에 화를 끼치고 그 의도를 이루었다"고 하였다. 伊吉連博德의 書에 "경신년(660) 8월 백제를 이미 평정한 후 9월 12일 본국(唐)에서 사신들을 풀어주었다. 19일에 西京으로부터 출발하였다. 10월 16일 東京에 돌아와 비로소 阿利麻 등 5인을 만나볼 수 있었다. 11월 1일에 將軍 蘇定方 등이 사로잡은 百濟王 이하 太子 隆 등 여러 왕자 13명, 大佐平 沙宅千福・國辨成 이하 37명, 모두 50여 명을 朝堂

에 바쳤다. 급히 인도하여 천자에게 나아가니, 천자는 은혜로운 칙명으로 보자마자 풀어주었다. 19일에 수고한 사람들에게 하사하였다. 24일에 동경으로부터 출발하였다"고 하였다.

⑬③ **卷第廿六 天豐財重日足姬天皇 齊明天皇 六年 秋 九月**(660년 음9월 5일)

• 원문 : 九月己亥朔癸卯 百濟遣達率*闕名 沙彌覺從等 來奏曰*或本云 逃來告難 今年七月 新羅恃力作勢 不親於隣 引搆唐人 傾覆百濟 君臣總俘 略無噍類*或本云 今年七月十日 大唐蘇定方 率船師 軍于尾資之津 新羅王春秋智率兵馬 軍于怒受利之山 夾擊百濟 相戰三日 陷我王城 同月十三日 始破王城 怒受利山 百濟之東堺也 於是 西部恩率鬼室福信 赫然發憤據任射岐山*或本云 北任敍利山也 達率餘自進 據中部久麻怒利城*或本云 都都岐留山 各營一所 誘聚散卒 兵盡前役 故 以棓戰 新羅軍破 百濟奪其兵 旣而百濟兵翻銳 唐不敢入 福信等遂鳩集同國 共保王城 國人尊曰 佐平福信 佐平自進 唯福信起神武之權 興旣亡之國

• 국역 : 9월 5일 백제가 達率*이름은 빠져 있다 · 沙彌 覺從 등을 보내었는데, 와서*어떤 책에는 도망해 와서 어려움을 고했다고 하였다 "금년 7월에 신라가 힘을 믿고 勢를 이루어서 이웃 나라를 친하게 여기지 않고, 당나라 사람을 끌어들여 백제를 멸망시켰다. 임금과 신하가 모두 포로가 되고 백성들도 거의 없어지게 되었다*어떤 책에는 '금년 7월 10일에 唐의 蘇定方이 수군을 거느리고 尾資津에 주둔하였다'고 하였다. 新羅王 春秋智가 兵馬를 거느리고 怒受利山에 주둔하여 백제를 협공하여 서로 3일을 싸워 우리 왕성(부여)이 함락되었다. 같은 달 13일에 처음으로 왕성을 깨뜨렸다. 怒受利山은 百濟의 동쪽 경계이다. 이에 西部 恩率 鬼室福信이 매우 화가 나서 任射岐山*어떤 책에는 北任敍利山이라 하였다에 웅거하였다고 한다. 達率 餘自進은 中部 久麻怒利城*어떤 책에는 都都岐留山이라 하였다에 웅거하였다고 한다. 각각 한 곳에 진을 치고 흩어진 군졸

을 불러 모았다. 무기가 전의 싸움에서 다 없어졌으므로 막대기를 들고 싸워 신라군을 물리쳤다. 백제군이 그 무기를 빼앗았으므로 얼마 후 백제 군사들이 다시 날쌔져, 唐이 감히 들어오지 못하였다. 福信 등이 드디어 같은 나라 사람들을 모아 함께 왕성을 지켰다. 나라 사람들이 그들을 높여 '佐平 福信, 佐平 自進'이라고 하였다. 오직 福信만이 신기하고 용감한 꾀를 내어 이미 망한 나라를 부흥시켰다"고 아뢰었다.

⑬④ **卷第廿六 天豐財重日足姬天皇 齊明天皇 / 六年**(660년)

- 원문 : 是歲 欲爲百濟 將伐新羅 乃勅駿河國造船 已訖 挽至續麻郊之時 其船夜中無故 艫舳相反 衆知終敗 科野國言 蠅群向西 飛踰巨坂 大十圍許高至蒼天 或知救軍敗績之怪 有童謠曰 …
- 국역 : 이해 百濟를 위해 장차 新羅를 정벌하려고 駿河國에 배를 만들도록 명령하였다. (배를) 다 만든 후 續麻郊에 끌어왔을 때, 그 밤중에 까닭없이 배의 머리와 꼬리가 흔들렸다. 뭇사람들이 마침내 패할 것을 알았다. 科野國에서 "파리떼가 서쪽으로 향해 巨坂을 날아서 지나갔는데, 크기가 10아름쯤이고 높이는 하늘까지 닿았다"고 말하였다. 어떤 사람들은 구원군이 패배할 징조임을 알았다. 童謠가 있었는데 …

⑬⑤ **卷第廿七 天命開別天皇 天智天皇 / 元年 春 三月**(662년 음3월)

- 원문 : 是月 唐人・新羅人 伐高麗 高麗乞救國家 仍遣軍將 據疏留城 由是唐人不得略其南堺 新羅不獲輸其西壘
- 국역 : 이달 唐人과 신라人이 고구려를 정벌했다. 고구려가 우리나라에 구원을 청했으므로 軍將을 보내 疏留城에 웅거하게 했다. 이로 말미암아 唐人들이 그 남쪽 경계를 침략할 수 없었으므로, 新羅가

서쪽 진지를 옮기지 않을 수 없었다.

⑬⑹ 卷第卄七 天命開別天皇 天智天皇 二年 春 二月(663년 음2월 2일)

- 원문 : 二年春二月乙酉朔丙戌 百濟遣達率金受等進調 新羅人燒燔百濟南畔四州 幷取安德等要地 於是 避城去賊近 故勢不能居 乃還居於州柔 如田來津之所計
- 국역 : 663년 2월 2일 百濟가 達率 金受 등을 보내 調를 바쳤다. 新羅人이 백제의 남쪽 경계에 있는 4州를 불태우고, 아울러 安德 등의 중요 지역을 빼앗았다. 이에 避城이 적과 거리가 가까웠으므로 형세가 머물 수 없어 州柔에 돌아와 살았으니, 田來津이 헤아린 바와 같았다.

⑬⑺ 卷第卄七 天命開別天皇 天智天皇 二年 春 三月(663년 3월)

- 원문 : 三月 遣前將軍上毛野君稚子・間人連大蓋 中將軍巨勢神前臣譯語・三輪君根麻呂 後將軍阿倍引田臣比邏夫・大宅臣鎌柄 率二萬七千人 打新羅
- 국역 : 3월 前將軍 上毛野君稚子・間人連大蓋, 中將軍 巨勢神前臣譯語・三輪君根麻呂, 後將軍 阿倍引田臣比邏夫・大宅臣鎌柄을 보내 2만 7천 인을 거느리고 신라를 공격했다.

⑬⑻ 卷第卄七 天命開別天皇 天智天皇 二年 夏 六月(663년 6월)

- 원문 : 六月 前將軍上毛野君稚子等 取新羅沙鼻岐奴江二城 百濟王豐璋 嫌福信有謀反心 以革穿掌而縛 時難自決 不知所爲 乃問諸臣曰 福信之罪既如此焉 可斬以不 於是 達率德執得曰 此惡逆人 不合放捨 福信即唾於執得曰 腐狗癡奴 王勒健兒 斬而醢首
- 국역 : 6월 前將軍 上毛野君稚子 등이 新羅의 沙鼻岐奴江 2개의 성을 빼앗았다. 百濟王 豐璋은 福信이 모반하려는 마음을 가졌다고 의심하여 손바닥을 뚫고 가죽으로 묶었다. 이때 스스로 결정하기 어려워

할 바를 알지 못했으므로, 여러 신하에게 "福信의 죄가 이미 이와 같으니 목을 베는 것이 좋겠는가 아닌가"하고 물었다. 이에 達率 德執得이 "이 악한 반역 죄인은 풀어주어서는 안 됩니다"고 하였다. 福信이 곧 執得에게 침을 뱉으며 "썩은 개와 같은 어리석은 놈"이라고 하였다. 왕이 시종하는 병졸들로 하여금 목을 베어 머리를 소금에 절이도록 하였다.

⑬⑨ **卷第廿七 天命開別天皇 天智天皇 二年 秋 八月**(663년 음8월 13일)

- 원문 : 秋八月壬午朔甲午 新羅 以百濟王斬己良將 謀直入國先取州柔 於是 百濟知賊所計 謂諸將曰 今聞 大日本國之救將廬原君臣 率健兒萬餘 正當越海而至 願諸將軍等 應預圖之 我欲自往待饗白村
- 국역 : 가을 8월 13일 新羅는 百濟王이 자기의 훌륭한 장수를 목베었으므로 곧장 百濟에 들어가 먼저 州柔를 빼앗을 것을 계획하였다. 이에 百濟(왕)는 적이 계획한 바를 알고 여러 장수들에게 "지금 듣건대 日本國에서 구원하러 온 장수인 廬原君臣이 씩씩한 군사 만여 명을 거느리고 바로 바다를 건너왔다고 한다. 여러 장군들은 미리 도모하기를 바란다. 나는 직접 가 白村에서 기다려 연회를 베풀고자 한다"고 하였다.

⑭⑩ **卷第廿七 天命開別天皇 天智天皇 六年 春 二月**(667년 2월 27일)

- 원문 : 六年春二月壬辰朔戊午 … 是日 以皇孫大田皇女 葬於陵前之墓 高麗・百濟・新羅 皆奉哀於御路 …
- 국역 : 667년 2월 27일 … 이날 皇孫 大田皇女를 능 앞의 묘에 장사지냈다. 고구려・백제・신라가 모두 장례지내는 길에 슬픔을 표했다. …

⑭① **卷第廿七 天命開別天皇 天智天皇 七年 秋 九月**(668년 9월 12일)

- 원문 : 秋九月壬午朔癸巳 新羅遣沙喙級湌金東嚴等進調

• 국역 : 가을 9월 12일 新羅가 沙喙(部) 級湌 金東嚴 등을 보내 調를 바쳤다.

⑭ 卷第廿七 天命開別天皇 天智天皇 七年 秋 九月(668년 9월 26일)

• 원문 : 丁未 中臣內臣 使沙門法辨・秦筆 賜新羅上臣大角干庾信船一隻 付東嚴等

• 국역 : 26일 中臣內臣이 沙門 法辨・秦筆을 사신으로 삼아 新羅의 上臣 大角干 庾信에게 배 1척을 주어, 東嚴 등에게 딸려 보냈다.

⑭ 卷第廿七 天命開別天皇 天智天皇 七年 秋 九月(668년 9월 29일)

• 원문 : 庚戌 使布勢臣耳麻呂 賜新羅王輸御調船一隻 付東嚴等

• 국역 : 29일 布勢臣耳麻呂를 사신으로 삼아 新羅王에게 調를 운반하는 배 1척을 주고 東嚴 등에게 딸려 보냈다.

⑭ 卷第廿七 天命開別天皇 天智天皇 七年 冬 十一月(668년 11월 1일)

• 원문 : 十一月辛巳朔 賜新羅王 絹五十匹・綿五百斤・韋一百枚 付金東嚴等 賜東嚴等物 各有差

• 국역 : 11월 1일 新羅王에게 絹 50필, 綿 500근, 韋 100매를 하사하여 金東嚴 등에게 딸려 보냈다. 東嚴 등에게 물건을 주었는데 각각 차등이 있었다.

⑭ 卷第廿七 天命開別天皇 天智天皇 七年 冬 十一月(668년 11월 5일)

• 원문 : 乙酉 遣小山下道守臣麻呂・吉士小鮪於新羅 是日 金東嚴等罷歸

• 국역 : 5일 小山下 道守臣麻呂・吉士小鮪를 新羅에 보냈다. 이날 金東嚴 등이 돌아갔다.

⑭⑥ **卷第廿七 天命開別天皇 天智天皇 七年**(668년)

• 원문 : 是歲 沙門道行 盜草薙劒 逃向新羅 而中路風雨 荒迷而歸

• 국역 : 이해 沙門 道行이 草薙劒을 훔쳐 新羅로 도망하다가, 도중에 바람과 비를 만나 길을 잃고 돌아왔다.

⑭⑦ **卷第廿七 天命開別天皇 天智天皇 八年 秋 九月**(669년 음9월 11일)

• 원문 : 九月丁丑朔丁亥 新羅遣沙湌督儒等進調

• 국역 : 9월 11일 新羅가 沙湌 督儒 등을 보내 調를 바쳤다.

⑭⑧ **卷第廿七 天命開別天皇 天智天皇 九年 秋 九月**(670년 음9월 1일)

• 원문 : (九年) 秋九月辛未朔 遣阿曇連頰垂於新羅

• 국역 : (9년) 가을 9월 초하루 阿曇連頰垂를 新羅에 보냈다.

⑭⑨ **卷第廿七 天命開別天皇 天智天皇 十年 夏 六月**(671년 음6월)

• 원문 : 是月 … 新羅遣使進調 別獻手牛一頭・山鷄一隻

• 국역 : 이달 … 新羅가 사신을 보내 調를 바쳤다. 따로 물소 1마리, 산닭(山鷄) 1마리를 바쳤다.

⑮⓪ **卷第廿七 天命開別天皇 天智天皇 十年 冬 十月**(671년 음10월 7일)

• 원문 : 冬十月甲子朔庚午 新羅遣沙湌金萬物等進調

• 국역 : 겨울 10월 7일 新羅가 沙湌 金萬物 등을 보내 調를 바쳤다.

⑮① **卷第廿七 天命開別天皇 天智天皇 十年 冬 十一月**(671년 음11월 29일)

• 원문 : … 是日 賜新羅王 絹五十匹・絁五十匹・綿一千斤・韋一百枚

• 국역 : … 이날 新羅王에게 絹 50필, 絁 50필, 綿 1,000근, 韋 100매를

주었다.

⑮② 卷第卄七 天命開別天皇 天智天皇 十年 冬 十二月(671년 음12월 17일)

- 원문 : 己卯 新羅進調使沙湌金萬物等罷歸
- 국역 : 17일 신라에서 調를 바치러 온 사신 沙湌 金萬物 등이 사행을 마치고 돌아갔다.

⑮③ 卷第卄八 天渟中原瀛眞人天皇 上 天武天皇 元年 冬 十一月(672년 음11월 24일)

- 원문 : 冬十一月戊子朔辛亥 饗新羅客金押實等於筑紫 卽日 賜祿各有差
- 국역 : 11월 24일 新羅의 사신 金押實 등에게 筑紫에서 잔치를 베풀었다. 그날 祿을 각각 차등 있게 주었다.

⑮④ 卷第卄八 天渟中原瀛眞人天皇 上 天武天皇 元年 冬 十二月(672년 음12월 15일)

- 원문 : 壬申 船一隻賜新羅客
- 국역 : 15일 배 1척을 新羅의 사신에게 주었다.

⑮⑤ 卷第卄八 天渟中原瀛眞人天皇 上 天武天皇 元年 冬 十二月(672년 음12월 26일)

- 원문 : 癸未 金押實等罷歸
- 국역 : 26일 金押實 등이 일을 마치고 돌아갔다.

⑮⑥ 卷第卄九 天渟中原瀛眞人天皇 下 天武天皇 二年 閏六月 己亥(673년 윤6월 15일)

- 원문 : 己亥 新羅遣韓阿湌金承元・阿湌金祇山・大舍霜雪等賀騰極 幷遣一吉湌金薩儒・韓奈末金池山等 弔先皇喪一云 調使 其送使貴干寶・眞毛 送承元・薩儒於筑紫
- 국역 : 15일 新羅가 韓阿湌 金承元, 阿湌 金祇山, 大舍 霜雪 등을 보내 등극을 축하했다. 아울러 一吉湌 金薩儒, 韓奈末 金池山 등을 보내

天智天皇의 喪을 조문하였다.*혹은 調를 바치러 온 사신이라고 하였다. 그 送使 貴干 寶·眞毛가 承元과 薩儒를 筑紫까지 호송하였다.

⑮7 **卷第廿九 天渟中原瀛眞人天皇 下 天武天皇 二年 秋 八月**(673년 음8월 20일)

- 원문 : 癸卯 高麗遣上部位頭大兄邯子·前部大兄碩千等朝貢 仍新羅遣韓奈末金利益 送高麗使人于筑紫
- 국역 : 20일 고구려가 上部의 位頭大兄 邯子·前部 大兄 碩千 등을 보내 조공하였다. 그리고 신라는 韓奈末 金利益을 보내 고구려의 사신을 筑紫까지 호송하였다.

⑮8 **卷第廿九 天渟中原瀛眞人天皇 下 天武天皇 二年 冬 十一月**(673년 음11월 21일)

- 원문 : 壬申 饗高麗邯子·新羅薩儒等於筑紫大郡 賜祿各有差
- 국역 : 21일 고구려의 邯子와 新羅의 薩儒 등에게 筑紫大郡에서 연회를 베풀고 각각 祿을 차등 있게 주었다.

⑮9 **卷第廿九 天渟中原瀛眞人天皇 下 天武天皇 四年 春 正月**(675년 음1월 1일)

- 원문 : 四年春正月丙午朔 大學寮諸學生·陰陽寮·外藥寮 及舍衛女·墮羅女·百濟王善光·新羅仕丁等 捧藥及珍異等物進
- 국역 : 4년 봄 정월 초하루 大學寮의 여러 學生, 陰陽寮, 外藥寮 및 舍衛의 딸, 墮羅의 딸, 百濟王 善光, 新羅의 仕丁 등이 藥과 진기한 물건 등을 바쳤다.

⑯0 **卷第廿九 天渟中原瀛眞人天皇 下 天武天皇 四年 春 二月**(675년 음2월)

- 원문 : (二月) 是月 新羅遣王子忠元·大監級湌金比蘇·大監奈末金天沖·第監大麻朴武摩·第監大舍金洛水等進調 其送使奈末金風那·奈末金孝福送王子忠元於筑紫

• 국역 : (2월) 이달 新羅가 왕자 忠元, 大監 級湌 金比蘇, 大監 奈末 金天沖, 第監 大麻 朴武摩, 第監 大舍 金洛水 등을 보내 調를 바쳤다. 그 送使 奈末 金風那, 奈末 金孝福이 왕자 忠元을 筑紫까지 호송했다.

⑯ **卷第卄九 天渟中原瀛眞人天皇 下 天武天皇 四年 春 三月**(675년 음3월)

• 원문 : 是月 高麗遣大兄富于・大兄多武等朝貢 新羅遣級湌朴勤修・大奈末金美賀進調

• 국역 : 이달 고구려가 大兄 富于, 大兄 多武 등을 보내 조공하였다. 新羅는 級湌 朴勤修, 大奈末 金美賀 등을 보내 調를 바쳤다.

⑯ **卷第卄九 天渟中原瀛眞人天皇 下 天武天皇 四年 夏 四月**(675년 음 4월)

• 원문 : (夏四月) 是月 新羅王子忠元到難波

• 국역 : (여름 4월) 이달 新羅의 왕자 忠元이 難波에 이르렀다.

⑯ **卷第卄九 天渟中原瀛眞人天皇 下 天武天皇 四年 秋 七月**(675년 음7월 7일)

• 원문 : 秋七月癸卯朔己酉 小錦上大伴連國麻呂爲大使 小錦下三宅吉士入石爲副使 遣于新羅

• 국역 : 가을 7월 7일 小錦上 大伴連國麻呂를 大使로 삼고, 小錦下 三宅吉士入石을 副使로 삼아 新羅에 보냈다.

⑯ **卷第卄九 天渟中原瀛眞人天皇 下 天武天皇 四年 秋 八月**(675년 음8월 28일)

• 원문 : 己亥 新羅・高麗 二國調使饗於筑紫 賜祿有差

• 국역 : 28일 신라와 고구려 두 나라에서 調를 바치러 온 사신에게 筑紫에서 잔치를 베풀고 차등 있게 祿을 주었다.

⑯⑤ **卷第廿九 天渟中原瀛眞人天皇 下 天武天皇 五年 春 二月**(676년 음2월)

• 원문 : 是月 大伴連國摩呂等 至自新羅

• 국역 : 이달 大伴連國摩呂 등이 新羅로부터 돌아왔다.

⑯⑥ **卷第廿九 天渟中原瀛眞人天皇 下 天武天皇 五年 冬 十月**(676년 음10월 10일)

• 원문 : 甲辰 以大乙上物部連摩呂爲大使 大乙中山背直百足爲小使 遣於新羅

• 국역 : 10일 大乙上 物部連摩呂를 大使로 삼고, 大乙中 山背直百足을 小使로 삼아 新羅에 보냈다.

⑯⑦ **卷第廿九 天渟中原瀛眞人天皇 下 天武天皇 五年 冬 十一月**(676년 음11월 3일)

• 원문 : 丁卯 新羅遣沙飡金淸平請政 并遣汲飡金好儒・弟監大舍金欽吉等進調 其送使奈末被珍那・副使奈末好福 送淸平等於筑紫

• 국역 : 3일 新羅가 沙飡 金淸平을 보내 國政을 물었다. 아울러 汲飡 金好儒, 弟監 大舍 金欽吉 등을 보내 調를 바쳤다. 그 送使 奈末 被珍那, 副使 奈末 好福이 淸平 등을 筑紫까지 호송하였다.

⑯⑧ **卷第廿九 天渟中原瀛眞人天皇 下 天武天皇 五年 冬 十一月**(676년 음11월 23일)

• 원문 : 丁亥 高麗遣大使後部主簿阿于・副使前部大兄德富朝貢 仍新羅遣大奈末金楊原 送高麗使人於筑紫

• 국역 : 23일 고구려가 大使인 後部의 主簿 阿于, 副使인 前部의 大兄 德富를 보내 조공하였다. 그리고 新羅는 大奈末 金楊原을 보내 고구려의 사신을 筑紫까지 호송하였다.

⑯⑨ **卷第廿九 天渟中原瀛眞人天皇 下 天武天皇 六年 春 二月**(677년 음2월 1일)

• 원문 : 二月癸巳朔 物部連摩呂 至自新羅

• 국역 : 2월 1일 초하루 物部連摩呂가 新羅로부터 이르렀다.

⑰⓪ **卷第卄九 天渟中原瀛眞人天皇 下 天武天皇 六年 春 三月**(677년 음3월 19일)

- 원문 : 三月癸亥朔辛巳 召新羅使人清平及以下客十三人於京
- 국역 : 3월 19일 新羅의 사신 清平과 이하의 사신 13인을 서울(일본 왕경)에 불렀다.

⑰① **卷第卄九 天渟中原瀛眞人天皇 下 天武天皇 六年 夏 五月**(677년 음5월 7일)

- 원문 : 戊辰 新羅人阿湌朴刺破・従人三口・僧三人 漂着於血鹿嶋
- 국역 : 7일 新羅人 阿湌 朴刺破와 그의 從者 3인, 승려 3인이 표류하여 血鹿嶋에 도착하였다.

⑰② **卷第卄九 天渟中原瀛眞人天皇 下 天武天皇 七年**(678년)

- 원문 : 是年 新羅送使奈末加良井山・奈末金紅世 到于筑紫曰 新羅王遣汲湌金消勿・大奈末金世世等 貢上當年之調 仍遣臣井山 送消勿等 倶逢暴風於海中 以消勿等皆散之 不知所如 唯井山僅得着岸 然消勿等 遂不來焉
- 국역 : 이해 新羅의 送使 奈末 加良井山, 奈末 金紅世가 筑紫에 도착해서 "新羅王이 汲湌 金消勿, 大奈末 金世世 등을 보내 올해의 調를 바쳤습니다. 그리고 臣 井山을 보내 消勿 등을 호송하게 했는데, 바다 가운데에서 함께 폭풍을 만나 消勿 등은 모두 흩어져 간 곳을 알지 못하게 되었습니다. 오지 井山(저 혼자)만 겨우 해안에 도착하였습니다"라고 하였다. 그러나 消勿 등은 끝내 오지 않았다.

⑰③ **卷第卄九 天渟中原瀛眞人天皇 下 天武天皇 八年 春 正月**(679년 음1월 5일)

- 원문 : 八年春正月壬午朔丙戌 新羅送使加良井山・金紅世等向京
- 국역 : 8년(679) 봄 정월 5일 新羅의 送使 加良井山, 金紅世 등이 서울로 향했다.

⑰④ **卷第廿九 天渟中原瀛眞人天皇 下 天武天皇 八年 春 二月**(679년 음2월 1일)

- 원문 : 二月壬子朔 高麗遣上部大相桓父・下部大相師需婁等朝貢 因以新羅遣奈末甘勿那 送桓父等於筑紫
- 국역 : 2월 초하루 고구려가 上部의 大相 桓父, 下部의 大相 師需婁 등을 보내 조공하였다. 그래서 新羅가 奈末 甘勿那를 보내 桓父 등을 筑紫까지 호송하였다.

⑰⑤ **卷第廿九 天渟中原瀛眞人天皇 下 天武天皇 八年 秋 九月**(679년 음9월 16일)

- 원문 : 九月戊寅朔癸巳 遣新羅使人等 返之拜朝
- 국역 : 9월 16일 신라에 보냈던 사신 등이 돌아와 조정에 인사하였다.

⑰⑥ **卷第廿九 天渟中原瀛眞人天皇 下 天武天皇 八年 冬 十月**(679년 음10월 17일)

- 원문 : 甲子 新羅遣阿飡金項那・沙飡薩虆生朝貢也 調物 金銀鐵鼎 錦絹布皮馬狗騾駱駝之類 十餘種 亦別獻物 天皇・皇后・太子 貢金銀刀旗之類各有數
- 국역 : 17일 新羅가 阿飡 金項那, 沙飡 薩虆生을 보내 조공하였다. 調로 바친 물건은 金・銀・鐵・鼎・錦・絹・布・皮・말・개・노새・駱駝 따위의 10여 종이었다. 또 따로 바친 물건이 있었다. 天皇・皇后・太子에게 金・銀・칼・旗 따위를 바친 것도 각각 많았다.

⑰⑦ **卷第廿九 天渟中原瀛眞人天皇 下 天武天皇 九年 春 二月**(680년 음2월 27일)

- 원문 : 壬申 新羅仕丁八人 返于本土 仍垂恩以賜祿有差
- 국역 : 27일 新羅의 仕丁 8인이 본토로 돌아갔다. 그러므로 은혜를 베풀어 祿을 차등 있게 주었다.

⑱ **卷第廿九 天渟中原瀛眞人天皇 下 天武天皇 九年 夏 四月**(680년 음4월 25일)

- 원문 : 己巳 饗新羅使人項那等於筑紫 賜祿各有差
- 국역 : 25일 新羅의 사신 項那 등에게 筑紫에서 잔치를 베풀고 각각 차등 있게 祿을 주었다.

⑲ **卷第廿九 天渟中原瀛眞人天皇 下 天武天皇 九年 夏 五月**(680년 음5월 13일)

- 원문 : 丁亥 高麗遣南部大使卯問・西部大兄俊德等朝貢 仍新羅遣大奈末考那送高麗使人卯問等於筑紫
- 국역 : 13일 고구려가 南部의 大使 卯問, 西部의 大兄 俊德 등을 보내 조공하였다. 그리고 新羅가 大奈末 考那를 보내 고구려의 사신 卯問 등을 筑紫까지 호송하였다.

⑳ **卷第廿九 天渟中原瀛眞人天皇 下 天武天皇 九年 夏 六月**(680년 음6월 5일)

- 원문 : 六月甲辰朔戊申 新羅客項那等歸國
- 국역 : 6월 5일 新羅의 사신 項那 등이 귀국하였다.

㉑ **卷第廿九 天渟中原瀛眞人天皇 下 天武天皇 九年 冬 十一月**(680년 음11월 24일)

- 원문 : 乙未 新羅遣沙飡金若弼・大奈末金原升進調 則習言者三人 從若弼至
- 국역 : 24일 新羅가 沙飡 金若弼, 大奈末 金原升을 보내 調를 바쳤다. 말을 익힌 자 세 사람도 若弼을 따라 왔다.

㉒ **卷第廿九 天渟中原瀛眞人天皇 下 天武天皇 十年 夏 六月**(681년 음6월 5일)

- 원문 : 六月己亥朔癸卯 饗新羅客若弼於筑紫 賜祿各有差
- 국역 : 6월 5일 新羅의 사신 若弼에게 筑紫에서 잔치를 베풀고 祿을 각각 차등 있게 주었다.

⑱③ **卷第廿九 天渟中原瀛眞人天皇 下 天武天皇 十年 秋 七月**(681년 음7월 4일)

• 원문 : 辛未 小錦下采女臣竹羅爲大使 當摩公楯小使 遣新羅國 是日 小錦下佐伯連廣足爲大使 小墾田臣麻呂爲小使 遣高麗國

• 국역 : 4일 小錦下 采女臣竹羅爲를 大使로 삼고, 當摩公楯을 小使로 삼아 신라國에 보냈다. 이날 小錦下 佐伯連廣足을 大使로 삼고, 小墾田臣麻呂를 小使로 삼아 고구려國에 보냈다.

⑱④ **卷第廿九 天渟中原瀛眞人天皇 下 天武天皇 十年 秋 九月**(681년 음9월 3일)

• 원문 : 九月丁酉朔己亥 遣高麗新羅使人等 共至之拜朝

• 국역 : 9월 3일 고구려·신라에 보낸 사신들이 함께 와서 조정에 인사했다.

⑱⑤ **卷第廿九 天渟中原瀛眞人天皇 下 天武天皇 十年 冬 十月**(681년 음10월 20일)

• 원문 : 乙酉 新羅遣沙喙一吉飡金忠平·大奈末金壹世貢調 金銀銅鐵 錦絹 鹿皮·細布之類 各有數 別獻天皇 皇后·太子·金銀霞錦 幡皮之類 各有數

• 국역 : 20일 新羅가 沙喙(部)의 一吉飡 金忠平, 大奈末 金壹世를 보내 調를 바쳤다. 金·銀·銅·鐵·錦·絹·사슴 가죽·細布 따위가 각각 많았다. 따로 天皇·皇后·太子에게 바친 金·銀·霞錦·幡·皮 따위도 각각 많았다.

⑱⑥ **卷第廿九 天渟中原瀛眞人天皇 下 天武天皇 十年 冬 十月**(681년 음10월)

• 원문 : 是月 … 新羅使者 至而告曰 國王薨

• 국역 : 이달 … 新羅의 사신이 와서 "국왕이 돌아가셨다"고 알렸다.

⑱⑦ **卷第廿九 天渟中原瀛眞人天皇 下 天武天皇 十年 冬 十二月**(681년 음12월 10일)

• 원문 : 十二月乙丑朔甲戌 小錦下河邊臣子首遣筑紫 饗新羅客忠平

• 국역 : 12월 10일 小錦下 河邊臣子首를 筑紫에 보내 新羅의 사신 忠平에게

잔치를 베풀었다.

⑱⑻ **卷第卄九 天渟中原瀛眞人天皇 下 天武天皇 十一年 夏 六月**(682년 음6월 1일)

- 원문 : 六月壬戌朔 高麗王遣下部助有卦婁毛切・大古昴加 貢方物 則新羅遣大那末金釋起 送高麗使人於筑紫
- 국역 : 6월 초하루 고구려왕이 下部의 助有 卦婁毛切와 大古昴加을 보내 方物을 바쳤다. 新羅가 大那末 金釋起를 보내 고구려의 사신을 筑紫까지 호송하였다.

⑱⑼ **卷第卄九 天渟中原瀛眞人天皇 下 天武天皇 十二年 春 正月**(683년 음1월 18일)

- 원문 : … 是日 奏小墾田儛及高麗・百濟・新羅三國樂於庭中
- 국역 : … 이날 小墾田 儛와 고구려・백제・신라 3국의 음악을 조정에서 연주했다.

⑲⑽ **卷第卄九 天渟中原瀛眞人天皇 下 天武天皇 十二年 冬 十一月**(683년 음11월 13일)

- 원문 : 丙申 新羅遣沙湌金主山・大那末金長志進調
- 국역 : 23일 新羅가 沙湌 金主山, 大那末 金長志를 보내 調를 바쳤다.

⑲⑴ **卷第卄九 天渟中原瀛眞人天皇 下 天武天皇 十三年 夏 四月**(684년 음4월 20일)

- 원문 : 辛未 小錦下高向臣麻呂爲大使 小山下都努臣牛甘爲小使 遣新羅
- 국역 : 20일 小錦下 高向臣麻呂를 大使로 삼고, 小山下 都努臣牛甘을 小使로 삼아 新羅에 보냈다.

⑲⑵ **卷第卄九 天渟中原瀛眞人天皇 下 天武天皇 十三年 冬 十二月**(684년 음12월 6일)

- 원문 : 癸未 大唐學生土師宿禰甥・白猪史實然 及百濟役時沒大唐者猪使連子首・筑紫三宅連得許 傳新羅至 則新羅遣大那末金物儒 送甥等於筑紫

• 국역 : 6일 唐에 보냈던 學生 土師宿禰甥・白猪史寶然과 百濟의 戰役 때 唐의 포로가 된 사람인 猪使連子首・筑紫三宅連得許가 新羅를 거쳐 왔다. 新羅는 大那末 金物儒 등을 보내 甥 등을 筑紫까지 호송하였다.

⑲③ 卷第廿九 天渟中原瀛眞人天皇 下 天武天皇 十四年 春 三月(685년 음3월 14일)

• 원문 : 三月丙午朔己未 饗金物儒於筑紫 卽從筑紫歸之 仍流著新羅人七口 附物儒還之

• 국역 : 3월 14일 金物儒에게 筑紫에서 잔치를 베풀었다. (그는) 바로 筑紫에서 돌아갔다. 그리고 표류해 온 신라인 7口를 物儒에게 딸려 돌아가게 했다.

⑲④ 卷第廿九 天渟中原瀛眞人天皇 下 天武天皇 十四年 夏 四月(685년 음4월 17일)

• 원문 : 壬辰 新羅人金主山歸之

• 국역 : 17일 新羅人 金主山이 돌아갔다.

⑲⑤ 卷第廿九 天渟中原瀛眞人天皇 下 天武天皇 十四年 夏 五月(685년 음5월 26일)

• 원문 : 辛未 高向朝臣麻呂・都努朝臣牛飼等 至自新羅 乃學問僧觀常・靈觀從至之 新羅王獻物 馬二匹・犬三頭・鸚鵡二隻・鵲二隻及種種物

• 국역 : 26일 高向朝臣麻呂・都努朝臣牛飼 등이 新羅로부터 돌아왔다. 그리고 學問僧 觀常・靈觀이 따라왔다. 新羅王이 물건을 바쳤는데, 말 2필, 개 3마리, 鸚鵡 2마리, 까치 2마리와 여러 가지 물건이었다.

⑲⑥ 卷第廿九 天渟中原瀛眞人天皇 下 天武天皇 十四年 冬 十一月(685년 음11월 27일)

• 원문 : 己巳 新羅遣波珍飡金智祥・大阿飡金健勳請政 仍進調

• 국역 : 27일 新羅가 波珍飡 金智祥과 大阿飡 金健勳을 보내 정치를 물었다.

그리고 調를 바쳤다.

⑲⑦ **卷第卄九 天渟中原瀛眞人天皇天武天皇 下 朱鳥 元年 夏 四月**(686년 음4월 13일)

- 원문 : 是月 爲饗新羅金智祥 遣淨廣肆川內王・直廣參大伴宿禰安麻呂・直大肆藤原朝臣大嶋・直廣肆境部宿禰鯯魚・直廣肆穗積朝臣蟲麻呂等于筑紫
- 국역 : 이달 新羅의 金智祥에게 잔치를 베풀기 위해 淨廣肆 川內王・直廣參大伴宿禰安麻呂・直大肆 藤原朝臣大嶋・直廣肆 境部宿禰鯯魚・直廣肆穗積朝臣蟲麻呂 등을 筑紫에 보냈다.

⑲⑧ **卷第卄九 天渟中原瀛眞人天皇天武天皇 下 朱鳥 元年 夏 四月 壬午**(686년 음4월 13일)

- 원문 : 壬午 爲饗新羅客等 運川原寺伎樂於筑紫 仍似皇后宮之私稻五千束 納于川原寺
- 국역 : 13일 新羅의 사신들에게 잔치를 베풀기 위해 川原寺의 伎樂을 筑紫에 옮겼다. 그리고 皇后宮의 私稻 5천 束을 川原寺에 바쳤다.

⑲⑨ **卷第卄九 天渟中原瀛眞人天皇天武天皇 下 朱鳥 元年 夏 四月 戊子**(686년 음4월 19일)

- 원문 : 戊子 新羅進調 從筑紫貢上 細馬一匹・騾一頭・犬二狗・鏤金器 及金銀霞錦綾羅 虎豹皮 及藥物之類 并百餘種 亦智祥・健勳等別獻物 金銀霞錦綾羅 金器屛風 鞍皮絹布 藥物之類 各六十餘種 別獻皇后・皇太子及諸親王等之物 各有數
- 국역 : 19일 新羅가 바친 調를 筑紫에서 올려 보냈는데, 細馬 1마리, 노새 1마리, 개 2마리, 조각한 금그릇과 金・銀, 霞錦・綾羅, 虎豹皮, 藥物 따위와 100여 종이었다. 또 智祥과 健勳 등은 따로 물건을 바쳤는데, 金・銀, 霞錦・綾羅, 金器, 屛風, 鞍皮, 絹布, 藥物 따위 각 60여 종이었다. 따로 皇后・皇太子와 여러 親王들에게 바친 물건도

각각 많았다.

⑳⓪ 卷第卅 天渟中原瀛眞人天皇天武天皇 朱鳥 元年 冬 十月 己巳 (687년 음10월 2일)

• 원문 : 冬十月戊辰朔己巳 皇子大津 謀反發覺 逮捕皇子大津 并捕爲皇子大津所詿誤直廣肆八口朝臣音橿・小山下壹伎連博德 與大舍人中臣朝臣臣麻呂・巨勢朝臣多益須・新羅沙門行心 及帳內礪杵道作等 卅餘人

• 국역 : 10월 2일 皇子 大津이 반란을 계획하다가 발각되었다. 皇子 大津을 체포하고 아울러 皇子 大津을 잘못 인도한 直廣肆 八口朝臣音橿, 小山下 壹伎連博德과 大舍人 中臣朝臣臣麻呂, 巨勢朝臣多益須, 新羅의 沙門 行心 및 帳內礪杵道作 등 30여 인을 체포했다.

⑳① 卷第卅 天渟中原瀛眞人天皇天武天皇 朱鳥 元年 冬 十月(687년 음10월 29일)

• 원문 : 丙申 … 又詔曰 新羅沙門行心 與皇子大津謀反 朕不忍加法 徙飛驒國伽藍

• 국역 : 29일 … 또 조서를 내려 "新羅의 沙門 行心이 皇子 大津이 반란을 꾀하는 데 참여했으나, 짐이 차마 법을 더 적용하지 못하겠다. 飛驒國의 伽藍으로 옮기라"고 하였다.

⑳② 卷第卅 天渟中原瀛眞人天皇天武天皇 朱鳥 元年 冬 閏十二月(687년 윤12월)

• 원문 : 閏十二月 筑紫大宰 獻三國高麗・百濟・新羅百姓男女 并僧尼六十二人

• 국역 : 윤12월 筑紫의 大宰가 고구려・백제・신라 3國의 남녀 百姓과 僧尼 62명을 바쳤다.

⑳③ 卷第卅 高天原廣野姬天皇 持統天皇 元年 春 三月(687년 음3월 22일)

• 원문 : 丙戌 以投化新羅人十四人 居于下毛野國 賦田受稟 使安生業

• 국역 : 22일 투화한 新羅人 14명을 下毛野國에 살게 했다. 땅을 나누어 주고 곡식을 주어 生業에 편안히 종사하게 했다.

⑳④ 卷第卅 高天原廣野姬天皇 持統天皇 元年 夏 四月(687년 음4월 10일)

• 원문 : 夏四月甲午朔癸卯 筑紫大宰獻投化新羅僧尼及百姓男女廿二人 居于武藏國 賦田受稟 使安生業

• 국역 : 4월 10일 筑紫의 大宰가 투화한 新羅의 僧尼와 남녀 백성 22명을 바치니, 武藏國에 살게 했다. 땅을 나누어 주고 곡식을 주어 生業에 편안히 종사하게 했다.

⑳⑤ 卷第卅 高天原廣野姬天皇 持統天皇 元年 秋 九月(687년 음9월 23일)

• 원문 : 甲申 新羅遣王子金霜林・級湌金薩慕及級湌金仁述・大舍蘇陽信等 奏請國政 且獻調賦 學問僧智隆附而至焉 筑紫大宰 便告天皇崩於霜林等 卽日 霜林等 皆著喪服 東向三拜 三發哭焉

• 국역 : 23일 新羅가 왕자 金霜林, 級湌 金薩慕와 級湌 金仁述, 大舍 蘇陽信 등을 보내 國政을 아뢰고 또 調賦를 바쳤다. 學問僧 智隆이 따라 왔다. 筑紫의 大宰가 바로 천황의 죽음을 霜林 등에게 알리니, 그날로 霜林 등이 모두 喪服을 입고 동쪽을 향해 세 번 절하고 세 번 곡을 하였다.

⑳⑥ 卷第卅 高天原廣野姬天皇 持統天皇 元年 冬 十二月(687년 음12월 10일)

• 원문 : 十二月辛卯朔庚子 以直廣參路眞人迹見 爲饗新羅勅使

• 국역 : 12월 10일 直廣參 路眞人迹見을 新羅(사신들)에게 잔치를 베푸는 칙사로 삼았다.

⑳⑦ 卷第卅 高天原廣野姬天皇 持統天皇 二年 春 正月(688년 음1월 23일)

- 원문 : 壬午 以天皇崩 奉宣新羅金霜林等 金霜林等 乃三發哭
- 국역 : 23일 천황이 돌아가셨음을 新羅의 金霜林 등에게 조칙으로 말하니, 金霜林 등이 세 번 哭을 하였다.

⑳⑧ 卷第卅 高天原廣野姬天皇 持統天皇 二年 春 二月(688년 음2월 2일)

- 원문 : 二月庚寅朔辛卯 大宰獻新羅調賦 金銀絹布 皮銅鐵之類十餘物 幷別所獻佛像 種種彩絹・鳥馬之類十餘種 及霜林所獻金銀彩色・種種珍異之物 幷八十餘物
- 국역 : 2월 2일 大宰가 新羅의 調賦를 바쳤는데, 金・銀・絹・布・가죽・구리・철 따위의 10여 가지였으며, 아울러 따로 바친 불상과 여러 가지 채색 비단・새・말 따위 10여 가지, 그리고 霜林이 바친 金・銀・彩色, 여러 가지 진기한 물건 등 80여 가지 물건이었다.

⑳⑨ 卷第卅 高天原廣野姬天皇 持統天皇 三年 春 正月(689년 음1월 8일)

- 원문 : 辛酉 新羅使人田中朝臣法麻呂等 還自新羅
- 국역 : 8일 新羅에 갔던 사신 田中朝臣法麻呂 등이 新羅로부터 돌아왔다.

㉑⓪ 卷第卅 高天原廣野姬天皇 持統天皇 三年 夏 四月(689년 음4월 8일)

- 원문 : 夏四月癸未朔庚寅 以投化新羅人 居于下毛野
- 국역 : 여름 4월 8일 투화한 新羅人을 下毛野에 살게 했다.

㉑① 卷第卅 高天原廣野姬天皇 持統天皇 三年 夏 四月(689년 음4월 20일)

- 원문 : 壬寅 新羅遣級湌金道那等 奉弔瀛眞人天皇喪 幷上送學問僧明聰・觀智等 別獻金銅阿彌陀像・金銅觀世音菩薩像・大勢至菩薩像 各一軀 綵帛錦綾

• 국역 : 20일 新羅가 級湌 金道那 등을 보내 瀛眞人天皇(天武天皇)의 죽음에 조문하고 아울러 學問僧 明聰·觀智 등을 보냈다. 따로 金銅阿彌陀像·金銅觀世音菩薩像·大勢至菩薩像 각 1軀와 綵帛·錦·綾을 바쳤다.

㉑② 卷第卅 高天原廣野姫天皇 持統天皇 三年 夏 五月(689년 음5월 22일)

• 원문 : 五月癸丑朔甲戌 命土師宿禰根麻呂 詔新羅弔使級湌金道那等曰 太正官卿等 奉勅奉宣 二年 遣田中朝臣法麻呂等 相告大行天皇喪 時新羅言 新羅奉勅人者 元來用蘇判位 今將復爾 由是 法麻呂等 不得奉宣赴告之詔 若言前事者 在昔難波宮治天下天皇崩時 遣巨勢稻持等 告喪之日 翳湌金春秋奉勅 而言用蘇判奉勅 卽違前事也 又於近江宮治天下天皇崩時 遣一吉湌金薩儒等奉弔 而今以級湌奉弔 亦違前事 又新羅元來奏云 我國 自日本遠皇祖代竝舳不干檝 奉仕之國 而今一艘 亦乖故典也 又奏云 自日本遠皇祖代 以淸白心仕奉 而不惟竭忠宣揚本職 而傷淸白 詐求幸媚 是故 調賦與別獻 竝封以還之 然自我國家遠皇祖代 廣慈汝等之德 不可絶之 故彌勤彌謹 戰戰兢兢 修其職任 奉遵法度者 天朝復廣慈耳 汝道那等 奉斯所勅 奉宣汝王

• 국역 : 5월 22일 土師宿禰 根麻呂에게 명해 新羅의 弔使 級湌 金道那 등에게 조를 내리기를 "太正官의 卿 등이 칙명을 받들어 2년에 田中朝臣法麻呂 등을 보내 大行天皇(天武天皇)의 죽음을 알렸다. 당시에 新羅人이 말하기를 '新羅의 칙명을 받드는 사람은 원래 蘇判의 지위에 있는 사람을 썼다. 이제 다시 그렇게 하려 한다'고 하였다. 이로 말미암아 法麻呂 등이 천황의 죽음을 알리는 조서를 선포하지 못하였다. 만약 그 전의 일을 말하자면, 옛날 難波宮治天下天皇(孝德天皇)이 돌아가셨을 때 巨勢稻持 등을 보내 喪을 알리던 날에 翳湌 金春秋가 칙명을 받들었다. 그런데 蘇判으로 하여금 칙명을 받들게

했다는 것은 이전의 일에 어긋난다. 또 近江宮治天下天皇(天智天皇)이 돌아가셨을 때에는 一吉湌 金薩儒를 보내 조문하였다. 그런데 지금은 級湌을 보내 조문하니, 또한 이전의 일에 어긋난다. 또 新羅가 원래 '우리나라는 日本의 먼 조상 때부터 배를 나란히 하고 노를 말리지 않으며 받드는 나라가 되었습니다'라고 아뢰었는데, 지금은 1척의 배뿐이니 또한 옛 법도에 어긋난다. 또 '日本의 먼 조상 때부터 깨끗한 마음으로 받들었습니다'라고 아뢰었는데, 충성을 다하여 본래의 직분을 행하지 않을 뿐 아니라 깨끗한 마음을 해쳐 거짓되이 요행히 잘 보이기를 구하였다. 그러므로 調賦와 따로 바친 것들은 모두 封해 돌려보낸다. 그러나 우리나라의 먼 조상 때부터 너희들에게 널리 자비를 끼친 덕은 끊어서는 안 될 것이니, 더욱 부지런하고 삼가여 두려워하며 그 職任을 거행하여 법도를 따른다면 조정에서 다시 널리 자비롭게 대할 것이다. 너 道那 등은 이제 칙명을 받들어 너희 왕에게 잘 말하라"고 하였다.

㉑③ 卷第卅 高天原廣野姫天皇 持統天皇 三年 六月(689년 음6월 20일)

- 원문 : 辛丑 詔筑紫大宰粟田眞人朝臣等 賜學問僧明聰・觀智等 爲送新羅師友綿各一百四十斤
- 국역 : 20일 筑紫의 大宰 粟田眞人朝臣 등에게 명령하여 學問僧 明聰・觀智 등이 新羅의 師友에게 보낼 綿 각 140斤을 주었다.

㉑④ 卷第卅 高天原廣野姫天皇 持統天皇 三年 夏 六月(689년 음6월 24일)

- 원문 : 乙巳 於筑紫小郡 設新羅弔使金道那等 賜物各有差
- 국역 : 24일 筑紫의 小郡에서 新羅의 조문사 金道那 등에게 (잔치를) 베풀고, 물건을 각각 차등 있게 주었다.

㉕ **卷第卅 高天原廣野姬天皇 持統天皇 三年 秋 七月**(689년 음7월 1일)

- 원문 : … 是日 新羅弔使金道那等罷歸
- 국역 : … 이날 新羅의 조문사 金道那 등이 일을 마치고 돌아갔다.

216 **卷第卅 高天原廣野姬天皇 持統天皇 四年 春 二月**(690년 음2월 11일)

- 원문 : 戊午 新羅沙門詮吉・級飡北助知等五十人歸化
- 국역 : 11일 新羅의 沙門 詮吉과 級飡 北助知 등 50명이 귀화하였다.

217 **卷第卅 高天原廣野姬天皇 持統天皇 四年 春 二月**(690년 음2월 25일)

- 원문 : 壬申 以歸化新羅韓奈末許滿等十二人 居于武藏國
- 국역 : 25일 귀화한 新羅의 韓奈末 許滿 등 12명을 武藏國에 살게 했다.

218 **卷第卅 高天原廣野姬天皇 持統天皇 四年 秋 八月**(690년 음8월 11일)

- 원문 : 乙卯 以歸化新羅人等 居于下毛野國
- 국역 : 11일 귀화한 新羅人들을 下毛野國에 살게 했다.

219 **卷第卅 高天原廣野姬天皇 持統天皇 四年 秋 九月**(690년 음9월 23일)

- 원문 : 丁酉 大唐學問僧智宗・義德・淨願 軍丁筑紫國上陽咩郡大伴部博麻 從新羅送使大奈末金高訓等 還至筑紫
- 국역 : 23일 丁酉 唐에 갔던 學問僧 智宗・義德・淨願과 軍丁인 筑紫國上陽咩郡의 사람 大伴部博麻가 新羅의 送使 大奈末 金高訓 등을 따라 돌아와 筑紫에 이르렀다.

220 **卷第卅 高天原廣野姬天皇 持統天皇 四年 春 十月**(690년 음10월 15일)

- 원문 : 戊午 遣使者 詔筑紫大宰河內王等曰 饗新羅送使大奈末金高訓等 準上送學生土師宿禰甥等送使之例 其慰勞賜物 一依詔書

• 국역 : 15일 사자를 보내 筑紫의 大宰 河內王 등에게 조서를 내려 "新羅의 送使 大奈末 金高訓 등에게 잔치를 베풀되, 學生 土師宿禰甥 등을 보내주었던 送使의 예에 따르라. 그들을 위로하여 물건을 주는 것은 한결같이 조서에 의거하라"고 하였다.

㉑ 卷第卅 高天原廣野姬天皇 持統天皇 六年 冬 十月(692년 음10월 11일)

• 원문 : 冬十月壬戌朔壬申 授山田史御形務廣肆 前爲沙門 學問新羅

• 국역 : 겨울 10월 11일 山田史御形에게 務廣肆을 제수했다. (그는) 전에 沙門이 되어 新羅에서 학문을 배웠다.

㉒ 卷第卅 高天原廣野姬天皇 持統天皇 六年 冬 十一月(692년 음11월 8일)

• 원문 : 十一月辛卯朔戊戌 新羅遣級湌朴億德・金深薩等進調 賜擬遣新羅使直廣肆息長眞人老・務大貳川內忌寸連等祿 各有差

• 국역 : 11월 8일 新羅가 級湌 朴億德・金深薩 등을 보내 調를 바쳤다. 新羅에 보내는 사신 直廣肆 息長眞人老・務大貳 川內忌寸連 등에게 祿을 주었는데, 각각 차등이 있었다.

㉓ 卷第卅 高天原廣野姬天皇 持統天皇 六年 冬 十一月(692년 음11월 11일)

• 원문 : 辛丑 饗祿新羅朴憶德於難波館

• 국역 : 11일 新羅의 朴憶德에게 難波館에서 잔치를 베풀고 祿을 주었다.

㉔ 卷第卅 高天原廣野姬天皇 持統天皇 六年 十二月(692년 음12월 24일)

• 원문 : 甲申 遣大夫等 奉新羅調於五社 伊勢・住吉・紀伊・大倭・菟名足

• 국역 : 24일 大夫 등을 보내 新羅의 調를 伊勢, 住吉, 紀伊, 大倭, 菟名足 5社에 바쳤다.

㉕ **卷第卅 高天原廣野姬天皇 持統天皇 七年 春 二月**(693년 음2월 3일)

• 원문 : 二月庚申朔壬戌 新羅遣沙湌金江南・韓奈麻金陽元等 來赴王喪

• 국역 : 2월 3일 新羅가 沙湌 金江南과 韓奈麻 金陽元 등을 보내 와서, 왕의 喪을 알렸다.

㉖ **卷第卅 高天原廣野姬天皇 持統天皇 七年 春 二月**(693년 음2월 30일)

• 원문 : 己丑 以流來新羅人牟自毛禮等卅七人 付賜憶德等

• 국역 : 30일 표류해 온 新羅人 牟自毛禮 등 37명을 憶德 등에게 딸려 주었다.

㉗ **卷第卅 高天原廣野姬天皇 持統天皇 七年 春 三月**(693년 음3월 16일)

• 원문 : 乙巳 賜擬遣新羅使直廣肆息長眞人老・勤大貳大伴宿禰子君等 及學問僧辨通・神叡等 絁綿布 各有差 又賜新羅王賻物

• 국역 : 16일 新羅에 보내는 사신 直廣肆 息長眞人老・勤大貳 大伴宿禰子君 등과 學問僧 辨通・神叡 등에게 絁・綿・布를 주었는데, 각각 차등이 있었다. 또 新羅王에게 부의 물건을 주었다.

㉘ **卷第卅 高天原廣野姬天皇 持統天皇 九年 春 三月**(695년 음3월 2일)

• 원문 : 三月戊申朔己酉 新羅遣王子金良琳・補命薩湌朴强國等 及韓奈麻金周漢・金忠仙等 奏請國政 且進調獻物

• 국역 : 3월 2일 新羅가 王子 金良琳, 補命 薩湌 朴强國 등과 韓奈麻 金周漢・金忠仙 등을 보내 國政을 아뢰었다. 또 調와 물건을 바쳤다.

㉙ **卷第卅 高天原廣野姬天皇 持統天皇 九年 秋 七月**(695년 음7월 26일)

• 원문 : 辛未 賜擬遣新羅使直廣肆小野朝臣毛野・務大貳伊吉連博德等物 各有差

• 국역 : 26일 新羅에 보내는 사신 直廣肆 小野朝臣毛野, 務大貳 伊吉連博德 등에게 물건을 주었는데, 각각 차등이 있었다.

㉚ **卷第卅 高天原廣野姬天皇 持統天皇 九年 秋 九月**(695년 음9월 6일)

- 원문 : 庚戌 小野朝臣毛野等 發向新羅
- 국역 : 6일 小野朝臣毛野 등이 新羅를 향해 출발했다.

위의 신라와 일본의 관계에 관한 기사를 다시 정리하면 다음과 같이 될 것이다.

① B.C. 28년(垂仁 2년) 任那인이 일본서 받은 비단 1백 필을 신라인이 빼었다.

② B.C. 27년에 신라 왕자가 일본에 귀화하였다.

③ A.D. 59년 신라 왕자가 보물을 가지고 일본에 왔다.

④ A.D. 199년 신라가 스스로 항복해 올 것이라고 일본 천황이 말했다.

⑤ A.D. 200년 일본이 신라를 정벌하였다.

⑥ A.D. 200년 10월 3일, 신라왕이 바람의 신과 파도의 신 그리고 바닷속 물고기의 도움으로 신라에 간 일본국 황후에게 항복하였다.

⑦ A.D. 200년(仲哀 9년) 12월 14일 황후(神功皇后)라는 한 여자가 남장을 하고 신라를 정벌하였다.

⑧ A.D. 200년 12월 14일 황후는 신라를 친 뒤에 穴門豐浦宮으로 이사하였다.

⑨ A.D. 205년 3월 7일 신라왕이 조공하였다.

⑩ A.D. 247년 4월 신라의 조공사가 백제의 조공사와 함께 왔다.

⑪ A.D. 249년 3월 신라를 격파하였다.

⑫ A.D. 262년 신라가 조공하지 않아 신라를 쳤다.

⑬ A.D. 270년 신공황후가 신라를 정벌할 때(200년) 응신(應神)천황이 태어났다.

⑭ A.D. 276년 9월 신라인·고구려인·백제인·임나(任那)인 등 네 나라의 국민이 함께 일본에 왔다.

⑮ A.D. 283년 백제인(弓月君)이 일본으로 귀화할 때 신라인이 방해하였다.

⑯ A.D. 286년 8월 신라를 공격하자 신라왕은 두려워 항복하였다.

⑰ A.D. 294년 전에 백제 장군이 신라를 쳤다.

⑱ A.D. 300년 8월 신라왕이 장인(匠人)을 일본에 바쳤다.

⑲ A.D. 323년 신라인이 조공하였다.

⑳ A.D. 329년 9월 신라인이 선박 80척분의 조공물을 바쳤다.

㉑ A.D. 329년 신라가 조공하지 않았다.

㉒ A.D. 365년 5월 신라를 치고, 신라인 수백 명을 죽이고 신라 백성을 포로로 잡았다.

㉓ A.D. 414년 정월 신라에 사신을 보내 醫員을 구했다.

㉔ A.D. 414년 8월 신라의 의원이 천황의 병을 고쳤다.

㉕ A.D. 453년 1월 14일 신라왕이 일본왕이 죽었다는 소식을 듣고 슬퍼하고 배 80척분의 조공품과 樂人 80명을 바쳤다.

㉖ A.D. 453년 11월 신라의 조문사가 돌아갔다.

㉗ A.D. 463년 천황이 신라에 들어가려고 생각하였다.

㉘ A.D. 464년 2월 신라는 천황의 명을 듣지 않았다.

㉙ A.D. 465년 3월 천황이 신라를 정벌하려고 하였다.

㉚ A.D. 465년 5월 한 일본의 고위 관직자가 신라로 향하였다.

㉛ A.D. 479년 8월 7일 신라를 정벌하러 갔던 한 장군이 집을 지나갔다.

㉜ A.D. 512년 12월 主吉大神이 고구려·백제·신라·임나를 태중의 應神천황에게 주겠다고 말하였다.

㉝ A.D. 513년 11월 5일 백제 장군이 신라의 여러 인물을 불렀다.

㉞ A.D. 514년 3월 伴跛(하해)가 신라를 공격하여 촌락을 약탈하였다.

㉟ A.D. 515년 2월 4일 之貴 장군 등이 귀국하기를 청하였다.

㊱ A.D. 515년 2월 文貴장군이 신라로부터 갔다.

㊲ A.D. 527년 6월 3일 일본의 장군이 신라에 대한 땅을 재건하려고

하였다.

㊳ A.D. 529년 3월 加羅와 신라는 혼인 문제로 사이가 나빠졌다.

㊴ A.D. 529년 4월 7일 任那왕이 신라가 국경성을 어겼으니 구해달라고 천황에게 부탁했다.

㊵ A.D. 529년 4월 일본의 한 고위층(毛野臣)이 신라·백제 국왕을 불렀다.

㊶ A.D. 530년 9월 각각 사람을 백제와 신라에 보내 군대를 청하였다.

㊷ A.D. 537년 10월 1일 신라가 임나를 침략하였으므로 천황이 임나를 돕게 하였다.

㊸ A.D. 540년 8월 신라·고구려·백제·임나 네 나라가 함께 일본에 조공하였다.

㊹ A.D. 540년 9월 5일 천황이 신하에게 신라를 칠 수 있는가 물었다.

㊺ A.D. 541년 4월 백제왕이 신라에게 속아 천황의 분노를 샀다고 말하였다.

㊻ A.D. 541년 7월 신라가 한결같이 명을 듣지 아니하였다.

㊼ A.D. 544년 2월 신라에 가서 천황의 칙(勅)을 들으라고 하였다.

㊽ A.D. 544년 3월 신라와 왕래하는 것은 일본왕의 뜻이 아니다.

㊾ A.D. 544년 11월 신라의 기만에 속고 있다.

㊿ A.D. 551년 백제왕이 신라·임나 두 나라 병사를 거느렸다.

51 A.D. 552년 5월 8일 고구려가 신라와 화친하고 任那를 멸하려고 한다.

52 A.D. 552년 백제가 한성과 평양을 버리고 신라가 한성에 들어가 살았다.

53 A.D. 553년 8월 7일 들은 바에 의하면 신라와 고구려가 모의하여 일본국을 치려고 한다.

54 A.D. 554년 12월 신라는 無道하고 천황을 섬기지 않는다고 백제 관리가 말하였다.

55 A.D. 555년 2월 백제왕자는 백제왕이 신라에게 죽임을 당하였다고 일본에 아뢰었다.

56 A.D. 555년 8월 고구려와 신라가 다투어 백제를 멸망시키고자 한다.

57 A.D. 560년 9월 신라가 일본에 조공을 바쳤다.

58 A.D. 561년 신라가 일본에 조공을 바쳤다.

59 A.D. 562년 1월 신라가 任那官家를 공격하여 멸망시켰다.

60 A.D. 562년 6월 신라는 서쪽의 오랑캐로 일본의 官家를 깨뜨렸다.

61 A.D. 562년 7월 1일 신라가 조공을 바쳤다.

62 A.D. 562년 7월 신라는 백기를 들고 무기를 버리고 항복하였다.

63 A.D. 562년 11월 신라가 조공을 바쳤다.

64 A.D. 571년 3월 5일 사신을 신라에 보내 任那를 멸망시킨 사유를 물었다.

65 A.D. 571년 4월 15일 일본왕이 왕자에게 반드시 신라를 치라고 말했다.

66 A.D. 571년 8월 1일 신라가 조문사를 보내 천황의 죽음을 애도하였다.

67 A.D. 574년 11월 신라가 조공하였다.

68 A.D. 575년 2월 천황이 任那의 일을 게을리하지 말라고 명령하였다.

69 A.D. 575년 4월 6일 신라 · 任那 · 백제에 각각 사신을 보냈다.

70 A.D. 575년 6월 신라가 조공을 바쳤다.

71 A.D. 579년 10월 신라가 조공을 바쳤다.

72 A.D. 580년 6월 신라가 조공을 바쳤다.

73 A.D. 582년 10월 신라가 조공을 바쳤다.

74 A.D. 583년 7월 1일 지금 천황의 아버지 때에 신라가 內官家의 나라를 멸망시켰다.

75 A.D. 583년 日羅의 살해와 관련하여 일본 사인의 소행이지 신라의 짓이 아니다.

76 A.D. 585년 2월 8일 아무개를 신라에 사신으로 보냈다.

77 A.D. 590년 이때 출가한 비구니는 신라 아가씨와 백제 아가씨 등이다.

78 A.D. 591년 11월 4일 한 장군을 신라에 파견하고 또 한 장군을

任那에 파견하였다.

⑲ A.D. 597년 11월 22일 한 장군을 신라에 보냈다.

⑳ A.D. 598년 4월 그 장군이 신라로부터 귀국하여 까치 두 마리를 바쳤다.

㉑ A.D. 598년 8월 1일 신라가 공작 한 마리를 바쳤다.

㉒ A.D. 600년 2월 신라와 任那가 서로 공격하여 천황이 任那를 구원하고자 하였다.

㉓ A.D. 600년 신라·任那 두 나라가 조공을 바쳤다.

㉔ A.D. 601년 9월 8일 신라의 간첩이 대마도에 이르러 이를 잡아들였다.

㉕ A.D. 601년 11월 5일 신라를 칠 것을 논의하였다.

㉖ A.D. 602년 2월 1일 한 왕자를 신라를 치는 장군으로 삼았다.

㉗ A.D. 603년 2월 4일 앞의 왕자가 죽었다. 천황이 매우 슬프다고 말하였다.

㉘ A.D. 603년 4월 1일 앞의 왕자의 형을 신라를 정벌하는 장군으로 삼았다.

㉙ A.D. 608년 이해 신라인이 많이 귀화하였다.

㉚ A.D. 610년 7월 신라 사신과 任那 사신이 筑紫에 도착하였다.

㉛ A.D. 610년 9월 신라 사신과 任那 사신을 불렀다.

㉜ A.D. 610년 10월 8일 신라 사신과 任那 사신이 일본 왕경에 도착하였다.

㉝ A.D. 610년 10월 9일 사신들이 조정에 배례하였다.

㉞ A.D. 610년 10월 17일 사신들에게 조정에서 향응을 베풀었다.

㉟ A.D. 611년 8월 신라·任那가 조공하였다.

㊱ A.D. 616년 7월 신라가 불상을 바쳤다(貢).

㊲ A.D. 621년 신라가 조공하였다.

㊳ A.D. 623년 7월 신라 사인·任那 사인 등 두 나라 사인이 함께

일본에 왔다.

⑲ A.D. 623년 수만의 군대로 신라를 정벌하였으며, 신라왕이 항복하였다.

⑽ A.D. 623년 11월 신라는 천황의 명령을 받들고 두려워하였다.

⑾ A.D. 632년 8월 당나라가 일본사신을 대마도까지 보내주었다.

⑿ A.D. 638년 백제・신라・任那 세 나라가 함께 조공하였다.

⒀ A.D. 639년 9월 당나라에서 유학 중이던 학문승이 신라 송사를 따라 入京하였다.

⒁ A.D. 639년 11월 1일 신라 사인에게 잔치를 베풀었다.

⒂ A.D. 640년 10월 11일 백제・신라 조공사가 당나라 유학생을 따라왔다.

⒃ A.D. 642년 2월 22일 고구려・백제 사신에게 잔치를 베풀었다.

⒄ A.D. 642년 3월 6일 신라가 일본왕의 등극을 축하하는 사신과 조문사를 보냈다.

⒅ A.D. 642년 3월 15일 신라 사신이 귀국하였다.

⒆ A.D. 642년 5월 22일 교기(翹岐)의 아들이 죽었다.

⒇ A.D. 642년 8월 26일 백제・신라의 사신이 귀국하였다.

111 A.D. 642년 10월 15일 蘇我大臣이 蝦夷의 집에서 잔치를 베풀었다.

112 A.D. 645년 7월 10일 고구려・백제・신라 세 나라가 함께 조공하였다.

113 A.D. 646년 2월 15일 고구려・백제・任那・신라 네 나라가 함께 조공하였다.

114 A.D. 646년 9월 사신을 신라에 보내 任那의 조공을 바치는 것을 그만두게 했다.

115 A.D. 647년 1월 15일 고구려・신라 두 나라가 조공을 하였다.

116 A.D. 647년 이해 일본에 조공을 바치러 온 金春秋를 人質로 삼았다.

117 A.D. 648년 이해 신라가 조공을 바쳤다.

118 A.D. 649년 5월 1일 일본이 사신을 신라에 보냈다.

119 A.D. 650년 2월 15일 일본의 의식에 백제의 왕자형제, 신라의 가정

교사 등이 참석하였다.

⑫⓪ A.D. 650년 4월 신라가 조공을 바쳤다.

⑫① A.D. 651년 6월 백제 · 신라 두 나라가 조공을 바쳤다.

⑫② A.D. 651년 신라의 조공사가 당나라 옷을 입고 나타나자 이를 꾸짖고 돌려보냈다.

⑫③ A.D. 652년 4월 신라와 백제 두 나라가 조공을 바쳤다.

⑫④ A.D. 653년 6월 백제와 신라 두 나라가 조공을 바쳤다.

⑫⑤ A.D. 654년 2월 당나라에 파견했던 일본 사인들이 신라배를 타고 돌아왔다.

⑫⑥ A.D. 654년 7월 24일 당나라에 파견했던 일본 사신들이 백제 · 신라의 송사와 함께 筑紫에서 숙박하였다.

⑫⑦ A.D. 654년 고구려 · 백제 · 신라 세 나라가 함께 사신을 보내 조문하였다.

⑫⑧ A.D. 655년 고구려 · 백제 · 신라 세 나라가 함께 조공하였다.

⑫⑨ A.D. 656년 고구려 · 백제 · 신라 세 나라가 함께 조공하였다.

⑬⓪ A.D. 658년 7월 일본의 승려가 신라배를 타고 당나라에 갔다.

⑬① A.D. 658년 신라와 당이 힘을 합하여 일본을 공격하였다.

⑬② A.D. 660년 7월 16일 신라의 春秋智가 당나라에 사신으로 가서 신라 옷을 버리고 당나라 옷을 입었다.

⑬③ A.D. 660년 9월 5일 신라왕 春秋智가 병마를 거느리고 백제를 협공하였다.

⑬④ A.D. 660년 백제를 위해 신라를 정벌하려고 배를 만들도록 명령하였다.

⑬⑤ A.D. 662년 3월 당나라 사람과 신라 사람이 고구려를 정벌했다.

⑬⑥ A.D. 663년 2월 2일 신라인이 백제의 남쪽 경계지를 불태웠다.

⑬⑦ A.D. 663년 3월 일본 장군들이 신라를 공격했다.

⑬⑧ A.D. 663년 6월 일본 장군이 신라의 성 두 곳을 빼앗았다.

⑬⑨ A.D. 663년 8월 13일 신라는 백제에 가서 州柔를 빼앗을 것을 계획하였다.

⑭⓪ A.D. 667년 2월 27일 고구려·백제·신라 세 나라가 일본왕의 손녀의 장례를 슬퍼했다.

⑭① A.D. 668년 9월 12일 신라가 조공을 바쳤다.

⑭② A.D. 668년 9월 26일 신라의 김유신에게 배 1척을 주었다.

⑭③ A.D. 668년 9월 29일 신라왕에게 배 1척을 하사하였다.

⑭④ A.D. 668년 11월 1일 신라 사인을 통해 신라왕에게 絹·綿·가죽 등을 하사했다.

⑭⑤ A.D. 668년 11월 5일 신라 사인이 돌아갔다.

⑭⑥ A.D. 668년 한 승려가 검을 훔쳐 신라로 도망갔다.

⑭⑦ A.D. 669년 9월 11일 신라가 조공하였다.

⑭⑧ A.D. 670년 9월 1일 사인을 신라에 파견했다.

⑭⑨ A.D. 671년 6월 신라가 조공하였다.

⑮⓪ A.D. 671년 10월 7일 신라가 조공하였다.

⑮① A.D. 671년 11월 29일 신라왕에게 絹·絁·綿·韋를 하사하였다.

⑮② A.D. 671년 12월 17일 조공하러 온 신라 사신이 귀국하였다.

⑮③ A.D. 672년 11월 24일 신라 사신에게 잔치를 베풀었다.

⑮④ A.D. 672년 12월 15일 신라 사신에게 배 1척을 하사하였다.

⑮⑤ A.D. 672년 12월 26일 신라 사신이 귀국하였다.

⑮⑥ A.D. 673년 윤6월 15일 신라가 사람을 보내 일본왕의 즉위를 축하하고 동시에 사람을 보내 先皇의 喪을 조문 또는 조공하라고 하였다.

⑮⑦ A.D. 673년 8월 20일 신라가 사람을 보내 고구려의 사신을 筑紫까지 호송하였다.

⑮⑧ A.D. 673년 11월 21일 고구려의 사신과 신라의 사신에게 연회를 베풀고 각각 祿을 하사하였다.

⑮⑨ A.D. 675년 1월 1일 백제왕과 신라의 仕丁 등이 약을 진상하였다.

⑯⓪ A.D. 675년 2월 신라 왕자 등이 조공을 바쳤다.

⑯① A.D. 675년 3월 고구려와 신라 두 나라가 조공을 바쳤다.

⑯② A.D. 675년 4월 신라 왕자가 難波에 도착하였다.

⑯③ A.D. 675년 7월 7일 일본 사인을 신라에 파견하였다.

⑯④ A.D. 675년 8월 28일 신라와 고구려 두 나라가 조공하였다.

⑯⑤ A.D. 676년 2월 일본 사인이 신라에서 돌아왔다.

⑯⑥ A.D. 676년 10월 10일 사인을 신라에 보냈다.

⑯⑦ A.D. 676년 11월 3일 신라가 조공하였다.

⑯⑧ A.D. 676년 11월 23일 고구려가 조공사를 보냈는데 신라가 이를 筑紫까지 호송하였다.

⑯⑨ A.D. 677년 2월 1일 신라에 간 일본 사인이 귀국하였다(그런 일본 사인이 없다).

⑰⓪ A.D. 677년 3월 19일 신라 사인을 일본 왕경에 불렀다.

⑰① A.D. 677년 5월 7일 신라 사인 일행이 표류하여 血鹿嶋에 도착하였다.

⑰② A.D. 678년 신라왕이 조공하였다.

⑰③ A.D. 679년 1월 5일 신라의 送使가 일본 왕경에 도착하였다.

⑰④ A.D. 679년 2월 1일 고구려가 조공을 하였는데 신라가 고구려 조공사를 筑紫까지 호송하였다.

⑰⑤ A.D. 679년 9월 16일 신라에 보낸 사인이 귀국하였다.

⑰⑥ A.D. 679년 10월 17일 신라가 조공하였다.

⑰⑦ A.D. 680년 2월 27일 신라인(仕丁 8인)이 돌아갔다. 祿을 주었다.

⑰⑧ A.D. 680년 4월 25일 신라 사신에게 筑紫에서 잔치를 베풀었다.

⑰⑨ A.D. 680년 5월 13일 고구려인이 조공하였는데, 신라 사인이 筑紫까지 호송하였다.

⑱⓪ A.D. 680년 6월 5일 신라 사신이 귀국하였다.

⑱1 A.D. 680년 11월 24일 신라가 조공하였다.

⑱2 A.D. 681년 6월 5일 신라 사신에게 筑紫에서 잔치를 베풀었다.

⑱3 A.D. 681년 7월 4일 신라와 고구려에 사신을 보냈다.

⑱4 A.D. 681년 9월 3일 고구려와 신라에 보낸 사신이 돌아왔다.

⑱5 A.D. 681년 10월 2일 신라가 金·銀·銅·鐵·綿·絹 등 많은 귀중품을 바쳤다.

⑱6 A.D. 681년 10월 신라 사신이 와서 국왕이 돌아가셨다고 알렸다.

⑱7 A.D. 681년 12월 10일 신라 사신에게 잔치를 베풀었다.

⑱8 A.D. 682년 6월 1일 고구려 사신이 조공품을 바쳤는데 신라가 고구려 사신을 호송했다.

⑱9 A.D. 683년 1월 18일 고구려·백제·신라 3국의 음악을 조정에서 연주했다.

⑲0 A.D. 683년 11월 13일 신라가 조공하였다.

⑲1 A.D. 684년 4월 20일 일본 사신이 신라에 갔다.

⑲2 A.D. 684년 12월 6일 당의 포로가 된 일본 사신을 신라가 筑紫까 지 호송하였다.

⑲3 A.D. 685년 3월 14일 신라 사신에게 筑紫에시 잔치를 베풀었다.

⑲4 A.D. 685년 4월 17일 신라인이 귀국하였다.

⑲5 A.D. 685년 5월 26일 신라왕이 문건을 바쳤다.

⑲6 A.D. 685년 11월 27일 신라가 중신을 보내 조공하였다.

⑲7 A.D. 686년 1월 신라 사신에게 잔치를 베풀기 위하여 일본 왕족·중신들을 筑紫에 보냈다.

⑲8 A.D. 686년 4월 13일 신라의 사신에게 잔치를 베풀기 위하여 伎樂을 筑紫에 옮겼다.

⑲9 A.D. 686년 4월 19일 신라가 조공을 바쳤다.

⑳0 A.D. 687년 3월 22일 귀화한 신라인 14명을 下毛野國에 살게 했다.

⑳① A.D. 687년 4월 10일 귀화한 신라의 僧尼와 백성을 武藏國에 살게 했다.

⑳② A.D. 687년 10월 2일 일본 왕자의 반란 계획을 탐지하고 일본 중신들과 신라승을 체포하였다.

⑳③ A.D. 687년 10월 29일 신라의 승려가 반란에 참여했지만 가람으로 옮기라고 하였다.

⑳④ A.D. 687년 윤12월 筑紫의 책임자가 고구려·백제·신라 3국의 남녀와 僧尼를 바쳤다.

⑳⑤ A.D. 687년 9월 23일 신라의 왕자와 관리들이 조공하였으며 천황이 죽었다는 소식을 듣고 상복을 입고 곡(哭)을 하였다.

⑳⑥ A.D. 687년 12월 10일 신라 사신에게 잔치를 베풀었다.

⑳⑦ A.D. 688년 1월 23일 천황이 죽었다는 말을 듣고 신라 왕자 일행이 세 번 곡하였다(9월 23일과 중복됨).

⑳⑧ A.D. 688년 2월 2일 신라가 조공을 바쳤다.

⑳⑨ A.D. 689년 1월 8일 신라에 간 일본 사인이 귀국하였다.

㉑⓪ A.D. 689년 4월 8일 귀화한 신라인을 下毛野에 살게 했다.

㉑① A.D. 689년 4월 20일 신라 사신이 죽은 지 3년이 지난 일본왕(天武)의 죽음을 조문하고 불상·비단 등을 바쳤다.

㉑② A.D. 689년 5월 22일 신라의 金春秋가 천황의 칙명을 받들었다.

㉑③ A.D. 689년 6월 20일 일본의 학문승이 신라의 師友에게 綿 140근을 주라고 하였다.

㉑④ A.D. 689년 6월 24일 신라의 조문사에게 물건을 하사하였다.

㉑⑤ A.D. 689년 7월 1일 신라의 조문사 등이 귀국하였다.

㉑⑥ A.D. 690년 2월 11일 신라의 스님 등 50명이 귀화하였다.

㉑⑦ A.D. 690년 2월 25일 귀화한 신라의 관리 등 12인을 武藏國에 살게 했다.

⑱ A.D. 690년 8월 11일 귀화한 신라인 등을 下毛野國에 살게 했다.

⑲ A.D. 690년 9월 23일 당나라에 갔던 학문승 등이 신라 송사를 따라 귀국하였다.

⑳ A.D. 690년 10월 15일 신라 송사에게 잔치를 베풀고 선물을 주었다.

㉑ A.D. 692년 10월 11일 일본 승려가 신라에서 학문을 배웠다.

㉒ A.D. 692년 11월 8일 신라 사인이 조공하였다.

㉓ A.D. 692년 11월 11일 신라 사인이 祿을 주었다.

㉔ A.D. 692년 12월 24일 신라의 조공물을 여러 신사에 바쳤다.

㉕ A.D. 693년 2월 3일 신라가 일본에 신라왕의 喪을 알렸다.

㉖ A.D. 693년 2월 30일 표류해 온 신라인 30여 명을 전년에 온 신라인에게 딸려 주었다.

㉗ A.D. 693년 3월 1일 신라에 파견하는 일본인과 승려에게 綿 등을 주었다.

㉘ A.D. 695년 3월 2일 신라 왕자 등이 일본에 가서 국정을 아뢰었다.

㉙ A.D. 695년 7월 26일 신라에 파견하는 일본인에게 물건을 하사하였다.

㉚ A.D. 695년 9월 6일 일본인이 신라로 향하였다.

신라와 일본의 관계에 관한 『일본서기』의 왜곡 기사 가운데 대표적이라고 생각되는 내용을 제시하면 다음과 같다.

① 신라왕자가 일본에 귀화하였다.

② 신라가 일본에 항복하였다.

③ 바람의 신과 파도의 신의 도움으로 신라에 온 일본의 왕후가 신라를 정벌하였다.

④ 신라왕이 일본에 조공하였다.

⑤ 신라 조공사와 백제 조공사 두 나라의 조공사가 함께 일본에 왔다.

⑥ 신라왕이 일본에 항복했다.

⑦ 신라가 선박 80척분의 조공물을 바쳤다.

⑧ 한 神이 일본에 고구려 · 백제 · 신라 · 임나를 임신한 일본 왕후에게 주겠다고 말하였다.

⑨ 신라 · 고구려 · 백제 · 임나 네 나라가 함께 조공하였다.

⑩ 신라와 임나 두 나라가 함께 조공하였다.

⑪ 백제와 신라 두 나라가 함께 조공하였다.

⑫ 백제 · 신라 · 임나 세 나라가 함께 조공하였다.

⑬ 고구려 · 백제 · 신라 세 나라가 함께 조공하였다.

⑭ 고구려 · 백제 · 임나 · 신라 네 나라가 함께 조공하였다.

⑮ 신라 · 백제 두 나라가 함께 조공하였다.

⑯ 신라왕에게 견(絹) · 면(綿) 등을 하사하였다.

⑰ 신라 사신에게 잔치를 베풀었다.

⑱ 신라가 금 · 은 · 동 · 철 · 비단 등을 많이 바쳤다.

⑲ 신라 스님이 귀화하였다.

⑳ 신라의 김춘추(金春秋)가 일본 천황의 칙명을 받들었다.

㉑ 일본에 조공을 바치러 온 신라의 김춘추를 일본이 인질(人質)로 삼았다.

㉒ 신라가 같은 해(671년 6월과 10월)에 두 번씩이나 조공을 하였다.

㉓ A.D. 200, 249, 262, 270, 286, 365, 663년에 일본이 신라를 정벌하였다.

백제와 고구려가 각각 일본에 조공을 하였다고 서술하고 있지만 폄훼하지는 않았다. 그러나 신라에 대하여 늘 몹시 폄훼하고 있다. 지금 신라를 폄훼한 내용의 일부를 제시하면 다음과 같다.

① 신라 왕(신라 왕자 · 신라)이 40회 가까이 일본에 조공하였다.

② 일본이 신라를 정벌하였다.

③ 신라 왕자가 일본에 귀화하였다.

④ 신라를 6회나 정벌하였다.

⑤ 신라 김춘추(金春秋)가 일본 천황의 명령(칙명)을 받들었다고 하면서 다른 한편으로는 일본에 조공 온 김춘추를 인질로 삼았다고 신라를 폄훼하였으며 그래도 부족하여 김춘추가 당나라에 가서 신라 옷을 버리고 당나라 옷을 입었다 헐뜯었다.

위의 왜곡 기사 가운데 특히 우리를 포복절도(抱腹絶倒)케 하는 기사는 일본에 조공을 바치러 온 신라의 김춘추(무열왕)를 인질로 삼았다는 기사와 조선 및 항해술이 유치하여 신라의 도움에 의해서만이 신라와 중국에 갈 수 있었던 일본이 일본 단독의 항해술로 신라에 쳐들어가서 신라를 정벌했다는 기사일 것이다. 신라의 관리가 아니라 신라왕이 친히 조공하였다는 기사나 신라·고구려·백제·임나 4개국 가운데 어떤 때는 4국이 또 어떤 때는 3국, 또는 2국이 동시에 일본에 조공을 하였다는 기사도 참말로 웃기는 이야기일 것이다.

그리고 총 230사례의 신라와 일본의 관계 기사 가운데 구체적으로 양국 관계를 서술한 기사는 한 사례도 없고 신라가 일본에 조공을 하였다는 예처럼 대부분이 한 줄 내지 몇 줄의 글로 양국관계를 서술하고 있다.

『일본서기』에 나타난 일본의 신라에 대한 일본의 태도는 적계심 그 자체였다. 적개심 때문에 일본은 신라를 무시, 폄하, 허위 일색으로 신라와 일본의 관계를 서술한 것이다. 이는 아마도 신라가 일본의 조국인 백제를 멸망시킨 데 기인하는 것이 아닌가 한다.

제3부 고구려와 일본의 관계를 왜곡한 기사

다음에 고구려와 일본의 관계를 왜곡한 기사를 알아보자.

① 卷第九 氣長足姬尊 神功皇后 攝政前紀(仲哀天皇) **九年 冬 十月**(200년 음10월 3일)

• 원문 : 冬十月己亥朔辛丑 從和珥津發之 時飛廉起風 陽侯擧浪 海中大魚 悉浮扶船 則大風順吹 帆船隨波 不勞櫓楫 便到新羅 時隨船潮浪 達逮國中 卽知 天神地祇悉助歟 新羅王 於是 戰戰慄慄措身無所 則集諸人曰 新羅之建國以來 未嘗聞海水凌國 若天運盡之 國爲海乎 是言未訖之間 船師滿海 旌旗耀日 鼓吹起聲 山川悉振 新羅王遙望以爲 非常之兵 將滅己國 讋焉失志 乃今醒之口 吾聞 東有神國 謂日本 亦有聖王 謂天皇 必其國之神兵也 豈可擧兵以距乎 卽素旆而自服 素組以面縛 封圖籍 降於王船之前 因以 叩頭之曰 從今以後 長與乾坤 伏爲飼部 其不乾船柂 而春秋獻馬梳及馬鞭 復不煩海遠 以每年貢男女之調 則重誓之曰 非東日更出西 且除阿利那禮河返以之逆流 及河石昇爲星辰 而殊闕春秋之朝 怠廢梳鞭之貢 天神地祇 共討焉 時或曰 欲誅新羅王 於是 皇后曰 初承神敎 將授金銀之國 又號令三軍曰 勿殺自服 今旣獲財國 亦人自降服 殺之不祥 乃解其縛爲飼部 遂入其國中封重寶府庫 收圖籍文書 卽以皇后所杖矛 樹於新羅王門 爲後葉之印故其矛今猶樹于新羅王之門也 爰新羅王波沙寐錦 卽以微叱己知波珍干

岐爲質 仍齎金銀彩色及綾・羅・縑絹 載于八十艘船 令從官軍 是以新羅王 常以八十船之調貢于日本國 其是之緣也 於是 高麗・百濟二國王 聞新羅收圖籍 降於日本國 密令伺其軍勢 則知不可勝 自來于營外 叩頭而款曰 從今以後 永稱西蕃 不絶朝貢 故因以 定內官家屯倉 是所謂之三韓也 皇后從新羅還之

• 국역 : 겨울 10월 3일 和珥津으로부터 출발했다. 이때 바람의 신은 바람을 일으키고 파도의 신은 파도를 일으켰으며 바닷속의 큰 고기가 모두 떠올라 배를 도왔다. 곧 큰 바람이 순조롭게 불고 배는 물결을 따라갔으므로 노를 젓는 데 힘들이지 않고 바로 신라에 도착하였다. 이때 배를 실은 물결이 멀리 나라 가운데까지 미쳤으니 곧 하늘과 땅의 신들이 모두 도왔음을 알겠다. 신라왕은 이에 두려워 떨며 몸 둘 바를 모른 채 여러 사람을 모아놓고 "신라의 건국 이래 일찍이 바닷물이 나라에 넘친 일을 듣지 못했다. 만약 天運이 다했다면 나라가 바다가 될 것이다"라고 하였다. 이 말이 끝나기도 전에 배가 바다에 가득 차고 깃발들이 햇빛에 빛났다. 북과 나팔소리가 나니 산천이 모두 떨었다. 신라왕이 멀리서 바라보고 심상치 않은 군대가 장차 자기 나라를 멸망시킬 것으로 여겨 두려워하며 싸울 뜻을 잃었다. 잠시 후 정신을 차리고 "내가 들으니 동쪽에 神國이 있는데 日本이라고 하며 성스러운 왕이 있어 天皇이라고 한다. 반드시 그 나라의 神兵일 것이니 어찌 병사를 일으켜 막을 수 있겠는가"라 하고 곧 흰 기를 들고 스스로 항복하였다. 흰 끈을 목에 걸어 항복하고 圖籍을 봉인하여 왕의 배 앞에 와서 항복하였다. 인하여 머리를 조아리고 "지금 이후로는 하늘과 땅과 같이 길이 엎드려 飼部가 되겠습니다. 배의 키가 마를 틈 없이 봄가을로 말의 털을 씻는 빗과 말채찍을 바치겠습니다. 또한 바다가 먼 것을 번거롭게 여기지 않고 해마다 남녀의 調를 바치

겠습니다"라고 하였다. 거듭 맹세하여 "동쪽의 해가 다시 서쪽에서 떠오르지 않는다면, 또한 阿利那禮河가 오히려 거꾸로 흐르고, 냇돌이 올라가 별이 되는 일이 없는 한, 봄 가을의 조공을 거르고 빗과 채찍을 바치지 않거나 게을리하면 하늘과 땅의 신이 함께 토벌할 것입니다"라고 하였다. 이때 어떤 사람들은 "신라왕을 죽여야 한다"고 말하였는데 황후는 "처음에 금은의 나라를 주겠다고 한 신의 가르침을 받들고 3軍에 호령하여 '스스로 항복하는 자는 죽이지 마라'고 하였다. 지금 이미 財國을 얻었고 또 사람들이 스스로 항복했으니 죽이는 것은 좋지 않다"고 하였다. 이에 항복의 결박을 풀고 飼部로 삼았다. 드디어 그 나라 안에 들어가 보물 창고를 봉하고 圖籍文書를 거두었다. 그리고 황후가 가지고 있던 창을 신라왕의 문에 세워 후세의 증거로 삼았다. 그래서 그 창은 지금도 신라왕의 문에 서 있다. 이에 신라왕 波沙寐錦은 微叱己知波珍干岐를 볼모로 하여 金銀·彩色綾羅·縑絹을 배 80척에 싣고 官軍을 따르게 했다. 이리하여 신라왕은 항상 80척의 調를 日本國에 바쳤는데 이러한 연유 때문이다. 이때 고구려와 백제의 두 나라 국왕이 신라가 圖籍을 거두어 일본국에 항복하였다는 것을 듣고 몰래 그 軍勢를 살피도록 하였다. 이길 수 없음을 알고 스스로 軍營 밖에 와서 머리를 조아리고 서약하여 "지금 이후로는 길이 서쪽 蕃國이 되어 조공을 그치지 않겠습니다"라고 하였다. 그리하여 內官家屯倉으로 정하였다. 이것이 이른바 三韓이다. 황후가 신라로부터 돌아왔다.

② **卷第十 譽田天皇 應神天皇 七年 秋 九月**(276년 음9월)

- 원문 : 七年秋九月 高麗人·百濟人·任那人·新羅人 竝來朝 時命武內宿禰領諸韓人等作池 因以名池號韓人池

• 국역 : 7년 가을 9월 고구려인 · 백제인 · 임나인 · 신라인이 함께 來朝하였다. 그때 武內宿禰에게 명하여 여러 韓人들을 이끌고 연못을 만들게 하였다. 때문에 이 연못을 이름하여 韓人池라 불렀다.

③ **卷第十 譽田天皇 應神天皇 廿八年 秋 九月**(297년 음9월)

• 원문 : 廿八年秋九月 高麗王遣使朝貢 因以上表 其表曰 高麗王教日本國也 時太子菟道稚郎子讀其表 怒之責高麗之使 以表狀無禮 則破其表

• 국역 : 28년 가을 9월 고구려왕이 사신을 보내어 조공하였다. 그리고 表를 올렸는데, 그 表에 "고구려왕은 日本國에 教한다"라고 되어 있었다. 그때 太子인 菟道稚郎子는 그 表를 읽고 노하여 고구려의 사자를 꾸짖었다. 그리고 그 表文이 무례하다고 하여 表를 파기하였다.

④ **卷第十 譽田天皇 應神天皇 卅七年 春 二月**(306년 음2월 1일)

• 원문 : 卅七年春二月戊午朔 遣阿知使主 · 都加使主於吳 令求縫工女 爰阿知使主等 渡高麗國 欲達于吳 則至高麗 更不知道路 乞知道者於高麗 高麗王乃副久禮波 · 久禮志 二人 爲導者 由是 得通吳 吳王 於是 與工女兄媛 · 弟媛 吳織 穴織 四婦女

• 국역 : 37년 봄 2월 초하루 阿知使主 · 都加使主를 吳나라에 보내어 縫工女를 구하게 하였다. 阿知使主 등은 고구려국을 지나서 吳나라로 가고자 하여, 먼저 고구려에 도착하였으나 (吳나라로) 가는 길을 알 수가 없었다. 그리하여 길을 아는 사람을 고구려에 구하니, 고구려王은 久禮波와 久禮志 두 사람을 딸려 보내어 안내자로 삼게 하였다. 이로 말미암아 吳나라에 이를 수 있었다. 吳의 왕은 工女兄媛 · 弟媛 · 吳織 · 穴織 등 4명의 여자를 주었다.

⑤ **卷第十一 大鷦鷯天皇 仁德天皇 十二年 秋 七月**(324년 음7월 3일)

- 원문 : 十二年秋七月辛未朔癸酉 高麗國貢鐵盾・鐵的
- 국역 : 12년 가을 7월 辛未 초하루 癸酉日 고구려國이 鐵로 만든 방패와 과녁을 바쳤다.

⑥ **卷第十一 大鷦鷯天皇 仁德天皇 十二年 八月**(324년 음8월 10일)

- 원문 : 八月庚子朔己酉 饗高麗客於朝 是日 集群臣及百寮 令射高麗所獻之鐵盾的 諸人不得射通的 唯的臣祖盾人宿禰 射鐵的而通焉 時高麗客等見之 畏其射之勝工 共起以拜朝 明日 美盾人宿禰 而賜名曰的戶田宿禰 同日 小泊瀨造祖宿禰臣 賜名曰賢遺臣賢遺 此云左舸能莒里
- 국역 : 8월 10일 고구려에서 온 사신들에게 朝廷에서 잔치를 베풀었다. 이날에 群臣 및 百官을 모아놓고 고구려에서 바친 鐵로 된 방패와 과녁에 활을 쏘아 보게 하였다. 모든 사람이 과녁을 쏘아 꿰뚫지 못하였으나 的臣의 조상인 盾人宿禰만이 鐵로 된 과녁을 활을 쏘아 통과시켰다. 이때 고구려에서 온 사신들이 그것을 보고 그 활 쏘는 솜씨의 훌륭함에 두려워하며 모두 일어나 절하였다. 다음날 盾人宿禰를 칭찬하고 的戶田宿禰라는 이름을 내렸다. 같은 날에 小泊瀨造의 조상인 宿禰臣에게 이름을 내려 賢遺臣이라 하였다. 賢遺는 우리 말로 左舸能莒里라 한다.

⑦ **卷第十一 大鷦鷯天皇 仁德天皇 五十八年 冬 十月**(370년 음10월)

- 원문 : 冬十月 吳國・高麗國 竝朝貢
- 국역 : 겨울 10월 誤國・고구려國이 함께 朝貢하였다.

⑧ **卷第十四 大泊瀨幼武天皇 雄略天皇 八年 春 二月**(464년 음2월)

- 원문 : 八年春二月 遣身狹村主靑・檜隈民使博德使於吳國 自天皇卽位 至于

是歲 新羅國背誕 苞苴不入 於今八年 而大懼中國之心 脩好於高麗 由是高麗王 遣精兵一百人守新羅 有頃高麗軍士一人 取假歸國 時以新羅人爲典馬*典馬 此云于麻柯比 而顧謂之曰 汝國爲吾國所破非久矣*一本云 汝國果成吾士非久矣 其典馬聞之 陽患其腹 退而在後 遂逃入國 說其所語於是 新羅王乃知高麗僞守 遣使馳告國人曰 人殺家內所養鷄之雄者 國人知意 盡殺國內所有高麗人 惟有遺高麗一人 乘間得脫 逃入其國 皆具爲說之 高麗王卽發軍兵 屯聚筑足流城*或本云 都久斯岐城 遂歌儛興樂 於是 新羅王 夜聞 高麗軍四面歌儛 知賊盡入新羅地 乃使人於任那王曰 高麗王征伐我國 當此之時 若綴旒然 國之危殆 過於累卵 命之脩短大所不計 伏請救於日本府行軍元帥等 由是 任那王勸膳臣斑鳩斑鳩 此云伊柯屢餓・吉備臣小梨・難波吉士赤目子 往救新羅 膳臣等未至營止 高麗諸將 未與膳臣等相戰皆怖 膳臣等乃自力勞軍 令軍中促爲攻具 急進攻之 與高麗相守十餘日 乃夜鑿險 爲地道 悉過輜車設奇兵 會明 高麗謂膳臣等爲遁也 悉軍來追 乃縱奇兵 步騎夾攻 大破之二國之怨 自此而生*言二國者 高麗新羅也 膳臣等謂新羅曰 汝以至弱 當至强 官軍不救 必爲所乘 將成人地 殆於此役 自今以後 豈背天朝也

• 국역 : 8년 봄 2월 身狹村主青과 檜隈民使博德을 吳나라에 사신으로 보냈다. 천황이 즉위한 때부터 이해에 이르기까지 신라국은 천황의 명을 듣지 않고 마음대로 하며 공물을 보내지 않았는데, 지금 8년째가 된다. 그리고는 '中國'의 마음을 몹시 두려워하여 고구려와 우호를 맺었다. 이로 말미암아 고구려왕이 날랜 병사 100명을 보내어 신라를 지켜주었다. 얼마 되지 않아 고구려 군사 한 사람이 말미를 얻어 자기 나라에 돌아갈 때 신라 사람을 말몰이*典馬는 우리말로 于麻柯比(うまかひ)라고 한다로 삼았는데, 돌아보면서 "너희 나라는 우리 나라에 망할 날이 멀지 않았다"고 하였다*어떤 책에는 "너희 나라가 우리의 땅이 될 날이 머지 않았다" 하였다고 한다. 말몰이가 그 말을 듣고

거짓으로 배가 아프다고 하여 뒤에 처져 있다가 마침내 도망하여 자기 나라에 돌아와 그가 말한 것을 설명하였다. 이에 신라왕은 고구려가 거짓으로 지켜주는 것을 알고는 사자를 급히 보내어 나라 사람들에게 "사람들이여, 집안에서 기르는 수탉을 죽여라"고 하였다. 나라 사람들이 그 뜻을 알고는 나라 안에 있는 고구려 사람들을 모두 죽였다. 그런데 살아남은 고구려 사람 12명이 틈을 타서 빠져나가 도망하여 자기 나라에 들어가 모든 것을 이야기하였다. 고구려왕이 곧 군사를 일으켜 筑足流城*어떤 책에서는 都久斯岐城이라고 한다에 모여 진을 치고서 드디어 노래하고 춤추며 음악을 연주하였다. 신라왕은 밤에 고구려군이 사방에서 노래하고 춤추는 소리를 듣고 적군이 모두 신라땅에 들어왔음을 알았다. 이에 사람을 시켜 任那王에게 "고구려왕이 우리나라를 정벌합니다. 지금의 시기는 깃대에 묶어놓은 술(綴旒)과 같고 나라의 위태로움은 계란을 쌓아놓은 것보다 더하여 나라 운명의 길고 짧음을 헤아릴 수 없습니다. 엎드려 바라건대 日本府行軍元帥에게 구원을 청해 주십시오"라고 하였다. 이로 말미암아 任那王이 膳臣斑鳩*斑鳩는 우리말로 伊柯屢餓(いかふが)라 한다, 吉備臣小梨, 難波古上赤目了에게 권하여 가서 신라를 구해주도록 했다. 膳臣 등이 아직 軍營에 이르지 않고 머물러 있었다. 고구려의 여러 장수는 膳臣 등과 싸우기도 전에 모두 두려워하였다. 膳臣 등은 힘써 군사를 위로하고 軍中에 슈을 내려 속히 공격하기 위한 준비를 하게 하고 급히 나아가 공격하였다. 고구려군과 서로 10여 일을 대치하다가 밤에 지세가 험한 곳을 파서 地道로 삼고는 군대의 짐을 모두 옮기고 기습할 군사를 그곳에 배치하였다. 날이 밝을 무렵에 고구려는 膳臣 등이 도망한 것으로 여기고 모든 군사로 뒤쫓아왔다. 이에 기습군사를 풀어놓아 보병과 기병이 협공하여 그들을 크게 깨뜨렸다. 두 나라의 원한은 이로부터 생겼다*두 나라는 고구려와 신라를 말한다. 膳臣 등이 신라에게 "너희는 매우 약한데 매우 강한 나라와 부닥쳤다. 官軍이 구해주지 않는다면 반드시 업신여김을 당하는 바가 되었을 것이다. 장차 다른 사람의 영토가 되었다면 이는 아마 이번 전쟁에 의해서였을 것이다. 지금 이후로 어찌 天朝를 배반할 것인가"라고 말하였다.

⑨ 卷第十四 大泊瀨幼武天皇 雄略天皇 九年 三月(465년 음3월)

• 원문 : 三月 天皇欲親伐新羅 神戒天皇曰 無往也 天皇由是 不果行 乃勅紀小弓宿禰・蘇我韓子宿禰・大伴談連*談 此云箇陀利・小鹿火宿禰等曰 新羅自居西土 累葉稱臣 朝聘無違 貢職允濟 逮乎朕之王天下 投身對馬之外 竄跡匝羅之表 阻高麗之貢 呑百濟之城 況復朝聘既闕 貢職莫脩 狼子野心 飽飛 飢附 以汝四卿 拜爲大將 宜以王師薄伐 天罰襲行 於是 紀小弓宿禰 使大伴室屋大連 憂陳於天皇曰 臣雖拙弱 敬奉勅矣 但今 臣婦命過之際 莫能視養臣者 公冀將此事具陳天皇 於是 大伴室屋大連 具爲陳之 天皇聞悲頽歎 以吉備上道采女大海 賜於紀小弓宿禰 爲隨身視養 遂推轂以遣焉 紀小弓宿禰等 卽入新羅 行屠傍郡*行屠 竝行竝擊 新羅王 夜聞官軍四面鼓聲 知盡得喙地 與數百騎亂走 是以 大敗 小弓宿禰追斬敵將陣中 喙地悉定 遺衆不下 紀小弓宿禰亦收兵 與大伴談連等會 兵復大振 與遺衆戰 是夕 大伴談連及紀岡前來目連 皆力鬪而死 談連從人同姓津麻呂 後入軍中 尋覓其主 從軍不見出問曰 吾主大伴公 何處在也 人告之曰 汝主等果爲敵手所殺 指示屍處 津麻呂聞之 踏叱曰 主既已陷 何用獨全 因復赴敵 同時殞命 有頃 遺衆自退 官軍亦隨而却 大將軍紀小弓宿禰 值病而薨

• 국역 : 3월 천황이 新羅를 직접 정벌하려고 하였다. 神이 천황에게 "가지 마라"고 경계하니, 천황이 이로 말미암아 가지 않았다. 그리고 紀小弓宿禰・蘇我韓子宿禰・大伴談連*談은 우리말로 箇陀利라고 한다・小鹿

火宿禰 등에게 칙명으로 "新羅는 본래 서쪽 땅에 있으면서 여러 대에 걸쳐 신하를 칭하며 조빙을 어기지 않았고 공물도 잘 바쳤다. 짐이 천하를 다스림에 미처 몸을 對馬의 밖에 두고 자취를 匝羅 밖에 감춘 채 고구려의 조공을 막고 百濟의 城을 병탄하였다. 하물며 다시 조빙을 이미 걸렀으며 공물도 바치지 않았음에 있어서이겠는가. 이리처럼 사나운 마음이 있어 배부르면 나는 듯 달려가고 굶주리면 붙좇는다. 그대들 네 卿을 대장으로 삼으니 王師를 거느리고 가 쳐서 하늘이 내리는 벌을 받들어 행하라"고 하였다. 이에 紀小弓宿禰는 大伴室屋大連으로 하여금 천황에게 호소해주도록 하면서 "신이 비록 미약하지만 삼가 칙명을 받들겠습니다. 다만 지금 신의 아내가 목숨이 다할 무렵이 되어 신을 돌볼 수 없습니다. 바라건대 公은 이 일을 갖추어 천황께 아뢰어 주십시오"라 하였다. 大伴室屋大連이 갖추어 아뢰니 천황이 듣고 슬피 탄식하면서 吉備上道의 采女 大海를 紀小弓宿禰에게 하사하여 그를 따라가서 돌보게 하였다. 드디어 수레를 밀어 (군대를) 보냈다. 紀小弓宿禰 등이 곧 新羅에 들어가 이웃 郡을 같이 공격하였다*行屠는 함께 가서 함께 공격한다는 것이다. 新羅王은 밤에 官軍이 사방에서 북을 울리는 소리를 듣고 (관군이) 喙의 모든 땅을 얻었음을 알고 수백 騎와 함께 어지러이 도망갔다. 그러므로 크게 패배시키고 小弓宿禰는 (新羅軍을) 쫓아가 陣 속에서 적장을 베었다. 喙의 땅이 모두 평정되었으나 남은 무리가 항복하지 않았다. 紀小弓宿禰는 또한 군사를 거두어 大伴談連 등과 만나 군대를 다시 크게 일으켜 남은 무리와 싸웠다. 이날 저녁 大伴談連과 紀岡前來目連이 모두 힘써 싸우다가 죽었다. 談連의 시종으로 같은 姓인 津麻呂는 나중에 진영 안으로 들어가 자신의 주인을 찾았다. 진영에서 찾지 못하자 나와서 "우리 주인 大伴公은 어느 곳에 계십니까?"라고 물으니,

사람들이 "너의 주인 등은 적의 손에 살해되었다"고 알려주며 주검이 있는 곳을 가리켰다. 津麻呂는 그 말을 듣고 땅을 구르면서 "주인이 이미 죽었는데 어찌 혼자 살겠는가?"라 소리치고 적에게 나아가 함께 죽었다. 얼마 후 남은 무리가 스스로 물러가니 관군도 따라서 물러났다. 大將軍 紀小弓宿禰는 병에 걸려 죽었다.

⑩ 卷第十四 大泊瀨幼武天皇 雄略天皇 廿年(476년)

• 원문 : 廿年冬 高麗王大發軍兵 伐盡百濟 爰有少許遺衆 聚居倉下 兵糧既盡 憂泣茲深 於是 高麗諸將 言於王曰 百濟心許非常 臣每見之 不覺自失 恐更蔓生 請遂除之 王曰 不可矣 寡人聞 百濟國者爲日本國之官家 所由來遠久矣 又其王入仕天皇 四隣之所共識也 遂止之*百濟記云 蓋鹵王乙卯年冬 狛大軍來 攻大城七日七夜 王城降陷 遂失尉禮 國王及大后 王子等皆沒敵手

• 국역 : 20년(476) 겨울 고구려의 왕이 군사를 크게 일으켜 百濟를 쳐서 없앴다. 이때 조금 남은 무리가 倉下에 모여 있었는데 군량이 다 하자 매우 근심하여 울었다. 이에 고구려의 장수들이 왕에게 "百濟는 마음이 일정하지 않습니다. 신들은 그들을 볼 때마다 모르는 사이에 착각하게 됩니다. 다시 덩굴처럼 살아날까 두려우니, 쫓아가 없애기를 청합니다"라고 하였다. 왕은 "안 된다. 과인이 듣기에 百濟國은 日本國의 官家가 되었는데 그 유래가 오래되었다고 한다. 또 그 왕이 들어가 천황을 섬긴 것은 사방의 이웃들이 다 아는 바이다"라 하였으므로 드디어 그만두었다.*『百濟記』에는 다음과 같이 말하였다. "蓋鹵王 乙卯年(475) 겨울 狛의 大軍이 와서 7일 낮밤 동안 大城을 공격하였다. 王城이 항복하여 함락되니 尉禮를 잃었다. 국왕과 태후, 왕자 등이 모두 적의 손에 죽었다".

⑪ **卷第十四 大泊瀨幼武天皇 雄略天皇 廿一年 春 三月**(477년 음3월)

- 원문 : 廿一年春三月 天皇聞百濟爲高麗所破 以久麻那利賜汶洲王 救興其國 時人皆云 百濟國雖屬既亡 聚憂倉下 實賴於天皇 更造其國*汶洲王蓋鹵王母弟也 日本舊記云 以久麻那利賜末多王 蓋是誤也 久麻那利者 任那國下哆呼唎縣之別邑也

- 국역 : 21년(477) 봄 3월 천황이 百濟가 고구려에 패배했음을 듣고 久麻那利를 汶洲王에게 주어 그 나라를 구원해 일으키게 하였다. 당시 사람들이 모두 "百濟國은 비록 거의 망해 倉下에 모여 근심하고 있으나, 실로 천황에게 의지하여 다시 그 나라를 만들게 되었다" 라고 하였다.*汶洲王은 蓋鹵王의 동생이다. 『日本舊記』에서는 "久麻那利를 末多王에게 주었다"고 하였는데, 아마도 잘못일 것이다. 久麻那利는 任那國의 下哆呼唎縣의 別邑이다.

⑫ **卷第十五 弘計天皇 顯宗天皇 三年**(487년)

- 원문 : 是歲 紀生磐宿禰 跨據任那 交通高麗 將西王三韓 整脩官府 自稱神聖 用任那左魯・那奇 他甲背等計 殺百濟適莫爾解於爾林*爾林高麗地也 築帶山城 距守東道 斷運糧津 令軍飢困 百濟王大怒 遣領軍古爾解・內頭莫古解等 率衆趣于帶山攻 於是 生磐宿禰 進軍逆擊 膽氣益壯 所向皆破 以一當百 俄而兵盡力竭 知事不濟 自任那歸 由是 百濟國殺佐魯・那奇他甲背等三百餘人

- 국역 : 이해 紀生磐宿禰가 任那를 점거하고 고구려와 교통하였으며, 서쪽에서 장차 三韓의 왕 노릇을 하려고 官府를 정비하여 스스로 神聖이라고 칭하였다. 任那의 左魯・那奇 他甲背 등이 계책을 써서 百濟의 適莫爾解를 爾林에서 죽이고*(爾林은 고구려의 땅이다) 帶山城을 쌓아 동쪽 길을 막고 지켰으며, 군량을 운반하는 나루를 끊어 군대를 굶주려 고생하도록 하였다. 百濟의 왕이 크게 화가 나, 領軍

古爾解・內頭 莫古解 등을 보내 무리를 거느리고 帶山城에 나아가 공격하게 하였다. 이에 生磐宿禰는 군대를 내보내 맞아 쳤는데 膽氣가 더욱 왕성하여 향하는 곳마다 모두 깨뜨리니 한 사람이 백 사람을 감당할 정도였다. (그러나) 얼마 후 군대의 힘이 다하니 일이 이루어지지 못할 것을 알고 任那로부터 돌아왔다. 이로 말미암아 百濟國이 佐魯・那奇他甲背 등 300여 인을 죽였다.

⑬ 卷第十五 億計天皇 仁賢天皇 六年 秋 九月(493년 음9월 4일)

- 원문 : 六年秋九月己酉朔壬子 遣日鷹吉士 使高麗 召巧手者
- 국역 : 6년(493) 가을 9월 4일 日鷹吉士를 보내 고구려에 사신으로 보내 손재주가 뛰어난 사람을 불러오게 하였다.

⑭ 卷第十五 億計天皇 仁賢天皇 六年 秋(493년)

- 원문 : 是秋 日鷹吉士 被遣使後 有女人 居于難波御津 哭之曰 於母亦兄 於吾亦兄 弱草吾夫怜矣*言於母亦兄 於吾亦兄 此云於慕尼慕是 阿例尼慕是 言吾夫怜矣 此云阿我圖摩播耶 言弱草 謂古者以弱草喩夫婦 故以弱草爲夫 哭聲甚哀 令人斷腸 菱城邑人鹿父*鹿父 人名也 俗呼父爲柯曾 聞而向前曰 何哭之哀 甚若此乎 女人答曰 秋蔥之轉雙雙*雙重也 納 可思惟矣 鹿父曰 諾 卽知所言矣 有同伴者 不悟其意 問曰 何以知乎 答曰 難波玉作部鯽魚女*言鯽魚女 言鯽女此云浮儺謎此 嫁於韓白水暵*言韓白水郎 此云柯羅摩能波陀該 耕麥田之也 生哭女 夊夊言哭女 此云儺倶謎 嫁於住道人山杵 生飽田女 韓白水郎與其女哭女 曾旣倶死 住道人山杵 上姧玉作部鯽魚女 生麁寸 麁寸娶飽田女 於是 麁寸從日鷹吉士 發向高麗 由是 其妻飽田女 徘徊顧戀 失緖傷心 哭聲尤切 令人腸斷 玉作鯽魚女與韓白水郎 爲夫婦 生哭女 住道人山杵娶哭女 生飽田女 山杵妻父韓白水郎與其妻哭女 曾旣倶死 住道人山杵 上姦妻母玉作部鯽魚女 生麤寸 麤寸娶飽田女 或本云 玉作部鯽魚女 共前

夫韓白水郎 生哭女 更共後夫住道人山杵 生麤寸 則哭女與麤寸 異父兄弟之故 哭女之女飽田女 呼麤寸 曰於母亦兄也 哭女嫁於山杵 生飽田女 山杵又淫鯽魚女 生麤寸 則飽田女與麤寸 異母兄弟之故 飽田女呼夫麤寸 曰於吾亦兄也 古者不言兄弟長幼 女以男稱兄 男以女稱妹 故云於母亦兄 於吾亦兄耳

• 국역 : 이번 가을 日鷹吉士가 사신으로 파견된 후에, 어떤 여인이 難波의 御津에 살았는데 곡을 하며 "어머니에게도 兄이요 나에게도 형이며, 어린 풀 같은 나의 남편 가련하구나"라 하였다*'어머니에게도 형이요 나아게도 형이며'라 한 것은 우리말로는 於慕尼慕是 阿例尼慕是이다. '나의 남편 가련하구나'라고 한 것은 우리말로는 阿我圖摩播耶라 한다. '어린 풀'이라는 것은 말하자면 옛날에 어린 풀로 부부를 비유하였으므로 어린 풀을 남편이라 여겼던 것이다. 곡소리가 매우 슬퍼 사람들의 腸을 끊는 듯하였다. 菱城邑 사람 鹿父*녹부는 사람 이름이다. 사람들은 父를 柯曾이라고 부른다가 듣고 앞으로 나아가 "어찌 슬피 우는 것이 이처럼 심한가?"라고 하니, 여인이 답하기를 "가을 나무의 슬픔이 더하여 두 배로구나*雙은 둘이다. 받아들여 생각할 수 있을 것이다"라 하였다. 鹿父가 "그렇다"라 하며 말하는 내용을 알았다. 동반자가 있었는데 그 뜻을 깨닫지 못하고 "어찌 알았습니까?"라고 물으니, (녹부가) 답하기를 "難波玉作部鯽魚女言鯽*魚女라 한 것은 우리말로 浮儺謎라 한다가 韓白水郎嘆*韓白水郎嘆이라 한 것은 우리말로 柯羅摩能波陀該이니, 嘆의 보리밭을 경작하는 것이다에게 시집가서 哭女를 낳았고, 哭女*哭女라 한 것은 우리말로 儺俱謎라 한다는 住道人 山杵에게 시집가서 飽田女를 낳았다. 韓白水郎嘆과 그 딸 곡녀와 曾은 모두 일찍 죽었는데, 住道의 人 山杵가 앞서 玉作部鯽魚女를 간하여 麁寸을 낳았다. 麁寸은 飽田女를 부인으로 맞아들였다. 이때 麁寸은 日鷹吉士를 따라 고구려를 향해 출발하였으므로 그 처인 飽田女가 배회하며 사랑하는 사람을 돌아보고, 마음의 갈피를 잃고 상심하여 곡소리가 더욱 간절

하였으므로 사람들의 장을 끊을 듯하였다"라고 하였다.

⑮ **卷第十五 億計天皇 仁賢天皇 六年**(493년)

• 원문 : 是歲 日鷹吉士 還自高麗 獻工匠須流枳・奴流枳等 今大倭國山邊郡額田邑熟皮高麗 是其後也

• 국역 : 이해 日鷹吉士가 고구려로부터 돌아와 工匠 須流枳・奴流枳 등을 바치니, 지금의 大倭國 山邊郡 額田邑의 熟皮高麗가 그 후예이다.

⑯ **卷第十七 男大迹天皇 繼體天皇 六年 冬 十二月**(512년 음12월)

• 원문 : 冬十二月 百濟遣使貢調 別表請任那國上哆唎 下哆唎・娑陀・牟婁・四縣 哆唎國守穗積臣押山奏曰 此四縣 近連百濟 遠隔日本 旦暮易通 鷄犬難別 今賜百濟 合爲同國 固存之策 無以過此 然縱賜合國 後世猶危 況爲異場 幾年能守 大伴大連金村 具得是言 同謨而奏 迺以物部大連麤鹿火 宛宣勅使 物部大連 方欲發向難波館 宣勅於百濟客 其妻固要曰 夫住吉大神 初以海表金銀之國 高麗・百濟・新羅・任那等 授記胎中譽田天皇 故大后息長足姬尊 與大臣武內宿禰 每國初置官家 爲海表之蕃屛 其來尙矣 抑有由焉 縱削賜他 違本區域 綿世之刺 詎離於口 大連報曰 敎示合理 恐背天勅 其妻切諫云 稱疾莫宣 大連依諫 由是 改使而宣勅 付賜物幷制旨 依表賜任那四縣 大兄皇子 前有緣事 不關賜國 晚知宣勅 驚悔欲改 令曰 自胎中之帝 置官家之國 輕隨蕃乞 輒爾賜乎 乃遣日鷹吉士 改宣百濟客 使者答啓 父天皇 圖計便宜 勅賜旣畢 子皇子 豈違帝勅 妄改而令 必是虛也 縱是實者 持杖大頭打 孰與持杖小頭打痛乎 遂罷 於是 或有流言曰 大伴大連 與哆唎國守穗積臣押山 受百濟之賂矣

• 국역 : 겨울 12월 백제가 사신을 보내어 調를 바쳤다. 따로 표를 올려 任那國의 上哆唎・下哆唎・娑陀・牟婁의 4현을 청했다. 哆唎國守

穗積臣押山이 “이 4현은 백제와 인접해 있고 일본과는 멀리 떨어져 있습니다. (백제와는) 아침저녁으로 통하기 쉽고 (어느 나라의) 닭과 개인지를 구별할 수 없을 정도이니 지금 백제에게 주어 합쳐서 같은 나라로 만들면 굳게 지키는 계책이 이보다 나은 것이 없을 것입니다. 비록 주어서 나라를 합치더라도 후세에는 오히려 위태로울 것인데, 하물며 다른 곳이 된다면 몇 년이나 지킬 수 있겠습니까?”라고 아뢰었다. 大伴大連金村이 이 말을 다 듣고 같은 계책을 아뢰었다. 이에 物部大連麤鹿火를 칙을 선포하는 사신으로 삼았다. 物部大連이 難波館을 향해 출발하여 百濟客에게 칙을 선포하고자 하였다. 그의 妻가 진실로 간하기를 “主吉大神이 처음에 바다 밖 金銀의 나라 고구려・백제・신라・임나 등을 胎中의 譽田天皇에게 주겠다고 예언하였습니다. 그래서 大后 息長足姬尊과 大臣 武內宿禰가 나라마다 처음으로 官家를 두어 바다 밖의 蕃屛으로 삼았는데 그 유래가 오래되었고 또한 까닭이 있습니다. 만약 떼어서 다른 곳에 주면 본래의 구역을 어기게 되니 길이 이어질 비난이 어찌 입에서 떠나겠습니까?”라 하였다. 大連이 응답하기를 “가르쳐 준 것이 이치에 맞으나 天勅을 거스를까 두렵다”라 하였다. 그 처가 간절하게 “병이라고 핑계대고 선포하지 마십시오”라고 하자 大連이 이에 따랐다. 이로 말미암아 사신을 바꾸어 칙을 선포하고 내리는 물건과 制旨를 붙여서 表에 따라 임나의 4현을 주었다. 大兄皇子가 전에 다른 일이 있어서 나라를 내려주는 데 관여하지 않았는데 뒤늦게 칙을 선포한 것을 알고 놀라서 뉘우치며 고치고자 하였다. 令을 내려 “胎中의 천황 때부터 官家를 두었던 나라를 경솔하게 번국의 요청에 따라 갑자기 줄 수 있느냐?”라고 하였다. 이에 日鷹吉士를 보내어 百濟客에게 칙을 바꾸어 선포했다. 使者가 답하여 아뢰기를 “아버지 천황이 편의를 도모하여 칙으로써 주는 것을 이미

마쳤습니다. 아들인 皇子가 어찌 천황의 칙을 어기고 함부로 고쳐서 명령할 수 있습니까? 반드시 이는 가짜일 것입니다. 비록 이것이 진짜일지라도 큰 막대기를 가지고 때리는 것과 작은 막대기를 가지고 때리는 것 가운데 어느 쪽이 더 아프겠습니까?"라 하고 드디어 파기했다. 이때 혹 떠도는 말로 "大伴大連과 哆唎國守 穗積臣押山이 백제의 뇌물을 받았다"라고 하였다.

⑰ 卷第十七 男大迹天皇 繼體天皇 十年 九月(516년 음9월 14일)

• 원문 : 戊寅 百濟遣灼莫古將軍·日本斯那奴阿比多 副高麗使安定等 來朝結好

• 국역 : 14일 백제가 灼莫古장군과 일본의 斯那奴阿比多를 보내었는데 고구려의 사신 安定 등이 따라와 來朝하여 우호를 맺었다.

⑱ 卷第十七 男大迹天皇 繼體天皇 廿一年 夏 六月(527년 음6월 3일)

• 원문 : 廿一年夏六月壬辰朔甲午 近江毛野臣 率衆六萬 欲往任那 爲復興建新羅所破南加羅 㖨己呑 而合任那 於是 筑紫國造磐井 陰謨叛逆 猶預經年 恐事難成 恒伺間隙 新羅知是 密行貨賂于磐井所 而勸防遏毛野臣軍 於是 磐井掩據火豐二國 勿使修職 外邀海路 誘致高麗·百濟·新羅·任那等國年貢職船 內遮遣任那毛野臣軍 亂語揚言曰 今爲使者 昔爲吾伴 摩肩觸肘 共器同食 安得率爾爲使 俾余自伏爾前 遂戰而不受 驕而自矜 是以 毛野臣 乃見防遏 中途淹滯 天皇詔大伴大連金村·物部大連麤鹿火·許勢大臣男人等曰 筑紫磐井反掩 有西戎之地 今誰可將者 大伴大連等僉曰 正直仁勇通於兵事 今無出於麤鹿火右 天皇曰 可

• 국역 : 21년(527) 여름 6월 3일 近江毛野臣이 군사 6만을 이끌고 任那에 가서 신라에게 멸망당한 南加羅·㖨己呑를 다시 세워 임나에 합치고자 하였다. 이때 筑紫國造 磐井이 몰래 반역을 도모하였는데 꾸물거리다가 해를 넘겼다. 일을 이루기 어려울까 염려하며 늘 틈을

엿보았다. 신라가 이를 알고 몰래 磐井의 居所에 뇌물을 보내어 毛野臣의 군대를 막아달라고 부탁했다. 이에 磐井이 火와 豐 두 나라에 세력을 뻗쳐 직무를 행하지 못하게 했다. 밖으로는 海路를 끊어 고구려·백제·신라·임나 등의 나라에서 해마다 조공을 바치는 배를 꾀어서 이르게 하고, 안으로는 임나에 파견되는 毛野臣의 군대를 막고 무례하게 말하기를, "지금 使者가 된 사람은 전에 나의 동료로서 어깨를 맞대고 팔꿈치를 부딪치며 같은 그릇에 함께 밥먹던 자이다. 어찌 별안간 사신이 되어 나로 하여금 자기 앞에 스스로 엎드리게 할 수 있겠는가?"라 하였다. 드디어 싸우고 받아 들이지 않았으며 교만하게 스스로 뽐내었다. 이 때문에 毛野臣은 길이 막혀서 중도에서 지체했다. 천황은 大伴大連金村과 物部大連麤鹿火·許勢大臣男人 등에게 "筑紫의 磐井이 반란을 일으켜 西戎의 땅을 차지하고 있다. 지금 누가 장수가 될 만한가?"라고 조를 내렸다. 大伴大連 등이 모두 "正直하고 어질고 용감하며 兵事에 능통한 것은 지금 麤鹿火보다 뛰어난 사람이 없습니다"라 아뢰었다. 천황이 "좋다"라고 하였다.

⑲ 卷第十七 男大迹天皇 繼體天皇 廿五年 冬 十二月(531년 음12월 5일)

- 원문 : 冬十二月丙申朔庚子 葬于藍野陵*或本云 天皇 廿八年歲次甲寅崩 而此云 廿五年歲次辛亥崩者 取百濟本記爲文 其文云 大歲辛亥三月 軍進至于安羅 營乞乇城 是月 高麗弑其王安 又聞 日本天皇及太子皇子 俱崩薨 由此而言 辛亥之歲 當廿五年矣 後勘校者知之也
- 국역 : 겨울 12월 5일 (천황을) 藍野陵에 葬事지냈다*어떤 책에는 천황이 28년 甲寅년에 죽었다고 하였다. 그러나 여기에 25년 辛亥년에 죽었다고 한 것은 『百濟本記』를 취하여 쓴 것이다. 거기에 "辛亥年 3월에 군대가 나아가서 安羅에 이르러 乞乇城을 쌓았다. 이달에 고구려는 그 왕 安을 죽였다. 또한 일본의 천황과

太子・皇子가 함께 죽었다고 들었다"라 하였다. 이에 따라 말한다면 辛亥年은 25년에 해당한다. 뒤에 校勘하는 자는 알라.

⑳ **卷第十九 天國排開廣庭天皇 欽明天皇 元年 八月**(540년 음8월)

• 원문 : 八月 高麗・百濟・新羅・任那 竝遣使獻 竝脩貢職 召集秦人・漢人等 諸蕃投化者 安置國郡 編貫戶籍 秦人戶數 總七千五十三戶 以大藏掾 爲秦伴造

• 국역 : 8월 高句麗・百濟・新羅・任那가 함께 사신을 보내고, 아울러 공물을 바쳤다. 秦人・漢人 등 여러 나라에서 투화하여 온 사람을 불러모아, 國郡에 안치하고 호적을 편성하였다. 秦人의 戶數가 총 7,053戶였다. 大藏掾을 秦伴造로 삼았다.

㉑ **卷第十九 天國排開廣庭天皇 欽明天皇 二年 夏 四月**(541년 음4월)

• 원문 : 夏四月 安羅次旱岐夷呑奚・大不孫・久取柔利 加羅上首位古殿奚 卒麻旱岐 散半奚旱岐兒 多羅下旱岐夷他 斯二岐旱岐兒 子他旱岐等 與任那日本府吉備臣*闕名字 往赴百濟 俱聽詔書 百濟聖明王謂任那旱岐等言 日本天皇所詔者 全以復建任那 今用何策 起建任那 盍各盡忠 奉展聖懷 任那旱岐等對曰 前再三廻 與新羅議 而無答報 所圖之旨 更告新羅 尙無所報 今宜俱遣使 往奏天皇 夫建任那者 爰在大王之意 祇承教旨 誰敢間言 然任那境接新羅 恐致卓淳等禍*等謂喙己呑・加羅 言卓淳等國 有敗亡之禍 聖明王曰 昔我先祖速古王・貴首王之世 安羅・加羅・卓淳旱岐等 初遣使相通 厚結親好 以爲子弟 冀可恒隆 而今被誑新羅 使天皇忿怒 而任那憤恨 寡人之過也 我深懲悔 而遣下部中佐平麻鹵・城方甲背昧奴等赴加羅 會于任那日本府相盟 以後 繫念相續 圖建任那 旦夕無忘 今天皇詔稱 速建任那 由是 欲共爾曹謨計 樹立任那等國 宜善圖之 又於任那境 徵召新羅 問聽與不 乃俱遣使奏聞天皇

恭承示教 儻如使人未還之際 新羅候隙 侵逼任那 我當往救 不足爲憂 然善守備 謹警無忘 別汝所導 恐致卓淳等禍 非新羅自强故 所能爲也 其㖨己呑 居加羅與新羅境際 而被連年攻敗 任那無能救援 由是見亡 其南加羅 蕞爾狹小 不能卒備 不知所託 由是見亡 其卓淳 上下携貳 主欲自附 內應新羅 由是見亡 因斯而觀 三國之敗 良有以也 昔新羅 請援於高麗 而攻擊任那與百濟 尙不剋之 新羅安獨滅任那乎 今寡人 與汝戮力并心 翳賴天皇 任那必起 因贈物各有差 忻忻而還

• 국역 : 여름 4월 安羅의 次旱岐 夷呑奚·大不孫·久取柔利 등과 加羅의 上首位 古殿奚, 卒麻의 旱岐, 散半奚의 旱岐의 아들, 多羅의 下旱岐 夷他, 斯二岐의 旱岐의 아들, 子他의 旱岐 등이 任那의 日本府의 吉備臣*이름이 빠졌다과 더불어 百濟에 가서 함께 詔勅을 들었다. 百濟의 聖明王이 任那의 旱岐들에게, "日本의 천황이 명령한 바는 오로지 任那를 재건하라는 것이다. 지금 어떤 계책으로 任那를 다시 일으키겠는가. 어찌 각기 충성을 다하여 천황의 마음을 받들어 펼치지 않겠는가?"라고 말하였다. 任那의 旱岐 등이, "전에 두세 번 新羅와 더불어 의논하였으나 대답이 없었습니다. 도모하려는 뜻을 다시 新羅에 이른다 하여도 여전히 대답하는 바가 없을 것입니다. 이제 마땅히 함께 사신을 보내어 천황에게 아뢰어야 합니다. 任那를 재건하는 일은 대왕의 뜻에 달려 있습니다. 공경하게 (왕이) 敎旨를 받들려 하는데 누가 감히 다른 말을 하겠습니까? 그러나 任那의 경계는 新羅와 접해 있어서 卓淳 등과 같은 화를 입을까 두렵습니다"라고 말하였다*卓淳 등이라 함은 㖨己呑, 加羅를 말한다. 卓淳 등의 나라와 같은 패망의 화를 당할 수 있다는 것을 말한다. 聖明王은, "옛적에 우리 선조 速古王, 貴首王의 때에, 安羅·加羅·卓淳의 旱岐 등이 처음으로 사신을 보내고 서로 통교하여 친교를 두터이 맺어, 子弟의 나라로 여기고 더불어 융성하기를 바랐다. 그런데 지금 新羅

에게 속아 천황을 노엽게 하고 任那를 한에 사무치게 한 것은 과인의 잘못이다. 나는 깊이 뉘우쳐 下部 中佐平 麻鹵, 城方 甲背昧奴 등을 보내어 加羅에 나아가 任那의 日本府에 모여 서로 맹세하게 하였다. 그 후에도 계속 마음을 두고 任那를 재건하려고 하는 일을 아침저녁으로 잊은 적이 없었다. 지금 천황이 명령을 내려, '속히 任那를 재건하라'고 말씀하셨다. 이로 말미암아 그대들과 함께 계책을 모의하여 任那 등의 나라를 세우려고 하니, 잘 생각하여야 한다. 또 任那의 경계에서 新羅를 불러, (조를) 받들 것인가의 여부를 물어야겠다. 함께 사신을 보내어 천황에 아뢰고 삼가 교시를 받들자. 만일 사자가 돌아오지 않았을 때 신라가 틈을 엿보아 任那를 침략해 오면 나는 마땅히 가서 구원할 것이니 근심할 바가 아니다. 그러나 잘 방비하고 삼가 경계하기를 잊지 마라. 또한 그대들은 말하기를, 卓淳 등과 같은 화를 입을까 두렵다고 하였으나, (그것은) 신라가 혼자 강하다고 하여 할 수 있는 일이 아니다. 喙己呑은 加羅와 新羅의 경계에 있어 해마다 공격을 받아 패배하였는데, 任那도 구원할 수가 없었고, 이로 말미암아 망하게 되었다. 南加羅는 땅이 협소하여 불의의 습격에 방비할 수 없었고 의지할 바도 알지 못하여, 이로 말미암아 망하였다. 卓淳은 위아래 사람들이 다른 마음을 지녔는데, 군주가 혼자 항복하려고 新羅에 내응하여, 이 때문에 망하게 되었다. 이로 인하여 살펴보니 三國의 패망은 진실로 까닭이 있는 것이다. 옛적에 신라가 고구려에 구원을 청하여 任那와 百濟를 쳤으나 오히려 이기지 못하였는데, 신라가 어찌 혼자서 任那를 멸망시키겠는가. 지금 과인이 그대들과 더불어 힘을 다하고 마음을 같이하여 천황에게 의지하면 任那는 반드시 일어날 것이다"라고 말하였다. 그리고 물건을 주었는데, 각각 차등이 있었다. 기뻐하며 돌아갔다.

㉒ 卷第十九 天國排開廣庭天皇 欽明天皇 六年(545년)

- 원문 : 是年 高麗大亂 被誅殺者衆*百濟本記云 十二月甲午 高麗國細群與麤群 戰于宮門 伐鼓戰鬪 細群敗不解兵三日 盡捕誅細群子孫 戊戌 狛國香岡上王薨也
- 국역 : 이해 고구려가 크게 어지러워 죽임을 당한 자가 많았다*『百濟本記』에는 "12월 갑오에 고구려국 細群과 麤群이 宮門에서 싸웠는데 북을 치면서 전투를 벌였다. 細群이 패하고 군사를 해산하지 않은 지 사흘이 되자 細群의 자손을 모두 사로잡아 죽였다. 무술에 狛國의 香岡上王이 죽었다"라고 하였다.

㉓ 卷第十九 天國排開廣庭天皇 欽明天皇 七年(546년)

- 원문 : 是歲 高麗大亂 凡鬪死者二千餘*百濟本記云 高麗 以正月丙午 立中夫人子爲王 年八歲 狛王有三夫人 正夫人無子 中夫人生世子 其舅氏麤群也 小夫人生子 其舅氏細群也 及狛王疾篤 細群 麤群 各欲立其夫人之子 故細群死者 二千餘人也
- 국역 : 이해 고구려가 크게 어지러워 무릇 싸우다 죽은 자가 2,000여 명이었다*『百濟本記』에는 "고구려가 정월 병오에 中夫人의 아들을 왕으로 세웠는데 나이 8살이었다. 狛王에게는 세 夫人이 있었는데 正夫人은 아들이 없었다. 中夫人이 世子를 낳았는데 그의 외할아버지가 麤群이었다. 小夫人도 아들을 낳았는데 그의 외할아버지는 細群이었다. 狛王(고구려왕)의 질병이 심해지자 細群과 麤群이 각각 中夫人과 小夫人의 아들을 즉위시키고자 하였다. 그러므로 細群의 죽은 자가 2,000여 명이었다"라고 하였다.

㉔ 卷第十九 天國排開廣庭天皇 欽明天皇 九年 夏 四月(548년 음4월 3일)

- 원문 : 夏四月壬戌朔甲子 百濟遣中部杆率掠葉禮等奏曰 德率宣文等 奉勅至臣蕃曰 所乞救兵 應時遣送 祇承恩詔 喜慶無限 然馬津城之役 正月辛丑 高麗卒衆 圍馬津城 虜謂之曰 由安羅國與日本府 招來勸罰 以事準況 寔當相似 然三廻欲審其言 遣召而竝不來 故深勞念 伏願 可畏天皇西蕃皆稱日本天皇 爲可畏天皇 *西蕃皆稱日本天皇爲下畏天皇 先爲勘當 暫停

所乞救兵 待臣遣報 詔曰 式聞呈奏 爰覿所憂 日本府與安羅 不救隣難 亦朕所疾也 又復密使于高麗者 不可信也 朕命卽自遣之 不命何容可得 願王 開襟緩帶 恬然自安 勿深疑懼 宜共任那 依前勅 戮力俱防北敵 各守所封 朕當遣送若干人 充實安羅逃亡空地

• 국역 : 여름 4월 3일 백제가 中部 杆率 掠葉禮 등을 보내어 "德率 宣文 등이 칙을 받고 臣의 나라에 이르러 '청하는 구원병을 때에 맞춰 보내겠다'는 말을 전하였습니다. 삼가 은혜로운 조를 받고 기쁘고 즐겁기 한이 없습니다. 그러나 馬津城의 전투에서 *정월 辛丑에 고구려가 군대를 이끌고 馬津城을 포위하였다 사로잡은 포로가 '(고구려가 馬津城을 공격한 것은) 安羅國과 日本府가 불러 들여 벌줄 것을 권했기 때문이다'라고 말하였는데, 사정으로 미루어 상황을 보더라도 진실로 서로 비슷합니다. 그러나 그 말을 밝히고자 하여 세 번이나 사신을 보내 불렀으나 모두 오지 않으므로 깊이 생각해 보았습니다. 엎드려 바라옵건대 황공하신 천황께서*西蕃들은 일본 천황을 모두 황공하신 천황(可畏天皇)이라 일컫는다 먼저 상황을 살피기 위해 청했던 구원병을 잠시 멈추시고 臣의 보고를 기다려 주십시오"라고 아뢰었다. 이에 조를 내려 "법식에 따라 올린 글을 보고 근심하는 바를 살펴보았다. 日本府와 安羅가 이웃의 어려움을 구하지 않은 것은 짐이 또한 매우 싫어하는 바이다. 또 그들이 몰래 고구려에 사신을 보냈다는 것은 믿을 수 없다. 짐이 명하였다면 스스로 보냈을 것이지만 명하지 아니하였는데 어떻게 갔겠는가? 원하건대 왕은 흉금을 터놓고 안심하여 편안하게 마음을 가라앉히고 너무 두려워하지 마라. 마땅히 任那와 함께 지난번의 칙에 따라 힘을 다하여 모두 북쪽의 적을 막고 각각 봉토를 지키라. 짐이 마땅히 약간의 사람을 보낼 것이니 安羅가 도망한 빈 땅을 채우도록 하라"고 하였다.

㉕ **卷第十九 天國排開廣庭天皇 欽明天皇 九年 六月 二日**(548년 음6월 2일)

- 원문 : 六月辛酉朔壬戌 遣使詔于百濟曰 德率宣文 取歸以後 當復何如 消息何如 朕聞 汝國爲狛賊所害 宜共任那 策勵同謀 如前防距
- 국역 : 6월 2일 백제에 사신을 보내 조를 내려, "德率 宣文이 돌아간 후에 잘 도착하였는가? 또한 소식은 어떠한가? 짐이 듣건대 너희 나라는 狛賊(고구려)의 침해를 받았다고 하는데, 마땅히 任那와 함께 힘써 도모하여 전과 같이 막도록 하라"고 하였다.

㉖ **卷第十九 天國排開廣庭天皇 欽明天皇 十年 夏 六月**(549년 음6월 7일)

- 원문 : 十年夏六月乙酉朔辛卯 將德久貴・固德馬次文等請罷歸 因詔曰 延那斯・麻都 陰私遣使高麗者 朕當遣問虛實 所乞軍者 依願停之
- 국역 : 10년 여름 6월 7일 將德 久貴・固德 馬次文 등이 일을 마치고 돌아갈 것을 청하였다. 이에 조를 내려 "延那斯・麻都가 몰래 사사로이 고구려에 사신을 보낸 것은 짐이 마땅히 사람을 보내어 허실을 물을 것이며, 청한 군사는 청원에 따라 멈추겠다"라고 하였다.

㉗ **卷第十九 天國排開廣庭天皇 欽明天皇 十一年 夏 四月**(550년 음4월 1일)

- 원문 : 夏四月庚辰朔 在百濟日本王人 方欲還之*百濟本記云 四月一日庚辰 日本阿比多還也 百濟王聖明 謂王人曰 任那之事 奉勅堅守 延那斯 麻都之事 問與不問 唯從勅之 因獻高麗奴六口 別贈王人奴一口*皆攻爾林 所禽奴也
- 국역 : 여름 4월 초하루 백제에 있는 일본왕의 사람이 바야흐로 돌아가고자 하였다*『百濟本記』에는 "4월 1일 경진에 日本 阿比多가 돌아갔다"고 하였다. 백제왕 聖明이 왕의 사람에게 "任那의 일은 칙을 받들어 굳게 지키고, 延那斯・麻都의 일은 문책할 것인지와 않을 것인지를 오로지 칙에 따르겠다"라 말하고, 고구려奴 6口를 바치고, 따로 왕의 사람에게 奴 1口를 주었다*모두 爾林을 공격하여 사로잡은 奴이다.

㉘ **卷第十九 天國排開廣庭天皇 欽明天皇 十一年 四月**(550년 음4월 16일)

- **원문** : 乙未 百濟遣中部奈率皮久斤・下部施德灼干那等 獻狛虜十口
- **국역** : 16일 백제가 中部 奈率 皮久斤・下部 施德 灼干那 등을 보내어 狛(고구려)의 포로 10口를 바쳤다.

㉙ **卷第十九 天國排開廣庭天皇 欽明天皇 十二年**(551년)

- **원문** : 是歲 百濟聖明王 親率衆及二國兵*二國謂新羅・任那也 往伐高麗 獲漢城之地 又進軍討平壤 凡六郡之地 遂復故地
- **국역** : 이해 백제 聖明王이 몸소 군사 및 두 나라의 병사를 거느리고 *두 나라는 新羅・任那를 말한다 고구려를 정벌하여 漢城의 땅을 차지하였다. 또 진군하여 平壤을 토벌하였는데, 무릇 옛 땅 6군을 회복하였다.

㉚ **卷第十九 天國排開廣庭天皇 欽明天皇 十三年 五月**(552년 음5월 8일)

- **원문** : 五月戊辰朔乙亥 百濟・加羅・安羅 遣中部德率木劦今敦・河內部阿斯比多等奏曰 高麗與新羅 通和幷勢 謀滅臣國與任那 故謹求請救兵 先攻不意 軍之多少 隨天皇勅 詔曰 今百濟王・安羅王・加羅王 與日本府臣等 俱遣使奏狀聞訖 亦宜共任那 幷心一力 猶尙若茲 必蒙上天擁護之福 亦賴可畏天皇之靈也
- **국역** : 5월 8일 百濟・加羅・安羅가 中部 德率 木劦今敦・河內部 阿斯比多 등을 보내어 "고구려가 신라와 화친하고 세력을 합쳐 신의 나라와 임나를 멸하려고 도모합니다. 그러므로 삼가 구원병을 청해 먼저 불시에 공격하고자 합니다. 군사의 많고 적음은 천황의 명령에 따르겠습니다"라고 아뢰었다. 이에 조를 내려 "지금 百濟王・安羅王・加羅王이 日本府의 신하들과 함께 사신을 보내 아뢴 것을 다 들었다. 역시 任那와 마음을 함께 하고 힘을 하나로 하는 것이 마땅하다.

이와 같이 한다면 반드시 하늘이 지켜주는 복을 받을 것이며 황공하신 천황의 靈에게 도움을 받을 것이다"라고 하였다.

㉛ 卷第十九 天國排開廣庭天皇 欽明天皇 十四年 八月(553년 음8월 7일)

- 원문 : 八月辛卯朔丁酉 百濟遣上部奈率科野新羅・下部固德汶休帶山等 上表曰 去年臣等同議 遣內臣德率次酒・任那大夫等 奏海表諸彌移居之事 伏待恩詔 如春草之仰甘雨也 今年忽聞 新羅與狛國通謀云 百濟與任那頻詣日本 意謂是乞軍兵 伐我國歟 事若實者 國之敗亡 可企踵而待 庶先日本兵 未發之間 伐取安羅 絶日本路 其謀若是 臣等聞茲 深懷危即遣疾使輕舟 馳表以聞 伏願 天慈速遣前軍後軍 相續來救 逮于秋節以固海表彌移居也 若遲晩者 噬臍無及矣 所遣軍衆 來到臣國 衣糧之費 臣當充給 來到任那 亦復如是 若不堪給 臣必助充 令無乏少 別的臣敬受天勅 來撫臣蕃 夙夜乾乾 勤修庶務 由是 海表諸蕃 皆稱其善 謂當萬歲 肅淸海表 不幸云亡 深用追痛 今任那之事 誰可修治 伏願 天慈速遣其代 以鎭任那 又復海表諸國 甚乏弓馬 自古迄今 受之天皇 以禦强敵 伏願 天慈多貺弓馬
- 국역 : 8월 7일 百濟가 上部의 奈率 科野新羅, 下部의 固德 汶休帶山 등을 보내 표를 올려 "지난해 신들이 함께 의논하여 內臣 德率 次酒・任那 大夫 등을 보내 바다 밖 여러 彌移居(みやけ: 官家)의 일을 아뢰었습니다. 엎드려 은혜로운 조를 기다리기를 봄에 돋은 풀이 단비를 기다리듯 하였습니다. 올해 문득 들으니 新羅가 狛國(고구려)과 함께 모의하여 '百濟와 任那가 자주 日本에 나아가니, 생각건대 군사를 빌려 우리나라를 치려는 듯하다. 이 일이 만약 사실이라면 나라의 패망은 발꿈치를 들고 기다리는 것과 같을 것이다. 日本의 군대가 떠나기 전에 安羅를 공격해 빼앗아 일본과의 통로를 끊자' 라고 하였답니다. 그 계획이 이와 같으니, 신 등이 이를 듣고 두

려운 마음을 깊이 품었습니다. 바로 빠른 배로 사신을 보내 표를 올려 아룁니다. 천황께서 빨리 前軍과 後軍을 보내 서로 이어 와서 구원해주기를 원합니다. 가을까지는 바다 밖 彌移居를 굳게 지키겠습니다. 만약 지체하여 늦는다면 후회해도 늦을 것입니다. 보낸 군대가 신의 나라에 도착하면 옷과 식량은 신이 마땅히 공급할 것이고, 任那에 도착하여도 다시 이와 같을 것입니다. 만약 (任那가) 공급을 감당하지 못하면 반드시 신이 도와 충당하여 부족하고 모자라는 일이 없도록 하겠습니다. 따로 的臣이 삼가 천황의 칙을 받들고 와서 신의 나라를 위로하고 일찍부터 늦게까지 쉬지 않고 모든 일에 힘썼습니다. 이 때문에 바다 밖의 蕃들은 그의 훌륭함을 칭송하여 '틀림없이 영원히 바다 밖을 깨끗이 할 것이다'라 하였는데, 불행하게도 죽었다 하니 깊이 추모하여 가슴이 아픕니다. 이제 任那의 일을 누가 다스릴 수 있겠습니까. 천황께서 속히 그를 대신할 사람을 보내 任那를 진정시키기 바랍니다. 또 바다 밖의 나라들은 활과 말이 매우 부족한데, 옛날부터 지금까지 그것을 천황에게 받아 강한 적을 막았으니, 천황께서 활과 말을 많이 내려 주시기 바랍니다"라 하였다.

㉜ 卷第十九 天國排開廣庭天皇 欽明天皇 十四年 十月(553년 음10월 20일)

- 원문 : 冬十月庚寅朔己酉 百濟王子餘昌*明王子 威德王也 悉發國中兵 向高麗國 築百合野塞 眠食軍士 是夕觀覽 鉅野墳腴 平原瀰迤 人跡罕見 犬聲蔑聞 俄而儵忽之際 聞鼓吹之聲 餘昌乃大驚 打鼓相應 通夜固守 淩晨起見 曠野之中 覆如青山 旌旗充滿 會明有着頸鎧者一騎 插鐃者 *鐃字未詳 二騎 珥豹尾者二騎 并五騎 連轡到來問曰 小兒等言 於吾野中客人有在 何得不迎禮也 今欲 早知與吾可以禮問答者姓名年位 餘昌對曰 姓是同姓 位是杆率 年廿九矣 百濟反問 亦如前法 而對答焉 遂乃立

標而合戰 於是 百濟以鉾刺 墮高麗勇士於馬斬首 仍刺擧頭於鉾末 還入示衆 高麗軍將 憤怒益甚 是時 百濟歡叫之聲 可裂天地 復其偏將打鼓疾鬪 追却高麗王於東聖山之上

• 국역 : 겨울 10월 20일 百濟의 왕자 餘昌*明王의 아들 威德王이다 이 나라 안의 모든 군대를 징발하여 고구려국을 향했는데, 百合의 들판에 보루를 쌓고 군사들 속에서 함께 먹고 잤다. 이날 저녁 바라보니 커다란 들은 비옥하고 평원은 끝없이 넓은데, 사람의 자취는 드물고 개소리도 들리지 않았다. 얼마 후 갑자기 북치고 피리부는 소리가 들리니 餘昌이 크게 놀라 북을 쳐 대응하였다. 밤새 굳게 지키다가 새벽이 되어 일어나 텅 비었던 들판을 보니 군대가 푸른 산처럼 덮여 있었고 깃발이 가득하였다. 때마침 날이 밝자 목에 頸鎧를 입은 자 1騎, 징을 꼽은 자 *'鐃'자는 자세하지 않다 2騎, 표범 꼬리를 끼운 자 2騎, 모두 합해 5騎가 말고삐를 나란히 하고 와서 묻기를 "어린 아이들이 '우리 들판에 손님이 있다'고 하였는데 어찌 맞이하는 예를 행하지 않는가. 우리와 더불어 예로써 문답할 만한 사람의 이름과 나이, 관위를 미리 알고자 한다"고 하였다. 餘昌이 "姓은 (고구려 왕실과) 同姓이고 관위는 杆率이며 나이는 29세이다"라고 대답하였다. 百濟편에서 반문하니 또한 앞의 법식대로 대답하였다. 드디어 표를 세우고 싸우기 시작하였다. 이때 百濟는 고구려의 용사를 창으로 찔러 말에서 떨어뜨려 머리를 베었다. 그리고 머리를 창끝에 찔러 들고 돌아와 군사들에게 보이니, 고구려軍 장수들의 분노가 더욱 심하였다. 이때 百濟軍이 환호하는 소리에 천지가 찢어질 듯하였다. 다시 副將이 북을 치며 달려 나아가 고구려왕을 東聖山 위에까지 쫓아가 물리쳤다.

㉝ 卷第十九 天國排開廣庭天皇 欽明天皇 十五年 冬 十二月(554년 음12월)

• 원문 : 冬十二月 百濟遣下部杆率汶斯干奴 上表曰 百濟王臣明 及在安羅諸倭臣等 任那諸國旱岐等奏 以斯羅無道 不畏天皇 與狛同心 欲殘滅海北彌移居 臣等共議 遣有至臣等 仰乞軍士 征伐斯羅 而天皇遣有至臣帥軍以六月至來 臣等深用歡喜 以十二月九日 遣攻斯羅 臣先遣東方領物部莫奇武連 領其方軍士 攻函山城 有至臣所將來民竹斯物部莫奇委沙奇 能射火箭 蒙天皇威靈 以月九日酉時 焚城拔之 故遣單使馳船奏聞 別奏 若但斯羅者 有至臣所將軍士亦可足矣 今狛與斯羅 同心戮力難可成功 伏願 速遣竹斯嶋上諸軍士 來助臣國 又助任那 則事可成又奏 臣別遣軍士萬人 助任那 幷以奏聞 今事方急 單船遣奏 但奉好錦二匹·毾㲪一領·斧三百口 及所獲城民 男二女五 輕薄追用悚懼餘昌謀伐新羅 耆老諫曰 天未與 懼禍及 餘昌曰 老矣 何怯也 我事大國 有何懼也 遂入新羅國 築久陀牟羅塞 其父明王憂慮 餘昌長苦行陣久廢眠食 父玆多闕 子孝希成 乃自往迎慰勞 新羅聞明王親來 悉發國中兵 斷道擊破 是時 新羅謂佐知村飼馬奴苦都*更名谷智 曰 苦都賤奴也明王名主也 今使賤奴殺名主 冀傳後世 莫忘於口 已而苦都 乃獲明王再拜曰 請斬王首 明王對曰 王頭不合受奴手 苦都曰 我國法 違背所盟 雖曰國王 當受奴手*一本云 明王乘踞胡床 解授佩刀於谷知令斬 明王仰天大息涕泣 許諾曰 寡人每念 常痛入骨髓 顧計不可苟活 乃延首受斬苦都斬首而殺 掘坎而埋*一本云 新羅留理明王頭骨 而以禮送餘骨於百濟 今新羅王埋明王骨於北廳階下 名此廳曰都堂 餘昌遂見圍繞 欲出不得 士卒遑駭不知所圖 有能射人 筑紫國造 進而彎弓 占擬射落新羅騎卒最勇壯者發箭之利 通所乘鞍前後橋 及其被甲領會也 復續發箭如雨 彌厲不懈射却圍軍 由是 餘昌及諸將等 得從間道逃歸 餘昌讚國造射却圍軍 尊而名曰鞍橋君*鞍橋 此云矩羅賦 於是 新羅將等 具知百濟疲盡 遂欲謀滅無餘 有一將云 不可 日本天皇 以任那事 屢責吾國 況復謀滅百濟官家

必招後患 故止之

• 국역 : 겨울 12월 百濟가 下部의 杆率 汶斯干奴를 보내 표를 올려 "百濟王 臣 明과 安羅에 있는 倭臣들, 任那 여러 나라의 旱岐들은 아룁니다. 斯羅가 無道하여 천황을 두려워하지 않고 狛(고구려)과 마음을 함께 하여 바다 북쪽의 彌移居(みやけ: 官家)를 멸망시키려고 합니다. 신들이 함께 의논하기를 有至臣 등을 보내 우러러 군사를 청해 斯羅를 정벌하려고 하였습니다. 이에 천황께서 有至臣을 보내시니, (그가) 군사를 거느리고 6월에 왔으므로 신들은 매우 기뻤습니다. 12월 9일에 斯羅를 공격하러 보내면서, 신이 먼저 東方의 領인 物部莫奇武連을 보내 자기 方의 군사를 거느리고 函山城을 공격하도록 하였는데, 有至臣이 데리고 온 백성 竹斯 物部莫奇委沙奇가 불화살을 잘 쏘았습니다. 천황의 威靈에 도움을 받아 이달 9일 酉時에 성을 불태우고 빼앗았으므로 한 사람의 사신을 보내 배를 달려 아룁니다"라고 하였다. 따로 아뢰기를 "만약 新羅뿐이라면 有至臣이 데리고 온 군사로도 충분할 것입니다. 그러나 狛이 斯羅와 마음을 함께 하고 힘을 합하였으므로 성공하기 어렵습니다. 竹斯島에 있는 군사들을 빨리 보내, (그들이) 와서 신의 나라를 돕고 또 임나를 돕기를 바랍니다. 그렇게 한다면 일을 이룰 수 있을 것입니다"라 하였다. 또 "신이 따로 군사 만 명을 보내 임나를 돕겠습니다. 아울러 아룁니다. 이번 일이 매우 급하여 한 척의 배를 보내 아뢰며, 단지 좋은 비단 2필, 氍毹 1領, 도끼 300口, 사로잡은 城의 백성 남자 둘과 여자 다섯을 바칩니다. (보낸 물건이) 적어 송구합니다"라 아뢰었다. 餘昌이 新羅를 정벌할 것을 계획하자 耆老가 "하늘이 함께 하지 않으니 화가 미칠까 두렵습니다"라고 간하였다. 餘昌이 "늙었구려! 어찌 겁내시오. 우리는 大國을 섬기고 있으니 어찌 겁낼 것이 있겠소?"라 하고 드디어 新羅國에 들어가 久陀牟羅에 보루를 쌓았다.

그 아버지 明王은 餘昌이 행군에 오랫동안 고통을 겪고 한참 동안 잠자지 못하고 먹지 못했음을 걱정하였다. 아버지의 자애로움에 부족함이 많으면 아들의 효도가 이루어지기 어렵다 생각하고 스스로 가서 위로하였다. 新羅는 明王이 직접 왔음을 듣고 나라 안의 모든 군사를 내어 길을 끊고 격파하였다. 이때 新羅에서 佐知村의 飼馬奴 苦都*다른 이름은 谷智이다에게 "苦都는 천한 奴이고 明王은 뛰어난 군주이다. 이제 천한 노로 하여금 뛰어난 군주를 죽이게 하여 후세에 전해져 사람들의 입에서 잊혀지지 않기를 바란다"고 하였다. 얼마 후 苦都가 明王을 사로잡아 두 번 절하고 "왕의 머리를 베기를 청합니다"라고 하였다. 明王이 "왕의 머리를 奴의 손에 줄 수 없다"고 하니, 苦都가 "우리나라의 법에는 맹세한 것을 어기면 비록 국왕이라 하더라도 奴의 손에 죽습니다"라 하였다*다른 책에는 "明王이 胡床에 걸터 앉아 차고 있던 칼을 谷智에게 풀어주어 베게 했다"고 하였다. 明王이 하늘을 우러러 크게 탄식하고 눈물 흘리며 허락하기를 "과인이 생각할 때마다 늘 고통이 골수에 사무쳤다. 돌이켜 생각해 보아도 구차히 살 수는 없다"라 하고 머리를 내밀어 참수 당했다. 苦都는 머리를 베어 죽이고 구덩이를 파 묻었다*다른 책에는 "新羅가 明王의 頭骨을 남겨두고 나머지 뼈를 百濟에 예를 갖춰 보냈다. 지금 新羅王이 明王의 뼈를 北廳 계단 아래에 묻었는데, 이 관청을 都堂이라 이름한다"고 하였다. 餘昌은 포위당하자 빠져나오려 하였으나 나올 수 없었는데 사졸들은 놀라 어찌할 줄 몰랐다. 활을 잘 쏘는 사람인 筑紫國造가 나아가 활을 당겨 新羅의 말 탄 군졸 중 가장 용감하고 씩씩한 사람을 헤아려 쏘아 떨어뜨렸다. 쏜 화살이 날카로워 타고 있던 안장의 앞뒤 가로지른 나무(鞍橋)를 뚫었고, 입고 있던 갑옷의 옷깃을 맞추었다. 계속 화살을 날려 비오듯 하였으나 더욱 힘쓰고 게을리하지 않아 포위한 군대를 활로 물리쳤다. 이로 말미암아 餘昌과 여러 장수들이 샛길로 도망하여 돌아왔다. 餘昌이 (筑紫)國造가 활로 포위한 군대를 물리친 것을 칭찬하고 높여 '鞍橋君'이라 이름하였다 *鞍橋는 우리 말로 矩羅賦(くろじ)라 한다. 이때 新羅 장수들이 百濟가 지쳤음을 모두 알고 드디어 멸망시켜 남겨두지 않으려 했다. 한 장수가 "안 된다. 日本 天皇이 任那의 일 때문에 여러 번 우리나라를 책망하였다. 하물며 다시 百濟官家를 멸망시키기를 꾀한다면 반드시 후환을 부르게 될 것이다"라고 하였으므로, 그만두었다.

㉞ 卷第十九 天國排開廣庭天皇 欽明天皇 十六年 春 二月(555년 음2월)

- 원문 : 十六年春二月 百濟王子餘昌 遣王子惠*王子惠者 威德王之弟也 奏曰 聖明王爲賊見殺*十五年 爲新羅所殺 故今奏之 天皇聞而傷恨 迺遣使者 迎津慰問 於是 許勢臣問王子惠曰 爲當欲留此間 爲當欲向本鄕 惠答曰 依憑天皇之德 冀報考王之讐 若垂哀憐 多賜兵革 雪垢復讐 臣之願也 臣之去留 敢不唯命是從 俄而蘇我臣問訊曰 聖王妙達天道地理 名流四表八方 意謂 永保安寧 統領海西蕃國 千年萬歲 奉事天皇 豈圖 一旦眇然昇遐 與水無歸 卽安玄室 何痛之酷 何悲之哀 凡在含情 誰不傷悼 當復何咎致玆禍也 今復何術用鎭國家 惠報答之曰 臣禀性愚蒙 不知大計 何況禍福所倚 國家存亡者乎 蘇我卿曰 昔在 天皇大泊瀨之世 汝國爲高麗所逼 危甚累卵 於是 天皇命神祇伯 敬受策於神祇 祝者迺託神語報曰 屈請建邦之神 往救將亡之主 必當國家謐靖 人物乂安 由是請神往救 所以社稷安寧 原夫建邦神者 天地割判之代 草木言語之時 自天降來 造立國家之神也 頃聞 汝國輟而不祀 方今悛悔前過 修理神宮 奉祭神靈 國可昌盛 汝當莫忘
- 국역 : 16년(555) 봄 2월 백제 왕자 餘昌이 왕자 惠*왕자 惠는 威德王의 아우이다를 보내어 "聖明王이 賊에게 죽음을 당했습니다"라고 아뢰었다.*15년에 신라에게 죽음을 당했으므로 지금 그것을 아뢰었다. 천황이 듣고서 가엾고

한스럽게 여겼다. 그래서 使者를 보내어 나루에서 맞이하여 위문하였다. 이에 許勢臣이 왕자 惠에게 "이곳에 머물고자 하는가? 또는 본국으로 돌아가고자 하는가?"라고 묻자, 惠가 "천황의 덕에 기대고 의지하여 돌아가신 父王의 원수를 갚고자 합니다. 만약 불쌍하고 가련하게 여기셔서 兵器를 많이 주신다면 치욕을 씻고 원수를 갚는 것이 저의 바람입니다. 제가 가고 머무르는 것은 오직 명을 좇을 뿐입니다"라고 대답하였다. 잠시 후에 蘇我臣이 찾아와 위문하며 "聖王은 하늘의 道와 땅의 이치에 통달하였고 名聲은 사방팔방에 퍼졌습니다. 길이 평안함을 지키고 바다 서쪽 蕃國을 통솔하여 千年萬年 천황을 받들어 모실 것으로 생각했는데, 어찌 하루아침에 멀리 승하하시어 물처럼 돌아올 수 없게 되어 묘실에 안치되리라고는 생각이나 했겠습니까. 마음의 고통이 얼마나 심하고 슬픔이 얼마나 크십니까. 무릇 性情을 가지고 있는 사람으로서 누가 슬퍼하지 않겠습니까. 혹시 어떤 허물이 이러한 화를 이르게 했습니까? 지금 어떤 방도로 나라를 안정시키겠습니까?"라고 하였다. 惠가 대답하기를 "저는 타고난 성품이 어리석어 큰 계책을 알지 못하니 어찌 하물며 화와 복이 말미암은 바와 나라가 존속하고 망하는 것을 알겠습니까?"라고 하였다. 蘇我卿이 "옛날 大泊瀨天皇 때 그대의 나라가 고구려로부터 침략을 받아 위험하기가 鷄卵을 쌓아놓은 것보다 더했습니다. 이에 천황이 神祇伯에게 0명하여 공경히 神祇로부터 계책을 받도록 하였습니다. 祝者가 이에 신의 말에 의탁하여 '나라를 세운 신을 請해 모셔와 장차 망하려는 임금을 가서 구하면 나라는 반드시 평온해지고 사람들은 잘 다스려져 편안해질 것이다'라고 보고했습니다. 이로 말미암아 神을 청하여 가서 구원하였으므로 社稷이 평안해졌습니다. 무릇 나라를 세운 신이란 하늘과 땅이 나뉘어 구분되고 풀과 나무가 말을 할 때 하늘에서 내려와 나라를 만들어 세운 신입니다. 지난번에 그대 나라에서는 (祠堂을) 돌보지 않고 제사를 지내지 않는다고 들었는데, 지금이라도 앞의 잘못을 뉘우치고 神宮을 수리하여 神靈을 받들어 제사지내면 나라가 크게 번성할 것입니다. 그대는 나의 말을 절대로 잊지 마십시오"라고 하였다.

㉟ 卷第十九 天國排開廣庭天皇 欽明天皇 十六年 八月(555년 음8월)

• 원문 : 八月 百濟餘昌 謂諸臣等曰 少子今願 奉爲考王 出家脩道 諸臣百姓 報言 今君王欲得出家修道者 且奉敎也 嗟夫前慮不定 後有大患 誰之過歟 夫百濟國者 高麗・新羅之所爭欲滅 自始開國 迄于是歲 今此國宗 將授何國 要須道理分明應敎 縱使能用耆老之言 豈至於此 請悛前過 無勞出俗 如欲果願 須度國民 餘昌對曰 諾 卽就圖於臣下 臣下遂用相議 爲度百人 多造幡蓋 種種功德 云云

• 국역 : 8월 백제 餘昌이 여러 신하들에게 "少子는 이제 돌아가신 父王을 받들기 위하여 출가하여 修道하고자 한다"라고 말하였다. 여러 신하와 백성들이 "지금 임금께서 출가하여 수도하고자 하신다면 우선 왕명을 받들겠습니다. 슬프도다! 前의 생각이 바르지 못하여 후에 큰 근심을 가지게 되었으니 누구의 잘못입니까? 무릇 백제국은 고구려와 신라가 다투어 멸망시키고자 하는 것이 나라를 연 이후부터 지금까지 계속되고 있으니, 지금 이 나라의 종묘사직을 장차 어느 나라에게 넘겨주려 하십니까? 모름지기 道理는 왕명을 따르는 것이 분명한데, 만약 능히 耆老의 말을 들었다면 어찌 여기에 이르렀겠습니까? 바라건대 앞의 잘못을 뉘우치고서 속세를 떠나는 수고로움은 하지 마십시오. 원하시는 것을 굳이 하고 싶으시다면 나라 백성들을 출가시키는 것이 마땅합니다"라고 하였다. 餘昌이 "좋다"고 대답하고는 곧 나아가 신하들에게 꾀하도록 하였다.

신하들은 마침내 상의하여 100명을 출가시키고 幡蓋를 많이 만들어 여러 가지 공덕을 행하였다고 하였다.

㊱ 卷第十九 天國排開廣庭天皇 欽明天皇 十七年 冬 十月(556년 음10월)

- 원문 : 冬十月 遣蘇我大臣稻目宿禰等於倭國高市郡 置韓人大身狹屯倉*言韓人者百濟也 高麗人小身狹屯倉 紀國置海部屯倉*一本云 以處處韓人 爲大身狹屯倉田部 高麗人爲小身狹屯倉田部 是卽以韓人・高麗人爲田部 故因爲屯倉之號也
- 국역 : 겨울 10월 蘇我大臣稻目宿禰 등을 왜국 高市郡에 보내어 韓人 大身狹屯倉*言韓人이라 한 것은 백제이다. 고구려人 小身狹屯倉을 두고 紀國에 海部屯倉을 두었다. *어떤 책에는 "곳곳에 있던 韓人들로써 大身狹屯倉의 田部로 삼고 고구려人으로써 小身狹屯倉 田部를 삼았다"고 한다. 이는 곧 韓人, 고구려人으로써 田部를 삼았던 까닭에 屯倉이라 이름한 것이다.

㊲ 卷第十九 天國排開廣庭天皇 欽明天皇 卄三年 八月(562년 음8월)

- 원문 : 八月 天皇遣大將軍大伴連狹手彦 領兵數萬 伐于高麗 狹手彦乃用百濟計打破高麗 其王踰墻而逃 狹手彦遂乘勝以入宮 盡得珍寶賂・七織帳・鐵屋還來*舊本云 鐵屋在高麗西高㮰上 織帳張於高麗王內寢 以七織帳 奉獻於天皇 以甲二領・金飾刀二口・銅鏤鍾三口・五色幡二竿・美女媛*媛名也幷其從女吾田子 送於蘇我稻目宿禰大臣 於是 大臣遂納二女 以爲妻居輕曲殿*鐵屋在長安寺 是寺 不知在何國 一本云 十一年 大伴狹手彦連 共百濟國驅却高麗王陽香於比津留都
- 국역 : 8월 천황이 대장군 大伴連狹手彦을 보내어 군사 수만 명을 이끌고 고구려를 치게 하였다. 狹手彦은 이에 백제의 꾀를 써서 고구려를 쳐서 깨뜨렸다. 그 왕이 담을 넘어 도망하자 狹手彦은 마침내 승세를 타고 왕궁에 들어가 진귀한 보물과 갖가지 재화, 七織帳, 鐵屋을 모두 얻어 돌아왔다*옛 책에 "鐵屋은 고구려 서쪽의 높은 누각 위에

있으며 織帳은 고구려왕의 내전 침실에 걸려 있다"고 한다. 七織帳은 천황에게 바치고 갑옷 2벌, 금으로 장식한 칼 2자루, 무늬를 새긴 구리종 3개, 五色幡 2竿, 美女 媛*媛은 이름이다 및 그의 시녀 吾田子를 蘇我稻目宿禰 大臣에게 보내었다. 이에 大臣은 두 여자를 맞아들여 처로 삼고 輕의 曲殿에 살게 했다*鐵屋은 長安寺에 있다. 이 절이 어느 나라에 있는지는 알지 못한다. 어떤 책에는 "11년에 大伴狹手彦連이 백제국과 함께 고구려왕 陽香을 比津留都에서 쫓아내었다"고 한다.

㊳ **卷第十九 天國排開廣庭天皇 欽明天皇 廿六年 夏 五月**(565년 음5월)

- 원문 : 廿六年夏五月 高麗人頭霧唎耶陛等投化於筑紫 置山背國 今畝原・奈羅・山村高麗人之先祖也
- 국역 : 26년 여름 5월 고구려인 頭霧唎耶陛 등이 筑紫에 投化하였으므로 山背國에 안치하였다. 지금의 畝原, 奈羅, 山村의 고구려인 선조이다.

㊴ **卷等十九 天國排開廣庭天皇 欽明天皇 卅一年 夏 四月**(570년 음4월 2일)

- 원문 : (卅一年) 夏四月甲申朔乙酉 幸泊瀨柴籬宮 越人江渟臣裙代 詣京奏曰 高麗使人 辛苦風浪 迷失浦津 任水漂流 忽到着岸 郡司隱匿 故臣顯奏 詔曰 朕承帝業 若干年 高麗迷路 始到越岸 雖苦漂溺 尙全性命 豈非徽猷廣被 至德巍巍 仁化傍通 洪恩蕩蕩者哉 有司 宜於山城國相樂郡 起館淨治 厚相資養
- 국역 : 여름 4월 2일 泊瀨柴籬宮에 거동하였다. 越人 江渟臣裙代가 서울에 와서 "고구려 사신이 바람과 파도에 시달려 배 댈 곳을 잃고 헤매다가 물결 따라 떠다니던 중 홀연히 해안에 다다랐는데, 郡司가 숨겨두었으므로 제가 밝히는 것입니다"라고 아뢰었다. 조를 내려 "내가 왕업을 이은 지 얼마 안 된 때에 고구려인이 길을 잃고 헤매다가 처음으로 越의 해안에 도착하였다. 비록 물에 빠지고 떠다

니는 고생은 하였지만 아직 목숨은 온전하니 어찌 나라를 다스리는 훌륭한 계책이 널리 미치고 지극한 덕이 우뚝 높은 것이 아니겠는가. 어진 교화가 주위에 통하였고 큰 은혜가 넓고 넓은 것이 아니겠는가. 담당 관서는 마땅히 山城國 相樂郡에 客館을 세워 깨끗이 정돈하고 후한 재물로 돌보라"고 하였다.

⑩ **卷第十九 天國排開廣庭天皇 欽明天皇 卅一年 四月**(570년 음4월)

- 원문 : 是月 乘輿至自泊瀨柴籬宮 遣東漢氏直糠兒・葛城直難波 迎召高麗使人
- 국역 : 이달 (천황이) 수레를 타고 泊瀨柴籬宮으로부터 이르렀다. 東漢氏直糠兒와 葛城直難波를 보내어 고구려 사신을 맞이하여 불렀다.

⑪ **卷等十九 天國排開廣庭天皇 欽明天皇 卅一年 五月**(570년 음5월)

- 원문 : 五月 遣膳臣傾子於越 饗高麗使傾子*此云舸拖部古 大使審知膳臣是皇華使 乃謂道君曰 汝非天皇 果如我疑 汝旣伏拜膳臣 倍復足知百姓 而前詐余 取調入己 宜速還之 莫煩飾語 膳臣聞之 使人探索其調 具爲與之 還京復命
- 국역 : 5월 膳臣傾子를 越에 보내어 고구려 사신을 대접했다*傾子는 우리말로 舸拖部古(かたぶこ)라 한다. (고구려) 大使가 자세히 살펴보고는 膳臣이 바로 천자의 使者인 것을 알고, 道君에게 "네가 천황이 아니라는 것은 과연 내가 의심한 대로구나. 너는 이미 膳臣에게 엎드려 절하였으니 백성이라는 것을 더욱 알기에 더욱 충분하다. 그런데 앞서 나를 속여 調를 취하여 자신이 가졌으니 마땅히 그것을 빨리 되돌려 달라. 번잡하게 말을 많이 하지 않겠다"고 말하였다. 膳臣이 듣고서 사람을 시켜 그 調를 조사하게 하여 모두 그에게 주었다. 서울에 돌아와 복명하였다.

㊷ 卷第十九 天國排開廣庭天皇 欽明天皇 卅一年 七月(570년 음7월 1일)

- 원문 : 秋七月壬子朔 高麗使到于近江 是月 遣許勢臣猿與吉士赤鳩 發自難波津 控引船於狹狹波山 而裝飾船 乃往迎於近江北山 遂引入山背高楲館 則遣東漢坂上直子麻呂・錦部首大石以爲守護 更饗高麗使者於相樂館
- 국역 : 7월 초하루 고구려 사신이 近江에 도착하였다. 이달 許勢臣猿과 吉士赤鳩을 보냈다. 難波津에서 출발하여 狹狹波山에서 배를 끌고 와 飾船을 장식하고 이에 近江의 북쪽 산에 가서 맞이하였다. 마침내 산 뒤쪽의 高楲館에 인도하여 들이고 東漢坂上直子麻呂와 錦部首大石을 보내어 지키게 하였다. 또 相樂館에서 고구려 사자들에게 연회를 베풀었다.

㊸ 卷第十九 天國排開廣庭天皇 欽明天皇 卅二年 三月(571년 음3월)

- 원문 : 是月 高麗獻物幷表 未得呈奏 經歷數旬 占待良日
- 국역 : 이달 고구려가 바친 物品과 表文을 아직 받들어 아뢰지 못하였다. 수십 일이 지나도록 좋은 날을 점쳐 기다렸다.

㊹ 卷第廿 渟中倉太珠敷天皇 敏達天皇 元年 五月(572년 음5월 1일)

- 원문 : 五月壬寅朔 天皇問皇子與大臣曰 高麗使人 今何在 大臣奉對曰 在於相樂館 天皇聞之 傷惻極甚 愀然而歎曰 悲哉 此使人等 名旣奏聞於先考天皇矣 乃遣郡臣於相樂館 檢錄所獻調物 令送京師
- 국역 : 5월 초하루 천황이 皇子와 大臣에게 "고구려 使人이 지금 어디에 있느냐?"고 물었다. 大臣이 "相樂館에 있습니다"라 대답하였다. 천황이 듣고 매우 슬퍼하며 탄식하기를 "슬프도다! 이 使人들의 이름은 이미 돌아가신 아버지 천황에게 아뢰었었다"라 하였다. 이에 여러 신하를 相樂館에 보내어 調로 바치는 물건을 조사하여 기록하고 서울로 보내게 했다.

㊺ **卷第卄 渟中倉太珠敷天皇 敏達天皇 元年 五月**(572년 음5월 15일)

- 원문 : 丙辰 天皇 執高麗表疏 授於大臣 召聚諸史 令讀解之 是時 諸史 於三日內 皆不能讀 爰有船史祖王辰爾 能奉讀釋 由是 天皇與大臣俱爲讚美曰 勤乎辰爾 懿哉辰爾 汝若不愛於學 誰能讀解 宜從今始 近侍殿中 既而 詔東西諸史曰 汝等所習之業 何故不就 汝等雖衆 不及辰爾 又高麗上表疏 書于烏羽 字隨羽黑 既無識者 辰爾乃蒸羽於飯氣以帛印羽 悉寫其字 朝庭悉異之
- 국역 : 15일 천황이 고구려에서 올린 表를 大臣에게 주었다. 여러 史를 불러 모아서 풀이하게 하였는데, 이때 여러 史들은 사흘이 지나도록 아무도 읽지 못하였으나 船史의 조상인 王辰爾가 능히 읽고 해석하였다. 이 때문에 천황과 大臣들이 모두 讚美하여 “부지런하구나 辰爾여, 훌륭하구나 辰爾여, 그대가 만약 배우기를 좋아하지 않았다면 누가 읽고 해석할 수 있었겠는가? 지금부터는 宮中에서 近侍하도록 하라”고 하였다. 얼마 후 東西의 여러 史에게 “너희들이 배운 바는 어찌하여 나아감이 없느냐? 너희들은 비록 많으나 辰爾에게 미치지 못하는구나”라고 하였다. 또 고구려가 올린 表에 까마귀 날개에 쓰인 것이 있었는데 글자도 날개처럼 검었으므로 아는 사람이 없었다. 辰爾가 이에 밥김에 날개를 쪄서 비단으로 날개를 찍어 그 글자를 베껴냈더니 朝庭이 모두 기이하게 여겼다.

㊻ **卷第卄 渟中倉太珠敷天皇 敏達天皇 元年 六月**(572년 음6월)

- 원문 : 六月 高麗大使謂副使等曰 磯城嶋天皇時 汝等違吾所議 被欺於他 妄分國調 輒與微者 豈非汝等過歟 其若我國王聞 必誅汝等 副使等自相謂之曰 若吾等至國時 大使顯噵吾過 是下祥事也 思欲偸殺而斷其口 是夕 謀泄 大使知之 裝束衣帶 獨自潛行 立館中庭 不知所計 時有賊一人 以杖出來 打大使頭而退 次有賊一人 直向大使 打頭與手而退

大使尙嘿然立地 而拭面血 更有賊一人 執刀急來 刺大使腹而退 是時 大使恐伏地拜 後有賊一人 旣殺而去 明旦 領客東漢坂上直子麻呂等 推問其由 副使等乃作矯詐曰 天皇賜妻於大使 大使違勅不受 無禮茲甚 是以 臣等爲天皇殺焉 有司以禮收葬

• 국역 : 6월 고구려 大使가 副使 등에게 "磯城嶋天皇(欽明天皇) 때에 너희들은 나와 상의한 바를 어기고 다른 사람에게 속아서 함부로 국가의 調를 나누어 천한 사람에게 주었으니 어찌 너희들의 잘못이 아니겠느냐? 만약 우리 국왕이 안다면 반드시 너희들을 꾸짖을 것이다"라 하였다. 副使 등이 서로 "만약 우리들이 나라에 이르렀을 때 大使가 우리의 허물을 말한다면 이는 상서롭지 못한 일일 것이다. 몰래 죽여서 그 입을 막아야 한다"라 하였다. 그날 저녁 모의가 새어나갔다. 大使가 이를 알고 복장을 갖추고 혼자 몰래 가다가 相樂館의 뜰에 서서 어찌할 바를 몰랐다. 이때 한 사람이 몽둥이를 가지고 나와서 大使의 머리를 치고 물러났으며 다음에 또 한 사람이 곧바로 대사를 향해 와서 머리와 손을 때리고 갔다. 그런데도 大使는 묵묵히 서서 얼굴의 피를 닦았다. 다시 한 사람이 칼을 들고 급히 와서 大使의 배를 찌르고 갔다. 이때에 대사는 두려워서 땅에 엎드려 빌었는데 뒤에 한 사람이 나타나 죽이고 갔다. 다음날 아침 외국의 사신을 접대하는 東漢坂上直子麻呂 등이 그 까닭을 물었다. 副使 등은 "천황이 大使에게 妻를 내려 주었는데 大使가 칙을 어기고 받아들이지 않았습니다. 매우 無禮하였으므로 臣들이 천황을 위하여 죽였습니다"라고 거짓말을 하였다. 有司가 禮로써 거두어 葬事지냈다.

㊼ 卷第廿 渟中倉太珠敷天皇 敏達天皇 元年 秋 七月(572년 음7월)

• 원문 : 秋七月 高麗使人罷歸

• 국역 : 가을 7월 고구려 使人이 使行을 마치고 돌아갔다.

⑱ 卷第卄 渟中倉太珠敷天皇 敏達天皇 二年 夏 五月(573년 음5월 3일)

• 원문 : 二年夏五月丙寅朔戊辰 高麗使人 泊于越海之岸 破船溺死者衆 朝庭猜頻迷路 不饗放還 仍勅吉備海部直難波 送高麗使

• 국역 : 2년 여름 5월 3일 고구려 使人이 越의 海岸에 정박했는데 배가 부서져 물에 빠져 죽은 사람이 많았다. 朝庭에서는 자주 길을 잃는 것을 의심하여 잔치를 베풀지 않고 되돌려 보냈다. 그리고 吉備海部直難波에게 칙을 내려 고구려의 사신을 보내도록 하였다.

⑲ 卷第卄 渟中倉太珠敷天皇 敏達天皇 二年 秋 七月(573년 음7월 1일)

• 원문 : 秋七月乙丑朔 於越海岸 難波與高麗使等相議 以送使難波船人大嶋首磐日・狹丘首間狹 令乘高麗使船 以高麗二人 令乘送使船 如此互乘以備姦志 俱時發船 至數里許 送使難波乃恐畏波浪 執高麗二人 擲入於海

• 국역 : 가을 7월 초하루 越의 海岸에서 難波와 고구려의 사신들이 서로 의논하여 送使 難波의 船人 大嶋首磐日과 狹丘首間狹을 고구려 사신의 배에 타게 하고, 고구려人 두 사람은 送使의 배에 타게 했다. 이같이 서로 바꾸어 타서 간사한 마음에 대비하도록 했다. 함께 배를 출발하여 몇 里쯤 갔을 때 送使 難波가 파도를 두려워하여 고구려人 두 사람을 붙잡아 바다에 던져 넣었다.

⑳ 卷第卄 渟中倉太珠敷天皇 敏達天皇 三年 夏 五月(574년 음5월 5일)

• 원문 : 三年夏五月庚申朔甲子 高麗使人 泊于越海之岸

• 국역 : 3년 여름 5월 5일 고구려 使人이 越의 海岸에 정박했다.

㉑ 卷第卄 渟中倉太珠敷天皇 敏達天皇 三年 秋 七月(574년 음7월 20일)

• 원문 : 秋七月己未朔戊寅 高麗使人 入京奏曰 臣等去年相逐送使 罷歸於國

臣等先至臣蕃 臣蕃卽準使人之禮 禮饗大嶋首磐日等 高麗國王 別以厚禮禮之 旣而 送使之船 至今未到 故更謹遣使人幷磐日等 請問臣使不來之意 天皇聞 卽數難波罪曰 欺誑朝庭 一也 溺殺隣使 二也 以玆大罪不合放還 以斷其罪

• 국역 : 가을 7월 20일 고구려 使人이 서울에 들어와 "신들은 지난해에 送使를 따라서 귀국했습니다. 신들은 먼저 저희 나라에 이르렀는데 저희 나라는 使人의 禮에 준하여 大嶋首磐日 등에게 향응을 베풀었으며 고구려국왕은 따로 두터운 禮로써 대접했습니다. 그런데 送使의 배는 아직까지 도착하지 않았으므로 다시 삼가 使人과 磐日 등을 보내어 저희 使人들이 돌아오지 않는 까닭을 듣고자 하는 것입니다"라 아뢰었다. 천황이 듣고 難波의 죄를 책하여 "朝庭을 속인 것이 하나요, 이웃나라의 사신을 물에 빠뜨려 죽인 것이 둘이니, 이 같이 큰 죄는 놓아서 되돌려 보낼 수 없다" 라 하고 그 죄를 처단했다.

52 卷第廿 渟中倉太珠敷天皇 敏達天皇 十三年(585년)

• 원문 : 是歲 蘇我馬子宿禰 請其佛像二軀 乃遣鞍部村主司馬達等・池邊直氷田使於四方 訪覓修行者 於是 唯於播磨國 得僧還俗者 名高麗惠便 大臣乃以爲師 令度司馬達等女嶋 曰善信尼*年十一歲 又度善信尼弟子二人 其一 漢人夜菩之女豐女 名曰禪藏尼 其二 錦織壺之女石女 名曰惠善尼*壺 此云都符 馬子獨依佛法 崇敬三尼 乃以三尼 付氷田直與達等令供衣食 經營佛殿於宅東方 安置彌勒石像 屈請三尼 大會設齋 此時達等得佛舍利於齋食上 卽以舍利 獻於馬子宿禰 馬子宿禰 試以舍利 置鐵質中 振鐵鎚打 其質與鎚 悉被摧壞 而舍利不可摧毁 又投舍利於水舍利隨心所願 浮沈於水 由是 馬子宿禰・池邊氷田・司馬達等 深信佛法 修行不懈 馬子宿禰 亦於石川宅 修治佛殿 佛法之初 自玆而作

• 국역 : 이해 蘇我馬子宿禰가 그 佛像 2軀를 청하고 鞍部村主司馬達等과 池邊直氷田을 보내어 사방에서 수행자를 찾게 했다. 이에 오직 播磨國에서 승려로서 환속한 자를 찾았는데 이름이 高麗惠便이었다. 大臣이 스승으로 삼았다. 司馬達等의 딸 嶋를 得度시켰는데 善信尼라 한다*나이 11세였다. 또 善信尼의 제자 2인을 득도시키니, 한 사람은 漢人夜菩의 딸 豊女로 禪藏尼이고, 또 한 사람은 錦織壺의 딸 石女로 惠善尼이다*壺는 都苻(つふ)라 한다. 馬子는 홀로 佛法에 의지하여 세 비구니를 공경했는데 세 비구니를 氷田直과 達等에게 맡겨서 衣食을 공급하게 했다. 집 동쪽에 佛殿을 경영하여 彌勒石像을 안치하고 세 비구니를 청하여 齋會를 크게 열었다. 이때 達等이 齋食할 때에 佛舍利를 얻어서 舍利를 馬子宿禰에게 바쳤다. 馬子宿禰는 시험삼아 舍利를 모루에 놓고 쇠망치로 후려쳤더니 모루와 쇠망치는 부서졌지만 舍利는 마음으로 원하는 바에 따라 뜨기도 하고 가라앉기도 했다. 이런 까닭으로 馬子宿禰와 池邊氷田·司馬達等은 佛法을 깊이 믿고 修行을 게을리하지 않았다. 馬子宿禰가 또 石川宅에 佛殿을 지었는데 佛法은 이로부터 비롯되었다.

㊸ 卷第卄二 豊御食炊屋姬天皇 推古天皇 元年 夏 四月(593년 음4월 10일)

• 원문 : 夏四月庚午朔己卯 立廐戶豐聰耳皇子 爲皇太子 仍錄攝政 以萬機悉委焉 橘豐日天皇第二子也 母皇后曰穴穗部間人皇女 皇后懷姙開胎之日 巡行禁中 監察諸司 至于馬官 乃當廐戶 而不勞忽産之 生而能言 有聖智 及壯 一聞十人訴 以勿失能辨 兼知未然 且習內敎於高麗僧慧慈 學外典於博士覺哿 竝悉達矣 父天皇愛之 令居宮南上殿 故稱其名 謂上宮廐戶豐聰耳太子

• 국역 : 여름 4월 10일 廐戶豐聰耳 皇子(聖德太子)를 皇太子로 삼아 攝政하도록 하고, 정치를 모두 위임하였다. (그는) 橘豐日天皇(用明天皇)의

둘째 아들이다. 어머니 皇后는 穴穗部間人皇女이다. 황후가 임신하여 해산일에 궁 안을 순행하며 여러 관사를 감찰하고 있었다. 馬官에 이르러 마굿간 문에 당도하였는데 힘들이지 않고 홀연듯이 아이를 낳았다. 태어나면서 말을 잘하고 성스러운 지혜가 있었다. 장성하여서는 한꺼번에 열 사람의 송사를 들어도 능히 판별하지 못함이 없었고, 아울러 앞날의 일도 미리 알았다. 또 고구려의 승려 慧慈에게서 內教를 익혔고, 博士 覺哿에게서 外典을 배워, 아울러 모두 통달하였다. 아버지 천황이 사랑하여 궁의 남쪽에 있는 上殿에 거처하도록 하였으므로, 그 이름을 일컬어 上宮廐戶豐聰耳太子라고 하였다.

54 **卷第廿二 豊御食炊屋姫天皇 推古天皇 三年 五月**(595년 음5월 10일)

- 원문 : 五月戊午朔丁卯 高麗僧慧慈歸化 則皇太子師之 是歲 百濟僧慧聰來之 此兩僧 弘演佛教 竝爲三寶之棟梁
- 국역 : 5월 10일 고구려 승려 慧慈가 귀화하자, 황태자의 스승으로 삼았다. 이해 백제의 승려 慧聰이 왔다. 이 두 승려는 불교를 널리 펴서 모두 三寶의 棟梁이 되었다.

55 **卷第廿二 豊御食炊屋姫天皇 推古天皇 九年 三月**(601년 음3월 5일)

- 원문 : 三月甲申朔戊子 遣大伴連囓于高麗 遣坂本臣糠手于百濟 以詔之曰 急救任那
- 국역 : 3월 5일 大伴連囓을 고구려에 보내고, 坂本臣糠手를 백제에 보내어 "급히 任那를 구원하라"고 조를 내렸다.

56 **卷第廿二 豊御食炊屋姫天皇 推古天皇 十年 閏十月**(602년 윤10월 15일)

- 원문 : 閏十月乙亥朔己丑 高麗僧僧隆 雲聰 共來歸

• 국역 : 윤10월 15일 고구려 승려 僧隆·雲聰이 함께 와서 귀화하였다.

⑰ 卷第廿二 豊御食炊屋姬天皇 推古天皇 十三年 夏 四月(605년 음4월 1일)

• 원문 : 十三年夏四月辛酉朔 天皇詔皇太子大臣及諸王諸臣 共同發誓願 以始造銅繡丈六佛像 各一軀 乃命鞍作鳥 爲造佛之工 是時 高麗國大興王 聞日本國天皇造佛像 貢上黃金三百兩

• 국역 : 13년 여름 4월 초하루 천황이 皇太子 大臣 및 여러 왕과 신하에게 조를 내려, 함께 誓願하여 銅繡丈六佛像 각 1구씩을 처음으로 만들게 하였다. 이에 鞍作鳥에게 명하여 불상을 조성하는 工人으로 삼았다. 이때 고구려국 大興王은, 일본국 천황이 불상을 조성한다는 말을 듣고 황금 300兩을 바쳤다.

⑱ 卷第廿二 豊御食炊屋姬天皇 推古天皇 十八年 春 三月(610년 3월)

• 원문 : 十八年春三月 高麗王貢上僧曇徵·法定 曇徵知五經 且能作彩色及紙墨并造碾磑 蓋造碾磑 始于是時歟

• 국역 : 18년 봄 3월 고구려왕이 승려 曇徵과 法定을 바쳤다. 曇徵은 5經을 알고 또한 채색 및 종이와 먹을 만들 수 있었으며, 아울러 연자방아를 만들었다. 대개 연자방아를 만드는 일은 이때에 시작된 듯하다.

⑲ 卷第廿二 豊御食炊屋姬天皇 推古天皇 廿三年 十一月(615년 음11월 2일), 廿三年 十一月(615년 음11월 15일)

• 원문 : 十一月己丑朔庚寅 饗百濟客 癸卯 高麗僧慧慈歸于國

• 국역 : 11월 2일 百濟 사신에게 향응을 베풀었다. 癸卯 고구려의 승려 慧慈가 본국으로 돌아갔다.

⑥0 **卷第廿二 豊御食炊屋姫天皇 推古天皇 廿六年 秋 八月**(618년 음8월 1일)

- 원문 : 廿六年秋八月癸酉朔 高麗遣使貢方物 因以言 隋煬帝 興卅萬衆攻我 返之爲我所破 故貢獻俘虜貞公普通二人 及鼓吹弩抛石之類十物 幷土物駱駝一匹
- 국역 : 26년 가을 8월 초하루 고구려가 사신을 보내어 방물을 마쳤다. 그리고 "隋煬帝가 30만의 군사를 일으켜 우리나라를 공격하다가 도리어 우리에게 격파되었습니다. 그러므로 포로인 貞公·普通 두 사람과 북·피리·쇠뇌·抛石 등 10종류의 물건과 토산물 및 낙타 1필을 바칩니다"라고 말하였다.

⑥1 **卷第廿二 豊御食炊屋姫天皇 推古天皇 廿九年 春 二月**(621년 음2월)

- 원문 : 是月 葬上宮太子於磯長陵 當于是時 高麗僧慧慈 聞上宮皇太子薨 以大悲之 爲皇太子 請僧而設齋 仍親說經之日 誓願曰 於日本國有聖人曰上宮豊聰耳皇子 固天攸縱 以玄聖之德 生日本之國 苞貫三統 纂先聖之宏猷 恭敬三寶 救黎元之厄 是實大聖也 今太子旣薨之 我雖異國心在斷金 某獨生之 何益矣 我以來年二月五日必死 因以遇上宮太子於淨土 以共化衆生 於是 慧慈當于期日而死之 是以 時人之彼此共言其獨非上宮太子之聖 慧慈亦聖也
- 국역 : 이달 上宮太子(聖德太子)를 磯長陵에 장사지냈다. 이때에 고구려의 僧 慧慈는 上宮太子가 죽었다는 말을 듣고 크게 슬퍼하며, 황태자를 위하여 승려들을 모아 齋會를 열었다. 그리고 몸소 경을 강하는 날에 서원하여, "日本國에 聖人이 있어 上宮豊聰耳皇子라 하였다. (그는) 진실로 하늘이 낸 분으로, 聖人의 덕을 지니고 日本의 나라에 태어나셨다. 夏 禹王·殷 湯王·周 文王의 덕(三統)을 두루 갖추고 옛 聖人의 큰 계획을 이었으며, 佛·法·僧 三寶를 공경하고 백성의 재난을 구원하셨으니, 그는 진실로 大聖人이셨다. 지금

太子께서는 이미 돌아가셨다. 나는 비록 나라는 다르지만 마음은 똑같아 쇠라도 끊을 수 있는 정도이다. 혼자 사는 것이 무슨 이득이 있겠는가. 나는 내년 2월 5일 반드시 죽어서, 上宮太子를 淨土에서 만나 함께 중생을 교화할 것이다"라고 말하였다. 그리고 慧慈는 기약한 날이 되어 죽었다. 이로 말미암아 당시 두 나라의 사람들은, "上宮太子만 聖人인 것이 아니라 慧慈 또한 聖人이었다"라고 말하였다.

62 卷第卄二 豊御食炊屋姬天皇 推古天皇 卅三年 春 正月(625년 음1월 7일)

- 원문 : 卅三年春正月壬申朔戊寅 高麗王貢僧惠灌 仍任僧正
- 국역 : 33년 봄 正月 7일 고구려왕이 僧 惠灌을 바쳤다. 이에 僧正에 임명하였다.

63 卷第卄三 息長足日廣額天皇 舒明天皇 二年 三月(630년 음3월 1일)

- 원문 : 三月丙寅朔 高麗大使宴子拔・小使若德 百濟大使恩率素子・小使德率武德 共朝貢
- 국역 : 3월 초하루 高句麗의 大使 宴子拔, 小使 若德과 백제의 大使 恩率素子, 小使 德率 武德이 함께 조공하였다.

64 卷第卄三 息長足日廣額天皇 舒明天皇 二年 秋 八月(630년 음8월 8일)

- 원문 : 庚子 饗高麗百濟客於朝
- 국역 : 8월 8일 고구려와 백제의 사신에게 朝堂에서 잔치를 베풀었다.

65 卷第卄三 息長足日廣額天皇 舒明天皇 二年 九月(630년 음9월 4일)

- 원문 : 九月癸亥朔丙寅 高麗百濟客歸于國
- 국역 : 9월 4일 고구려와 백제의 사신이 자기 나라로 돌아갔다.

⑥⑥ **卷第廿四 天豐財重日足姬天皇 皇極天皇 元年 二月**(642년 음2월 6일)

- 원문 : 壬辰 高麗使人 泊難波津
- 국역 : 6일 고구려의 사신이 難波津에 다다랐다.

⑥⑦ **卷第廿四 天豐財重日足姬天皇 皇極天皇 元年 二月**(642년 음2월 21일)

- 원문 : 丁未 遣諸大夫於難波郡 檢高麗國所貢金銀等 幷其獻物 使人貢獻旣訖 而諮云 去年六月弟王子薨 秋九月 大臣伊梨柯須彌殺大王 幷殺伊梨渠世斯等百八十餘人 仍以弟王子兒爲王 以己同姓都須流金流爲大臣
- 국역 : 21일 여러 대부들을 難波郡에 보내어 고구려국에서 바치는 금은 등과 아울러 물건을 살피게 하였다. 사신이 물건을 바치고는 "지난해 6월 아우 왕자가 죽고 가을 9월에 大臣 伊梨柯須彌가 대왕의 伊梨渠世斯 등 180여 명을 죽였습니다. 그래서 아우 왕자의 아들을 왕으로 삼고 자기와 같은 姓氏인 都須流金流를 大臣으로 삼았습니다"라고 말하였다.

⑥⑧ **卷第廿四 天豐財重日足姬天皇 皇極天皇 元年 二月**(642년 음2월 22일)

- 원문 : 戊申 饗高麗・百濟客於難波郡 詔大臣曰 以津守連大海可使於高麗 以國勝吉士水鷄可使於百濟*水鷄 此云俱毗那 以草壁吉士眞跡可使於新羅 以坂本吉士長兄可使於任那
- 국역 : 22일 고구려・백제의 사신에게 難波郡에서 잔치를 베풀었다. 大臣에게 조를 내려 "津守連大海는 고구려에 보낼 사신으로 삼을 만하고 國勝吉士水鷄는 백제에 보낼 사신으로 삼을 만하다.*水鷄는 우리말로 俱毗那(くひな)라 한다. 草壁吉士眞跡은 신라에 보낼 사신으로 삼을 만하며, 坂本吉士長兄은 임나에 보낼 사신으로 삼을 만하다"라고 하였다.

⑲ 卷第卄四 天豐財重日足姬天皇 皇極天皇 元年 二月(642년 음2월 25일)

- 원문 : 辛亥 饗高麗・百濟客
- 국역 : 25일 고구려・백제의 사신에게 잔치를 베풀었다.

⑳ 卷第卄四 天豐財重日足姬天皇 皇極天皇 元年 二月(642년 음2월 27일)

- 원문 : 癸丑 高麗使人・百濟使人 竝罷歸
- 국역 : 27일 고구려 사신과 백제 사신이 함께 돌아갔다.

㉑ 卷第卄四 天豐財重日足姬天皇 皇極天皇 元年 八月(642년 음8월 16일), 元年 八月(642년 음8월 26일)

- 원문 : 己亥 高麗使人罷歸 己酉 百濟・新羅使人罷歸
- 국역 : 16일 고구려 사신이 16일에 돌아갔다. 己酉 백제・신라 사신이 26일에 돌아갔다.

㉒ 卷第卄四 天豐財重日足姬天皇 皇極天皇 二年 六月(643년 음6월 13일)

- 원문 : 六月己卯朔辛卯 筑紫大宰 馳驛奏曰 高麗遣使來朝 群卿聞而 相謂之曰 高麗 自己亥年不朝 而今年朝也
- 국역 : 6월 13일 筑紫의 大宰府에서 역마를 달려 아뢰기를 "고구려가 사신을 보내어 來朝하였습니다"라고 하였다. 여러 卿들이 듣고서 "고구려는 己亥年부터 조공하지 않다가 금년에야 조공하는구나"라고 서로 말하였다.

㉓ 卷第卄四 天豐財重日足姬天皇 皇極天皇 四年 夏 四月(645년 음4월 1일)

- 원문 : 夏四月戊戌朔 高麗學問僧等言 同學鞍作得志 以虎爲友 學取其術 或使枯山變爲青山 或使黃地變爲白水 種種奇術 不可殫究 又虎授其針曰 愼矣愼矣 勿令人知 以此治之病無不愈 果如所言 治無不差 得志 恒

以其針隱置柱中 於後 虎折其柱 取針走去 高麗國知得志欲歸之意 與毒殺之

• 국역 : 여름 4월 초하루 고구려에서 학문을 배우던 승려 등이 "같이 공부하던 鞍作得志가 호랑이와 친구가 되어 그 術法을 배웠습니다. 메마른 산을 푸른 산으로 만들기도 하고 혹은 누런 땅을 흰 물로 만들기도 하는 등 각종 기이한 術法을 이루 다 헤아릴 수가 없습니다. 또 호랑이가 그에게 針을 주며 '삼가고 삼가여 사람들로 하여금 알지 못하게 하라. 이것으로 치료하면 낫지 않는 병이 없다'고 말하였는데, 과연 말한 바와 같이 치료하면 낫지 않음이 없었습니다. 得志는 항상 그 針을 기둥 안에 숨겨놓았습니다. 후에 호랑이가 그 기둥을 부러뜨리고 그 針을 가지고 달아나 버렸습니다. 고구려국은 得志가 자기 나라로 돌아갈 마음이 있음을 알고 毒을 써서 죽였습니다"라고 말하였다.

⑭ 卷第廿五 天萬豐日天皇 孝德天皇 大化元年 秋 七月(645년 음7월)

• 원문 : 丙子 高麗・百濟・新羅 竝遣使進調 百濟調使 兼領任那使 進任那調 唯百濟大使佐平緣福 遇病留津館 而不入於京 巨勢德大臣 詔於高麗使曰 明神御宇日本天皇詔旨 天皇所遣之使 與高麗神子奉遣之使 旣往短而將來長 是故 可以溫和之心 相繼往來而已 又詔於百濟使曰 明神御宇日本天皇詔旨 始我遠皇祖之世 以百濟國 爲內官家 譬如三絞之綱 中間以任那國 屬賜百濟 後遣三輪栗隈君東人 觀察任那國堺 是故 百濟王隨勅悉示其堺 而調有闕 由是 却還其調 任那所出物者 天皇之所明覽 夫自今以後 可具題國與所出調 汝佐平等 不易面來 早須明報 今重遣三輪君東入・馬飼造*闕名 又勅 可送遣鬼部達率意斯妻子等

• 국역 : 10일 고구려・백제・신라가 함께 사신을 보내 調를 바쳤다. 백제의 調使가 任那의 사신을 겸하여 임나의 조를 바쳤다. 다만 백제

의 大使인 佐平 緣福만이 병에 걸려 (難波)津의 館에 머물러 있고 서울에 들어오지 못했다. 巨勢德大臣이 고구려의 사신에게 詔를 내려 "明神御宇日本天皇의 詔旨이다. 과거는 짧으나 앞날은 길다. 그러므로 천황이 보낸 사신과 고구려의 神의 아들이 받들어 보낸 사신은 온화한 마음으로 서로 이어 왕래할 만하다"고 하였다. 또 백제 사신에게 詔를 내려 "明神御宇日本天皇의 詔旨이다. 과거 우리 먼 조상의 시대에 백제국은 內官家가 되었으니, 비유하자면 세 개로 묶은 그물과 같았다. 중간에 임나국을 백제에 속하도록 주었고, 후에 三輪栗隈君東人을 보내 임나국의 경계를 살피게 하였다. 그러므로 백제왕은 칙명에 따라 그 경계를 다 보여주었으나, 調에 빼놓은 것이 있었다. 이로 말미암아 그 調를 돌려보냈다. 임나에서 나는 물건은 천황이 환히 아는 것이니, 앞으로는 나라와 (그 나라에서) 나오는 물건을 갖추어 적어야 할 것이다. 너희 좌평 등은 얼굴도 바뀌지 않고 왔으니, 빨리 분명하게 보고해야 할 것이다. 이제 거듭 三輪君東入·馬飼造*이름이 빠져 있다를 보낸다. 또 명하여 鬼部의 達率인 意斯의 처자 등을 보내겠다"고 하였다.

⑮ **卷第卄五 天萬豐日天皇 孝德天皇 大化二年 二月**(646년 음2월 15일)

- 원문 : 二月甲午朔戊申 … 高麗·百濟·任那·新羅 竝遣使 貢獻調賦
- 국역 : 2월 15일 … 고구려·백제·임나·신라가 함께 사신을 보내 調賦를 바쳤다.

⑯ **卷第卄五 天萬豐日天皇 孝德天皇 大化三年 春 正月**(647년 음1월 15일)

- 원문 : 三年春正月戊子朔壬寅 射於朝庭 是日 高麗新羅 竝遣使 貢獻調賦
- 국역 : 3년 정월 15일 조정에서 활을 쏘았다. 이날 고구려·신라가 사신을 보내 調賦를 바쳤다.

⑰ **卷第廿五 天萬豐日天皇 孝德天皇 白雉元年 二月**(650년 음2월 9일)

• 원문 : 二月庚午朔戊寅 穴戶國司草壁連醜經 獻白雉曰 國造首之同族贄 正月九日於麻山獲焉 於是 問諸百濟君 百濟君曰 後漢明帝永平十一年 白雉在所見焉 云云 又問沙門等 沙門等對曰 耳所未聞 目所未覩 宜赦天下 使悅民心 道登法師曰 昔高麗欲營伽藍 無地不覽 便於一所 白鹿徐行 遂於此地 營造伽藍 名白鹿薗寺 住持佛法 又白雀見于一寺田莊 國人僉曰 休祥 又遣大唐使者 持死三足烏來 國人亦曰 休祥 斯等雖微 尙謂祥物 …

• 국역 : 2월 9일 穴戶國司 草壁連醜經이 흰 꿩을 바치며, "國造首의 同族贄가 정월 9일에 麻山에서 잡았습니다"라고 하였다. 이에 그것을 百濟君에게 물으니, 백제군이 "後漢 明帝 永平 11년(68)에 흰 꿩이 여기저기에 나타났습니다"라고 하였다. 또 沙門들에게 물으니, 사문들이 "귀로 들어보지도 못하고 눈으로 본 적도 없는 일입니다. 천하에 사면령을 내리시어 민심을 기쁘게 하십시오"라고 대답하였다. 道登法師는 "옛날 고구려가 절을 짓고자 하여 살펴보지 않은 땅이 없었는데, 바로 한 곳에서 흰 사슴이 천천히 지나갔습니다. 드디어 이곳에 절을 세우고 白鹿薗寺라고 이름하여 佛法을 머물게 하였습니다. 또 흰 참새가 한 절의 田莊에 나타났으므로 온나라 사람들이 모두 좋은 징조라고 하였습니다. 또 唐에 보냈던 사신이 다리가 셋인 죽은 새를 가지고 오니 나라 사람들이 또 좋은 징조라고 하였습니다. 이것들은 비록 대수롭지 않은 것인데도 오히려 상서로운 일이라고 하는데, 하물며 흰 꿩이겠습니까"라고 말하였다. …

⑱ **卷第廿五 天萬豐日天皇 孝德天皇 白雉元年 二月 甲申**(650년 음2월 15일)

• 원문 : 甲申 朝庭隊仗 如元會儀 左右大臣百官人等 爲四列於紫門外 以粟田臣飯蟲等四人 使執雉輿 而在前去 左右大臣 乃率百官及百濟君豐璋·其

弟塞城・忠勝・高麗侍醫毛治・新羅侍學士等 至中庭 …

•국역 : 15일 조정의 의장대가 元旦에 모이는 儀禮와 같았다. 좌우의 대신과 百官들이 紫門 밖에서 네 줄로 늘어섰다. 粟田臣飯蟲 등 4명이 꿩을 태운 수레를 잡고 앞서서 갔다. 좌우의 대신들은 백관과 百濟君 豊璋, 아우 塞城・忠勝, 고구려의 侍醫 毛治, 新羅의 侍學士 등을 거느리고 中庭에 이르렀다. …

⑲ 卷第廿五 天萬豐日天皇 孝德天皇 白雉元年 夏 四月(650년 음4월)

•원문 : 夏四月 新羅遣使貢調*或本云 是天皇世 高麗・百濟・新羅 三國 每年遣使貢獻也

•국역 : 여름 4월 新羅가 사신을 보내 調를 바쳤다.*어떤 책에는 "이 천황 때에 고구려・백제・신라 3국이 해마다 사신을 보내 바쳤다"고 하였다.

⑳ 卷第廿五 天萬豐日天皇 孝德天皇 白雉五年(654년)

•원문 : 是歲 高麗・百濟・新羅 竝遣使奉弔

•국역 : 이해 고구려・백제・신라가 함께 사신을 보내 조문하였다.

㉑ 卷第廿六 天豐財重日足姬天皇 齊明天皇 元年(655년)

•원문 : 是歲 高麗・百濟・新羅 竝遣使進調*百濟大使西部達率余宜受 副使東部恩率調信仁 凡一百餘人 … 新羅 別以及湌彌武爲質 以十二人 爲才伎者 彌武遇疾而死

•국역 : 이해 고구려・백제・신라가 함께 사신을 보내 調를 바쳤다*百濟의 大使는 西部의 達率余宜受이고, 副使는 東部 恩率 調信仁으로 모두 100여 명이었다. … 新羅는 따로 及湌 彌武를 볼모로 삼고 才伎者 12명을 바쳤는데, 彌武는 병으로 죽었다.

⑧② 卷第廿六 天豐財重日足姬天皇 齊明天皇 二年 秋 八月(656년 음8월 8일)

- 원문 : 二年秋八月癸巳朔庚子 高麗 遣達沙等進調*大使達沙 副使伊利之 總八十一人
- 국역 : 2년(656) 가을 8월 8일 고구려가 達沙 등을 보내 調를 바쳤다*大使는 達沙이고 副使는 伊利之로 모두 81명이었다.

⑧③ 卷第廿六 天豐財重日足姬天皇 齊明天皇 二年 秋 九月(656년 음9월)

- 원문 : 九月 遣高麗大使膳臣葉積 副使坂合部連磐鍬 大判官犬上君白麻呂 中判官河內書首*闕名 小判官大藏衣縫造麻呂
- 국역 : 9월 고구려에 大使 膳臣葉積, 副使 坂合部連磐鍬, 大判官 犬上君白麻呂, 中判官 河內書首*이름은 빠져 있다, 小判官 大藏衣縫造麻呂를 보냈다.

⑧④ 卷第廿六 天豐財重日足姬天皇 齊明天皇 二年(656년)

- 원문 : 是歲 於飛鳥岡本 更定宮地 時 高麗・百濟・新羅 竝遣使進調 爲張紺幕於此宮地 而饗焉 … 西海使佐伯連栲繩*闕位階級 小山下難波吉士國勝等 自百濟還 獻鸚鵡一隻 …
- 국역 : 이해 飛鳥의 岡本에 다시 宮 터를 정했다. 이때 고구려・백제・신라가 함께 사신을 보내 調를 바쳤다. (그들을 위해) 이 궁터에 紺色 장막을 치고 잔치를 베풀었다. … 西海使 佐伯連栲繩*관위와 계급은 빠져 있다, 小山下 難波吉士國勝 등이 百濟로부터 돌아와 鸚鵡 1쌍을 바쳤다. …

⑧⑤ 卷第廿六 天豐財重日足姬天皇 齊明天皇 五年(659년)

- 원문 : 是歲 … 又高麗使人 持羆皮一枚 稱其價曰 綿六十斤 市司笑而避去 高麗畫師子麻呂設同姓賓於私家日 借官羆皮七十枚 而爲賓席 客等羞怪而退

• 국역 : 이해 … 또 고구려의 사신이 羆皮(말곰 가죽) 1장을 가지고 그 값을 綿 60斤이라 부르니, 市司가 웃으며 피해 갔다. 고구려畫師 子麻呂가 同姓의 손님들을 자신의 집에서 대접하는 날에 官의 말곰 가죽 70장을 빌려 손님의 자리로 하니, 사신들이 부끄러워하며 물러났다.

⑧⑥ 卷第卄六 天豐財重日足姬天皇 齊明天皇 六年 春 正月(660년 음1월 1일)

• 원문 : 六年春正月壬寅朔 高麗使人乙相賀取文等一百餘 泊于筑紫

• 국역 : 6년 봄 정월 초하루 고구려의 사신 乙相 賀取文 등 100여 명이 筑紫에 이르렀다.

⑧⑦ 卷第卄六 天豐財重日足姬天皇 齊明天皇 六年 夏 五月(660년 음5월 8일)

• 원문 : 夏五月辛丑朔戊申 高麗使人乙相賀取文等 到難波館

• 국역 : 여름 5월 8일 고구려의 사신 乙相 賀取文 등이 難波館에 이르렀다.

⑧⑧ 卷第卄六 天豐財重日足姬天皇 齊明天皇 六年 秋 七月(660년 음7월 16일)

• 원문 : 秋七月庚子朔乙卯 高麗使人乙相賀取文等罷歸 … 高麗沙門道顯日本世記曰 七月云云 春秋智 借大將軍蘇定方之手 挾擊百濟亡之 或曰 百濟自亡 由君大夫人妖女之無道 擅奪國柄 誅殺賢良故 召斯禍矣 可不愼歟 可不愼歟 其注云 新羅春秋智 不得願於內臣蓋金 故亦使於唐 捨俗衣冠 請媚於天子 投禍於隣國 而搆斯意行者也 伊吉連博德書云 庚申年八月 百濟已平之後 九月十二日 放客本國 十九日 發自西京 十月十六日 還到東京 始得相見阿利麻等五人 十一月一日 爲將軍蘇定方等所捉百濟王以下 太子隆等 諸王子十三人 大佐平沙宅千福·國辨成以下卅七人 并五十許人 奉進朝堂 急引趨向天子 天子恩勅 見前放着 十九日 賜勞 廿四日 發自東京

• 국역 : 가을 7월 16일 고구려의 사신 乙相 賀取文 등이 사행을 마치고

돌아갔다. … 고구려의 沙門 道顯의 『日本世記』에 "7월에 이르기를, 春秋智가 大將軍 蘇定方의 손을 빌려 백제를 협공하여 멸망시켰다"고 했다. 어떤 사람은 "백제가 스스로 망하였다. 임금의 大夫人이 요사스럽고 간사한 여자로, 무도하여 마음대로 국가의 권력을 빼앗아 훌륭하고 어진 신하들을 죽였기 때문에 이러한 화를 불렀다. 삼가지 않을 수 있겠는가! 삼가지 않을 수 있겠는가!"라 하였다. 그 注에 "신라의 春秋智는 (고구려의) 內臣 蓋金에게 청한 것이 받아들여지지 않자 唐에 사신으로 가서 자기나라 풍속의 衣冠을 버리고 천자에게 따를 것을 청하여, 이웃나라에 화를 끼치고 그 의도를 이루었다"고 하였다. 伊吉連博德의 書에 "경신년(660) 8월 백제를 이미 평정한 후 9월 12일 본국(唐)에서 사신들을 풀어주었다. 19일에 西京으로부터 출발하였다. 10월 16일 東京에 돌아와 비로소 阿利麻 등 5인을 만나볼 수 있었다. 11월 1일에 將軍 蘇定方 등이 사로잡은 百濟王 이하 太子 隆 등 여러 왕자 13명, 大佐平 沙宅千福·國辨成 이하 37명, 모두 50여 명을 朝堂에 바쳤다. 급히 인도하여 천자에게 나아가니, 천자는 은혜로운 칙명으로 보자마자 풀어주었다. 19일에 수고한 사람들에게 하사하였다. 24일에 동경으로부터 출발하였다"고 하였다.

⑧⑨ 卷第卄七 天豊財重日足姬天皇 齊明天皇 七年 秋 七月(661년 음7월)

- 원문 : 是月 蘇將軍與突厥王子契苾加力等 水陸二路 至于高麗城下 皇太子遷居于長津宮 稍聽水表之軍政
- 국역 : 이달 蘇將軍이 突厥 왕자 契苾加力 등과 수륙 두 길로 고구려의 城 아래에 이르렀다. 皇太子가 長津宮으로 거처를 옮겼다. 점차 바다 밖 軍政을 다스렸다.

⑳ 卷第廿七 天豐財重日足姬天皇 齊明天皇 七年 冬 十二月(661년 음12월)

• 원문 : 十二月 高麗言 惟十二月 於高麗國 寒極泪凍 故唐軍 雲車衝輣 鼓鉦吼然 高麗士率 膽勇雄壯 故更取唐二壘 唯有二塞 亦備夜取之計 唐兵抱膝而哭 鋭鈍力竭 而不能拔 噬臍之恥非此而何*釋道顯云 言春秋之志正起于高麗 而先聲百濟 百濟近侵甚苦急 故爾也

• 국역 : 12월 고구려가 말하기를 "오직 12월에만 고구려국에서는 추위가 매우 심해 泪水가 얼어붙는다. 그러므로 唐의 군대가 雲車・衝輣으로 북과 징을 시끄럽게 치며 공격해 왔다. 고구려의 사졸들이 용감하고 씩씩하였으므로 다시 唐의 진지 2개를 빼앗았다. 단지 2개의 요새만이 남았으므로 다시 밤에 빼앗을 계책을 마련하였다. 唐의 군사들이 무릎을 끌어안고 곡을 하였다. (고구려군의) 날카로움이 무디어지고 힘이 다하여 빼앗을 수 없었으니, 후회해도 어찌할 수 없는 부끄러움이라는 것이 이것이 아니면 무엇이겠는가?"라 하였다*釋 道顯은 '(金)春秋의 생각으로는 바로 고구려를 공격하는 것이었는데, 먼저 백제를 공격하였으니 이 무렵 백제의 침입이 잦아 고통이 심했으므로 그러한 것이다'라고 하였다.

㉑ 卷第廿七 天命開別天皇 天智天皇 元年 春 三月(662년 음3월 4일)

• 원문 : 三月庚寅朔癸巳 賜百濟王布三百端 是月 唐人・新羅人 伐高麗 高麗乞救國家 仍遣軍將據疏留城 由是 唐人不得略其南堺 新羅不獲輸其西壘

• 국역 : 3월 4일 百濟王에게 布 300端을 주었다. 이달 唐人과 신라인이 고구려를 정벌했다. 고구려가 우리나라에 구원을 청했으므로 軍將을 보내 疏留城에 웅거하게 했다. 이로 말미암아 唐人들이 그 남쪽 경계를 침략할 수 없었으므로, 신라가 서쪽 진지를 옮기지 않을 수 없었다.

⑨② 卷第廿七 天命開別天皇 天智天皇 元年 夏 四月(662년 음4월)

• 원문 : 夏四月 鼠産於馬尾 釋道顯占曰 北國之人 將附南國 蓋高麗破 而屬日本乎

• 국역 : 여름 4월 쥐가 말 꼬리에 새끼를 낳았다. 釋 道顯이 점을 쳐 "北國의 사람들이 장차 南國에 의지할 것이다. 아마도 고구려가 망하고 日本에 속할 것인가?"라고 하였다.

⑨③ 卷第廿七 天命開別天皇 天智天皇 二年 夏 五月(663년 음5월 1일)

• 원문 : 夏五月癸丑朔 犬上君*闕名馳 告兵事於高麗而還 見糺解於石城 糺解仍語福信之罪

• 국역 : 夏 5월 1일 犬上君[이름이 빠졌다]이 달려가, 출병한 사실을 고구려에 고하고 돌아왔다. 糺解를 石城에서 만났다. 糺解는 福信의 죄를 말하였다.

⑨④ 卷第廿七 天命開別天皇 天智天皇 二年 秋 八月(663년 음8월 28일)

• 원문 : 己酉 日本諸將 與百濟王 不觀氣象 而相謂之曰 我等爭先 彼應自退 更率日本亂伍 中軍之卒 進打大唐堅陣之軍 大唐便自左右夾船繞戰 須臾之際 官軍敗續 赴水溺死者衆 艫舳不得廻旋 朴市田來津 仰天而誓 切齒而嗔 殺數十人 於焉戰死 是時 百濟王豐璋 與數人乘船 逃去高麗

• 국역 : 28일 日本의 장수들이 百濟王과 더불어 날씨를 살피지 않고 서로 "우리들이 선두를 다투어 싸운다면 그들이 스스로 물러날 것이다"라 하였다. 다시 日本의 어지러운 軍伍와 中軍의 군졸들을 이끌고 나아가 굳게 진치고 있는 唐의 군대를 쳤다. 唐(의 선박들)이 바로 좌우에서 배를 협공하여 에워싸고 싸우니 잠깐 사이에 (日本의) 官軍이 계속 패하여, 물에 빠져 죽는 사람이 많고 배의 앞뒤를 돌릴 수 없었다. 朴市田來津이 하늘을 우러러 보며 맹세하고 분하여 이를 갈며 성을 내고 수십 인을 죽이고 전사했다. 이때 百濟王 豐璋

이 여러 사람과 배를 타고 고구려로 도망했다.

⑮ 卷第廿七 天命開別天皇 天智天皇 五年 春 正月(666년 음1월 11일)

- 원문 : 五年春正月戊辰朔戊寅 高麗遣前部能婁等進調 是日 耽羅遣王子姑如等貢獻
- 국역 : 5년 봄 정월 11일 고구려가 前部 能婁 등을 보내 調를 바쳤다. 이날 耽羅가 왕자 姑如 등을 보내 貢物을 바쳤다.

⑯ 卷第廿七 天命開別天皇 天智天皇 五年 夏 六月(666년 음6월 4일)

- 원문 : 夏六月乙未朔戊戌 高麗前部能婁等罷歸
- 국역 : 여름 6월 4일 고구려의 前部 能婁 등이 돌아갔다.

⑰ 卷第廿七 天命開別天皇 天智天皇 五年 冬 十月(666년 음10월 26일)

- 원문 : 冬十月甲午朔己未 高麗遣臣乙相奄鄒等進調 *大使臣乙相奄鄒・副使達相遁・二位玄武若光等
- 국역 : 겨울 10월 26일 고구려가 臣 乙相 奄鄒 등을 보내 調를 바쳤다 *大使는 臣 乙相 奄鄒이고 副使는 達相遁, 二位 玄武若光 등이다.

⑱ 卷第廿七 天命開別天皇 天智天皇 六年 春 二月(667년 음2월 27일)

- 원문 : 六年春二月壬辰朔戊午 … 是日 以皇孫大田皇女 葬於陵前之墓 高麗・百濟・新羅 皆奉哀於御路 …
- 국역 : 6년 봄 2월 27일 … 이날 皇孫 大田皇女를 능 앞의 묘에 장사지냈다. 고구려・백제・신라가 모두 장례지내는 길에 슬픔을 표했다. …

⑲ 卷第廿七 天命開別天皇 天智天皇 六年 冬 十月(667년 음10월)

- 원문 : 冬十月 高麗大兄男生 出城巡國 於是 城內二弟 聞側助士大夫之惡言

拒而勿入 由是 男生奔入大唐 謀滅其國

- 국역 : 겨울 10월 고구려의 大兄 男生이 (평양)성을 나와 나라를 순행하였다. 이때 성 안의 두 동생이 옆에서 도와주던 士大夫들이 못된 말을 듣고 가로막아 들어오지 못하게 했다. 이로 말미암아 男生이 唐으로 도망하여 자기 나라를 멸망시키기를 계획하였다.

⑩⓪ **卷第廿七 天命開別天皇 天智天皇 七年 秋 七月**(668년 음7월)

- 원문 : 秋七月 高麗從越之路 遣使進調 風浪高 故不得歸 ……
- 국역 : 가을 7월 고구려가 越의 길로 사신을 보내 調를 바쳤다. 풍랑이 거세었으므로 돌아갈 수 없었다. …

⑩① **卷第廿七 天命開別天皇 天智天皇 七年 冬 十月**(668년 음10월)

- 원문 : 冬十月 大唐大將軍英公 打滅高麗 高麗仲牟王 初建國時 欲治千歲也 母夫人云 若善治國可得也 但當有七百年之治也 今此國亡者 當在七百年之末也
- 국역 : 겨울 10월 唐의 大將軍 英公이 고구려를 공격하여 멸망시켰다. 고구려 仲牟王이 처음 건국했을 때 천 년을 다스리고자 하였는데, 어머니가 "나라를 잘 다스리더라도 (그렇게) 할 수 없을 것이다. 단지 700년 정도 다스리게 될 것이다"라고 하였다. 지금 이 나라가 망한 것은 700년의 끝에 해당한다.

⑩② **卷第廿七 天命開別天皇 天智天皇 十年 春 正月**(671년 음1월 9일)

- 원문 : 丁未 高麗遣上部大相可婁等進調
- 국역 : 9일 고구려가 上部大相 可婁 등을 보내 調를 바쳤다.

⑩③ **卷第廿七 天命開別天皇 天智天皇 十年 秋 八月**(671년 음8월 3일)

- 원문 : 八月乙丑朔丁卯 高麗上部大相可婁等罷歸
- 국역 : 8월 3일 고구려의 上部大相 可婁 등이 사행을 마치고 돌아갔다.

⑩④ **卷第廿八 天渟中原瀛眞人天皇 上 天武天皇 元年 夏 五月**(673년 음5월 28일)

- 원문 : 戊午 高麗遣前部富加抃等進調
- 국역 : 28일 고구려가 前部의 富加抃 등을 보내 調를 바쳤다.

⑩⑤ **卷第廿九 天渟中原瀛眞人天皇 下 天武天皇 二年 秋 八月**(674년 음8월 20일)

- 원문 : 癸卯 高麗遣上部位頭大兄邯子・前部大兄碩干等朝貢 仍新羅遣韓奈末金利益 送高麗使人于筑紫
- 국역 : 20일 고구려가 上部의 位頭大兄 邯子・前部 大兄 碩干 등을 보내 조공하였다. 그리고 신라는 韓奈末 金利益을 보내 고구려의 사신을 筑紫까지 호송하였다.

⑩⑥ **卷第廿九 天渟中原瀛眞人天皇 下 天武天皇 二年 冬 十一月**(674년 음11월 21일)

- 원문 : 壬申 饗高麗邯子・新羅薩儒等於筑紫大郡 賜祿各有差
- 국역 : 21일 고구려의 邯子와 新羅의 薩儒 등에게 筑紫大郡에서 연회를 베풀고 각각 祿을 차등 있게 주었다.

⑩⑦ **卷第廿九 天渟中原瀛眞人天皇 下 天武天皇 四年 春 三月**(676년 음3월)

- 원문 : 是月 高麗遣大兄富干・大兄多武等朝貢 新羅遣級湌朴勤修・大奈末金美賀進調
- 국역 : 이달 고구려가 大兄 富干, 大兄 多武 등을 보내 조공하였다. 新羅는 級湌 朴勤修, 大奈末 金美賀 등을 보내 調를 바쳤다.

⑩⑧ **卷第卄九 天渟中原瀛眞人天皇 下 天武天皇 四年 秋 八月**(676년 음8월 28일)

- 원문 : 己亥 新羅・高麗 二國調使饗於筑紫 賜祿有差
- 국역 : 28일 신라와 고구려 두 나라에서 調를 바치러 온 사신에게 筑紫에서 잔치를 베풀고 차등 있게 祿을 주었다.

⑩⑨ **卷第卄九 天渟中原瀛眞人天皇 下 天武天皇 五年 冬 十一月**(676년 음11월 23일)

- 원문 : 丁亥 高麗遣大使後部主簿阿于・副使前部大兄德富朝貢 仍新羅遣大奈末金楊原 送高麗使人於筑紫
- 국역 : 23일 고구려가 大使인 後部의 主簿 阿于, 副使인 前部의 大兄 德富를 보내 조공하였다. 그리고 新羅는 大奈末 金楊原을 보내 고구려의 사신을 筑紫까지 호송하였다.

⑪⓪ **卷第卄九 天渟中原瀛眞人天皇 下 天武天皇 八年 春 二月**(680년 음2월 1일)

- 원문 : 二月壬子朔 高麗遣上部大相桓父・下部大相師需婁等朝貢 因以新羅遣奈末甘勿那 送桓父等於筑紫
- 국역 : 2월 초하루 고구려가 上部의 大相 桓父, 下部의 大相 師需婁 등을 보내 조공하였다. 인하여 新羅가 奈末 甘勿那를 보내 桓父 등을 筑紫까지 호송하였다.

⑪① **卷第卄九 天渟中原瀛眞人天皇 下 天武天皇 八年 秋 九月**(680년 음9월 23일)

- 원문 : 庚子 遣高麗使人 遣耽羅使人等 返之共拜朝廷
- 국역 : 23일 고구려에 보냈던 사신과 耽羅에 보냈던 사신들이 돌아와 함께 조정에 인사하였다.

⑪② **卷第卄九 天渟中原瀛眞人天皇 下 天武天皇 九年 夏 五月**(681년 음5월 13일)

- 원문 : 丁亥 高麗遣南部大使卯問・西部大兄俊德等朝貢 仍新羅遣大奈末考那

送高麗使人卯問等於筑紫

• 국역 : 13일 고구려가 南部의 大使 卯問, 西部의 大兄 俊德 등을 보내 조공하였다. 그리고 新羅가 大奈末 考那를 보내 고구려의 사신 卯問 등을 筑紫까지 호송하였다.

⑬ 卷第卄九 天渟中原瀛眞人天皇 下 天武天皇 九年 冬 十一月(681년 음11월 4일)

• 원문 : 乙亥 高麗人十九人 返于本土 是當後岡本天皇之喪 而弔使留之 未還者也

• 국역 : 4일 고구려人 19명이 본토로 돌아갔다. 이들은 後岡本天皇(齊明天皇)의 상을 당하자 조문하러 온 사신들로 머물러 있다가 돌아가지 않은 사람들이었다.

⑭ 卷第卄九 天渟中原瀛眞人天皇 下 天武天皇 十年 夏 四月(682년 음4월 17일)

• 원문 : 乙卯 饗高麗客卯問等於筑紫 賜祿有差

• 국역 : 17일 고구려의 사신 卯問 등에게 筑紫에서 잔치를 베풀고 祿을 차등 있게 주었다.

⑮ 卷第卄九 天渟中原瀛眞人天皇 下 天武天皇 十年 夏 五月(682년 음5월 26일)

• 원문 : 甲午 高麗卯問歸之

• 국역 : 26일 고구려의 卯問이 돌아갔다.

⑯ 卷第卄九 天渟中原瀛眞人天皇 下 天武天皇 十年 秋 七月(682년 음7월 4일)

• 원문 : 辛未 小錦下采女臣竹羅爲大使 當摩公楯小使 遣新羅國 是日 小錦下佐伯連廣足爲大使 小墾田臣麻呂爲小使 遣高麗國

• 국역 : 4일 小錦下 采女臣竹羅爲를 大使로 삼고, 當摩公楯을 小使로 삼아 신라國에 보냈다. 이날 小錦下 佐伯連廣足을 大使로 삼고, 小墾田臣麻呂를 小使로 삼아 고구려國에 보냈다.

⑰ **卷第廿九 天渟中原瀛眞人天皇 下 天武天皇 十年 秋 九月**(682년 음9월 3일)

- 원문 : 九月丁酉朔己亥 遣高麗新羅使人等 共至之拜朝
- 국역 : 9월 3일 고구려・신라에 보낸 사신들이 함께 와서 조정에 인사했다.

⑱ **卷第廿九 天渟中原瀛眞人天皇 下 天武天皇 十一年 夏 五月**(683년 음5월 16일)

- 원문 : 戊申 遣高麗大使佐伯連廣足・小使小墾田臣麻呂等 奉使旨於御所
- 국역 : 16일 고구려에 보냈던 大使 佐伯連廣足, 小使 小墾田臣麻呂 등이 천황이 계신 곳에서 사신 다녀온 일을 아뢰었다.

⑲ **卷第廿九 天渟中原瀛眞人天皇 下 天武天皇 十一年 夏 六月**(683년 음6월 1일)

- 원문 : 六月壬戌朔 高麗王遣下部助有卦婁毛切・大古昴加 貢方物 則新羅遣大那末金釋起 送高麗使人於筑紫
- 국역 : 6월 초하루 고구려왕이 下部의 助有 卦婁毛切와 大古昴加를 보내 方物을 바쳤다. 新羅가 大那末 金釋起를 보내 고구려의 사신을 筑紫까지 호송하였다.

⑳ **卷第廿九 天渟中原瀛眞人天皇 下 天武天皇 十一年 秋 八月**(683년 음8월 3일)

- 원문 : 甲子 饗高麗客於筑紫 …
- 국역 : 3일 고구려의 사신에게 筑紫에서 잔치를 베풀었다. …

㉑ **卷第廿九 天渟中原瀛眞人天皇 下 天武天皇 十二年 春 正月**(684년 음1월 18일)

- 원문 : 丙午 … 是日 奏小墾田儛及高麗・百濟・新羅三國樂於庭中
- 국역 : 18일 … 이날 小墾田 儛와 고구려・백제・신라 3국의 음악을 조정에서 연주했다.

⑫ **卷第廿九 天渟中原瀛眞人天皇 下 天武天皇 十三年 夏 五月**(685년 음5월 28일)

- 원문 : 戊寅 三輪引田君難波麻呂爲大使 桑原連人足爲小使 遣高麗
- 국역 : 28일 三輪引田君難波麻呂를 大使로 삼고, 桑原連人足을 小使로 삼아 고구려에 보냈다.

⑬ **卷第廿九 天渟中原瀛眞人天皇 下 天武天皇 十四年 春 二月**(686년 음2월 4일)

- 원문 : 二月丁丑朔庚辰 大唐人・百濟人・高麗人 幷百卌十七人賜爵位
- 국역 : 2월 4일 唐人, 百濟人, 고구려人 모두 147인에게 작위를 주었다.

⑭ **卷第廿九 天渟中原瀛眞人天皇 下 天武天皇 十四年 秋 九月**(683년 음9월 27일)

- 원문 : 庚午 化來高麗人等 賜祿各有差
- 국역 : 27일 귀화해 온 고구려人들에게 祿을 주었는데 각각 차등이 있었다.

⑮ **卷第卅 高天原廣野姬天皇 持統天皇 元年 冬 閏十二月**(686년 윤12월)

- 원문 : 閏十二月 筑紫大宰 獻三國高麗・百濟・新羅百姓男女 幷僧尼六十二人
- 국역 : 윤12월 筑紫의 大宰가 고구려・백제・신라 3國의 남녀 百姓과 僧尼 62명을 바쳤다.

⑯ **卷第卅 高天原廣野姬天皇 持統天皇 元年 夏 三月**(687년 음3월 15일)

- 원문 : 三月乙丑朔己卯 以投化高麗五十六人 居于常陸國 賦田受稟 使安生業
- 국역 : 3월 15일 投化한 고구려人 56명을 常陸國에 살게 했다. 땅을 나누어 주고 곡식을 주어 生業에 편안히 종사하게 했다.

⑰ **卷第卅 高天原廣野姬天皇 持統天皇 七年 夏 六月**(693년 음6월 1일)

- 원문 : 六月己未朔 詔高麗沙門福嘉還俗
- 국역 : 6월 초하루 고구려의 沙門 福嘉에게 조서를 내려 환속시켰다.

위의 고구려와 일본의 관계에 관한 기사를 다시 정리하면 다음과 같이 될 것이다.

① A.D. 200년 10월 3일 고구려와 백제 두 나라 국왕이 영원히 일본에 조공하겠다고 말하였다.

② A.D. 276년 9월 고구려인·백제인·임나인·신라인 네 나라 사람들이 동시에 함께 일본에 갔다.

③ A.D. 297년 9월 고구려왕이 조공하였다.

④ A.D. 306년 2월 1일 고구려왕이 吳나라로 가는 일본인의 길 안내를 하였다.

⑤ A.D. 324년 7월 3일 고구려가 철로 만든 방패 등을 바쳤다.

⑥ A.D. 324년 8월 10일 일본인의 활솜씨에 고구려에서 온 사신들이 두려워 모두 절을 하였다.

⑦ A.D. 370년 10월 吳·고구려 두 나라가 함께 조공하였다.

⑧ A.D. 464년 2월 임나왕은 고구려왕이 우리나라를 침공했다고 日本府의 장군들에게 도움을 청하였다.

⑨ A.D. 465년 3월 일본왕이 신라가 고구려의 조공을 방해했다고 말했다.

⑩ A.D. 476년 고구려의 여러 장군이 왕에게 백제 사람의 마음을 알 수 없다고 말하였다.

⑪ A.D. 477년 3월 백제가 고구려에 패배했음을 듣고, 일본왕은 백제왕에게 땅을 하사하였다.

⑫ A.D. 487년 이해 한 일본인이 任那에서 고구려와 교통하여 三韓의 왕이 되고자 하였다.

⑬ A.D. 493년 9월 4일 한 일본인을 고구려에 보내 손재주가 뛰어난 사람을 불러오게 했다.

⑭ A.D. 493년 가을 한 남자가 여자를 범하여 낳은 남자가 고구려로 출발했다.

⑮ A.D. 493년 한 남자가 고구려에서 귀국하여 工匠을 바쳤다. 皮工 고구려는 그 자손이다.

⑯ A.D. 512년 12월 한 神이 금·은의 나라 고구려·백제·신라·임나 등을 태중에 있는 譽田천황에게 수여했다.

⑰ A.D. 516년 9월 14일 백제가 일본인 장군을 보냈는데, 고구려 사인이 따라왔다.

⑱ A.D. 527년 6월 3일 일본 관리가 고구려·백제·신라·임나 등 매년 조공을 바치는 배를 꾀어 탈취했다.

⑲ A.D. 531년 12월 5일 고구려가 왕을 죽였다.

⑳ A.D. 540년 8월 고구려·백제·신라·임나가 함께 공물을 바쳤다.

㉑ A.D. 541년 4월 옛날에 신라는 고구려의 도움으로 임나와 백제를 쳤지만 이기지 못하였다.

㉒ A.D. 545년 고구려에 대란이 일어 죽은 자가 많았다.

㉓ A.D. 546년 이해 고구려에 대란이 일어 죽은 자가 2,000여 명이 되었다.

㉔ A.D. 548년 4월 3일, 포로가 安羅와 日本府가 고구려에 백제 침공을 권하였다고 말하였다.

㉕ A.D. 548년 6월 2일 일본왕이 백제가 고구려의 침해를 받았다고 하는데, 임나와 함께 막으라고 지시하였다.

㉖ A.D. 549년 6월 7일 일본왕이 은밀히 사신을 고구려에 파견하였다.

㉗ A.D. 550년 4월 1일 백제왕이 고구려 노예 6□를 바쳤다.

㉘ A.D. 550년 4월 16일 백제가 일본에 고구려의 포로 10□를 바쳤다.

㉙ A.D. 551년 백제가 고구려를 정벌하여 한성 땅을 차지하고 평양을 토벌했다.

㉚ A.D. 552년 5월 8일 백제가 고구려와 신라가 연합하여 백제를 멸하고자 한다고 일본왕에게 보고하였다.

㉛ A.D. 553년 8월 7일 신라와 고구려가 모의하여 백제를 치려 한다고 백제가 일본에게 알렸다.

㉜ A.D. 553년 10월 20일 백제가 고구려왕을 물리쳤다.

㉝ A.D. 554년 12월 백제가 신라는 무도하고 고구려는 바다 북쪽의 彌移居를 멸망시키려고 한다고 일본에 보고하였다.

㉞ A.D. 555년 2월 옛날에 백제가 고구려의 공격을 받아 위험하게 되자 천황이 명하여 神祇로부터 계책을 받도록 하였다.

㉟ A.D. 555년 8월 고구려와 신라가 다투어 백제를 멸망시키고자 한다고 백제왕이 신하에게 말하였다.

㊱ A.D. 556년 10월 蘇我大臣 등을 왜국 高市郡에 보내 고구려인 屯倉을 두었다.

㊲ A.D. 562년 8월 천황은 대장군을 보내 수만의 군사를 이끌고 고구려를 치게 했다.

㊳ A.D. 565년 5월 고구려인들이 일본에 귀화하였다.

㊴ A.D. 570년 4월 21일 고구려 사신이 표류하여 해안에 도착한 것을 천황이 구하였다.

㊵ A.D. 570년 4월 천황이 사람을 보내 고구려 사인을 맞이하였다.

㊶ A.D. 570년 5월 천황이 사람을 보내 고구려 사인을 대접하였다.

㊷ A.D. 570년 7월 1일 고구려 사인이 近江에 도착했다. 相樂館에서 연회를 베풀었다.

㊸ A.D. 571년 3월 고구려가 바친 물품과 表文을 아직 받지 못하였다.

㊹ A.D. 572년 5월 1일 천황이 고구려 사인이 묵는 집에 사람을 보내 조공으로 보내는 물건을 조사하였다.

㊺ A.D. 572년 5월 15일 고구려 사인이 가져온 국서를 한 사람만이 읽고 해석할 수 있었다.

㊻ A.D. 572년 6월 천황(欽明) 때, 일본인들이 고구려 대사의 머리를

치고 칼로 배를 찔렀으며, 또한 사람을 살해하고 도망갔다.

㊼ A.D. 572년 7월 고구려 사인이 귀국하였다.

㊽ A.D. 573년 5월 3일 일본의 해안에 도착한 고구려 사인을 돌려보냈다.

㊾ A.D. 573년 7월 1일 送使 難波가 파도를 두려워하여 고구려인 두 사람을 바다에 던졌다.

㊿ A.D. 574년 5월 5일 고구려 사인이 해안에 정박했다.

(51) A.D. 574년 7월 20일 고구려 사인이 入京하여 작년 送使를 따라 귀국했다고 말씀드렸다.

(52) A.D. 585년 蘇我馬子는 승려였다가 환속한 고구려 사람을 불법의 스승으로 삼았다.

(53) A.D. 593년 4월 10일 성덕태자는 고구려승 혜자에게서 배웠다.

(54) A.D. 595년 5월 10일 고구려 승려인 혜자가 귀화하였다.

(55) A.D. 601년 3월 5일 사람을 고구려에 보내 급히 任那를 구원하라고 지시하였다.

(56) A.D. 602년 10월 15일 고구려승이 귀화하였다.

(57) A.D. 605년 4월 1일 고구려왕이 일본 국왕이 불상을 조성한다는 말을 듣고 황금 300냥을 바쳤다.

(58) A.D. 610년 3월 고구려왕이 승려를 일본에 바쳤다.

(59) A.D. 615년 11월 2일 고구려 승려가 본국으로 돌아갔다.

(60) A.D. 618년 8월 1일 고구려가 사신을 보내어 방물을 바쳤다.

(61) A.D. 621년 2월 고구려로 귀국한 고구려 승려 혜자가 성덕태자가 죽었다는 소식을 듣고 매우 슬퍼했다.

(62) A.D. 625년 1월 7일 고구려왕이 승려를 바쳤다.

(63) A.D. 630년 3월 1일 고구려의 대사와 백제의 대사가 함께 조공하였다.

(64) A.D. 630년 8월 8일 고구려와 백제의 사신에게 잔치를 베풀었다.

(65) A.D. 630년 9월 4일 고구려 사신과 백제의 사신이 귀국하였다.

(66) A.D. 642년 2월 6일 고구려 사신이 항구에 다다랐다.

(67) A.D. 642년 2월 21일 고구려가 바치는 금·은과 물건을 점검하였다.

(68) A.D. 642년 2월 22일 고구려 사신과 백제 사신에게 잔치를 베풀었다.

(69) A.D. 642년 2월 25일 고구려·백제 사신에게 잔치를 베풀었다.

(70) A.D. 642년 2월 27일 고구려·백제 사신이 함께 귀국하였다.

(71) A.D. 642년 8월 고구려 사신이 16일에 귀국하고, 백제·신라 사신이 26일에 귀국하였다.

(72) A.D. 643년 6월 13일 고구려는 639년부터 조공하지 않다가, 금년에야 조공했다.

(73) A.D. 645년 4월 1일 고구려는 일본의 학문승이 귀국할 뜻이 있음을 알고 독살하였다.

(74) A.D. 645년 7월 고구려·백제·신라가 함께 조공하였다.

(75) A.D. 646년 2월 15일 고구려·백제·임나·신라가 함께 조공하였다.

(76) A.D. 647년 1월 15일 고구려·신라가 함께 조공하였다.

(77) A.D. 650년 2월 9일 옛날 고구려가 절을 지으려고 조사하니 흰 사슴이 나타났다.

(78) A.D. 650년 2월 15일 일본의 조정에서 일본의 大臣 및 百官, 백제의 왕족, 고구려인 주치의, 신라의 가정교사 등이 들어왔다.

(79) A.D. 650년 4월 고구려·백제·신라 3국이 해마다 조공하였다.

(80) A.D. 654년 신라가 조공하였다. 어떤 책은 고구려·백제·신라 3국이 매년 조공하였다고 하였다.

(81) A.D. 655년 고구려·백제·신라 3국이 함께 조공하였다.

(82) A.D. 656년 8월 8일 고구려가 조공하였다.

(83) A.D. 656년 9월 고구려에 사신을 보냈다.

(84) A.D. 656년 고구려·백제·신라 3국이 함께 조공하였다.

⑧⑤ A.D. 659년 고구려 사신이 곰가죽 한 장의 값을 綿 60근이라 하였다.
⑧⑥ A.D. 660년 1월 1일 고구려 사신 100여 명이 筑紫에 왔다.
⑧⑦ A.D. 660년 5월 8일 고구려 사신 등이 難波館에 왔다.
⑧⑧ A.D. 660년 7월 16일 고구려 사신이 돌아갔다.
⑧⑨ A.D. 661년 7월 당나라 군대 등이 고구려 성에 이르렀다.
⑨⓪ A.D. 661년 12월 당의 군대가 공격했지만, 고구려 군대가 당군의 작은 성을 탈환하였다.
⑨① A.D. 662년 3월 4일 당나라와 신라가 고구려를 정벌했다. 고구려가 일본에 구원을 청하므로 군대를 보냈다.
⑨② A.D. 662년 4월 점을 치니 고구려가 망할 것 같다.
⑨③ A.D. 663년 5월 1일 백제의 왕자가 兵事를 고구려에 고했다.
⑨④ A.D. 663년 8월 28일 백제왕이 고구려로 도망갔다.
⑨⑤ A.D. 666년 1월 11일 고구려가 조공하였으며, 탐라도 같은 날 조공하였다.
⑨⑥ A.D. 666년 6월 4일 고구려의 사인이 귀국하였다.
⑨⑦ A.D. 666년 10월 26일 고구려가 조공하였다.
⑨⑧ A.D. 667년 2월 27일 일본의 왕과 누이를 합장하였는데, 고구려·백제·신라의 사인이 御路에 애도하였다.
⑨⑨ A.D. 667년 10월 고구려의 大兄이 평양성을 나와 나라를 순행하였다.
⑩⓪ A.D. 668년 7월 고구려가 조공하였는데, 풍랑이 거세어 돌아갈 수 없었다.
⑩① A.D. 668년 10월 당나라가 고구려를 공격하여 멸망시켰다.
⑩② A.D. 671년 1월 9일 고구려가 조공하였다.
⑩③ A.D. 671년 8월 3일 고구려 사인이 귀국하였다.
⑩④ A.D. 673년 5월 28일 고구려가 조공하였다.
⑩⑤ A.D. 674년 8월 20일 고구려가 조공하였는데, 신라가 고구려 사신을

호송하였다.

⑩⑥ AD674년 11월 21일 고구려 사신과 신라 사신을 筑紫에서 대접하고 祿을 주었다.

⑩⑦ A.D. 676년 3월 고구려도 조공하고, 신라도 조공하였다.

⑩⑧ A.D. 676년 8월 28일 고구려 사신과 신라 사신을 筑紫에서 대접하였다.

⑩⑨ A.D. 677년 11월 23일 고구려가 조공하였는데, 신라가 고구려 사신을 筑紫까지 호송하였다.

⑪⓪ A.D. 680년 2월 1일 고구려가 조공하였는데, 신라가 고구려 사신을 筑紫까지 호송하였다.

⑪① A.D. 680년 9월 23일 고구려에 보낸 사신과 탐라에 보낸 사신이 돌아왔다.

⑪② A.D. 681년 5월 13일 고구려(卯問)가 조공하였는데, 신라가 고구려 사신을 筑紫까지 호송하였다.

⑪③ A.D. 681년 11월 4일 고구려인 19명이 귀국하였다.

⑪④ A.D. 682년 4월 17일 고구려 사신(卯問) 등에게 筑紫에서 대접하였다.

⑪⑤ A.D. 682년 5월 26일 고구려인(卯問)이 귀국했다.

⑪⑥ A.D. 682년 7월 4일 같은 날 신라와 고구려에 사신을 보냈다.

⑪⑦ A.D. 682년 9월 3일 고구려와 신라에 보낸 사신들이 함께 귀국했다.

⑪⑧ A.D. 683년 5월 16일 고구려에 보낸 사신이 귀국하였다.

⑪⑨ A.D. 683년 6월 1일 고구려가 조공하였으며, 신라가 고구려 사람을 筑紫까지 호송하였다.

⑫⓪ A.D. 683년 8월 3일 고구려 사신에게 筑紫에서 잔치를 베풀었다.

⑫① A.D. 684년 1월 18일 고구려·백제·신라 3국의 음악을 조정에서 연주하였다.

⑫② A.D. 685년 5월 28일 고구려에 사신을 보냈다.

⑫③ A.D. 686년 2월 4일 당나라인·백제인·고구려인 147인에게 작위를

주었다.

⑫④ A.D. 686년 9월 27일 귀화한 고구려인들에게 祿을 주었다.

⑫⑤ A.D. 686년 윤12월 筑紫의 관리가 고구려·백제·신라의 남녀 백성과 僧尼 62인을 바쳤다.

⑫⑥ A.D. 687년 3월 15일 귀화한 고구려인 56명을 常陸國에 살게 했다.

⑫⑦ A.D. 693년 6월 1일 고구려의 스님을 환속시켰다.

위의 고구려와 일본의 관계에 관한 『일본서기』의 기사 가운데 대표적이라고 생각되는 내용을 제시하면 다음과 같다.

① 고구려와 백제 두 나라 국왕이 영원히 일본에 조공하겠다고 말하였다.

② 고구려인·백제인·임나인·신라인 네 나라 사람이 함께 일본에 갔다.

③ 고구려왕이 조공하였다.

④ 일본인의 활솜씨에 고구려 사인이 두려워 모두 절을 하였다.

⑤ 오(吳)나라와 고구려 두 나라가 함께 조공하였다.

⑥ 일본왕이 고구려의 조공을 신라가 방해했다고 말하였다.

⑦ 손재주가 뛰어난 고구려 사람을 불러오게 하였다.

⑧ 한 神이 금·은의 나라 고구려·백제·신라·임나 등을 태중에 있는 應神천황에게 바쳤다.

⑨ 고구려·백제·신라·임나 네 나라가 함께 공물을 바쳤다.

⑩ 일본왕이 대장군을 보내 고구려를 치게 했다.

⑪ 고구려에 사람을 보내 임나를 구원하라고 지시하였다.

⑫ 고구려로 귀국한 고구려승이 성덕태자가 죽었다는 말을 듣고 매우 슬퍼했다.

⑬ 고구려왕이 승려를 바쳤다.

⑭ 고구려와 신라 두 나라가 함께 조공하였다.

⑮ 조공하는 고구려 사람을 신라가 호송하였다.

⑯ 일본왕이 고구려에 사신을 파견하였다.

고구려와 일본의 관계도 앞에서 살펴본 신라와 일본의 관계와 유사하게 서술되어 있다. 즉 백제·고구려·신라·임나 4국이 함께 동시에 일본에 조공하거나 또는 이들 네 나라 가운데 두 나라가 동시에 일본에 조공하였다고 서술하고 있다. 또 고구려가 아니라 고구려왕이 친히 일본에 조공하였다고 서술하거나, 인간이 아니라 한 神이 고구려·백제·신라·임나 4국을 태중에 있는 응신(應神)천황에게 주었다고 서술하기도 하였다. 이는 동화에서나 나올 수 있는 이야기이다. 한편 일본왕이 대장군(大將軍)을 파견하여 고구려를 치게 했다고 적고 있다. 앞에서도 살펴본 바와 같이 일본은 조선 및 항해 수준이 유치하여 단독으로는 한반도와 중국에 갈 수도 없었는데 여기서는 일본이 단독으로 고구려에 사신을 파견하거나 또는 대장군을 우두머리로 하는 대규모의 군대를 고구려에 파견하여 그 나라를 정벌하였다고 서술하고 있다. 이렇게 되면 일본은 한반도 남쪽의 신라와 백제(후기)를 정벌할 뿐만 아니라 한반도의 북쪽에 있는 고구려도 정벌한 것이 되니 결국 일본은 한반도 전체에 군대를 파견하여 정벌하였다는 결론에 이르게 된다.

그리고 또 일본에 조공하는 고구려 사람을 고구려 사람이 아니라 신라 사람이 일본까지 호송하였다는 기사는 어떻게 설명해야 할 것인가? 술에 만취되어 횡설수설하게 쓴 글이 아니고서는 이런 기사는 있을 수 없다.

吳나라는 서기 222년부터 280년까지 존재한 중국의 한 나라이다. 그런데 吳나라가 멸망한지 26년 되는 해인 서기 306년 2월 1일에 고구려왕이 吳나라로 가는 일본인의 길 안내를 하였다는 기사, 또 그로부터 64년 후인 370년 10월에 吳나라와 고구려 두 나라가 함께 일본에 조공을 하였다는 기사는 또 어떻게 받아들여야 할 것인가? 고소(苦笑)와 실소(失笑)를 넘어 파안대소 할 따름이다. 이 기사는 고구려와 吳(중국)나라가 같은 시대 같은 지역에 공존함과 동시에 두 나라가 하나의 나라처럼 행동을 했을 때 일어날 수 있는 정치적 사건이라 할 수 있겠다. 그리고 그것보다 『일본서기』의 기사 집필자는 초보적인 지리적 지식이나 초보적인 역사적 지식도 가지고 있지 않으면서도 『일본서기』를 집필하였음을 나타내는 기사라 하겠다.

제4부 백제와 일본의 관계를 왜곡한 기사

여기에서는 백제와 일본의 관계를 왜곡한 기사를 살펴본다.

① 卷第九 氣長足姫尊 神功皇后 九年 冬 十月(200년 음10월 3일)

- 원문 : 冬十月己亥朔辛丑 從和珥津發之 時飛廉起風 陽侯擧浪 海中大魚 悉浮扶船 則大風順吹 帆舶隨波 不勞櫓楫 便到新羅 時隨船潮浪 達逮國中 卽知 天神地祇悉助歟 新羅王 於是 戰戰慄慄措身無所 則集諸人曰 新羅之建國以來 未嘗聞海水凌國 若天運盡之 國爲海乎 是言未訖之間 船師滿海 旌旗耀日 鼓吹起聲 山川悉振 新羅王遙望以爲 非常之兵 將滅己國 讋焉失志 乃今醒之曰 吾聞 東有神國 謂日本 亦有聖王 謂天皇 必其國之神兵也 豈可擧兵以距乎 卽素旆而自服 素組以面縛 封圖籍 降於王船之前 因以 叩頭之曰 從今以後 長與乾坤 伏爲飼部 其不乾船柂 而春秋獻馬梳及馬鞭 復不煩海遠 以每年貢男女之調 則重誓之曰 非東日更出西 且除阿利那禮河返以之逆流 及河石昇爲星辰 而殊闕春秋之朝 怠廢梳鞭之貢 天神地祇 共討焉 時或曰 欲誅新羅王 於是皇后曰 初承神教 將授金銀之國 又號令三軍曰 勿殺自服 今旣獲財國亦人自降服 殺之不祥 乃解其縛爲飼部 遂入其國中 封重寶府庫 收圖籍文書 卽以皇后所杖矛 樹於新羅王門 爲後葉之印 故其矛今猶樹于新羅王之門也 爰新羅王波沙寐錦 卽以微叱己知波珍干岐爲質 仍齎金銀

彩色及綾·羅·縑絹 載于八十艘船 令從官軍 是以 新羅王 常以八十船之調貢于日本國 其是之緣也 於是 高麗·百濟二國王 聞新羅收圖籍降於日本國 密令伺其軍勢 則知不可勝 自來于營外 叩頭而款曰 從今以後 永稱西蕃 不絶朝貢 故因以 定內官家屯倉 是所謂之三韓也 皇后從新羅還之

• 국역 : 겨울 10월 3일 和珥津으로부터 출발했다. 이때 바람의 신은 바람을 일으키고 파도의 신은 파도를 일으켰으며 바닷속의 큰 고기가 모두 떠올라 배를 도왔다. 곧 큰 바람이 순조롭게 불고 배는 물결을 따라갔으므로 노 젓는 데 힘들이지 않고 바로 신라에 도착하였다. 이때 배를 실은 물결이 멀리 나라 가운데까지 미쳤으니 곧 하늘과 땅의 신들이 모두 도왔음을 알겠다. 신라왕은 이에 두려워 떨며 몸 둘 바를 모른 채 여러 사람을 모아놓고 "신라의 건국 이래 일찍이 바닷물이 나라에 넘친 일을 듣지 못했다. 만약 天運이 다했다면 나라가 바다가 될 것이다"라고 하였다. 이 말이 끝나기도 전에 배가 바다에 가득 차고 깃발들이 햇빛에 빛났다. 북과 나팔소리가 나니 산천이 모두 떨었다. 신라왕이 멀리서 바라보고 심상치 않은 군대가 장차 자기 나라를 멸망시킬 것으로 여겨 두려워하며 싸울 뜻을 잃었다. 잠시 후 정신을 차리고 "내가 들으니 동쪽에 神國이 있는데 日本이라고 하며 성스러운 왕이 있어 天皇이라고 한다. 반드시 그 나라의 神兵일 것이니 어찌 병사를 일으켜 막을 수 있겠는가?"라 하고 곧 흰 기를 들고 스스로 항복하여 왔다. 흰 끈을 목에 걸어 항복하고 圖籍을 봉인하여 왕의 배 앞에 와서 항복하였다. 인하여 머리를 조아리고 "지금 이후로는 하늘과 땅과 같이 길이 엎드려 飼部가 되겠습니다. 배의 키가 마를 틈 없이 봄가을로 말의 털을 씻는 빗과 말채찍을 바치겠습니다. 또한 바다가 먼 것을 번거롭게 여기지 않고 해마다 남녀의 調를 바치겠습니다"라고

하였다. 거듭 맹세하여 "동쪽의 해가 다시 서쪽에서 떠오르지 않는다면, 또한 阿利那禮河가 오히려 거꾸로 흐르고, 냇돌이 올라가 별이 되는 일이 없는 한, 봄 가을의 조공을 거르고 빗과 채찍을 바치지 않거나 게을리하면 하늘과 땅의 신이 함께 토벌할 것입니다"라고 하였다. 이때 어떤 사람들은 "신라왕을 죽여야 한다"고 말하였는데, 황후는 "처음에 금은의 나라를 주겠다고 한 신의 가르침을 받들고 3軍에 호령하여 '스스로 항복하는 자는 죽이지 마라'고 하였다. 지금 이미 財國을 얻었고 또 사람들이 스스로 항복했으니 죽이는 것은 좋지 않다"고 하였다. 이에 항복의 결박을 풀고 飼部로 삼았다. 드디어 그 나라 안에 들어가 보물 창고를 봉하고 圖籍文書를 거두었다. 그리고 황후가 가지고 있던 창을 신라왕의 문에 세워 후세의 증거로 삼았다. 그래서 그 창은 지금도 신라왕의 문에 서 있다. 이에 신라왕 波沙寐錦은 微叱己知波珍干岐를 볼모로 하여 金銀·彩色綾羅·縑絹을 배 80척에 싣고 官軍을 따르게 했다. 이리하여 신라왕은 항상 80척의 調를 日本國에 바쳤는데 이러한 연유 때문이다. 이때 고구려와 백제 두 나라 국왕이 신라가 圖籍을 거두어 일본국에 항복하였다는 것을 듣고 몰래 그 軍勢를 살피도록 하였다. 이길 수 없음을 알고 스스로 軍營 밖에 와서 머리를 조아리고 서약하여 "지금 이후로는 길이 서쪽 蕃國이 되어 조공을 그치지 않겠습니다"라고 하였다. 그리하여 内官家屯倉으로 정하였다. 이것이 이른바 三韓이다. 황후가 신라로부터 돌아왔다.

② **卷第九 氣長足姫尊 神功皇后 卌六年 春 三月**(209년 음3월 1일)

- **원문** : 卌六年春三月乙亥朔 遣斯摩宿禰于卓淳國*斯摩宿禰者 不知何姓人也 於是 卓淳王末錦旱岐 告斯摩宿禰曰 甲子年七月中 百濟人久氐·彌州流·莫古三人 到於我土曰 百濟王 聞東方有日本貴國 而遣臣等 令朝其貴

國 故求道路 以至于斯土 若能教臣等 令通道路 則我王必深德君王 時謂久氐等曰 本聞東有貴國 然未曾有通 不知其道 唯海遠浪嶮 則乘大船 僅可得通 若雖有路津 何以得達耶 於是 久氐等曰 然卽當今不得通也 不若 更還之備船舶而後通矣 仍曰 若有貴國使人來 必應告吾國 如此乃還 爰斯摩宿禰卽以傔人爾波移與卓淳人過古二人 遣于百濟國 慰勞其王 時百濟肖古王 深之歡喜 而厚遇焉 仍以五色綵絹各一匹及角弓箭 幷鐵鋌四十枚 幣爾波移 便復開寶藏 以示諸珍異曰 吾國多有是珍寶 欲貢貴國不知道路 有志無從 然猶今付使者 尋貢獻耳 於是爾波移奉事而還 告志摩宿禰 便自卓淳還之也

• 국역 : 46년 봄 3월 초하루 斯摩宿禰를 卓淳國에 보냈다*斯摩宿禰는 어떤 姓氏의 사람인지 모른다. 이때 卓淳王 末錦旱岐가 斯摩宿禰에게 "甲子年 7월에 백제인 久氐·彌州流·莫古 세 사람이 우리나라에 와서 '백제왕이 동방에 일본이라는 귀한 나라가 있음을 듣고 우리들을 보내어 그 나라에 조공하게 했습니다. 그래서 길을 찾다가 여기에 왔습니다. 만약 신들에게 길을 통하도록 가르쳐 준다면 우리 왕이 반드시 君王에게 덕이 있다고 할 것입니다'라고 하였다. 이때 내가 久氐 등에게 '전부터 동쪽에 귀한 나라가 있다고 들었지만 아직 왕래한 적이 없어 그 길을 알지 못한다. 바다가 멀고 파도가 험하여 큰 배를 타야 겨우 통할 수 있을 것이니 비록 길을 안다 하더라도 어떻게 도달할 수 있겠는가?'라고 하였다. 그러자 久氐 등이 '그렇다면 지금은 갈 수 없겠습니다. 그렇지 않고 가려면 다시 돌아가서 배를 갖춘 뒤에 가야 하겠습니다. 만약 귀한 나라의 사신이 오면 반드시 우리나라에도 알려 주십시오' 하고 돌아갔다"고 하였다. 이에 斯摩宿禰는 從者 爾波移와 卓淳人 過古 두 사람을 백제국에 보내어 그 왕을 위로하였다. 이때 백제 肖古王은 매우 기뻐하며 후하게 대접하고, 다섯 가지 빛깔의 綵絹 각 1필과 角弓箭

및 鐵鋌 40枚를 爾波移에게 주었다. 또 보물창고를 열어 여러 가지 진기한 것들을 보여주며 "우리나라에는 이같은 진기한 보물들이 많이 있다. 귀한 나라에 바치고자 하나, 길을 알지 못하여 마음만 있을 뿐 따르지 못하고 있다. 그래서 지금 使者에게 부쳐서 바친다"고 하였다. 이에 爾波移가 일을 받들고 돌아와서 志摩宿禰에게 보고했다. 바로 卓淳으로부터 돌아왔다.

③ **卷第九 氣長足姬尊 神功皇后 卅七年 夏 四月**(247년 음4월)

• 원문 : 卅七年夏四月 百濟王使久氐·彌州流·莫古 令朝貢 時新羅國調使 與久氐共詣 於是 皇太后·太子譽田別尊 大歡喜之曰 先王所望國人 今來朝之 痛哉 不逮于天皇矣 群臣皆莫不流涕 仍檢校二國之貢物 於是新羅貢物者 珍異甚多 百濟貢物者 少賤不良 便問久氐等曰 百濟貢物不及新羅 奈之何 對曰 臣等失道 至沙比新羅 則新羅人捕臣等禁囹圄 經三月而欲殺 時久底等 向天而呪詛之 新羅人怖其呪詛而不殺 則奪我貢物 因以 爲己國之貢物 以新羅賤物 相易爲臣國之貢物 謂臣等曰 若誤此辭者 及于還日 當殺汝等 故久氐等恐怖從耳 是以 僅得達于天朝 時皇太后 譽田別尊 責新羅使者 因以 祈天神曰 當遣誰人於百濟將檢事之虛實 當遣誰人於新羅 將推問其罪 便天神誨之曰 令武內宿禰行議 因以千熊長彦爲使者 當如所願*千熊長彦者 分明不知其姓人 一云武藏國人 今是額田部槻本首等之始祖也 百濟記云 職麻那那加比跪者 蓋是歟也 於是遣千熊長彦于新羅 責以濫百濟之獻物

• 국역 : 47년 여름 4월 백제왕이 久氐·彌州流·莫古를 보내어 조공하게 했다. 이때 신라국의 調使(조공사)가 久氐와 함께 왔다. 이에 황태후와 태자 譽田別尊이 매우 기뻐하며 "선왕이 바라던 나라 사람들이 지금 와서 조공하니, 천황에게까지 미치지 못하는 것이 슬프도다"라 하니, 여러 신하가 모두 눈물을 흘렸다. 그리고 두 나라의 공물을

조사하였더니 신라의 공물은 진기한 것이 매우 많았는데, 백제의 공물은 적고 천하여 좋지 않았다. 이에 久氐 등에게 "백제의 공물이 신라에 미치지 못하니 어찌 된 것이냐?"고 물었다. "우리가 길을 잃어서 沙比新羅에 이르렀는데 신라인들이 우리를 붙잡아 감옥에 가두었습니다. 세 달이 지난 후 죽이고자 하였는데 이때 久氐 등이 하늘을 향하여 저주하였더니 신라인들이 그 저주를 두려워하여 죽이지 않았습니다. 그리고 우리 공물을 빼앗아 자기 나라의 공물로 하고 신라의 천한 물건을 우리나라의 공물로 바꾸었습니다. 또 우리에게 '만약 이 일을 말하면 돌아가는 날 너희를 죽이겠다'고 하였습니다. 그래서 久氐 등은 두려워서 그대로 따랐습니다. 이리하여 겨우 天朝에 도착할 수 있었습니다"고 대답하였다. 이때 황태후와 譽田別尊이 신라 사신을 책망하고 天神에게 기도하여 "누구를 백제에 파견하여 일의 사실 여부를 조사하며, 누구를 신라에 파견하여 그 죄를 물으면 좋겠습니까?"라 하였다. 天神이 "武內宿禰로 하여금 의논하도록 하고 千熊長彦을 사자로 삼으면 소원대로 될 것이다"라고 가르쳐 주었다*千熊長彦은 어떤 성씨의 사람인지 분명히 알지 못한다. 일설에는 武藏國人이니 지금의 額田部 槻本首 등의 시조라고 한다. 『百濟記』에 職麻那那加比跪라고 한 사람은 대개 이 사람인 듯하다. 이에 千熊長彦을 신라에 보내어 백제가 바치는 물건을 훔친 것을 질책하였다.

④ **卷第九 氣長足姬尊 神功皇后 卌九年 春 三月**(249년 음3월)

• 원문 : 卌九年春三月 以荒田別・鹿我別爲將軍 則與久氐等 共勒兵而度之 至卓淳國 將襲新羅 時或曰 兵衆少之 不可破新羅 更復 奉上沙白・蓋盧請增軍士 卽命木羅斤資 沙沙奴跪*是二人 不知其姓人也 但木羅斤資者 百濟將也 領精兵 與沙白・蓋盧共遣之 俱集于卓淳 擊新羅而破之 因以 平

定比自炑・南加羅・喙國・安羅・多羅・卓淳・加羅 七國 仍移兵 西廻至古奚津 屠南蠻 忱彌多禮 以賜百濟 於是 其王肖古及王子貴須亦領軍來會 時比利・辟中・布彌支・半古 四邑 自然降服 是以 百濟王父子及荒田別・木羅斤資等 共會意流村*今云 州流須祇 相見欣感 厚禮送遣之 唯千熊長彦與百濟王 至于百濟國 登辟支山盟之 復登古沙山共居磐石上 時百濟王盟之曰 若敷草爲坐 恐見火燒 且取木爲坐 恐爲水流 故居磐石而盟者 示長遠之不朽者也 是以 自今以後 千秋萬歲無絶無窮 常稱西蕃 春秋朝貢 則將千熊長彦 至都下厚加禮遇 亦副久氐等而送之

• 국역 : 49년 봄 3월 荒田別과 鹿我別을 장군으로 삼아 久氐 등과 함께 군대를 거느리고 건너가 卓淳國에 이르러 신라를 치려고 하였다. 이때 어떤 사람이 "군대가 적어서 신라를 깨뜨릴 수 없으니, 다시 沙白・蓋盧를 보내어 군사를 늘려 주도록 요청하십시오"라 하였다. 곧 木羅斤資와 沙沙奴跪에게*이 두 사람은 그 姓을 모르는데 다만 木羅斤資는 백제 장군이다 精兵을 이끌고 沙白・蓋盧와 함께 가도록 명하였다. 함께 탁순국에 모여 신라를 격파하고, 比自炑・南加羅・喙國・安羅・多羅・卓淳・加羅의 7국을 평정하였다. 또 군대를 옮겨 서쪽으로 돌아 古奚津에 이르러 남쪽의 오랑캐 忱彌多禮를 무찔러 백제에게 주었다. 이에 백제왕 肖古와 왕자 貴須가 군대를 이끌고 와서 만났다. 이때 比利・辟中・布彌支・半古의 4읍이 스스로 항복하였다. 그래서 백제왕 父子와 荒田別・木羅斤資 등이 意流村*지금은 州流須祇라 한다에서 함께 서로 만나 기뻐하고 후하게 대접하여 보냈다. 오직 千熊長彦과 백제왕은 백제국에 이르러 辟支山에 올라가 맹세하였다. 다시 古沙山에 올라가 함께 반석 위에 앉아서 백제왕이 "만약 풀을 깔아 자리를 만들면 불에 탈까 두렵고 또 나무로 자리를 만들면 물에 떠내려갈까 걱정된다. 그러므로 반석에

앉아 맹세하는 것은 오래도록 썩지 않을 것임을 보여주는 것이니, 지금 이후로는 천년만년 영원토록 늘 서쪽 번국이라 칭하여 봄가을로 조공하겠다"라고 맹세하였다. 그리고 千熊長彦을 데리고 도읍에 이르러 후하게 예우를 더하고 久氐 등을 딸려서 보냈다.

⑤ **卷第九 氣長足姬尊 神功皇后 五十年 夏 五月**(250년 음5월)

- 원문 : 夏五月 千熊長彦・久氐等 至自百濟 於是 皇太后歡之問久氐曰 海西諸韓 旣賜汝國 今何事以頻復來也 久氐等奏曰 天朝鴻澤 遠及弊邑 吾王歡喜踊躍 不任于心 故因還使 以致至誠 雖逮萬世 何年非朝 皇太后勅云 善哉汝言 是朕懷也 增賜多沙城 爲往還路驛
- 국역 : 여름 5월 千熊長彦과 久氐 등이 백제로부터 이르렀다. 이때 황태후가 기뻐하며 久氐에게 "바다 서쪽의 여러 韓을 이미 너희 나라에 주었는데 지금 무슨 일로 이리 자주 오느냐?"고 물었다. 久氐 등이 "天朝의 큰 은택이 멀리 우리나라에까지 미쳤으므로 우리 왕이 기쁨에 넘쳐 그 마음을 가눌 수 없어서 돌아가는 사신 편에 지극한 정성을 바치는 것입니다. 비록 만세까지라도 어느 해인들 조공하지 않겠습니까?"라고 아뢰었다. 황태후가 명령하여 "너의 말이 훌륭하구나! 이는 나의 생각이기도 하다"라 하고 多沙城을 더 주어 오고 가는 길의 驛으로 삼게 했다.

⑥ **卷第九 氣長足姬尊 神功皇后 五十一年 春 三月**(251년 음3월)

- 원문 : 五十一年春三月 百濟王亦遣久氐朝貢 於是 皇太后語太子及武內宿禰曰 朕所交親百濟國者 是天所致 非由人故 玩好珍物 先所未有 不闕歲時 常來貢獻 朕省此款 每用喜焉 如朕存時 敦加恩惠
- 국역 : 51년 봄 3월 백제왕이 또 久氐를 보내어 조공하였다. 이에 황태후가 태자와 武內宿禰에게 "내가 백제국과 교류하여 친하게 지내는

것은 하늘이 이르게 한 것이지 사람에 의한 것이 아니다. 진기한 물건들은 전에는 없었던 것인데 해를 거르지 않고 늘 와서 바치니 이런 정성을 생각할 때마다 기쁘다. 내가 있을 때처럼 은혜를 돈독하게 하라"고 하였다.

⑦ **卷第九 氣長足姫尊 神功皇后 五十一年**(251년)

- 원문 : 卽年 以千熊長彦 副久氐等遣百濟國 因以 垂大恩曰 朕從神所驗 始開道路 平定海西 以賜百濟 今復厚結好 永寵賞之 是時 百濟王父子 竝顙致地 啓曰 貴國鴻恩 重於天地 何日何時 敢有忘哉 聖王在上 明如日月 今臣在下 固如山岳 永爲西蕃 終無貳心
- 국역 : 이해 千熊長彦을 久氐 등에게 딸려 백제국에 보냈다. 큰 은혜를 내려 "나는 신의 징험한 바를 따라 처음으로 길을 열고 바다 서쪽을 평정하여 백제에게 주었다. 지금 다시 두텁게 우의를 맺고 길이 은총을 내리리라"고 하였다. 이때 백제왕 父子는 함께 이마를 땅에 대고 "貴國의 큰 은혜는 하늘과 땅보다 무거우니 어느 날 어느 때인들 감히 잊을 수 있으리오. 성스러운 왕이 위에 있어 해와 달같이 밝고 臣이 아래에 있어 산악과 같이 굳세니 길이 서쪽 蕃國이 되어 끝내 두 마음이 없을 것이오"라 아뢰었다.

⑧ **卷第九 氣長足姫尊 神功皇后 五十五年**(255년)

- 원문 : 五十五年 百濟肖古王薨
- 국역 : 55년 백제 肖古王이 죽었다.

⑨ **卷第九 氣長足姫尊 神功皇后 五十六年**(256년)

- 원문 : 五十六年 百濟王子貴須立爲王
- 국역 : 56년 백제 왕자 貴須가 왕이 되었다.

⑩ 卷第九 氣長足姬尊 神功皇后 六十二年(262년)

- 원문 : 六十二年 新羅不朝 卽年 遣襲津彦擊新羅*百濟記云 壬午年 新羅不奉貴國 貴國遣沙至比跪令討之 新羅人莊飾美女二人 迎誘於津 沙至比跪 受其美女 反伐加羅國 加羅國王己本旱岐 及兒百久至・阿首至・國沙利・伊羅麻酒・爾汶至等 將其人民 來奔百濟 百濟厚遇之 加羅國王妹旣殿至 向大倭啓云 天皇遣沙至比跪 以討新羅 而納新羅美女 捨而不討 反滅我國 兄弟人民 皆爲流沈 不任憂思 故 以來啓 天皇大怒 旣遣木羅斤資 領兵衆來集加羅 復其社稷 一云 沙至比跪 知天皇怒 不敢公還 乃自竄伏 其妹有幸於皇宮者 比跪密遣使人間天皇怒解不 妹乃託夢言 今夜夢見沙至比跪 天皇大怒云 比跪何敢來 妹以皇言報之 比跪知不免 入石穴而死也

- 국역 : 62년 신라가 조공하지 않았다. 이해에 襲津彦을 보내어 신라를 쳤다. *『百濟記』에 다음과 같이 말하였다. 壬午年에 신라가 貴國을 받들지 않았으므로 귀국이 沙至比跪를 보내 토벌하게 하였는데, 신라인은 미녀 두 사람을 단장시켜 나루에서 맞아 유혹하게 하였다. 沙至比跪는 그 미녀를 받아들이고 오히려 加羅國을 쳤다. 가라국왕 己本旱岐와 아들 百久至・阿首至・國沙利・伊羅麻酒・爾汶至 등이 그 人民을 데리고 백제로 도망하여 오니 백제는 후대하였다. 가라국왕의 누이 旣殿至가 大倭로 가서 "천황이 沙至比跪를 보내어 신라를 토벌하게 했는데 신라 미녀를 받아들이고 (왕명을) 저버리고 토벌하지 않았으며, 오히려 우리나라를 멸망시켜 형제와 인민들이 모두 流離하게 되어 걱정하는 마음을 이길 수 없으므로 와서 아룁니다"라 하였다. 천황이 크게 노하여 木羅斤資를 보내어 군대를 거느리고 加羅에 모여 그 社稷을 복구시켰다고 한다. 일설은 다음과 같다. 沙至比跪가 천황이 노한 것을 알고 몰래 돌아와 스스로 숨어 있었다. 그 누이가 황궁에서 총애를 받고 있었는데 比跪가 몰래 使人을 보내어 천황의 노여움이 풀릴지 어떨지를 물어보았다. 누이는 꿈에 가탁하여 "오늘 밤 꿈에 沙至比跪를 보았습니다"라 하였다. 천황이 크게 노하여 "比跪가 어찌 감히 오느냐"라고 하였다. 누이가 천황의 말을 전하였더니 比跪는 면할 수 없음을 알고 바위굴에 들어가서 죽었다.

⑪ **卷第九 氣長足姫尊 神功皇后 六十四年**(264년)

• 원문 : 六十四年 百濟國貴須王薨 王子枕流王立爲王

• 국역 : 64년 백제국 貴須王이 죽었다. 왕자 枕流王이 즉위하였다.

⑫ **卷第九 氣長足姫尊 神功皇后 六十五年**(265년)

• 원문 : 六十五年 百濟枕流王薨 王子阿花年少 叔父辰斯奪立爲王

• 국역 : 65년 백제 침류왕이 죽었다. 왕자 阿花가 어렸으므로 숙부 辰斯가 왕위를 빼앗아 즉위하였다.

⑬ **卷第十 譽田天皇 應神天皇 三年**(272년)

• 원문 : 是歲 百濟辰斯王立之失禮於貴國天皇 故遣紀角宿禰・羽田矢代宿禰・石川宿禰・木菟宿禰 嘖讓其无禮狀 由是 百濟國殺辰斯王以謝之 紀角宿禰等 便立阿花爲王而歸

• 국역 : 이해 百濟의 辰斯王이 왕위에 있으면서 貴國(日本)의 天皇에게 예의를 잃었으므로, 紀角宿禰・羽田矢代宿禰・石川宿禰・木菟宿禰를 파견하여 그 무례함을 책망하였다. 이로 말미암아 百濟國에서는 辰斯王을 죽여 사죄하였다. 紀角宿禰 등은 阿花를 왕으로 세우고 돌아왔다.

⑭ **卷第十 譽田天皇 應神天皇 七年 秋 九月**(276년 음9월)

• 원문 : 七年秋九月 高麗人・百濟人・任那人・新羅人 竝來朝 時命武內宿禰 領諸韓人等作池 因以名池號韓人池

• 국역 : 7년 가을 9월 고구려人・百濟人・任那人・新羅人이 함께 來朝하였다. 그때 武內宿禰에게 명하여 여러 韓人들을 이끌고 연못을 만들게 하였다. 때문에 이 연못을 이름하여 韓人池라 불렀다.

⑮ **卷第十 譽田天皇 應神天皇 八年 春 三月**(277년 음3월)

- 원문 : 八年春三月 百濟人來朝*百濟記云 阿花王立無禮於貴國 故奪我枕彌多禮 及峴南・支侵・谷那・東韓之地 是以 遣王子直支于天朝 以脩先王之好也
- 국역 : 8년 봄 3월 百濟人이 來朝하였다*『百濟記』에는, "阿花王이 왕위에 있으면서 貴國에 예의를 갖추지 않았으므로 (日本이) 우리의 枕彌多禮 및 峴南・支侵・谷那・東韓의 땅을 빼앗았다. 이에 왕자 直支를 天朝(일본조정)에 보내어 先王의 우호를 닦게 하였다"고 되어 있다.

⑯ **卷第十 譽田天皇 應神天皇 十四年 春 二月**(283년 음2월)

- 원문 : 十四年春二月 百濟王貢縫衣工女 曰眞毛津 是今來目衣縫之始祖也
- 국역 : 14년 봄 2월 百濟王이 縫衣工女를 바쳤다. 眞毛津이라고 하는데, 이가 오늘날 來目衣縫의 始祖이다.

⑰ **卷第十 譽田天皇 應神天皇 十四年**(283년)

- 원문 : 是歲 弓月君自百濟來歸 因以奏之曰 臣領己國之人夫百廿縣而歸化 然因新羅人之拒 皆留加羅國 爰遣葛城襲津彦 而召弓月之人夫於加羅 然經三年 而襲津彦不來焉
- 국역 : 이해 弓月君이 百濟로부터 와서 귀화하였다. 그리고 아뢰기를, "臣은 우리나라 120縣의 人夫를 이끌고 귀화하려 하였습니다. 그러나 新羅人이 방해하여 모두 加羅國에 머물고 있습니다"라고 하였다. 이에 葛城襲津彦을 파견하여 弓月의 人夫를 加羅에서 데리고 오도록 하였다. 그러나 3년이 지나도 襲津彦은 돌아오지 않았다.

⑱ **卷第十 譽田天皇 應神天皇 十五年 秋 八月**(284년 음 8월 6일)

- 원문 : 十五年秋八月壬戌朔丁卯 百濟王遣阿直伎 貢良馬二匹 卽養於輕坂上廐 因以阿直岐令掌飼 故號其養馬之處 曰廐坂也 阿直岐亦能讀經典 卽太

子菟道稚郎子師焉 於是 天皇問阿直岐曰 如勝汝博士亦有耶 對曰 有王仁者 是秀也 時遣上毛野君祖 荒田別・巫別於百濟 仍徵王仁也 其阿直岐者 阿直岐史之始祖也

• 국역 : 15년 가을 8월 6일 百濟王이 阿直伎를 보내어 좋은 말 2필을 바쳤다. 곧 輕의 산비탈 부근에 있는 마굿간에서 길렀는데, 阿直岐로 하여금 사육을 맡게 하였다. 때문에 말 기르는 곳을 이름하여 廐坂이라고 한다. 阿直岐는 또 經典을 잘 읽었으므로 太子인 菟道稚郎子의 스승으로 삼았다. 이때 天皇은 阿直岐에게, "혹 너보다 뛰어난 박사가 또 있느냐?"고 물으니, "王仁이라는 분이 있는데 훌륭합니다"라고 대답하였다. 그러자 上毛野君의 조상인 荒田別과 巫別을 百濟에 보내어 王仁을 불렀다. 阿直岐는 阿直岐史의 始祖이다.

⑲ **卷第十 譽田天皇 應神天皇 十六年 春 二月**(285년 음2월)

• 원문 : 十六年二月 王仁來之 則太子菟道稚郎子師之 習諸典籍於王仁 莫不通達 所謂王仁者 是書首等之始祖也 是歲 百濟阿花王薨 天皇召直支王謂之曰 汝返於國以嗣位 仍且賜東韓之地而遣之*東韓者 甘羅城・高難城・爾林城是也

• 국역 : 16년 봄 2월 王仁이 왔다. 太子 菟道稚郎子는 그를 스승으로 모시고 여러 典籍들을 배웠는데, 통달하지 않음이 없었다. 이른바 王仁은 書首 등의 始祖이다. 이해 百濟의 阿花王이 죽었다. 天皇은 直支王을 불러, "그대는 본국으로 돌아가서 왕위를 잇도록 하라"고 말하였다. 그리고 東韓의 땅을 주어 보냈다*東韓은 甘羅城・高難城・爾林城이다.

⑳ **卷第十 譽田天皇 應神天皇 廿五年**(294년)

• 원문 : 廿五年 百濟直支王薨 卽子久爾辛立爲王 王年幼 木滿致執國政 與王母相婬 多行無禮 天皇聞而召之*百濟記云 木滿致者 是木羅斤資 討新羅時

娶其國婦 而所生也 以其父功 專於任那 來入我國 往還貴國 承制天朝 執我國政 權重當世 然天朝聞其暴召之

• 국역 : 25년 百濟의 直支王이 죽었다. 곧 아들 久爾辛이 왕위에 올랐다. 왕은 나이가 어렸으므로 木滿致가 國政을 잡았는데, 왕의 어머니와 서로 정을 통하여 무례한 행동이 많았다. 天皇은 이 말을 듣고 그를 불렀다.*『百濟記』에, "木滿致는 木羅斤資가 新羅를 칠 때에 그 나라의 여자를 아내로 맞아 낳은 사람이다. 아버지의 功으로 任那에서 專橫하다가 우리나라로 들어왔다. 貴國(日本)에 갔다가 돌아와 天朝의 명을 받들어 우리나라의 국정을 잡았는데, 권세의 높이가 세상을 덮을 정도였다. 그러나 天朝에서 그의 횡포함을 듣고 그를 불렀다"라고 되어 있다.

㉑ 卷第十 譽田天皇 應神天皇 卅九年 春 二月(308년 음2월)

• 원문 : 卅九年春二月 百濟直支王 遣其妹新齊都媛以令任 爰新齊都媛 率七婦女 而來歸焉

• 국역 : 39년 봄 2월 百濟의 直支王이 누이 新齊都媛을 보내어 섬기게 하였다. 新齊都媛은 7명의 여자를 이끌고 와서 귀화하였다.

㉒ 卷第十一 大鷦鷯天皇 仁德天皇 卌一年 春 三月(353년 음3월)

• 원문 : 卌一年春三月 遣紀角宿禰於百濟 始分國郡場 具錄鄕土所出 是時 百濟王之族酒君無禮 由是 紀角宿禰訶責百濟王 時百濟悚之 以鐵鎖縛酒君 附襲津彦而進上 爰酒君來之 則逃匿于石川錦織首許呂斯之家 則欺之曰 天皇旣赦臣罪 故寄汝而活焉 久之天皇遂赦其罪

• 국역 : 41년 봄 3월 紀角宿禰를 百濟에 보내어 처음으로 나라의 강역을 나누고 그 땅에서 나는 산물을 모두 기록하였다. 이때 百濟의 왕족인 酒君이 무례하게 행동하였으므로 紀角宿禰는 백제의 왕을 질책하였다. 그러자 百濟王은 두려워하며 쇠사슬로 酒君을 묶어서

襲津彦에게 딸려보내어 바쳤다. 酒君은 (일본에) 와서 곧 石川錦織首許呂斯의 집으로 도망가 숨었다. (酒君은) 속여 말하기를, "天皇은 이미 나의 죄를 용서하였다. 그러므로 그대에게 의지하여 살고 싶다"고 하였다. 오랜 뒤에 天皇은 드디어 그의 죄를 용서하였다.

㉓ 卷第十一 大鷦鷯天皇 仁德天皇 卌三年 秋 九月(355년 음9월 1일)

- 원문 : 卌十三年秋九月庚子朔 依網屯倉阿弭古 捕異鳥 獻於天皇曰 臣每張網捕鳥 未曾得是鳥之類 故奇而獻之 天皇召酒君 示鳥曰 是何鳥矣 酒君對言 此鳥之類 多在百濟 得馴而能從人 亦捷飛之掠諸鳥 百濟俗號此鳥曰倶知*是今時鷹也 乃授酒君令養馴 未幾時而得馴 酒君則以韋緡著其足 以小鈴著其尾 居腕上 獻于天皇 是日 幸百舌鳥野而遊獵 時雌雉多起 乃放鷹令捕 忽獲數十雉
- 국역 : 43년 가을 9월 초하루 依網의 屯倉에 있는 阿弭古가 기이한 새를 잡아서 天皇에게 바치며, "臣은 항상 그물을 쳐서 새를 잡는데 아직까지 이와 같은 새는 잡아 보지 못하였습니다. 그러므로 기이하게 생각되어 이것을 바칩니다"라고 말하였다. 天皇은 酒君을 불러 새를 보이며, "이것이 무슨 새인가?" 하고 물었다. 酒君은, "이와 같은 새는 百濟에 많이 있습니다. 길들여 사람을 따르게 할 수 있는데, 또한 빨리 날아서 온갖 새들을 잡습니다. 百濟 사람들은 이 새를 '倶知'*이것은 지금의 매이다라고 부릅니다"라고 대답하였다. 이에 (그 새를) 酒君에게 주어 길들이게 하였는데, 얼마 지나지 않아 길들일 수 있었다. 그래서 酒君은 가죽으로 만든 낚싯줄을 그 발에 매고 작은 방울을 그 꼬리에 달아서 팔뚝 위에 올려놓고 天皇에게 바쳤다. 이날 百舌鳥野에 행차하여 사냥을 하였다. 그때 꿩이 많이 날아 올랐는데 매를 놓아 잡도록 하니 잠깐 사이에 수십 마리의 꿩을 얻었다.

㉔ **卷第十四 大泊瀨幼武天皇 雄略天皇 二年 秋 七月**(458년 음7월)

• 원문 : 二年秋七月 百濟池津媛 違天皇將幸 婬於石川楯*舊本云 石河股合首祖楯 天皇大怒 詔大伴室屋大連 使來目部張夫婦四支於木 置假庪上 以火燒死百濟新撰云 己巳年 蓋鹵王立 天皇遣阿禮奴跪 來索女郞 百濟莊飾慕尼夫人女曰適稽女郞 貢進於天皇

• 국역 : 2년 가을 7월 백제의 池津媛은 천황이 장차 同寢하려는 것을 거스리고 石川楯*옛 책에는 石河股合首의 조상 楯이라 한다과 몰래 정을 통하였다. 천황이 크게 노하여 大伴室屋大連에게 명하여 來目部를 시켜 부부의 四支를 나무에 펼쳐 임시로 만든 시렁 위에 올려놓고 불에 태워 죽였다*『百濟新撰』에는 "己巳年에 蓋鹵王이 즉위하였다. 천황이 阿禮奴跪를 보내와 여자를 물색하게 하였으므로 백제에서 慕尼夫人의 딸 適稽女郞을 잘 꾸며서 천황에게 바쳤다"고 한다.

㉕ **卷第十四 大泊瀨幼武天皇 雄略天皇 五年 夏 四月**(461년 음4월)

• 원문 : 夏四月 百濟加須利君蓋鹵王也 飛聞池津媛之所燔殺適稽女郞也 而籌議曰 昔貢女人爲采女 而旣無禮 失我國名 自今以後 不合貢女 乃告其弟軍君*昆支也 曰 汝宜往日本以事天皇 軍君對曰 上君之命不可奉違 願賜君婦 而後奉遣 加須利君則以孕婦 嫁與軍君曰 我之孕婦 旣當産月 若於路産 冀載一船 隨至何處 速令送國 遂與辭訣 奉遣於朝

• 국역 : 여름 4월 백제 加須利君*蓋鹵王이다은 池津媛*適稽女郞이다이 불에 타 죽었다는 것을 전해 듣고 의논하기를 "옛날에 여자를 바쳐 采女로 삼았다. 그러나 예의가 없어 우리나라의 이름을 失墜시켰으니 지금부터는 여자를 바치지 않는 것이 옳겠다"라고 하였다. 이에 그의 아우 軍君*昆支이다에게 "네가 日本에 가서 천황을 섬기거라"고 말하였다. 軍君이 "임금님의 명을 어기지 않겠습니다. 바라건대 임금님의 부인을 저에게 주시면 그런 다음 떠나라는 명을 받들겠습

니다"라고 대답하였다. 加須利君은 임신한 부인을 軍君에게 주며 "나의 임신한 아내는 이미 해산할 달이 되었다. 만약 도중에 아이를 낳게 되면, 바라건대 1척의 배에 태워서 다다른 곳이 어디건 속히 나라에 보내도록 하라"고 하였다. 마침내 작별하고 조정에 파견되는 명을 받들었다.

㉖ 卷第十四 大泊瀨幼武天皇 雄略天皇 五年 六月(461년 음6월 1일)

- 원문 : 六月丙戌朔 孕婦果如加須利君言 於筑紫各羅嶋産兒 仍名此兒曰嶋君 於是 軍君卽以一船送嶋君於國 是爲武寧王 百濟人呼此嶋曰主嶋也
- 국역 : 6월 초하루 임신한 부인이 과연 加須利君의 말처럼 筑紫의 各羅嶋에서 아이를 낳았다. 그래서 이 아이의 이름을 嶋君이라 하였다. 이에 軍君은 곧 한 척의 배로 嶋君을 본국에 보내었는데, 이가 武寧王이 되었다. 백제 사람들은 이 섬을 主嶋라 일컬었다.

㉗ 卷第十四 大泊瀨幼武天皇 雄略天皇 七年(463년)

- 원문 : 是歲 吉備上道臣田狹 侍於殿側 盛稱稚媛於朋友曰 天下麗人 莫若吾婦 茂矣綽矣 諸子備矣 曄矣溫矣 種相足矣 鉛花弗御 蘭澤無加 曠世罕儔 當時獨秀者也 天皇 傾耳遙聽 而心悅焉 便欲自求稚媛爲女御 拜田狹 爲任那國司 俄而 天皇幸稚媛 田狹臣娶稚媛 而生兄君・弟君 別本云 田狹臣婦名毛媛者 葛城襲津彦子 玉田宿禰之女也 天皇聞體貌閑麗 殺夫自幸焉 田狹旣之任所 聞天皇之幸其婦 思欲求援而入新羅 于時 新羅不事中國 天皇詔田狹臣子弟君與吉備海部直赤尾曰 汝宜往罰新羅 於是 西漢才伎歡因知利在側 乃進而奏曰 巧於奴者多在韓國 可召而使 天皇詔群臣曰 然則宜以歡因知利 副弟君等 取道於百濟 并下勅書 令獻巧者 於是 弟君銜命 率衆 行到百濟 而入其國 國神化爲老女 忽然逢路 弟君就訪國之遠近 老女報言 復行一日 而後可到 弟君自思路遠 不伐

而還 集聚百濟所貢今來才伎於大嶋中 託稱候風 淹留數月 任那國司田狹臣 乃喜弟君不伐而還 密使人於百濟 戒弟君曰 汝之領項 有何罕錮而伐人乎 傳聞 天皇幸吾婦 遂有兒息兒*息已見上文 今恐 禍及於身 可蹻足待 吾兒汝者 跨據百濟 勿使通於日本 吾者據有任那 亦勿通於日本 弟君之婦樟媛 國家情深 君臣義切 忠踰白日 節冠青松 惡斯謀叛盜殺其夫 隱埋室內 乃與海部直赤尾將百濟所獻手末才伎 在於大嶋 天皇聞弟君不在 遣日鷹吉士堅磐固安錢*堅磐 此云柯陀之波 使共復命 遂卽安置於倭國吾礪廣津*廣津 此云比盧岐頭邑 而病死者衆 由是 天皇詔大伴大連室屋 命東漢直掬 以新漢陶部高貴 鞍部堅貴 畫部因斯羅我 錦部定安那錦 譯語卯安那等 遷居于上桃原 下桃原 眞神原三所*或本云 吉備臣弟君 還自百濟 獻漢手人部 衣縫部 宍人部

• 국역 : 이해 吉備上道臣田狹이 궁중에서 侍從하고 있었는데, 큰 소리로 친구들에게 稚媛에 대하여 말하기를 "천하의 미인들 중에서 내 아내만한 이가 없다. 빼어나게 아름다우며 온갖 좋은 점을 갖추었고 환히 빛나고 온화하여 여러 가지 좋은 용모를 갖추었다. 화장도 필요 없으며 향수를 바를 것까지도 없다. 넓은 세상에서 견줄 만한 이가 드무니 이 시대에 홀로 빼어난 사람이다"라고 하였다. 천황이 귀를 기울여 멀리서 듣고 마음속으로 기뻐하였다. 꼭 자기가 稚媛을 얻어 시중드는 여자로 삼고자 하여 田狹을 任那國司로 삼았다. 얼마 지난 후 천황이 稚媛과 동침하였다. 田狹臣은 稚媛에게 장가들어 而生兄君과 弟君을 낳았다*다른 책에서는 "田狹臣 아내의 이름은 毛媛인데 葛城襲津彦의 아들 玉田宿禰의 딸이다. 천황이 용모가 아름답다는 말을 듣고 그 남편을 죽이고 자기가 데리고 살았다"고 한다. 田狹은 이미 任地에 가 있었는데, 천황이 그의 아내와 사통하였다는 말을 듣고 도움을 얻고자 신라에 들어갈 생각을 하였다. 이때 신라는 '中國'을 섬기지 않고 있었다. 천황이 田狹臣의 아들 弟君과 吉備海部直赤尾에게 명

하여 "너희는 마땅히 가서 신라를 懲罰하라"고 하였다. 이때 西漢才伎 歡因知利가 옆에 있다가 나아가 "저희보다 뛰어난 자가 韓國에 많이 있으니 불러서 부릴 만합니다"라고 아뢰었다. 천황이 여러 신하에게 "그러면 마땅히 歡因知利를 弟君 등에게 딸려 보내 백제 길을 취하고 아울러 칙서를 내려 재주가 뛰어난 자를 바치게 하도록 하라"고 명하였다. 이에 弟君은 명을 받들어 무리를 이끌고 백제에 도착하였다. 그 나라(신라)에 들어가는데 나라의 신이 늙은 여자로 변하여 忽然히 길에서 맞이하였다. 弟君이 나라의 멀고 가까움을 묻자 늙은 여자가 "다시 하루를 더 간 다음에야 다다를 수 있다"라고 대답하였다. 弟君이 스스로 생각하기를 길이 멀다고 여겨 정벌하지 않고 돌아왔다. 백제에게 바친 재주있는 사람들을 큰 섬 안에 모아놓고 바람을 기다린다는 핑계로 몇 달 동안 머물러 있었다. 任那國司 田狹臣은 弟君이 (신라를) 치지 않고 되돌아간 것을 기뻐하며 몰래 백제에 사람을 보내어 弟君에게 警戒하여 "너의 목이 얼마나 단단하기에 다른 사람을 치는가. 전하는 말을 듣건대 천황이 나의 아내와 사통하여 자식까지 있다고 한다*자식에 대해서는 윗글에서 이미 보았다. 이제 禍가 나에게까지 미치기는 발을 들고 서서 기다리는 것만큼이나 순식간일 것이다. 내 아들인 너는 백제를 차지하고 앉아 일본에 통하지 않도록 하라. 나는 任那를 차지하고서 역시 일본에 통하지 않겠다"라고 하였다. 弟君의 아내 樟媛은 국가를 사랑하는 마음이 깊고 君臣의 義를 중히 여기며, 충성스러운 마음은 밝은 해보다 더하고 절의는 푸른 소나무보다 뛰어났다. 그래서 그 모반을 미워하여 몰래 남편을 죽여 집 안에 숨겨 묻어두고 海部直赤尾와 함께 백제에서 바친 손재주 좋은 기술자를 거느리고 큰 섬에 있었다. 천황은 弟君이 죽은 것을 알고 日鷹吉士堅磐固安錢*堅磐은 우리말로 柯陀之波(かたには)라 한다을 보내어 함께 복명하게 했다. 마침내 倭國 吾礪 廣津*廣津은 우리말로 比盧岐頭(ひろきつ)라 한다邑에 안치하였으나 병들어 죽은 사람이 많았다. 이로 말미암아 천황이 大伴大連室屋에게 詔를 내려 東漢直掬에게 명하여 新漢 陶部 高貴, 鞍部 堅貴, 畫部 因斯羅我, 錦部 定安那錦, 譯語 卯安那 등을 上桃原, 下桃原, 眞神原의 세 곳에 옮겨 살게 하였다*어떤 책에는 "吉備臣弟君이 백제로부터 돌아와 漢手人部, 衣縫部, 肉人部를 바쳤다"고 한다.

㉘ 卷第十四 大泊瀨幼武天皇 雄略天皇 九年 三月(465년 음3월)

- 원문 : 三月 天皇欲親伐新羅 神戒天皇曰 無往也 天皇由是 不果行 乃勅紀小弓宿禰・蘇我韓子宿禰・大伴談連*談 此云箇陀利・小鹿火宿禰等曰 新羅自居西土 累葉稱臣 朝聘無違 貢職允濟 逮乎朕之王天下 投身對馬之外 竄跡匝羅之表 阻高麗之貢 呑百濟之城 況復朝聘既闕 貢職莫脩 狼子野心 飽飛 飢附 以汝四卿 拜爲大將 宜以王師薄伐 天罰龔行 於是 紀小弓宿禰 使大伴室屋大連 憂陳於天皇曰 臣雖拙弱 敬奉勅矣 但今 臣婦命過之際 莫能視養臣者 公冀將此事具陳天皇 於是 大伴室屋大連 具爲陳之 天皇聞悲頽歎 以吉備上道釆女大海 賜於紀小弓宿禰 爲隨身視養 遂推轂以遣焉 紀小弓宿禰等 卽入新羅 行屠傍郡*行屠 竝行竝擊 新羅王 夜聞官軍四面鼓聲 知盡得喙地 與數百騎亂走 是以 大敗 小弓宿禰追斬敵將陣中 喙地悉定 遺衆不下 紀小弓宿禰亦收兵 與大伴談連等會 兵復大振 與遺衆戰 是夕 大伴談連及紀岡前來目連 皆力闘而死 談連從人同姓津麻呂 後入軍中 尋覓其主 從軍不見出問曰 吾主大伴公 何處在也 人告之曰 汝主等果爲敵手所殺 指示屍處 津麻呂聞之踏叱曰 主既已陷 何用獨全 因復赴敵 同時殞命 有頃 遺衆自退 官軍亦隨而却 大將軍紀小弓宿禰 値病而薨
- 국역 : 3월 천황이 新羅를 직접 정벌하려고 하였다. 神이 천황에게 "가지 마라"고 경계하니, 천황이 이로 말미암아 가지 않았다. 그리고 紀

小弓宿禰·蘇我韓子宿禰·大伴談連*談은 우리말로 箇陀利라고 한다·小鹿火宿禰 등에게 칙명으로 "新羅는 본래 서쪽 땅에 있으면서 여러 대에 걸쳐 신하를 칭하며 조빙을 어기지 않았고 공물도 잘 바쳤다. 짐이 천하를 다스림에 미쳐 몸을 對馬의 밖에 두고 자취를 匝羅 밖에 감춘 채 고구려의 조공을 막고 百濟의 城을 병탄하였다. 하물며 다시 조빙을 이미 걸렀으며 공물도 바치지 않았음에 있어서이겠는가. 이리 같은 사나운 마음이 있어 배부르면 나는 듯 달려가고 굶주리면 붙좇는다. 그대들 네 卿을 대장으로 삼으니 王師를 거느리고 가 쳐서 하늘이 내리는 벌을 받들어 행하라"고 하였다. 이에 紀小弓宿禰는 大伴室屋大連으로 하여금 천황에게 호소해주도록 하면서 "신이 비록 미약하지만 삼가 칙명을 받들겠습니다. 다만 지금 신의 아내가 목숨이 다할 무렵이 되어 신을 돌볼 수 없습니다. 바라건대 公은 이 일을 갖추어 천황께 아뢰어 주십시오"라 하였다. 大伴室屋大連이 갖추어 아뢰니 천황이 듣고 슬피 탄식하면서 吉備上道의 采女 大海를 紀小弓宿禰에게 하사하여 그를 따라가서 돌보게 하였다. 드디어 수레를 밀어 (군대를) 보냈다. 紀小弓宿禰 등이 곧 新羅에 들이가 이웃 郡을 같이 공격하였다*行屠는 함께 가서 함께 공격한다는 것이다 新羅王은 밤에 官軍이 사방에서 북을 울리는 소리를 듣고 (관군이) 喙의 모든 땅을 얻었음을 알고 수백 騎와 함께 어지러이 도망갔다. 그러므로 크게 패배시키고 小弓宿禰는 (新羅軍을) 쫓아가 陣 속에서 적장을 베었다. 喙의 땅이 모두 평정되었으나 남은 무리는 항복하지 않았다. 紀小弓宿禰는 또한 군사를 거두어 大伴談連 등과 만나 군대를 다시 크게 일으켜 남은 무리와 싸웠다. 이날 저녁 大伴談連과 紀岡前來目連이 모두 힘써 싸우다가 죽었다. 談連의 시종으로 같은 姓인 津麻呂는 나중에 진영 안으로 들어가 자신의 주인을 찾았다. 진영에서 찾지 못하자 나와서 "우리 주인 大伴公은 어느 곳에 계십니까?"라고 물으니, 사람들이 "너의 주인 등은 적의 손에 살해되었다"고 알려주며 주검이 있는 곳을 가리켰다. 津麻呂는 그 말을 듣고 땅을 구르면서 "주인이 이미 죽었는데 어찌 혼자 살겠는가"라 소리치고 적에게 나아가 함께 죽었다. 얼마 후 남은 무리가 스스로 물러가니 관군도 따라서 물러났다. 大將軍 紀小弓宿禰는 병에 걸려 죽었다.

㉙ **卷第十四 大泊瀨幼武天皇 雄略天皇 九年 夏 五月**(465년 음5월)

- 원문 : 夏五月 紀大磐宿禰 聞父旣薨 乃向新羅 執小鹿火宿禰所掌兵馬・船官及諸小官 專用威命 於是 小鹿火宿禰 深怨乎大磐宿禰 乃詐告於韓子宿禰曰 大磐宿禰 謂僕曰 我當復執韓子宿禰所掌之官不久也 願固守之 由是 韓子宿禰與大磐宿禰有隙 於是 百濟王 聞日本諸將緣小事有隙 乃使人於韓子宿禰等曰 欲觀國堺 請 垂降臨 是以 韓子宿禰等 竝轡而往 及至於河 大磐宿禰 飮馬於河 是時 韓子宿禰 從後而射大磐宿禰鞍几後橋 大磐宿禰愕然反視 射墮韓子宿禰 於中流而死 是三臣由前相競 行亂於道 不及百濟王宮而却還矣 於是 采女大海 從小弓宿禰喪來到日本 遂憂諮於大伴室屋大連曰 妾不知葬所 願占良地 大連卽爲奏之天皇勅大連曰 大將軍紀小弓宿禰 龍驤虎視 旁眺八維 掩討逆節 折衝四海 然則身勞萬里 命墜三韓 宜致哀矜 充視葬者 又汝大伴卿與紀卿等 同國近隣之人 由來尙矣 於是 大連奉勅 使土師連小鳥 作冢墓於田身輪邑 而葬之也 由是 大海欣悅 不能自默 以韓奴室・兄麻呂・弟麻呂・御倉・小倉・針 六口送大連 吉備上道蚊嶋田邑家人部是也 …
- 국역 : 여름 5월 紀大磐宿禰는 아버지가 이미 돌아가셨음을 듣고 新羅를 향하면서 小鹿火宿禰가 관장하던 兵馬와 船官 및 小官들을 장악하고 명령을 마음대로 하였다. 그러므로 小鹿火宿禰는 大磐宿禰를 매우 원망하여 韓子宿禰에게 거짓으로 "大磐宿禰가 저에게 '내가

다시 韓子宿禰가 장악한 관리들을 뺏는 것이 머지않았다'고 하였습니다. 원컨대 굳게 지키십시오"라고 고했다. 이로 말미암아 韓子宿禰는 大磐宿禰와 틈이 벌어졌다. 이때 百濟王은 日本의 장수들이 사소한 일 때문에 틈이 벌어졌음을 듣고 韓子宿禰 등에게 사람을 시켜 "나라의 경계를 살펴보고자 합니다. 왕림하시기를 청합니다"고 하였다. 그러므로 韓子宿禰 등은 말고삐를 나란히 하고 갔는데, 강에 이르러 大磐宿禰가 강에서 말에게 물을 먹였다. 이때 韓子宿禰가 뒤에서 大磐宿禰의 말안장 뒤를 받친 나무에 활을 쏘았다. 大磐宿禰가 놀라 돌아보며 韓子宿禰를 쏘니 물에 빠져 죽었다. 이 세 신하가 앞에서 서로 다투었으므로 길에서 행렬이 어지러워져 百濟 왕궁에 이르지 못하고 돌아갔다. 이때 采女 大海가 小弓宿禰의 관을 따라 日本에 도착하였다. 드디어 大伴室屋大連에게 근심스럽게 상의하기를 "저는 장례치를 곳을 모르겠습니다. 원컨대 좋은 땅을 골라주십시오"라 하니, 大連이 곧 아뢰었다. 천황이 大連에게 명령하여 "大將軍 紀小弓宿禰는 용처럼 뛰어오르고 호랑이처럼 노려보며 8方을 널리 바라보았고, 반역자들을 불시에 토벌하고 사방의 적들을 물리쳤다. 그러므로 몸은 만 리 밖에서 수고로웠고 목숨이 三韓에서 떨어졌으니, 매우 불쌍히 여겨 장례를 담당할 사람을 보내는 것이 마땅하다. 또 그대 大伴卿과 紀卿 등은 같은 나라 가까운 곳의 사람으로서 유래가 오래되었다"라고 하였다. 이에 大連이 명령을 받들어 土師連小鳥로 하여금 田身輪邑에 무덤을 만들어 장례지내도록 하였다. 이로 말미암아 大海가 기뻐 가만히 있을 수 없어 韓奴 室·兄麻呂·弟麻呂·御倉·小倉·針 6口를 大連에게 보냈는데, 吉備上道의 蚊嶋田邑 家人部의 아들이다. …

㉚ **卷第十四 大泊瀨幼武天皇 雄略天皇 十一年 秋 七月**(467년 음7월)

• 원문 : 秋七月 有從百濟國逃化來者 自稱名曰貴信 又稱貴信吳國人也 磐余吳琴彈壃手屋形麻呂等 是其後也

• 국역 : 가을 7월 百濟國으로부터 도망해 온 자가 있었는데, 스스로 이름을 貴信이라고 하였다. 또 貴信은 吳나라 사람이라고도 한다. 磐余의 吳琴을 타는 壃手屋形麻呂 등이 바로 그 후손이다.

㉛ **卷第十四 大泊瀨幼武天皇 雄略天皇 廿年**(476년 겨울)

• 원문 : 廿年冬 高麗王大發軍兵 伐盡百濟 爰有少許遺衆 聚居倉下 兵糧既盡 憂泣茲深 於是 高麗諸將 言於王曰 百濟心許非常 臣每見之 不覺自失 恐更蔓生 請遂除之 王曰 不可矣 寡人聞 百濟國者爲日本國之官家 所由來遠久矣 又其王入仕天皇 四隣之所共識也 遂止之*百濟記云 蓋鹵王乙卯年冬 狛大軍來 攻大城七日七夜 王城降陷 遂失尉禮 國王及大后 王子等 皆沒敵手

• 국역 : 20년(476) 겨울 고구려의 왕이 군사를 크게 일으켜 百濟를 쳐서 없앴다. 이때 조금 남은 무리들이 있어 倉下에 모여 있었는데 군량이 다하자 매우 근심하여 울었다. 이에 고구려의 장수들이 왕에게 "百濟는 마음이 일정하지 않습니다. 신들은 그들을 볼 때마다 모르는 사이에 착각하게 됩니다. 다시 덩굴처럼 살아날까 두려우니, 쫓아가 없애기를 청합니다"라고 하였다. 왕은 "안 된다. 과인이 듣기에 百濟國은 日本國의 官家가 되었는데 그 유래가 오래되었다고 한다. 또 그 왕이 들어가 천황을 섬긴 것은 사방의 이웃들이 다 아는 바이다"라 하였으므로 드디어 그만두었다*『百濟記』에는 다음과 같이 말하였다. "蓋鹵王 乙卯年(475) 겨울 狛의 大軍이 와서 7일 낮밤 동안 大城을 공격하였다. 王城이 항복하여 함락되니 尉禮를 잃었다. 국왕과 태후, 왕자 등이 모두 적의 손에 죽었다".

㉜ 卷第十四 大泊瀨幼武天皇 雄略天皇 廿一年 春 三月(477년 음3월)

- 원문 : 廿一年春三月 天皇聞百濟爲高麗所破 以久麻那利賜汶洲王 救興其國 時人皆云 百濟國雖屬旣亡 聚夏倉下 實賴於天皇 更造其國*汶洲王蓋鹵王母弟也 日本舊記云 以久麻那利賜末多王 蓋是誤也 久麻那利者 任那國下哆呼唎縣之別邑也
- 국역 : 21년(477) 봄 3월 천황이 百濟가 고구려에게 패배했음을 듣고 久麻那利를 汶洲王에게 주어 그 나라를 구원해 일으키게 하였다. 당시 사람들이 모두 "百濟國은 비록 거의 망해 倉下에 모여 근심하고 있으나, 실로 천황에게 의지하여 다시 그 나라를 만들게 되었다" 고 하였다*汶洲王은 蓋鹵王의 동생이다. 『日本舊記』에서는 "久麻那利를 末多王에게 주었다"고 하였는데, 아마도 잘못일 것이다. 久麻那利는 任那國의 下哆呼唎縣의 別邑이다.

㉝ 卷第十四 大泊瀨幼武天皇 雄略天皇 廿三年 夏 四月(479년 음4월)

- 원문 : 廿三年夏四月 百濟文斤王薨 天王 以昆支王五子中 第二末多王 幼年聰明 勅喚內裹 親撫頭面 誡勅慇懃 使王其國 仍賜兵器 幷遣筑紫國軍士五百人 衛送於國 是爲東城工
- 국역 : 23년 여름 4월 百濟의 文斤王이 죽었다. 천황이 昆支王의 다섯 아들 중 둘째인 末多王이 어린 나이이나 총명하므로 칙명으로 궁궐에 불러 직접 머리를 쓰다듬으며 은근하게 조심하도록 타이르고 그 나라의 왕으로 삼았다. 그리고 兵器를 주고 아울러 筑紫國 군사 500인을 보내 자기 나라로 호위해 보냈는데, 이 사람이 東城王이 되었다.

㉞ 卷第十四 大泊瀨幼武天皇 雄略天皇 廿三年(479년)

- 원문 : 是歲 百濟調賦 益於常例 筑紫安致臣・馬飼臣等 率船師以擊高麗

• 국역 : 이해 百濟에서 바친 調賦가 평상시보다 많았다. 筑紫의 安致臣·馬飼臣 등이 수군을 거느리고 고구려를 쳤다.

㉟ **卷第十五 弘計天皇 顯宗天皇 三年**(487년)

• 원문 : 是歲 紀生磐宿禰 跨據任那 交通高麗 將西王三韓 整脩官府 自稱神聖 用任那左魯·那奇 他甲背等計 殺百濟適莫爾解於爾林*爾林高麗地也 築帶山城 距守東道 斷運糧津 令軍飢困 百濟王大怒 遣領軍古爾解·內頭莫古解等 率衆趣于帶山攻 於是 生磐宿禰 進軍逆擊 膽氣益壯 所向皆破 以一當百 俄而兵盡力竭 知事不濟 自任那歸 由是 百濟國殺佐魯·那奇他甲背等三百餘人

• 국역 : 이해 紀生磐宿禰가 任那를 점거하고 고구려와 교통하였으며, 서쪽에서 장차 三韓의 왕 노릇을 하려고 官府를 정비하여 스스로 神聖이라고 칭하였다. 任那의 左魯·那奇 他甲背 등이 계책을 써서 百濟의 適莫爾解를 爾林에서 죽이고*爾林은 고구려의 땅이다 帶山城을 쌓아 동쪽 길을 막고 지켰으며, 군량을 운반하는 나루를 끊어 군대를 굶주려 고생하도록 하였다. 百濟의 왕이 크게 화가 나, 領軍古爾解·內頭 莫古解 등을 보내 무리를 거느리고 帶山城에 나아가 공격하게 하였다. 이에 生磐宿禰는 군대를 내보내 맞아 쳤는데 膽氣가 더욱 왕성하여 향하는 곳마다 모두 깨뜨리니 한 사람이 백 사람을 감당할 정도였다. (그러나) 얼마 후 군대의 힘이 다하니 일이 이루어지지 못할 것을 알고 任那로부터 돌아왔다. 이로 말미암아 百濟國이 佐魯·那奇他甲背 등 300여 인을 죽였다.

㊱ **卷第十六 小泊瀨稚鷦鷯天皇 武烈天皇 三年 十一月**(501년 음11월)

• 원문 : 是月 百濟意多郎卒 葬於高田丘上

• 국역 : 이달 백제의 意多郎이 죽어서 高田언덕에 장사 지냈다.

㊲ **卷第十六 小泊瀨稚鷦鷯天皇 武烈天皇 四年**(502년)

- 원문 : 是歲 百濟末多王無道 暴虐百姓 國人遂除 而立嶋王 是爲武寧王*百濟新撰云 末多王無道 暴虐百姓 國人共除 武寧王立 諱斯麻王 是琨支王子之子 則末多王異母兄也 琨支向倭 時至筑紫嶋 生斯麻王 自嶋還送 不至於京 産於嶋 故因名焉 今各羅海中有主嶋 王所産嶋 故百濟人號爲主嶋 今案 嶋王是蓋鹵王之子也 末多王 是琨支王之子也 此曰異母兄 未詳也
- 국역 : 이해 백제 末多王이 無道하여 백성들에게 포학했으므로 나라사람들이 마침내 제거하고 嶋王을 세우니 바로 武寧王이다*『百濟新撰』에 이르기를 末多王이 무도하여 백성들에게 포학했으므로 나라 사람들이 함께 제거했다. 武寧王이 즉위하였는데 諱는 斯麻王이고 琨支王子의 아들이니 末多王의 異母兄이다. 곤지가 왜로 갈 때에 筑紫嶋에 이르러 斯麻王을 낳았다. 섬으로부터 되돌려 보냈는데 서울에 이르지 못하고 섬에서 낳았으므로 그렇게 이름하였다. 지금 各羅의 바다 가운데 主嶋가 있는데 왕이 태어난 섬이어서 백제인이 주도라 부른다. 지금 생각건대 嶋王은 곧 蓋鹵王의 아들이고 末多王은 琨支王의 아들이다. 여기서 異母兄이라고 한 것은 자세하지 않다.

㊳ **卷第十六 小泊瀨稚鷦鷯天皇 武烈天皇 / 六年 冬 十月**(504년 음10월)

- 원문 : 冬十月 百濟國遣麻那君進調 天皇以爲 百濟歷年不脩貢職 留而不放
- 국역 : 겨울 10월 백제국이 麻那君을 보내어 調를 바쳤다. 천황은 생각하기로 백제가 오래도록 조공을 바치지 않았다고 하여 麻那君을 붙잡아 놓고 보내지 않았다.

㊴ **卷第十六 小泊瀨稚鷦鷯天皇 武烈天皇 七年 夏 四月**(505년 음4월)

- 원문 : 夏四月 百濟王遣期我君進調 別表曰 前進調使麻那者 非百濟國主之骨族也 故謹遣斯我 奉事於朝 遂有子 曰法師君 是倭君之先也

• 국역 : 여름 4월 백제왕이 期我君을 보내어 調를 바쳤다. 따로 표를 올려 "전에 調를 바친 사신 麻那는 百濟國主의 骨族이 아닙니다. 그러므로 삼가 斯我를 보내어 조정을 섬깁니다"라 하였다. 드디어 아들이 있어 法師君이라 하였는데 곧 倭君의 선조이다.

㊵ 卷第十七 男大迹天皇 繼體天皇 二年 十二月(508년 음12월)

• 원문 : 十二月 南海中耽羅人 初通百濟國

• 국역 : 12월 남해의 耽羅人이 처음으로 백제국과 통교하였다.

㊶ 卷第十七 男大迹天皇 繼體天皇 三年 春 二月(509년 음2월)

• 원문 : 三年春二月 遣使于*百濟百濟本記云 久羅麻致支彌 從日本來 未詳 括出在任那日本縣邑百濟百姓 浮逃絶貫 三四世者 竝遷百濟附貫也

• 국역 : 3년(509) 봄 2월 백제에 사신을 보냈다*『百濟本記』에 久羅麻致支彌가 일본으로부터 왔다고 하였으나 자세하지 않다. 任那의 日本 縣邑에 있는 백제의 백성으로 도망하여 호적에서 빠진 지 3~4代 되는 사람들을 찾아내어 백제로 옮기고 호적에 넣었다.

㊷ 卷第十七 男大迹天皇 繼體天皇 六年 夏 四月(512년 음4월 6일)

• 원문 : 六年 夏四月辛酉朔丙寅 遣穗積臣押山 使於百濟 仍賜筑紫國馬卌匹

• 국역 : 6년(512) 여름 4월 辛酉 초하루 丙寅 穗積臣押山을 백제에 사신으로 보내어 筑紫國의 말 40필을 주었다.

㊸ 卷第十七 男大迹天皇 繼體天皇 六年 冬 十二月(512년 음12월)

• 원문 : 冬十二月 百濟遣使貢調 別表請任那國上哆唎 下哆唎・娑陀・牟婁・四縣 哆唎國守穗積臣押山奏曰 此四縣 近連百濟 遠隔日本 旦暮易通 鷄犬難別 今賜百濟 合爲同國 固存之策 無以過此 然縱賜合國 後世

猶危 況爲異場 幾年能守 大伴大連金村 具得是言 同謨而奏 迺以物部大連麤鹿火 宛宣勅使 物部大連 方欲發向難波館 宣勅於百濟客 其妻固要曰 夫住吉大神 初以海表金銀之國 高麗・百濟・新羅・任那等授記胎中譽田天皇 故大后息長足姫尊 與大臣武內宿禰 每國初置官家爲海表之蕃屛 其來尙矣 抑有由焉 縱削賜他 違本區域 綿世之刺 詎離於口 大連報曰 教示合理 恐背天勅 其妻切諫云 稱疾莫宣 大連依諫由是 改使而宣勅 付賜物幷制旨 依表賜任那四縣 大兄皇子 前有緣事不關賜國 晩知宣勅 驚悔欲改 令曰 自胎中之帝 置官家之國 輕隨蕃乞輒爾賜乎 乃遣日鷹吉士 改宣百濟客 使者答啓 父天皇 圖計便宜 勅賜既畢 子皇子 豈違帝勅 妄改而令 必是虛也 縱是實者 持杖大頭打孰與持杖小頭打痛乎 遂罷 於是 或有流言曰 大伴大連 與哆唎國守穗積臣押山 受百濟之賂矣

• 국역 : 겨울 12월 백제가 사신을 보내어 調를 바쳤다. 따로 표를 올려 任那國의 上哆唎・下哆唎・娑陀・牟婁의 4현을 청했다. 哆唎國守 穗積臣押山이 "이 4현은 백제와 인접해 있고 일본과는 멀리 떨어져 있습니다. (백제와는) 아침저녁으로 통하기 쉽고 (어느 나라의) 닭과 개인지를 구별할 수 없을 정도이니 지금 백제에게 주어 합쳐서 같은 나라로 만들면 굳게 지키는 계책이 이보다 나은 것이 없을 것입니다. 비록 주어서 나라를 합치더라도 후세에는 오히려 위태로울 것인데, 하물며 다른 곳이 된다면 몇 년이나 지킬 수 있겠습니까?"라 아뢰었다. 大伴大連金村이 이 말을 다 듣고 같은 계책을 아뢰었다. 이에 物部大連麤鹿火를 칙을 선포하는 사신으로 삼았다. 物部大連이 難波館을 향해 출발하여 百濟客에게 칙을 선포하고자 하였다. 그의 妻가 진실로 간하기를 "主吉大神이 처음에 바다 밖 金銀의 나라 고구려・백제・신라・임나 등을 胎中의 譽田天皇에게 주겠다고 예언하였습니다. 그래서 大后 息長足姫尊과 大臣 武內宿禰가 나라

마다 처음으로 官家를 두어 바다 밖의 蕃屛으로 삼았는데 그 유래가 오래되었고 또한 까닭이 있습니다. 만약 떼어서 다른 곳에 주면 본래의 구역을 어기게 되니 길이 이어질 비난이 어찌 입에서 떠나겠습니까"라 하였다. 大連이 응답하기를 "가르쳐 준 것이 이치에 맞으나 天勅을 거스를까 두렵다"라 하였다. 그 처가 간절하게 "병이라고 핑계대고 선포하지 마십시오"라 하자 大連이 이에 따랐다. 이로 말미암아 사신을 바꾸어 칙을 선포하고 내리는 물건과 制旨를 붙여서 表에 따라 임나의 4현을 주었다. 大兄皇子가 전에 다른 일이 있어서 나라를 내려주는 데 관여하지 않았는데 뒤늦게 칙을 선포한 것을 알고 놀라서 뉘우치며 고치고자 하였다. 令을 내려 "胎中의 천황 때부터 官家를 두었던 나라를 경솔하게 번국의 요청에 따라 갑자기 줄 수 있느냐?"라 하였다. 이에 日鷹吉士를 보내어 百濟客에게 칙을 바꾸어 선포했다. 使者가 답하여 아뢰기를 "아버지 천황이 편의를 도모하여 칙으로써 주는 것을 이미 마쳤습니다. 아들인 皇子가 어찌 천황의 칙을 어기고 함부로 고쳐서 명령할 수 있습니까? 반드시 이는 가짜일 것입니다. 비록 이것이 진짜일지라도 큰 막대기를 가지고 때리는 것과 작은 막대기를 가지고 때리는 것 가운데 어느 쪽이 더 아프겠습니까?"라 하고 드디어 파기했다. 이때 혹 떠도는 말로 "大伴大連과 哆唎國守 穗積臣押山이 백제의 뇌물을 받았다"라고 하였다.

㊹ 卷第十七 男大迹天皇 繼體天皇 七年 夏 六月(513년 음6월)

- 원문 : 七年夏六月 百濟遣姐彌文貴將軍・洲利卽爾將軍 副穗積臣押山*百濟本記云 委意斯移麻岐彌 貢五經博士段楊爾 別奏云 伴跛國略奪臣國己汶之地 伏願天恩判還本屬
- 국역 : 7년 여름 6월 백제가 姐彌文貴장군과 洲利卽爾장군을 穗積臣押山*『百濟

本記』에는 委意斯移麻岐彌라 하였다에 딸려 보내어 五經博士 段楊爾를 바쳤다. 따로 아뢰기를 "伴跛國이 저희 나라 己汶의 땅을 빼앗았습니다. 엎드려 청하옵건대 天恩으로 본래 속했던 곳으로 되돌려 주십시오"라 하였다.

㊺ 卷第十七 男大迹天皇 繼體天皇 七年 秋 八月(513년 음8월 26일)

- 원문 : 秋八月癸未朔戊申 百濟太子淳陀薨
- 국역 : 가을 8월 26일 백제 태자 淳陀가 죽었다.

㊻ 卷第十七 男大迹天皇 繼體天皇 七年 冬 十一月(513년 음11월 5일)

- 원문 : 冬十一月辛亥朔乙卯 於朝庭 引列百濟姐彌文貴將軍 斯羅汶得至 安羅辛已奚及賁巴委佐 伴跛旣殿奚及竹汶至等 奉宣恩勅 以己汶・滯沙 賜百濟國
- 국역 : 겨울 11월 5일 朝庭에서 백제의 姐彌文貴장군과 斯羅의 汶得至, 安羅의 辛已奚와 賁巴委佐, 伴跛의 旣殿奚와 竹汶至 등을 불러놓고 恩勅을 선포하여 己汶과 滯沙를 백제국에 주었다.

㊼ 卷第十七 男大迹天皇 繼體天皇 九年 春 二月(515년 음2월 4일)

- 원문 : 九年春二月甲戌朔丁丑 百濟使者文貴將軍等請罷 仍勅 副物部連*闕名遣罷歸之*百濟本記云 物部至至連
- 국역 : 9년(515) 봄 2월 4일 백제의 使臣 文貴장군 등이 물러가기를 청했다. 이에 명을 내려 物部連*이름은 빠졌다을 딸려 보내어 돌아가게 했다 *『百濟本記』에는 物部至至連이라 하였다.

㊽ 卷第十七 男大迹天皇 繼體天皇 十年 夏 五月(516년 음5월)

- 원문 : 十年夏五月 百濟遣前部木刕不麻甲背 迎勞物部連等於己汶 而引導入國

群臣各出衣裳斧鐵帛布 助加國物 積置朝廷 慰問慇懃 賞祿優節

• 국역 : 10년 여름 5월 백제가 前部의 木刕不麻甲背를 보내어 物部連 등을 己汶에서 맞이하여 위로하고 이끌어서 나라로 들어왔다. 여러 신하들이 각각 옷과 斧鐵과 옷감을 내어 國物에 더하여 조정에 쌓아놓고 은근하게 위로했으며 상과 祿이 매우 많았다.

⑲ **卷第十七 男大迹天皇 繼體天皇 十年 秋 九月**(516년 음9월)

• 원문 : 秋九月 百濟遣州利卽次將軍 副物部連來 謝賜己汶之地 別貢五經博士 漢高安茂 請代博士段楊爾 依請代之

• 국역 : 가을 9월 백제가 州利卽次장군을 보냈는데 物部連을 따라 와서 己汶의 땅을 내려준 것에 사례하였다. 따로 五經博士 漢高安茂를 보내어 博士 段楊爾와 교대할 것을 청하였으므로 청에 따라 교대시켰다.

⑳ **卷第十七 男大迹天皇 繼體天皇 十年 九月**(516년 음9월 14일)

• 원문 : 戊寅 百濟遣灼莫古將軍・日本斯那奴阿比多 副高麗使安定等 來朝結好

• 국역 : 14일 백제가 灼莫古장군과 일본의 斯那奴阿比多를 보내었는데 고구려의 사신 安定 등이 따라와 來朝하여 우호를 맺었다.

㉑ **卷第十七 男大迹天皇 繼體天皇 十七年 夏 五月**(523년 음5월)

• 원문 : 十七年夏五月 百濟王武寧薨

• 국역 : 17년 여름 5월 백제의 王 武寧이 죽었다.

㉒ **卷第十七 男大迹天皇 繼體天皇 十八年 春 正月**(524년 음1월)

• 원문 : 十八年春正月 百濟太子明卽位

• 국역 : 18년 봄 正月 백제의 태자 明이 즉위했다.

⑤③ **卷第十七 男大迹天皇 繼體天皇 廿一年 夏 六月**(527년 음6월 3일)

- 원문 : 廿一年夏六月壬辰朔甲午 近江毛野臣 率衆六萬 欲往任那 爲復興建新羅所破南加羅 喙己呑 而合任那 於是 筑紫國造磐井 陰謨叛逆 猶預經年 恐事難成 恒伺間隙 新羅知是 密行貨賂于磐井所 而勸防遏毛野臣軍 於是 磐井掩據火豐二國 勿使修職 外邀海路 誘致高麗·百濟·新羅·任那等國年貢職船 內遮遣任那毛野臣軍 亂語揚言曰 今爲使者昔爲吾伴 摩肩觸肘 共器同食 安得率爾爲使 俾余自伏爾前 遂戰而不受驕而自矜 是以 毛野臣 乃見防遏 中途淹滯 天皇詔大伴大連金村·物部大連麤鹿火·許勢大臣男人等曰 筑紫磐井反掩 有西戎之地 今誰可將者 大伴大連等僉曰 正直仁勇通於兵事 今無出於麤鹿火右 天皇曰 可
- 국역 : 21년 여름 6월 3일 近江毛野臣이 군사 6만을 이끌고 任那에 가서 신라에게 멸망한 南加羅·喙己呑를 다시 세워 임나에 합치고자 하였다. 이때 筑紫國造 磐井이 몰래 반역을 도모하였는데 꾸물거리다가 해를 넘겼다. 일을 이루기 어려울까 염려하며 늘 틈을 엿보았다. 신라가 이를 알고 몰래 磐井의 居所에 뇌물을 보내어 毛野臣의 군대를 막아달라고 부탁했다. 이에 磐井이 火와 豐 두 나라에 세력을 뻗쳐 직무를 행하지 못하게 했다. 밖으로는 海路를 끊어 고구려·백제·신라·임나 등의 나라에서 해마다 조공을 바치는 배를 꾀어서 이르게 하고, 안으로는 임나에 파견되는 毛野臣의 군대를 막고 무례하게 말하기를, "지금 使者가 된 사람은 전에 나의 동료로서 어깨를 맞대고 팔꿈치를 부딪치며 같은 그릇에 함께 밥 먹던 사이이다. 어찌 별안간 사신이 되어 나로 하여금 자기 앞에 스스로 엎드리게 할 수 있겠는가"라 하였다. 드디어 싸우고 받아들이지 않았으며 교만하게 스스로 뽐내었다. 이 때문에 毛野臣은 길이 막혀서 중도에서 지체했다. 천황은 大伴大連金村과 物部大連麤鹿火·許勢大臣男人 등에게 "筑紫의 磐井이 반란을 일으켜 西戎의

땅을 차지하고 있다. 지금 누가 장수가 될 만한가?"라고 조를 내렸다. 大伴大連 등이 모두 "正直하고 어질고 용감하며 兵事에 능통한 것은 지금 麤鹿火보다 뛰어난 사람이 없습니다"라 아뢰었다. 천황이 "좋다"라고 하였다.

⑭ 卷第十七 男大迹天皇 繼體天皇 廿三年 春 三月(529년 음3월)

• 원문 : 廿三年春三月 百濟王謂下哆唎國守穗積押山臣曰 夫朝貢使者 恒避嶋曲 *謂海中嶋曲崎岸也 俗云美佐祁 每苦風波 因玆 濕所齎 全壞無色 請 以加羅多沙津 爲臣朝貢津路 是以 押山臣爲請聞奏 是月 遣物部伊勢連父根・吉士老等 以津賜百濟王 於是 加羅王謂勅使云 此津 從置官家以來 爲臣朝貢津涉 安得輒改賜隣國 違元所封限地 勅使父根等 因斯難以面賜 却還大嶋 別遣錄史 果賜扶餘 由是 加羅結儻新羅 生怨日本 加羅王娶新羅王女 遂有兒息 新羅初送女時 幷遣百人 爲女從 受而散置諸懸 令着新羅衣冠 阿利斯等 嗔其變服 遣使徵還 新羅大羞 飜欲還女曰 前承汝聘 吾便許婚 今旣若斯 請 還王女 加羅已富利知伽 *未詳 報云 配合夫婦 安得更離 亦有息兒 棄之何往 遂於所經 拔刀伽・古跛・布那牟羅 三城 亦拔北境五城 是月 遣近江毛野臣 使于安羅 勅勸新羅 更建南加羅・喙己呑 百濟遣將軍君尹貴・麻那 甲背・麻鹵等 往赴安羅 式聽詔勅 新羅 恐破蕃國官家 不遣大人 而遣夫智奈麻禮・奚奈麻禮等 往赴安羅 式聽詔勅 於是 安羅新起高堂 引昇勅使 國主隨後昇階 國內大人 預昇堂者一二 百濟使將軍君等 在於堂下 凡數月再三謨謀乎堂上 將軍君等 恨在庭焉

• 국역 : 23년 봄 3월 백제왕이 下哆唎國守 穗積押山臣에게 이르기를 "무릇 조공하는 使者는 늘 嶋曲*바다 가운데 섬의 굽은 해안을 말한다. 속칭 美佐祁(みさき)라고 한다을 피하느라 매번 風波에 고통을 겪습니다. 이 때문에 가지고 가는 물건이 젖어서 모두 상하여 보기 흉합니다.

加羅의 多沙津을 臣들이 조공하는 나룻길로 삼기를 청합니다"라 하였다. 이에 押山臣이 듣고 아뢰었다.

이달 物部伊勢連父根과 吉士老 등을 보내어 (多沙)津을 백제왕에게 내려주었다. 이에 加羅王이 勅使에게 이르기를 "이 津은 官家를 둔 이래로 臣의 조공하는 나루터였습니다. 어찌 갑자기 바꾸어서 이웃나라에 줄 수 있으며 처음에 봉해 주었던 것을 어길 수 있습니까?"라 하였다. 勅使 父根 등이 이 때문에 바로 줄 수 없어서 大嶋로 되돌아왔다가 따로 錄史를 보내어 결국 扶餘에게 내려주었다. 그러자 加羅가 신라와 한편이 되어 일본을 원망하였다. 가라왕은 신라 王女를 아내로 맞아 드디어 자식을 두었다. 신라가 처음에 왕녀를 보낼 때에 100人을 함께 보내어 왕녀의 從者로 삼았다. 받아서 여러 縣에 나누어 두고 신라 衣冠을 착용하게 했다. 阿利斯等이 복장을 바꾼 것에 화를 내며 사신을 보내어 되돌아가게 했다. 신라가 매우 부끄럽게 여기고 생각을 바꾸어 왕녀를 되돌아오도록 하려고 "전에 너희의 요청을 받아 우리가 문득 혼인을 허락하였으나, 지금 이와 같으니 왕녀를 돌려보내도록 하라"고 하였다. 加羅의 已富利知伽*자세하지 않다가 "夫婦가 되었는데 어찌 다시 떨어질 수 있겠습니까? 또한 자식이 있으니 버리고 어찌 가겠습니까?"라고 답하였다. (신라는) 마침내 길목의 刀伽・古跛・布那牟羅의 3城을 쳐부수고 또 북쪽 경계의 5城을 쳐부수었다.

이달 近江毛野臣을 安羅에 사신으로 보내어 명령을 내려 신라에게 南加羅와 㖨己呑을 다시 세우도록 권하게 하였다. 백제는 장군 君尹貴와 麻那甲背・麻鹵 등을 보내어 安羅에 가서 조칙을 받게 했다. 신라는 번국의 官家를 없앤 것이 두려워서 大人을 보내지 않고 夫智奈麻禮와 奚奈麻禮 등을 보내어 安羅에 가서 조칙을 듣게 했다. 이에 安羅는 새로이 높은 堂을 세워서 勅使를 오르게 하고 國主는 그 뒤를 따라 계단을 올라갔다. 국내의 大人으로서 堂에 올랐던 사람은 한둘 정도였다. 백제의 사신과 장군 및 君 등은 堂 아래에 있었는데 몇 달간 여러 번 당 위에 오르고자 하였다. 장군 君 등은 뜰에 있는 것을 한스럽게 여겼다.

㊿ **卷第十七 男大迹天皇 繼體天皇 廿三年 四月**(529년 음4월)

• 원문 : 是月 遣使送己能末多干岐 并詔在任那近江毛野臣 推問所奏 和解相疑 於是 毛野臣次于熊川*一本云 次于任那 久斯牟羅 召集新羅・百濟二國之王 新羅王佐利遲遣久遲布禮*一本云 久禮爾師知于奈師磨里 百濟遣恩率彌騰利 赴集毛野臣所 而二王不自來參 毛野臣大怒 責問二國使云 以小事大 天之道也*一本云 大木端者以大木續之 小木端以小木續之 何故二國之王 不躬來集受天皇勅 輕遣使乎 今縱汝王 自來聞勅 吾不肯勅 必追逐退 久遲布禮・恩率彌騰利 心懷怖畏 各歸召王 由是 新羅改遣其上臣伊叱夫禮智干岐*新羅 以大臣爲上臣 一本云 伊叱夫禮知 奈末 率衆三千 來請聽勅 毛野臣 遙見兵仗圍繞 衆數千人 自熊川 入任那己叱利城 伊叱夫禮智干岐 次于多多羅原 不敬歸待三月 頻請聞勅 終不肯宣 伊叱夫禮智所將士卒等 於聚落乞食 相過毛野臣傔人河內馬飼首御狩 御狩入隱他門 待乞者過 捲手遙擊乞者見云 謹待三月 佇聞勅旨 尙不肯宣 惱聽勅使 乃知欺誑 誅戮上臣矣 乃以所見 具述上臣 上臣抄掠四村 *金官・背伐・安多・委陀 是爲四村 一本云 多多羅 須那羅 和多 費智爲四村也 盡將人物 入其本國 或曰 多多羅等四村之所掠者 毛野臣之過也

• 국역 : 이달 사신으로 己能末多干岐를 보냈다. 아울러 임나에 있는 近江毛野臣에게 명령하여 "아뢴 바를 알아보고 서로 의심하는 것을 화해시키라"고 하였다. 이에 毛野臣은 熊川에 머물면서*어떤 책에는 任那의 久斯牟羅에 머물렀다고 한다 신라와 백제 두 나라의 왕을 불러 모았다. 신라왕 佐利遲는 久遲布禮를 보내었고*어떤 책에는 久禮爾師知于奈師磨

里라 하였다 백제는 恩率 彌騰利를 보내어 毛野臣이 있는 곳에 가서 모이게 하고 두 왕은 참석하러 오지 않았다. 毛野臣이 매우 화를 내며 두 나라 사신을 꾸짖기를 "작은 나라가 큰 나라를 섬기는 것은 하늘의 道이다*어떤 책에는 큰 나무의 끝은 큰 나무로 잇고 작은 나무의 끝은 작은 나무로 잇는다고 하였다. 어찌 두 나라의 왕이 몸소 와서 천황의 명령을 받지 않고 가벼이 사신을 보내는가. 이제 비록 너희 왕이 스스로 와서 명령을 받겠다 하더라도 나는 칙을 선포하지 않고 반드시 쫓아가서 물리칠 것이다"라 하였다. 久遲布禮와 恩率 彌騰利가 마음속으로 두려워 각각 돌아가서 왕을 부른다고 하였다. 이에 신라는 그 上臣 叱夫禮智干岐로 바꾸어 보냈는데*신라에서는 大臣을 上臣이라 하는데 어떤 책에는 伊叱夫禮知奈末이라 하였다 군사 3천 명을 거느리고 와서 칙을 듣기를 청했다. 毛野臣이 멀리 병사들이 둘러싸고 있는 무리가 수천 명인 것을 보고, 熊川으로부터 任那의 己叱己利城으로 들어갔다. 伊叱夫禮智干岐는 多多羅原에 머물며 공경하여 돌아가지 않고 세 달을 기다리며 칙을 들으려고 자주 청했으나 끝내 선포하려고 하지 않았다. 伊叱夫禮智가 거느린 士卒들이 마을에서 걸식하고 있었는데 毛野臣의 從者 河內馬飼首御狩와 마주쳤다. 御狩는 다른 문으로 들어가 숨어서 걸식하는 자가 지나가기를 기다렸다가 주먹으로 쳤다. 걸식자가 보고 "삼가 세 달을 기다리며 勅旨를 듣고자 했으나 아직도 선포하려고 하지 않고 칙을 들으려는 사신을 괴롭히는 것은 곧 속여서 上臣을 죽이고자 함임을 알겠다"라 하였다. 이에 所見을 모두 上臣에게 아뢰었더니 上臣은 4개의 村*金官·背伐·安多·委陀가 4개 촌이다. 어떤 책에는 多多羅·須那羅·和多·費智를 4개 촌이라 하였다을 노략질하여 빼앗고 사람과 물건을 다 가지고 본국으로 들어갔다. 어떤 사람이 "多多羅 등의 4개 촌을 노략질하게 한 것은 毛野臣의 잘못이다"라 하였다.

㊱ 卷第十七 男大迹天皇 繼體天皇 廿四年 秋 九月(530년 음9월)

- 원문 : 秋九月 任那使奏云 毛野臣 遂於久斯牟羅 起造舍宅 淹留二歲*一本云三歲者 連去來歲年數也 懶聽政焉 爰以日本人與任那人 頻以兒息 諍訟難決 元無能判 毛野臣樂置誓湯曰 實者不爛 虛者必爛 是以 投湯爛死者衆 又殺吉備韓子那多利・斯布利*大日本人 娶蕃女所生 爲韓子也 恒惱人民 終無和解 於是 天皇聞其行狀 遣人徵入 而不肯來 願以河內母樹馬飼首御狩 奉詣於京而奏曰 臣未成勅旨 還入京鄕 勞往虛歸 慙恧安措 伏願 陛下 待成國命 入朝謝罪 奉使之後 更自謨曰 其調吉士亦是皇華之使 若先吾取歸 依實奏聞 吾之罪過 必應重矣 乃遣調吉士率衆守伊斯枳牟羅城 於是 阿利斯等 知其細碎爲事 不務所期 頻勸歸朝 尙不聽還 由是 悉知行迹 心生飜背 乃遣久禮斯己母 使于新羅請兵 奴須久利 使于百濟請兵 毛野臣聞百濟兵來 迎討背評*背評地名 亦名能備己富里也 傷死者半 百濟 則捉奴須久利 杻械枷鏁 而共新羅圍城 責罵阿利斯等曰 可出毛野臣 毛野臣 嬰城自固 勢不可擒 於是二國圖度便地 淹留弦晦 筑城而還 號曰久禮牟羅城 還時觸路 拔騰利枳牟羅・布那牟羅・牟雌枳牟羅・阿夫羅・久知波多枳 五城
- 국역 : 가을 9월 임나의 사신이 "毛野臣이 드디어 久斯牟羅에서 집을 짓고 2년*어떤 책에 3년이라고 한 것은 가고 온 해를 센 것이다을 머물며 다스리기를 게을리하였습니다. 이에 일본인과 임나인이 자식 때문에 자주 다투었으나 해결하기 어려웠고 처음부터 판결할 수도 없었습니다. 毛野臣은 즐겨 誓湯을 설치해 놓고 '진실한 사람은 문드러지지 않을 것이고 거짓된 사람은 반드시 문드러질 것이다'라 하였습니다. 그러므로 탕에 던져져 데어 죽은 사람이 많았습니다. 또 吉備의 韓子 那多利・斯布利*大日本人이 蕃女를 취하여 낳은 자식을 韓子라 한다를 죽이고 人民을 괴롭혔으며 끝내 화해시키지 못하였습니다" 라고 아뢰었다. 이에 천황이 그 행실을 듣고 사람을 보내어 불러

들였으나 오려고 하지 않았다. 도리어 河內母樹馬飼首御狩로 하여금 서울로 나아가 "臣은 王命을 이루지 못하였는데 서울로 되돌아간다면 힘써 갔다가 헛되이 돌아가는 것이 되니 부끄러워 편안할 수 없습니다. 엎드려 바라건대 폐하께서는 國命을 이루고 조정에 들어가 謝罪할 때까지 기다려 주십시오"라 아뢰게 하였다. 使者를 보낸 후 다시 스스로 꾀하기를 "그 調吉士는 또한 皇華의 使이니 만약 나보다 먼저 돌아가서 사실대로 아뢰면 나의 罪過는 반드시 무겁게 될 것이다"라 하였다. 이에 調吉士를 보내어 무리를 거느리고 伊斯枳牟羅城을 지키게 했다. 이에 阿利斯等은 (毛野臣이) 사소한 것만 일삼고 맡은 바 임무에 힘쓰지 않는 것을 알고 歸朝할 것을 자주 권했으나 오히려 돌아가지 않았다. 이 때문에 (阿利斯等은 毛野臣의) 행적을 다 알아서 배반하려는 마음이 생겼으므로 久禮斯己母를 보내어 신라에 가서 請兵하고 奴須久利를 백제에 보내어 청병했다. 毛野臣이 百濟兵이 온다는 것을 듣고 背評*背評은 지명인데 또한 能備己富里라고도 한다에서 맞아 토벌했는데 부상하거나 죽은 자가 반이었다. 백제는 奴須久利를 붙잡아 형틀을 채우고 쇠사슬로 묶어놓고 신라와 함께 성을 에워쌌다. 阿利斯等을 책망하며 꾸짖기를 "毛野臣을 내줄 수 있겠는가?"라 하였다. 毛野臣은 城에 의지하여 스스로 굳게 지켰으므로 사로잡을 수 없었다. 이에 두 나라는 편리한 곳을 찾아 한 달을 머물다가 성을 쌓고 돌아갔는데 久禮牟羅城이라 한다. 돌아올 때 길목의 騰利枳牟羅·布那牟羅·牟雌枳牟羅·阿夫羅·久知波多枳의 다섯 성을 쳐부수었다.

⑰ 卷第十八 廣國押武金日天皇 安閑天皇 元年 五月(534년 음5월)

- 원문 : 五月 百濟遣下部脩德嫡德孫·上部都德己州己婁等 來貢常調 別上表
- 국역 : 5월 백제가 下部의 脩德 嫡德孫과 上部의 都德 己州己婁 등을 보

내어 常例의 調를 바치고 따로 表를 올렸다.

⑱ 卷第十八 武小廣國押盾天皇 宣化天皇 二年 冬 十月(537년 음10월 1일)

• 원문 : 二年冬十月壬辰朔 天皇 以新羅寇於任那 詔大伴金村大連 遣其子磐與狹手彦 以助任那 是時 磐留筑紫 執其國政 以備三韓 狹手彦往鎭任那加救百濟

• 국역 : 2년 겨울 10월 초하루 天皇은 신라가 任那를 침략하였으므로 大伴金村大連에게 명령하여 그 아들 磐과 狹手彦을 보내어 임나를 돕게 했다. 이때 磐은 筑紫에 머물며 國政을 잡고 三韓에 대비하고 있었다. 狹手彦은 가서 임나를 평정하고 또 백제를 구원했다.

⑲ 卷第十九 天國排開廣庭天皇 欽明天皇 元年 二月(540년 음2월)

• 원문 : 二月 百濟人己知部投化 置倭國添上郡山村 今山村己知部之先也

• 국역 : 2월 百濟人 己知部가 투화하였다. 倭國 添上郡 山村에 살게 하니, 오늘날 山村己知部의 선조이다.

⑳ 卷第十九 天國排開廣庭天皇 欽明天皇 元年 八月(540년 음8월)

• 원문 : 八月 高麗·百濟·新羅·任那 竝遣使獻 竝脩貢職 召集秦人·漢人等諸蕃投化者 安置國郡 編貫戶籍 秦人戶數 總七千五十三戶 以大藏掾爲秦伴造

• 국역 : 8월 高句麗·百濟·新羅·任那가 함께 사신을 보내고, 아울러 공물을 바쳤다. 秦人·漢人 등 여러 나라에서 투화하여 온 사람을 불러모아, 國郡에 안치하고 호적을 편성하였다. 秦人의 戶數가 총 7,053戶였다. 大藏掾을 秦伴造로 삼았다.

㉛ **卷第十九 天國排開廣庭天皇 欽明天皇 元年 九月**(540년 음9월 5일)

• 원문 : 九月乙亥朔己卯 幸難波祝津宮 大伴大連金村・許勢臣稻持・物部大連尾與等從焉 天皇問諸臣曰 幾許軍卒 伐得新羅 物部大連尾與等奏曰 少許軍卒 不可易征 曩者 男大迹天皇六年 百濟遣使 表請任那上哆唎・下哆唎・娑陀・牟婁 四縣 大伴大連金村 輒依表請 許賜所求 由是 新羅怨曠積年 不可輕爾而伐 於是 大伴大連金村 居住吉宅 稱疾不朝 天皇遣靑海夫人勾子 慰問慇懃 大連怖謝曰 臣所疾者 非餘事也 今諸臣等謂臣滅任那 故恐怖不朝耳 乃以鞍馬贈使 厚相資敬 靑海夫人依實顯奏 詔曰 久竭忠誠 莫恤衆口 遂不爲罪 優寵彌深

• 국역 : 9월 5일 難波祝津宮에 행차하였다. 大伴大連金村・許勢臣稻持・物部大連尾與 등이 따라갔다. 천황이 여러 신하에게, "어느 정도의 군사가 있으면 新羅를 칠 수 있겠는가" 하고 물었다. 物部大連尾與 등이, "적은 군사로는 쉽게 칠 수 없습니다. 지난번 男大迹天皇(繼體天皇) 6년에 百濟가 사신을 보내 表를 올려 任那의 上哆唎・下哆唎・娑陀・牟婁의 네 縣을 청하였는데, 大伴大連金村이 表에서 청하는 대로 구하는 곳을 내려 주었습니다. 이로 말미암아 新羅의 원망이 여러 해 동안 쌓여 갔으니 가볍게 칠 수 없습니다"라고 아뢰었다. 이때 大伴大連金村은 住吉의 집에 있으면서 병을 핑계대고 조정에 나아오지 않았다. 천황은 靑海夫人 勾子를 보내 은근하게 위문하였다. 大連은 두려워하여 사죄하면서, "臣이 앓고 있는 것은 다름 아니라, 지금 여러 臣 등은 臣이 任那를 멸망시켰다고 말합니다. 그래서 두려워서 조정에 나아가지 못했을 뿐입니다"라고 말하였다. 그리고 장식한 말을 사신에게 주어 후하게 접대하며 경의를 표하였다. 靑海夫人이 사실대로 보고하였다. 명령을 내려, "오랫동안 충성을 다하였으니, 여러 사람의 말에 근심하지 마라"고 하였다. 드디어 허물 삼지 않고 총애함이 더욱 깊었다.

㉜ 卷第十九 天國排開廣庭天皇 欽明天皇 二年 夏 四月(541년 음4월)

- 원문 : 夏四月 安羅次旱岐夷呑奚・大不孫・久取柔利 加羅上首位古殿奚 卒麻旱岐 散半奚旱岐兒 多羅下旱岐夷他 斯二岐旱岐兒 子他旱岐等 與任那日本府吉備臣*厥名字 往赴百濟 俱聽詔書 百濟聖明王謂任那旱岐等言 日本天皇所詔者 全以復建任那 今用何策 起建任那 盍各盡忠 奉展聖懷 任那旱岐等對曰 前再三廻 與新羅議 而無答報 所圖之旨 更告新羅 尙無所報 今宜俱遣使 往奏天皇 夫建任那者 爰在大王之意 祇承敎旨 誰敢間言 然任那境接新羅 恐致卓淳等禍*等謂㖨己呑・加羅 言卓淳等國 有敗亡之禍 聖明王曰 昔我先祖速古王・貴首王之世 安羅・加羅・卓淳旱岐等初遣使相通 厚結親好 以爲子弟 冀可恒隆 而今被誑新羅 使天皇忿怒 而任那憤恨 寡人之過也 我深懲悔 而遣下部中佐平麻鹵・城方甲背昧奴等赴加羅 會于任那日本府相盟 以後 繫念相續 圖建任那 旦夕無忘 今天皇詔稱 速建任那 由是 欲共爾曹謨計 樹立任那等國 宜善圖之 又於任那境 徵召新羅 問聽與不 乃俱遣使奏聞天皇 恭承示敎 儻如使人未還之際 新羅候隙 侵逼任那 我當往救 不足爲憂 然善守備 謹警無忘 別汝所導 恐致卓淳等禍 非新羅自强故 所能爲也 其㖨己呑 居加羅與新羅境際 而被連年攻敗 任那無能救援 由是見亡 其南加羅 蕞爾狹小 不能卒備 不知所託 由是見亡 其卓淳 上下携貳 主欲自附 內應新羅 由是見亡 因斯而觀 三國之敗 良有以也 昔新羅請援於高麗 而攻擊任那與百濟 尙不剋之 新羅安獨滅任那乎 今寡人 與汝戮力幷心 翳賴天皇 任那必起 因贈物各有差 忻忻而還
- 국역 : 여름 4월 安羅의 次旱岐 夷呑奚・大不孫・久取柔利 등과 加羅의 上首位 古殿奚, 卒麻의 旱岐, 散半奚의 旱岐의 아들, 多羅의 下旱岐 夷他, 斯二岐의 旱岐의 아들, 子他의 旱岐 등이 任那의 日本府의 吉備臣*이름이 빠졌다과 더불어 百濟에 가서 함께 詔勅을 들었다. 百濟의 聖明王이 任那의 旱岐들에게, "日本의 천황이 명령한 바는 오

로지 任那를 재건하라는 것이다. 지금 어떤 계책으로 任那를 다시 일으키겠는가? 어찌 각기 충성을 다하여 천황의 마음을 받들어 펼치지 않겠는가?"라고 말하였다. 任那의 旱岐 등이, "전에 두세 번 新羅와 더불어 의논하였으나 대답이 없었습니다. 도모하려는 뜻을 다시 新羅에 이른다 하여도 여전히 대답하는 바가 없을 것입니다. 이제 마땅히 함께 사신을 보내어 천황에게 아뢰어야 합니다. 任那를 재건하는 일은 대왕의 뜻에 달려 있습니다. 공경하게 (왕의) 敎旨를 받들려 하는데 누가 감히 다른 말을 하겠습니까? 그러나 任那의 경계는 新羅와 접해 있어서 卓淳 등과 같은 화를 입을까 두렵습니다"라고 말하였다*卓淳 등이라 함은 喙己呑, 加羅를 말한다. 卓淳 등의 나라와 같은 패망의 화를 당할 수 있다는 것을 말한다. 聖明王은, "옛적에 우리 선조 速古王, 貴首王의 때에, 安羅·加羅·卓淳의 旱岐 등이 처음으로 사신을 보내고 서로 통교하여 친교를 두터이 맺어, 子弟의 나라로 여기고 더불어 융성하기를 바랐다. 그런데 지금 新羅에게 속아 천황을 노엽게 하고 任那를 한에 사무치게 한 것은 과인의 잘못이다. 나는 깊이 뉘우쳐 下部 中佐平 麻鹵, 城方 甲背 昧奴 등을 보내어 加羅에 나아가 任那의 日本府에 모여 서로 맹세하게 하였다. 그 후에도 계속 마음을 두고 任那를 재건하려고 하는 일을 아침저녁으로 잊은 적이 없었다. 지금 천황이 명령을 내려, '속히 任那를 재건하라'고 말씀하셨다. 이로 말미암아 그대들과 함께 계책을 모의하여 任那 등의 나라를 세우려고 하니, 잘 생각하여야 한다. 또 任那의 경계에서 新羅를 불러, (조를) 받들 것인가의 여부를 물어야겠다. 함께 사신을 보내어 천황에 아뢰고 삼가 교시를 받들자. 만일 사자가 돌아오지 않았을 때 新羅가 틈을 엿보아 任那를 침략해 오면 나는 마땅히 가서 구원할 것이니 근심할 바가 아니다. 그러나 잘 방비하고 삼가 경계하기를 잊지 마라. 또한 그대들은 말하기를, 卓淳 등과 같은 화를 입을까 두렵다고 하였으나, (그것은) 신라가 혼자 강하다고 하여 할 수 있는 일이 아니다. 喙己呑은 加羅와 新羅의 경계에 있어 해마다 공격을 받아 패배하였는데, 任那도 구원할 수가 없었고, 이로 말미암아 망하게 되었다. 南加羅는 땅이 협소하여 불의의 습격에 방비할 수 없었고 의지할 바도 알지 못하여, 이로 인하여 망하였다. 卓淳은 위아래 사람들이 다른 마음을 지녔는데, 군주가 혼자 항복하려고 新羅에 내응하여, 이 때문에 망하게 되었다. 이로 말미암아 살펴보니 三國의 패망은 진실로 까닭이 있는 것이다. 옛적에 신라가 고구려에 구원을 청하여 任那와 百濟를 쳤으나 오히려 이기지 못하였는데, 신라가 어찌 혼자서 任那를 멸망시키겠는가. 지금 과인이 그대들과 더불어 힘을 다하고 마음을 같이하여 천황에게 의지하면 任那는 반드시 일어날 것이다" 라고 말하였다. 그리고 물건을 주었는데, 각각 차등이 있었다. 기뻐하며 돌아갔다.

⑥③ 卷第十九 天國排開廣庭天皇 欽明天皇 二年 秋 七月(541년 음7월)

● 원문 : 秋七月 百濟聞安羅日本府與新羅通計 遣前部奈率鼻利莫古・奈率宣文・中部奈率木刕眯淳・紀臣奈率彌麻沙等*紀臣奈率者 蓋是紀臣娶韓婦所生 因留百濟 爲奈率者也 未詳其父 他皆效此也 使于安羅 召到新羅任那執事 謨建任那 別以安羅日本府河內直 通計新羅 深責罵之*百濟本記云 加不至費直・阿賢移那斯・佐魯麻都等 未詳也 乃謂任那曰 昔我先祖速古王・貴首王與故旱岐等 始約和親 式爲兄弟 於是 我以汝爲子弟 汝以我爲父兄 共事天皇 俱距强敵 安國全家 至于今日 言念先祖 與舊旱岐 和親之詞 有如皎日 自茲以降 勤修隣好 遂敦與國 恩踰骨肉 善始有終 寡人之所恒願 未審 何緣輕用浮辭 數歲之間 慨然失志 古人云 追悔無及 此之謂也 上達雲際 下及泉中 誓神乎今 改咎乎昔 一無隱匿 發露所爲 精

誠通靈 深自克責 亦所宜取 蓋聞 爲人後者 貴能負荷先軌 克昌堂構以成勳業也 故今追崇先世和親之好 敬順天皇詔勅之詞 拔取新羅所折之國南加羅・㖨己呑等 還屬本貫 遷實任那 永作父兄 恒朝日本 此寡人之所食不甘味 寢不安席 悔往戒今之 所勞想也 夫新羅甘言希誑 天下之所知也 汝等妄信 旣墮人權 方今任那境接新羅 宜常設備 豈能弛柝爰恐 陷羅誣欺網穽 喪國亡家 爲人繫虜 寡人念茲 勞想而不能自安矣竊聞 任那與新羅運策席際 現蜂蛇怪 亦衆所知 且夫妖祥 所以戒行 災異所以悟人 當是 明天告戒 先靈之徵表者也 禍至追悔 滅後思興 孰云及矣 今汝遵余 聽天皇勅 可立任那 何患不成 若欲長存本土 永御舊民其謨在茲 可不愼也 聖明王更謂任那日本府曰 天皇詔稱 任那若滅 汝則無資 任那若興 汝則有援 今宜興建任那 使如舊日 以爲汝助 撫養黎民 謹承詔勅 悚懼塡胸 誓効丹誠 冀隆任那 永事天皇 猶如往日 先慮未然 然後康樂 今日本府 復能依詔 救助任那 是爲天皇 所必褒讚 汝身所當賞祿 又日本卿等 久住任那之國 近接新羅之境 新羅情狀 亦是所知 毒害任那 謨防日本 其來尙矣 匪唯今年 而不敢動者 近羞百濟遠恐天皇 誘事朝庭 僞和任那 如斯感激任那日本府者 以未禽任那之間僞示伏從之狀 願今候其間隙 佔其不備 一擧兵而取之 天皇 以詔勅 勸立南加羅・㖨己呑 非但數十年 而新羅一不聽命 亦卿所知 且夫信敬天皇 爲立任那 豈若是乎 恐卿等輒信甘言 輕被謾語 滅任那國 奉辱天皇卿其戒之 勿爲他欺

秋七月 百濟遣紀臣奈率彌麻沙・中部奈率己連 來奏下韓・任那之政 幷上表之

● 국역 : 가을 7월 百濟는 安羅의 日本府가 新羅와 더불어 계책을 공모한다는 말을 듣고, 前部 奈率 鼻利莫古, 奈率 宣文, 中部 奈率 木劦眯淳, 紀臣 奈率 彌麻沙 등을 보내*紀臣 奈率은 아마도 紀臣이 韓의 여자를 얻어 낳은 자로, 百濟에 머물러 奈率이 된 사람일 것이다. 아버지는 알 수 없다. 다른

사람도 모두 이와 비슷하다 安羅에 가서 新羅에 온 任那 執事를 불러 任那를 세울 것을 도모하게 하였다. 따로 安羅 日本府의 河內直이 新羅와 공모한 것을 심하게 꾸짖었다.*『百濟本記』에는 "加不至費直・阿賢移那斯・佐魯麻都 等"이라고 하였으나 잘 알 수 없다. 그리고 왕은 任那에게, "옛적에 우리 선조 速古王・貴首王이 옛날의 旱岐 등과 처음으로 화친을 맺고서 형제가 되었다. 이에 우리는 그대를 子弟로 여기고, 그대는 우리를 父兄으로 생각하며, 함께 천황을 섬기고 함께 강적에게 항거하며, 나라를 평안하게 하고 왕실을 보전하여 오늘에 이르렀다. 선조가 옛날에 旱岐와 화친할 때의 말을 생각하면 해와 같이 밝음이 있다. 그 후 이웃과 삼가 우호를 닦아서 드디어 다른 나라와 (관계가) 돈독하게 되었으니, 은혜가 골육보다 더하였다. 처음을 잘하고 끝도 좋아야 한다는 것은 과인이 항상 원하는 바이다. 그런데 무슨 까닭으로 가벼이 헛된 말들을 하고 몇 해 사이에 한탄스럽게 뜻을 잃게 되었는지 잘 모르겠다. 옛날 사람들이 '후회막급이다'라고 한 말은 바로 이를 두고 이른 것이로구나. 위로 하늘에 다다르고 아래로 지하에 이르기까지 이제 神에게 맹세컨대, 옛날의 허물을 고치겠으며, 하나도 숨김없이 행할 바를 밝히겠다. 정성이 신령에 통하고 깊이 자기를 책하는 것은 역시 취할 만한 바가 있다. 듣건대 先代의 뒤를 계승한 자는 조상이 남긴 궤범을 이어받고, 선조의 업을 번성하게 하여 공훈을 이루는 것을 귀하게 여긴다고 한다. 그러므로 이제 先世의 화친한 우호를 받들고 삼가 천황이 명령한 말에 따라, 新羅에게 빼앗긴 나라인 南加羅와 喙己呑 등을 취하여 본래대로 돌이켜 任那에 옮기고, 길이 父兄의 나라가 되어 항상 日本을 섬기려 한다. 이는 과인이 먹어도 맛이 없고 자도 자리가 편안치 못한 바이다. 지난 일을 뉘우쳐 오늘날을 경계하는 것이 힘써 생각할 바이다. 新羅가 감언으로 속이는 것은 천하가 다 아는 바인데도, 그대들은 망령되이 믿었다가 이미 다른 사람의 속임수에 빠졌었다. 바야흐로 지금 任那의 경계는 新羅와 접하고 있으니, 항상 방비를 하여야 한다. 어찌 경계를 게을리할 것인가? 속이는 함정에 빠져 국가를 망하게 하며, 남에게 사로잡히게 될까 두려우니, 과인이 이를 생각하면 걱정이 되어 편안히 지낼 수 없다. 적이 들으니 任那와 新羅가 계책을 꾸미는 자리에 벌과 뱀이 괴이함을 드러냈다고 하는데, (그것은) 또한 많은 사람이 아는 바이다. 대개 괴이한 조짐은 행동을 경계하는 것이며, 재난과 이변은 사람을 깨우치는 것이다. 곧 이는 하늘이 경계하는 것이고 조상이 징조를 보이는 것이니, 화가 이른 다음에 후회하고, 멸망한 후에 부흥하기를 생각하여도 누가 미칠 수 있겠는가? 이제 그대가 나를 따라 천황의 명령을 들으면 任那를 일으킬 수 있으니, 어찌 이루지 못할 것을 적정하겠는가? 만약 본래의 땅을 길이 보존하고 원래의 백성을 영원히 다스리고 싶다면, 그 계략이 여기에 있으니, 신중하지 않을 수 있겠는가?"라고 말하였다. 聖明王이 다시 任那의 日本府에, "天皇의 명령이 "任那가 멸망하면 너희는 의지할 데가 없어질 것이고, 任那가 일어나면 너희는 도움을 받게 될 것이다. 이제 마땅히 任那를 일으켜 세워 옛날과 같게 하여, 너희의 도움으로 삼고, 백성을 어루만져 기르도록 하라"고 하였다. 삼가 조칙을 받들고 나니 송구스러운 마음이 가슴에 가득 차서, 정성을 다할 것을 맹세하고 任那를 융성시킬 것을 기약하였다. 영원히 천황을 섬기기를 지난날과 같이할 것이며, 먼저 앞의 일을 생각한 후에 편안히 쉴 것이다. 이제 日本府가 (천황의) 조에 따라 任那를 구하면, 이는 천황이 반드시 칭송하는 바가 될 것이며, 그대 자신도 당연히 포상을 받게 될 것이다. 또한 日本府의 卿 등은 오랫동안 任那國에 머물러 있고, 新羅의 경계와 가까이 접하고 있어서, 新羅의 정세를 역시 알 것이다. (新羅가) 任那를 해치고 日本을 막으려고 모의한 것은 그 유래가 오래된 것으로 단지 올해만의 일이 아니다. 그러나 감히 움직이지 못하는 것은 가까이는 百濟를 경계하고, 멀리는 천황을 두려워하기 때문이다. (新羅는) 거짓으로 조정(日本)을 섬기고 거짓으로 任那와 화해했다. 이와 같이 (新羅가) 任那의 日本府를 기쁘게 한 것은 아직 任那를 빼앗지 못했으므로 거짓으로 복종하는 모습을 보이다가 이제 그 틈을 염탐하고 그 방비하지 못함을 엿보아, 한 번 군사를 일으켜 (任那를) 취하고자 하는 것이다. 천황이 조를 내려 南加羅, 喙己呑을 세우라고 권한 것은 단지 수십 년 동안 만의 일이 아니다. 그런데도 新羅가 한결같이 명을 듣지 않는 것은 卿들도 아는 바이다. 천황의 조칙을 삼가 믿고 任那를 세우려고 하는데 어찌 이와 같은가. 卿 등이 번번이 감언을 믿고 경솔하게 거짓말에 속아서 任那國을 멸하고 천황을 욕되게 할까 두렵다. 卿들은 그것을 경계하고 남에게 속지 마라"라고 말하였다.

가을 7월 百濟가 紀臣 奈率 彌麻沙, 中部 奈率 己連을 보내어 下韓과 任那의 정사를 아뢰고, 아울러 表를 올렸다.

⑭ 卷第十九 天國排開廣庭天皇 欽明天皇 四年 夏 四月(543년 음4월)

- 원문 : 四年夏四月 百濟紀臣奈率彌麻沙等罷之
- 국역 : 4년(543) 여름 4월 百濟의 紀臣 奈率 彌麻沙 등이 물러갔다.

⑮ 卷第十九 天國排開廣庭天皇 欽明天皇 四年 秋 九月(543년 음9월)

- 원문 : 秋九月 百濟聖明王遣前部奈率眞牟貴文・護德己州己婁與物部施德麻奇牟等來獻扶南財物與奴二口
- 국역 : 가을 9월 百濟 聖明王이 前部 奈率 眞牟貴文, 護德 己州己婁와 物部 施德 麻奇牟 등을 보내어, 扶南의 재물과 奴 2口를 바쳤다.

⑯ 卷第十九 天國排開廣庭天皇 欽明天皇 四年 冬 十一月(543년 음11월 8일)

• 원문 : 冬十一月丁亥朔甲午 遣津守連 詔百濟曰 在任那之下韓 百濟郡令城主 宜附日本府 幷持詔書 宣曰 爾屢抗表 稱當建任那 十餘年矣 表奏如此 尙未成之 且夫任那者 爲爾國之棟梁 如折棟梁 誰成屋宇 朕念在茲 爾須早建 汝若早建任那 河內直等*河內直已見上文 自當止退 豈足云乎 是日 聖明王 聞宣勅已 歷問三佐平內頭及諸臣曰 詔勅如是 當復何如 三佐平等答曰 在下韓之 我郡令城主 不可出之 建國之事 宜早聽聖勅

• 국역 : 겨울 11월 8일 津守連을 보내어 百濟에 명령하기를, "任那의 下韓에 있는 百濟의 郡令과 城主는 日本府에 귀속시켜야 한다"라고 하였다. 아울러 詔書를 가지고 가서 선포하여, "그대가 여러 번 表를 올려 꼭 任那를 세우겠다고 말한 것이 10여 년이 되었다. 表에서 아뢴 바는 이와 같지만 아직도 이루지 못하였다. 대저 任那는 그대 나라의 棟梁이다. 만일 동량이 부러지면 어떻게 집을 짓겠는가. 짐의 걱정이 바로 여기에 있다. 그대는 모름지기 빨리 세우도록 하라. 그대가 만약 빨리 任那를 세운다면, 河內直等*河內直은 이미 윗글에 나왔다 등은 자연히 물러나게 될 것이니, 어찌 말할 필요가 있겠는가?" 라고 말하였다. 이날 聖明王이 칙을 듣기를 마치고 三佐平과 內頭 및 여러 신하에게, "조칙이 이와 같으니, 또한 어떻게 하여야 하겠는가?"라고 두루 물었다. 三佐平이, "下韓에 있는 우리 郡令과 城主 등은 나오게 할 수 없습니다. 나라를 세우는 일은 빨리 칙을 따르는 것이 마땅합니다"라고 대답하였다.

⑰ 卷第十九 天國排開廣庭天皇 欽明天皇 四年 十二月(543년 음12월)

• 원문 : 十二月 百濟聖明王 復以前詔 普示群臣曰 天皇詔勅如是 當復何如 上佐平沙宅己婁・中佐平木劦麻那・下佐平木尹貴・德率鼻利莫古・德率東城道天・德率木劦昧淳・德率國雖多・奈率燕比善那等 同議曰 臣等

稟性愚闇 都無智略 詔建任那 早須奉勅 今宜召任那執事・國國旱岐等 倶謀同計 抗表述志 又河內直・移那斯・麻都等 猶住安羅 任那恐難建之 故亦幷表 乞移本處也 聖明王曰 群臣所議 甚稱寡人之心

是月 乃遣施德高分 召任那執事與日本府執事 倶答言 過正旦而往聽焉

• 국역 : 12월 百濟의 聖明王이 다시 앞서의 詔書를 群臣들에게 널리 보이며, "천황의 조칙이 이와 같으니, 어떻게 하여야 하겠는가?"라고 말하였다. 上佐平 沙宅己婁, 中佐平 木刕麻那, 下佐平 木尹貴, 德率 鼻利莫古, 德率 東城道天, 德率 木刕眯淳, 德率 國雖多, 奈率 燕比善那 등이 함께 의논하여, "臣들은 품성이 아둔하고 도무지 지략이 없습니다. 그러나 任那를 세우라고 명령하셨으니, 빨리 칙언을 받들어야 하겠습니다. 이제 任那의 執事와 각국의 旱岐들을 소집하여 함께 계책을 모의하고 表를 올려 뜻을 말하십시오. 또 河內直・移那斯・麻都 등이 여전히 安羅에 있게 되면 아마도 任那는 세우기 어려울 것입니다. 그러므로 아울러 表를 本處로 옮겨달라고 구하십시오"라고 대답하였다. 聖明王이 "群臣이 의논한 바가 심히 과인의 마음에 맞는다"고 말하였다.

이달 (百濟가) 施德 高分을 보내어 任那의 執事와 日本府의 執事를 불렀다. 모두 "정월 초하루를 지내고 가서 듣겠다"라고 대답하였다.

⑱ 卷第十九 天國排開廣庭天皇 欽明天皇 五年 春 正月(544년 음1월)

• 원문 : 五年春正月 百濟國遣使 召任那執事與日本府執事 倶答言 祭神時到 祭了而往

是月 百濟復遣使 召任那執事與日本府執事 日本府・任那 倶不遣執事 而遣微者 由是 百濟不得倶謀建任那國

• 국역 : 5년(544) 봄 정월 百濟國이 사신을 보내어 任那의 執事와 日本府의 執事를 불렀다. 모두 "신에게 제사지낼 때가 이르렀으니 제사

를 마치면 가겠다"라고 대답하였다.

이달 百濟가 또 사신을 보내어 任那 執事와 日本府의 執事를 불렀다. 日本府와 任那가 모두 執事를 보내지 않고 지위가 낮은 사람을 보냈다. 이로 말미암아 百濟가 任那國을 세울 것을 함께 모의하지 못하였다.

⑲ 卷第十九 天國排開廣庭天皇 欽明天皇 五年 二月(544년 음2월)

• 원문 : 二月 百濟遣施德馬武・施德高分屋・施德斯那奴次酒等 使于任那 謂日本府與任那旱岐等曰 我遣紀臣奈率彌麻沙・奈率己連・物部連奈率用奇多 朝謁天皇 彌麻沙等 還自日本 以詔書宣曰 汝等 宜共在彼日本府 早建良圖 副朕所望 爾其戒之 勿被他誑 又津守連 從日本來*百濟本記云 津守連己麻奴跪 而語訛不正 未詳 宣詔勅 而問任那之政 故將欲共日本府・任那執事 議定任那之政 奉奏天皇 遣召三廻 尙不來到 由是 不得共論圖計任那之政 奉奏天皇矣 今欲請留津守連 別以疾使 具申情狀 遣奏天皇 當以三月十日 發遣使於日本 此使便到 天皇必須問汝 汝日本府卿・任那旱岐等 各宜發使 共我使人 往聽天皇所宣之詔 別謂河內直*百濟本記云 河內直・移那斯・麻都 而語訛未詳其正也 自昔迄今 唯聞汝惡 汝先祖等*百濟本記云 汝先那干陀甲背・加獵直岐甲背 亦云那奇陀甲背・鷹奇岐彌 語訛未詳 俱懷奸僞誘說 爲哥可君百濟本記云 爲哥岐彌 名有非岐 專信其言 不憂國難 乖背吾心 縱肆暴虐 由是見逐 職汝之由 汝等來住任那 恒行不善 任那日損 職汝之由 汝是雖微 譬猶小火燒焚山野 連延村邑 由汝行惡 當敗任那 遂使海西諸國官家 不得長奉天皇之闕 今遣奏天皇 乞移汝等 還其本處 汝亦往聞 又謂日本府卿・任那旱岐等曰 夫建任那之國 不假天皇之威 誰能建也 故我思欲就天皇 請將士 而助任那之國 將士之糧 我當須運 將士之數 未限若干 運粮之處 亦難自決 願居一處 俱論可不 擇從其善 將奏天皇 故頻遣召 汝猶不來 不得議也 日本

府答曰 任那執事 不赴召者 是由吾不遣 不得往之 吾遣奏天皇 還使宣曰 朕當以印奇臣*語訛未詳 遣於新羅 以津守連 遣於百濟 汝 待聞勅際莫自勞往新羅百濟也 宣勅如是 會聞印奇臣使於新羅 乃追遣問天皇所宣 詔曰 日本臣與任那執事 應就新羅 聽天皇勅 而不宣就百濟聽命也後津守連 遂來過此 謂之曰 今余被遣於百濟者 將出在下韓之 百濟郡令城主 唯聞此說 不聞任那與日本府 會於百濟 聽天皇勅 故不往焉非任那意 於是 任那旱岐等曰 由使來召 便欲往參 日本府卿 不肯發遣 故不往焉 大王 爲建任那 觸情曉示 覩茲忻喜 難可具申

• 국역 : 2월 百濟가 施德 馬武, 施德 高分屋, 施德 斯那奴次酒 등을 任那에 사신으로 보내어 日本府와 任那의 旱岐 등에게, "나는 紀臣 奈率 彌麻沙, 奈率 己連, 物部連 奈率 用奇多를 보내어 천황에게 보내 알현하였다. 彌麻沙 등이 日本에서 돌아와 조서를 선포하여, "그대들은 거기에 있는 日本府와 함께 빨리 좋은 계획을 세워 짐의 바라는 바에 부응하라. 그대들은 경계하여 다른 사람의 속임에 빠지지 마라"고 하였다. 또 津守連이 日本에서 와서*『百濟本記』에서는 津守連 己麻奴跪라 하였다. 그러나 방언이므로 정확하지 않아 잘 알 수 없다 조칙을 전하고 任那의 정사를 물었다. 그러므로 日本府와 任那의 執事와 함께 任那의 정사를 의논하여 천황에게 아뢰려고, 사자를 보내어 부른 것이 세 번이나 되는데 아직도 오지 않고 있다. 이로 말미암아 任那의 정사를 도모할 계획을 함께 의논하여 천황에게 아뢰지 못하고 있다. 이제 津守連을 머무르도록 청하고, 따로 빠른 사자로써 상황을 갖추어 천황에게 아뢰고자 한다. 3월 10일에 日本에 사자를 보내겠다. 이 사자가 도달하면 천황은 반드시 그대들을 문책할 것이다. 그대 日本府의 卿과 任那의 旱岐들은 각기 사자를 보내어 내가 보내는 사자와 함께 천황이 베푸는 조서를 들으라"라고 말하였다. 따로 河內直*『百濟本記』에는 河內直과 移那斯와 麻都로 되어

있다. 그러나 방언이므로 정확한 것을 알 수 없다에게, “옛날부터 지금까지 오직 그대의 악행만을 들어왔다. 그대의 선조도*『百濟本記』에는 ‘그대의 선조 那干陀甲背, 加獵直岐甲背’라고 하였다. 또한 ‘那奇陀甲背, 鷹奇岐彌’라고도 하였는데, 방언이므로 잘 알 수 없다 모두 간악함을 품고 거짓되이 말하였다. 爲哥可君*『百濟本記』에 爲哥岐彌이고 이름은 有非岐라고 하였다이 그 말만을 믿어 국난을 걱정하지 않으며, 내 뜻을 어기고 포악한 일을 마음대로 자행하다가, 이 때문에 쫓겨났으니 오로지 그대로부터 말미암은 것이다. 그대들은 任那에 와서 살면서 항상 나쁜 짓을 행하였다. 任那가 나날이 해를 입는 것은 오로지 그대들 때문이다. 그대는 비록 하찮다고 할지 모르나, 비유컨대 작은 불이 산야를 태우고 마을로 번지는 것과 같다. 그대들이 악행을 저지름으로 말미암아 任那는 패망할 것이고, 마침내는 바다 서쪽 여러 나라의 관가로 하여금 길이 천황의 곁에서 섬기지 못하게 할 것이다. 이제 사신을 보내어 천황에게 아뢰어 그대들을 옮겨 본래 있던 곳으로 돌려보내도록 청하겠다. 그대 또한 가서 들으라”라고 말하였다. 또 日本府의 卿과 任那의 旱岐 등에게, “任那國을 세우는 일은 천황의 위엄을 빌리지 않고서 누가 할 수 있겠는가. 그러므로 나는 천황에게 가서 군사를 청하여 任那國을 도우려 한다. 병사들의 양식은 내가 운반해야 하겠으나, 군사의 수를 아직 모르고 군량을 운반할 곳도 역시 혼자 결정하기 어렵다. 한 군데에 모여서 같이 可否를 의논하고, 그 좋은 것을 택하여 천황에게 아뢰기를 원하나, 여러 번 불러도 그대들이 오지 않아 의논할 수 없다”라고 말하였다. 日本府가 답하여, “任那의 執事가 부름에 나아가지 않은 것은 우리가 보내지 않았던 까닭으로 가지 못한 것입니다. 우리가 천황에게 아뢰기 위하여 보낸 사신이 돌아와서, ‘짐이 印奇臣*방언이므로 알 수 없다을 新羅에 보내고, 津守連을 백제에 보내겠다. 그대는 칙을 들을 때를 기다리고, 혼자 수고로이 新羅·百濟에 가지 마라'고 하셨다 합니다. 칙이 이와 같았는데 마침 印奇臣이 新羅에 사신으로 간다는 것을 듣고, 좇아 보내어 천황이 말씀하신 바를 물었습니다. 조에는 '日本府의 臣과 任那의 執事는 新羅에 가서 천황의 칙언을 들으라' 하였고, 百濟에 가서 명을 들으라는 말씀은 없었습니다. 후에 津守連이 이곳을 지날 때, '지금 내가 百濟에 파견되는 것은 下韓에 있는 百濟의 郡令·城主를 내보내려고 하는 것이다'라고 말하였습니다. 오직 이 말만을 들었고, 任那와 日本府가 百濟에 모여서 천황의 칙언을 들으라는 말은 듣지 못하였습니다. 그래서 가지 않았으나 任那의 뜻은 아닙니다"라고 말하였다. 이때에 任那의 旱岐들이, "사신이 와서 부르므로 곧 가려고 하였으나 日本府의 卿이 떠나 보내려 하지 않았습니다. 그러므로 가지 못했습니다. 대왕은 任那를 세우려고 자세한 것까지도 지시하셨습니다. 이를 보고 기뻐함은 이루 다 말하기 어렵습니다"라고 하였다.

⑩ 卷第十九 天國排開廣庭天皇 欽明天皇 五年(544년 음3월)

• **원문** : 三月 百濟遣奈率阿乇得文·許勢奈率奇麻·物部奈率奇非等 上表曰 奈率彌麻沙·奈率己連等至臣蕃 奉詔書曰 爾等宜共在彼日本府 同謀善計 早建任那 爾其戒之 勿被他誑 又津守連等 至臣蕃奉勅書 問建任那 恭承來勅 不敢停時 爲欲共謀 乃遣使召日本府*百濟本記云 遣召烏胡跛臣 蓋是的臣也 與任那 俱對言 新年旣至 願過而往 久而不就 復遣使召 俱對言 祭時旣至 願過而往 久而不就 復遣使召 而由遣微者 不得同計 夫任那之 不赴召者 非其意焉 是阿賢移那斯·佐魯麻都*二人名也 已見上文 姦佞之所作也 夫任那者 以安羅爲兄 唯從其意 安羅人者 以日本府爲天 唯從其意*百濟本記云 以安羅爲父 以日本府爲本也 今的臣·吉備臣·河內直等 咸從移那斯·麻都指撝而已 移那斯·麻都 雖是小家微者

專擅日本府之政 又制任那 障而勿遣 由是 不得同計 奏答天皇 故留己麻奴跪*蓋是津守連也 別遣疾使迅如飛鳥 奉奏天皇 假使二人 *二人者移那斯與麻都也 在於安羅 多行奸佞 任那難建 海西諸國 必不獲事 伏請移此二人 還其本處 勅吩日本府與任那 而圖建任那 故臣遣奈率彌麻沙・奈率己連等 副己麻奴跪 上表以聞 於是 詔曰 的臣等*等者 謂吉備弟君臣 河內直等也 往來新羅 非朕心也 曩者 印支彌*未詳 與阿鹵旱岐在時 爲新羅所逼 而不得耕種 百濟路迥 不能救急 由的臣等往來新羅 方得耕種 朕所曾聞 若已建任那 移那斯·麻都 自然却退 豈足云乎 伏承此詔 喜懼兼懷 而新羅誑朝 知匪天勅 新羅春取㖨淳 仍擯出我久禮山戍 而遂有之 近安羅處 安羅耕種 近久禮山處 斯羅耕種 各自耕之 不相侵奪 而移那斯 麻都 過耕他界 六月逃去 於印支彌後來 許勢臣時*百濟本記云我留印支彌之後 至旣酒臣時 皆未詳 新羅無復侵逼他境 安羅不言爲新羅逼不得耕種 臣嘗聞 新羅每春秋 多聚兵甲 欲襲安羅與荷山 或聞 當襲加羅 頃得書信 便遣將士 擁守任那 無懈息也 頻發銳兵 應時往救 是以任那隨序耕種 新羅不敢侵逼 而奏百濟路迥 不能救急 由的臣等 往來新羅 方得耕種 是上欺天朝 轉成姦佞也 曉然若是 尙欺天朝 自餘虛妄必多有之 的臣等 猶住安羅 任那之國 恐難建立 宜早退却 臣深懼之佐魯麻都 雖是韓腹 位居大連 廁日本執事之間 入榮班貴盛之例 而今反著新羅奈麻禮冠 卽身心歸附 於他易照 熟觀所作 都無怖畏 故前奏惡行 具錄聞訖 今猶著他服 日赴新羅域 公私往還 都無所憚 夫㖨國之滅 匪由他也 㖨國之函跛旱岐 貳心加羅國 而內應新羅 加羅自外合戰由是滅焉 若使函跛旱岐 不爲內應 㖨國雖小 未必亡也 至於卓淳 亦復然之 假使卓淳國主 不爲內應新羅招寇 豈至滅乎 歷觀諸國敗亡之禍皆由內應貳心人者 今麻都等 腹心新羅 遂着其服 往還旦夕 陰搆姦心乃恐, 任那由玆永滅 任那若滅 臣國孤危 思欲朝之 豈復得耶 伏願天皇玄鑒遠察 速移本處 以安任那

• 국역 : 3월 백제에서 奈率 阿乇得文·許勢의 奈率 奇麻·物部의 奈率 奇非 등을 보내어 表를 올려 말하였다. "奈率 彌麻沙·奈率 己連 등이 臣의 나라에 이르러 詔書를 받들어 '너희는 저 日本府와 함께 좋은 계책을 꾀하여 빨리 任那를 세우는 것이 마땅하니, 너희는 경계하여 저들(신라)에게 속지 마라'고 하였습니다. 또 津守連 등이 신의 나라에 이르러 勅書를 받들어 任那를 세우는 일을 물었습니다. 삼가 勅에 따라 감히 시간을 지체하지 못하고 함께 도모하고자 하여 사신을 보내어*『百濟本記』에는 烏胡跛臣을 보내었다고 하였는데 아마도 的臣인 듯하다 日本府와 任那를 불렀으나 모두 대답하기를 '새해가 이미 왔으니 지나간 다음에 가고자 한다'라고 말하였습니다. 오랫동안 나아오지 아니하므로 다시 사신을 보내어 부르니 모두 대답하기를 '이미 제사지낼 때가 되었으니 지나간 다음에 가고자 한다'라고 말하였으나, 오랫동안 나아오지 아니하였습니다. 다시 사신을 보내어 불렀는데, 미천한 자를 보낸 까닭으로 함께 도모하지 못하였습니다. 무릇 任那가 부름에 나아오지 않은 것은 본심이 아니라, 阿賢移那斯·佐魯麻都*두 사람의 이름이다. 이미 윗 문장에 보인다가 간교하게 속여서 그렇게 된 것입니다. 무릇 任那는 安羅를 兄으로 삼아 오직 그 뜻을 좇고, 安羅人들은 日本府를 하늘로 삼아 오직 그 뜻을 따르므로*『百濟本記』에는 安羅를 아버지로 삼고 日本府로써 근본을 삼았다고 하였다 이제 的臣·吉備臣·河內直 등은 모두 移那斯·麻都의 지휘를 좇았을 따름입니다. 移那斯·麻都는 비록 小家의 미천한 자로서 日本府의 정치를 오로지 제멋대로 하며 또 任那를 제압하여 (길을) 막고 (사신을) 보내지 않았습니다. 이로 말미암아 함께 꾀하여 天皇에게 답변을 아뢸 수 없었으므로, 己麻奴跪*아마도 津守連인 듯하다가 머무르고 있었는데 특별히 나는 새와 같이 빠른 사신을 보내어 天皇에게 받들어 아뢰기를, '만일 두 사람*두 사람은 移那

斯와 麻都이다이 安羅에 있어 간특하고 아첨하는 일을 많이 행하면 任那도 세우기 어려울 것이며, 바다 서쪽의 여러 나라도 반드시 섬길 수 없을 것입니다. 엎드려 바라옵건대 이 두 사람을 옮겨 그 본래 있었던 곳으로 돌아가도록 하고 日本府와 任那에게 칙을 내려 任那 건설을 도모하도록 하십시오. 그러므로 신이 奈率 彌麻沙·奈率 己連 등을 己麻奴跪에게 딸려 보내어 표를 올립니다'라고 하였습니다. 이에 조를 내려, '的臣 等*等이라 한 것은 吉備弟君臣·河內直 등을 말한다이 신라를 왕래한 것은 짐의 뜻이 아니다. 옛날 印支彌*자세하지 않다와 阿鹵旱岐가 있을 때 신라의 핍박을 받아 논밭을 갈고 씨를 뿌리지 못하였는데, 백제는 길이 멀어 그 위급함을 구하지 못하였다. 的臣 등이 신라를 왕래함으로 말미암아 바야흐로 논밭을 갈고 씨를 뿌릴 수 있게 되었다고 짐은 일찍이 들었다. 만일 이미 任那를 세웠다면 移那斯·麻都는 자연히 물러났을 것이니 어찌 족히 말할 필요가 있겠는가?'라고 하였습니다. 엎드려 이 조를 듣고 기쁨과 두려움이 교차하며, 신라가 천조를 속이고 칙명을 따르지 않음을 알았습니다. 신라는 봄에 喙淳을 취하고 이어 우리의 久禮山 수비병을 내쫓고 드디어 점유하였습니다. 安羅에 가까운 곳은 안라가 논밭을 일구어 씨를 뿌렸고, 久禮山에 가까운 곳은 斯羅가 논밭을 일구고 씨를 뿌렸는데, 각각 경작하여 서로 침탈하지 아니하였습니다. 그런데 移那斯·麻都가 남의 경계를 넘어 경작하다가 6월에 도망하였습니다. 印支彌의 뒤에 온 許勢臣의 때에는 *『百濟本記』에는 "우리가 印支彌를 머무르게 한 뒤에 온 旣酒臣의 때"라고 하였으나 모두 자세하지 않다 신라가 다시 남의 경계를 침범하지 못하였습니다. 安羅는 신라의 핍박을 받아 농사짓지 못함을 말하지 않았는데, 신이 일찍이 듣건대 신라는 매년 봄과 가을에 군사와 무기를 많이 모아놓고 安羅와 荷山을 습격하고자 한다 하며, 또는 加羅를 습격하려 한다고 들었습니다. 최근에 서신을 받고서 바로 군대를 보내어 任那를 굳게 지키는 데 게으르지 않았으며 자주 날랜 군사를 보내어 필요할 때마다 가서 구하였습니다. 이로써 任那가 때에 따라 농사를 짓고 신라가 감히 침범하여 핍박하지 못하였습니다. 그런데 '백제는 길이 멀어 능히 위급함을 구하지 못하였는데, 的臣 등이 신라를 왕래하면서부터 바야흐로 농사를 지을 수 있게 되었습니다'라고 아뢰었으니, 이는 위로는 천조를 속이는 것으로서 매우 간특한 일입니다. 사실의 명확함이 이와 같은데도 오히려 천조를 속이니 그 밖에도 거짓됨이 필시 많을 것입니다. 的臣 등이 여전히 安羅에 거주하고 있다면 임나의 나라를 건립하기는 어려울 것이니, 마땅히 일찍 물러나게 해야 할 것입니다. 신이 매우 두려워하는 것은 佐魯麻都가 비록 韓 출신으로서 지위가 大連에 이르러 일본 執事의 사이에 섞여 명예롭고 권세 있는 자리에 들어섰지만, 이제는 오히려 신라 奈麻禮의 冠을 썼으니 곧 몸과 마음으로 귀부하여 다른 사람에게 쉽게 드러나는 바입니다. 행한 바를 자세히 보면 도무지 두려워함이 없습니다. 그러므로 전에 악행을 아뢰고 모두 글을 갖추어 보고하였습니다. 아직도 다른 나라의 관복을 입고 날마다 신라의 땅에 나아가 公·私의 일로 往來하면서 도대체가 꺼려하지 않습니다. 무릇 㖨國의 멸망은 다른 까닭이 아니라, 㖨國의 函跛旱岐가 加羅國에 두 마음을 품어 신라에 내응하고 加羅는 밖에서 싸움으로써 이로 말미암아 망한 것입니다. 만일 函跛旱岐로 하여금 내응하지 못하게 하였다면 㖨國이 비록 작다 하더라도 반드시 망하지는 않았을 것입니다. 卓淳의 경우에도 역시 그러하였습니다. 만일 卓淳國의 왕이 신라에 내응하여 적들을 불러들이지 않았다면 어찌 멸망에 이르렀겠습니까. 여러 나라가 패망하게 된 화근을 살펴보면 모두 안에서 응하여 두 마음을 품은 자로 말미암은 것입니다. 이제 麻都 등이 신라에 마음을 두어 드디어는 그 나라의 옷을 입고 아침저녁으로 내왕하면서 속으로 간악한 마음을 굳혀 왔습니다. 이에 任那가 이로 말미암아 영원히 멸망할까 두렵습니다. 만일 任那가 멸망한다면 신의 나라가 고립되어 위태할 것이니, 朝謁하고자 생각하나 어찌 다시 할 수 있겠습니까. 엎드려 바라옵건대 천황께서는 깊이 살피시고 멀리 헤아리시어, 속히 본래 있었던 곳으로 옮기셔서 任那를 안정시키십시오."

⑦① 卷第十九 天國排開廣庭天皇 欽明天皇 五年 冬 十月(544년 음10월)

- 원문 : 冬十月 百濟使人奈率得文・奈率奇麻等罷歸*百濟本記云 冬十月 奈率得文・奈率奇麻等 還自日本曰 所奏河內直・移那斯・麻都等事 無報勅也
- 국역 : 겨울 10월 백제의 사신 奈率 得文・奈率 奇麻 등이 사행을 마치고 귀국하였다*『百濟本記』에는 "겨울 10월 奈率 得文・奈率 奇麻 등이 日本으로부터 돌아와 '河內直・移那斯・麻都等 등의 일을 아뢰었으나 이에 대한 칙은 없었다'고 말하였다"라 하였다.

⑦② 卷第十九 天國排開廣庭天皇 欽明天皇 五年 十一月(544년 음11월)

- 원문 : 十一月 百濟遣使 召日本府臣・任那執事曰 遣朝天皇 奈率得文・許勢奈率哥麻・物部奈率奇非等 還自日本 今日本府臣及任那國執事 宜來聽勅 同議任那 日本吉備臣 安羅下旱岐大不孫・久取柔利 加羅上首位古殿奚・卒麻君・斯二岐君・散半奚君兒 多羅二首位訖乾智 子他旱岐久嵯旱岐 仍赴百濟 於是 百濟王聖明 略以詔書示曰 吾遣奈率彌麻佐・奈率己連・奈率用奇多等 朝於日本 詔曰 早建任那 又津守連奉勅問成任那 故遣召之 當復何如 能建任那 請各陳謀 吉備臣・任那旱岐等曰 夫建任那國 唯在大王 欲冀遵王 俱奏聽勅 聖明王謂之曰 任那之國 與吾百濟 自古以來 約爲子弟 今日本府印岐彌謂在任那日本臣名

也 旣討新羅 更將伐我 又樂聽新羅虛誕謾語也 夫遣印支彌於任那者 本非侵害其國*未詳 往古來今新羅無導 食言違信 而滅卓淳 股肱之國 欲快返悔 故遣召到 倶承恩詔 欲冀 興繼任那之國 猶如舊日 永爲兄弟 竊聞 新羅安羅 兩國之境 有大江水 要害之地也 吾欲據此 修繕六城 謹請天皇三千兵士 每城充以五百 幷我兵士 勿使作田 而逼惱者 久禮山之五城 庶自投兵降首 卓淳之國 亦復當興 所請兵士 吾給衣糧 欲奏天皇 其策一也 猶於南韓 置郡令・城主者 豈欲違背天皇 遮斷貢調之路 唯庶 剋濟多難 殲撲强敵 凡厥凶黨 誰不謀附 北敵强大 我國微弱 若不置南韓 郡領・城主 修理防護 不可以禦此强敵 亦不可以制新羅 故猶置之 攻逼新羅 撫存任那 若不爾者 恐見滅亡 不得朝聘 欲奏天皇 其策二也 又吉備臣・河內直・移那斯・麻都 猶在任那國者 天皇雖詔建成任那 不可得也 請 移此四人 各遣還其本邑 奏於天皇 其策三也 宜與日本臣・任那旱岐等 倶奉遣使 同奏天皇 乞聽恩詔 於是 吉備臣 旱岐等曰 大王所述三策 亦協愚情而已 今願 歸以敬諮日本大臣*謂在任那日本府之大臣也 安羅王・加羅王 倶遣使同奏天皇 此誠千載一會之期 可不深思而熟計歟

• 국역 : 11월 백제가 사신을 보내어 日本府 臣과 任那 執事를 불러, "천황에게 조알하기 위하여 보낸 奈率 得文・許勢의 奈率 哥麻・物部의 奈率 奇非 등이 일본으로부터 돌아왔다. 이제 日本府 臣과 任那國 執事는 마땅히 와서 勅을 듣고 함께 任那의 문제를 논의해야 할 것이다"라고 말하였다. 日本의 吉備臣, 安羅 下旱岐 大不孫과 久取柔利, 加羅의 上首位 古殿奚, 卒麻君, 斯二岐君, 散半奚君의 아이, 多羅의 二首位 訖乾智, 子他旱岐, 久嗟旱岐가 이에 백제에 나아갔다. 이때 백제왕 聖明이 대략 詔書를 보이며, "내가 奈率 彌麻佐・奈率 己連・奈率 用奇多 등을 보내어 일본에 조공하였는데, (천황이) 조를 내려 '조속히 任那를 건설하라'고 하였다. 또 津守連이 칙을 받

들어 任那를 만드는 일을 물으므로 (사신을) 보내 (그대들을) 불렀다. 마땅히 어떻게 해야 任那를 세울 수 있겠는가. 각각 자신의 계책을 말하여 주기를 바란다"고 말하였다. 吉備臣・任那旱岐 등이 "무릇 任那國을 세우는 일은 오직 대왕에게 달려 있습니다. 왕을 따르고자 하니 모두 갖추어 아뢰어 (천황의) 勅을 듣도록 합시다"라고 말하였다. 聖明王이 이들에게 일러, "任那라는 나라는 우리 백제와 예로부터 子弟가 되기를 약속하였다. 이제 日本府 印岐彌(任那에 있던 日本 신하의 이름이다)가 이미 신라를 토벌하고 다시 장차 우리(백제)를 치려고 하며, 또 신라의 허망한 거짓말을 즐겨 듣는다. 무릇 印支彌를 任那에 보낸 것은 본래 그 나라를 침탈하여 해롭게 하고자 하는 것이 아니었다*자세하지 않다. 예로부터 지금까지 신라는 무도하며 약속을 어기고 신의를 거슬러 卓淳을 멸망시켰다. 충직한 나라를 속히 회복코자 하는데 (그렇지 않으면) 도리어 후회할 것이다. 그러므로 사신을 보내어 (日本府의 臣과 任那의 執事를) 오게 하여 함께 恩詔를 받들어, 任那의 나라를 일으켜 맥을 잇고 옛날처럼 길이 형제가 되기를 바랬다. 가만히 듣건대 新羅・安羅 두 나라 사이에는 큰 강이 있어 적을 방비하기 좋은 곳이라 한다. 내가 이를 차지하여 6성을 수축하려고, 삼가 천황에게 3천 병사를 청하여 매 성마다 5백 명씩 배치하고 아울러 우리 병사들이 (신라인들로 하여금) 농사를 짓지 못하도록 하려는데, 걱정스러운 것은 久禮山의 5城이 거의 무기를 버리고 항복하였다는 점이다. 卓淳의 나라 또한 다시 부흥시켜야 할 것이니, 청한 병사는 내가 옷과 식량을 지급할 것이다. 이를 천황에게 주청하고자 하는 계책이 그 첫째이다. 오히려 南韓에 郡令과 城主를 두는 것이 어찌 천황을 거스려 貢調의 길을 차단하고자 하는 것이겠는가. 다만 바라는 바는 많은 어려움을 이기고 강적(고구려)을 물리치는 것이니, 무릇 그 흉칙한 무리들이 누구인들 부용하려고 꾀하지 않겠는가. 북쪽의 적(고구려)은 강대하고 우리나라는 미약하니, 만일 南韓에 郡令・城主를 설치하여 방호사실을 수리하지 않는다면 이 강적을 방어할 수 없을 것이며, 또한 신라를 제어할 수 없을 것이다. 그러므로 오히려 이들을 두어 신라를 공격 핍박하여 임나를 위로하고 휼문할 것이다. 만일 그렇지 아니하면 멸망을 당해 조빙할 수 없을까 두렵다. 이를 천황에게 주청하고자 하니 그 책략의 둘째이다. 또 吉備臣・河內直・移那斯・麻都가 언제까지나 任那國에 있기 때문에, 천황이 비록 조를 내려 任那를 세우라 하였으나 이를 시행할 수 없었다. 이 4명을 옮겨 각각 그 本邑에 돌려보낼 것을 천황에게 아뢰어 청하는 것이 그 계책의 셋째이다. 마땅히 日本 臣・任那 旱岐 등과 더불어 모두 받들어 사신을 보내어 함께 천황에게 아뢰고 恩詔를 들을 수 있기를 바란다"라고 말하였다. 이에 吉備臣과 旱岐 등이, "大王이 말한 세 가지 책략은 또한 우리의 뜻과 같을 뿐입니다. 바라건데 日本大臣*任那에 있는 日本府의 大臣을 일컫는다, 安羅王・加羅王에게 공경히 아뢰고 모두 사신을 보내어 함께 천황에게 주청하기를 원합니다. 이는 진실로 천년에 한번 올 정도의 기회로, 깊이 생각하고 자세히 계획하지 않을 수 있겠습니까?"라고 말하였다.

⑬ 卷第十九 天國排開廣庭天皇 欽明天皇 六年 春 三月(545년 음3월)

- 원문 : 六年春三月 遣膳臣巴提便 使于百濟
- 국역 : 6년(545) 봄 3월 膳臣 巴提便을 백제에 사신으로 보냈다.

⑭ 卷第十九 天國排開廣庭天皇 欽明天皇 六年 春 五月(545년 음5월)

- 원문 : 夏五月 百濟遣奈率其悛・奈率用奇多・施德次酒等上表
- 국역 : 여름 5월 백제가 奈率 其悛・奈率 用奇多・施德 次酒 등을 보내어

표를 올렸다.

⑮ 卷第十九 天國排開廣庭天皇 欽明天皇 六年 秋 九月(545년 음9월)

• 원문 : 秋九月 百濟遣中部護德菩提等 使于任那 贈吳財於日本府臣及諸旱岐各有差 是月 百濟造丈六佛像 製願文曰 蓋聞 造丈六佛 功德甚大 今敬造 以此功德 願天皇獲勝善之德 天皇所用 彌移居國俱蒙福祐 又願普天之下一切衆生 皆蒙解脫 故造之矣

• 국역 : 가을 9월 백제가 中部 護德 菩提 등을 임나에 사신으로 보내어 吳나라의 財貨를 日本府의 臣들과 여러 旱岐에게 주었는데 각각 차등이 있었다.

이달에 백제가 丈六佛像을 만들어 願文을 지었는데, "대개 듣건대 丈六佛을 만들면 功德이 매우 크다고 합니다. 이제 공경히 (이를) 만드니 이 공덕으로 천황께서 매우 훌륭한 德을 얻으시고 천황께서 다스리시는 彌移居國이 모두 福 받기를 원합니다. 또한 하늘 아래 모든 중생들이 모두 해탈하기를 원하여, 이를 만듭니다"라고 하였다.

⑯ 卷第十九 天國排開廣庭天皇 欽明天皇 六年 冬 十一月(545년 음11월)

• 원문 : 冬十一月 膳臣巴提便 還自百濟言 臣被遣使 妻子相逐去 行至百濟濱 *濱海濱也 日晩停宿 小兒忽亡 不知所之 其夜大雪 天曉始求 有虎連跡 臣乃帶刀擐甲 尋至巖岫 拔刀曰 敬受絲綸 劬勞陸海 櫛風沐雨 藉草班荊者 爲愛其子 令紹父業也 惟汝威神 愛子一也 今夜兒亡 追蹤覓至 不畏亡命 欲報故來 既而其虎進前 開口欲噬 巴提便 忽申左手 執其虎舌 右手刺殺 剝取皮還

• 국역 : 겨울 11월 膳臣 巴提便이 백제로부터 돌아와, "신이 사신으로 파견되자 처자도 뒤따라 백제의 바닷가에 도착하게 되었습니다.*濱은

바닷가이다. 해가 저물었으므로 머물러 숙박하였는데, 아이가 홀연히 사라져 어디로 갔는지 알 수 없었습니다. 그날 밤 큰 눈이 내려 새벽녘에서야 비로소 찾아 나서니 호랑이 발자국이 연이어져 있었습니다. 신이 이에 칼을 차고 갑옷을 입고 찾아 나서 바위 동굴에 이르렀는데, 칼을 빼어 '삼가 왕의 명을 받들어 물과 바닷길에 수고하고 비바람을 맞으며 돌아다니느라 어려웠으며, 풀섶을 깔고 가시와 함께 잤던 것은 자식을 사랑하여 아비의 업을 잇게 하고자 한 것이었다. 오직 네가 위맹한 신일지라도 자식을 사랑하는 것은 한 가지일 것이다. 어젯밤에 아이가 없어져서 뒤쫓아 찾아 나서 이에 이르렀다. 목숨을 잃는 것은 두렵지 아니하므로 원수를 갚고자 왔다'라고 말하였습니다. 얼마 후 그 호랑이가 앞으로 다가와서 입을 벌려 물려고 하니, 巴提便이 갑자기 왼손을 빼어 그 호랑이의 혀를 잡고 오른손으로 찔러 죽이고 가죽을 벗겨 가지고 돌아왔습니다"라고 아뢰었다.

⑰ **卷第十九 天國排開廣庭天皇 欽明天皇 七年 春 正月**(546년 음1월 3일)

- 원문 : 七年春正月甲辰朔丙午 百濟使人中部奈率己連等罷歸 仍賜以良馬七十匹・船一十隻
- 국역 : 7년(546) 봄 정월 3일 백제의 사신 中部 奈率 己連 등이 사행을 마치고 돌아갔다. 이에 좋은 말 70필과 배 10척을 내려 주었다.

⑱ **卷第十九 天國排開廣庭天皇 欽明天皇 七年 夏 六月**(546년 음6월 12일)

- 원문 : 夏六月壬申朔癸未 百濟遣中部奈率掠葉禮等獻調
- 국역 : 여름 6월 12일 백제가 中部 奈率 掠葉禮 등을 보내어 調를 바쳤다.

⑲ **卷第十九 天國排開廣庭天皇 欽明天皇 八年 夏 四月**(547년 음4월)

- 원문 : 八年夏四月 百濟遣前部德率眞慕宣文·奈率奇麻等 乞救軍 仍貢下部東城子言 代德率汶休麻那
- 국역 : 8년 여름 4월 백제가 前部 德率 眞慕宣文·奈率 奇麻 등을 보내어 구원병을 청하였다. 그리고 下部의 東城子言을 보내어 德率 汶休麻那를 교대하게 하였다.

⑳ **卷第十九 天國排開廣庭天皇 欽明天皇 九年 春 正月**(548년 음1월 3일)

- 원문 : 九年春正月癸巳朔乙未 百濟使人前部德率眞慕宣文等請罷 因詔曰 所乞救軍 必當遣救 宜速報王
- 국역 : 9년 봄 정월 3일 백제의 사신 前部 德率 眞慕宣文 등이 (사행을 마치고) 돌아갈 것을 청하였다. 이에 조를 내려 "청하는 구원병을 반드시 보내어 구원할 것이니, 마땅히 빨리 가서 왕에게 보고하라"고 하였다.

㉑ **卷第十九 天國排開廣庭天皇 欽明天皇 九年 夏 四月**(548년 음4월 3일)

- 원문 : 夏四月壬戌朔甲子 百濟遣中部杆率掠葉禮等奏曰 德率宣文等 奉勅至臣蕃曰 所乞救兵 應時遣送 祗承恩詔 喜慶無限 然馬津城之役正月辛丑高麗卒衆 圍馬津城 虜謂之曰 由安羅國與日本府 招來勸罰 以事準況 寔當相似 然三廻欲審其言 遣召而竝不來 故深勞念 伏願 可畏天皇西蕃皆稱日本天皇 爲可畏天皇 先爲勘當 暫停所乞救兵 待臣遣報 詔曰 式聞呈奏 爰覿所憂 日本府與安羅 不救隣難 亦朕所疾也 又復密使于高麗者 不可信也 朕命卽自遣之 不命何容可得 願王 開襟緩帶 恬然自安 勿深疑懼 宜共任那 依前勅 戮力俱防北敵 各守所封 朕當遣送若干人 充實安羅逃亡空地
- 국역 : 여름 4월 3일 백제가 中部 杆率 掠葉禮 등을 보내어 "德率 宣文 등이 칙을 받고 臣의 나라에 이르러 '청하는 구원병을 때에 맞춰

보내겠다'는 말을 전하였습니다. 삼가 은혜로운 조를 받고 기쁘고 즐겁기 한이 없습니다. 그러나 정월 辛丑에 馬津城의 전투에서 고구려가 군대를 이끌고 馬津城을 포위하였습니다. 사로잡은 포로가 '(고구려가 馬津城을 공격한 것은) 安羅國과 日本府가 불러 들여 벌줄 것을 권했기 때문이다'라고 말하였는데, 사정으로 미루어 상황을 보더라도 진실로 서로 비슷합니다. 그러나 그 말을 밝히고자 하여 세 번이나 사신을 보내 불렀으나 모두 오지 않으므로 깊이 생각해 보았습니다. 엎드려 바라옵건대 황공하신 천황께서*西蕃들은 일본 천황을 모두 황공하신 천황(可畏天皇)이라 일컫는다 먼저 상황을 살피기 위해 청했던 구원병을 잠시 멈추시고 臣의 보고를 기다려 주십시오"라고 아뢰었다. 이에 조를 내려 "법식에 따라 올린 글을 보고 근심하는 바를 살펴보았다. 日本府와 安羅가 이웃의 어려움을 구하지 않은 것은 짐이 또한 매우 싫어하는 바이다. 또 그들이 몰래 고구려에 사신을 보냈다는 것은 믿을 수 없다. 짐이 명하였다면 스스로 보냈을 것이지만 명하지 아니하였는데 어떻게 갔겠는가? 원하건대 왕은 흉금을 터놓고 안심하여 편안하게 마음을 가라앉히고 너무 두려워하지 마라. 마땅히 任那와 함께 지난번의 칙에 따라 힘을 다하여 모두 북쪽의 적을 막고 각각 봉토를 지키라. 짐이 마땅히 약간의 사람을 보낼 것이니 安羅가 도망한 빈 땅을 채우도록 하라"고 하였다.

㉜ 卷第十九 天國排開廣庭天皇 欽明天皇 九年 六月 二日(548년 음6월 2일)

- 원문 : 六月辛酉朔壬戌 遣使詔于百濟曰 德率宣文 取歸以後 當復何如 消息何如 朕聞 汝國爲狛賊所害 宜共任那 策勵同謀 如前防距
- 국역 : 6월 2일 백제에 사신을 보내 조를 내려, "德率 宣文이 돌아간 후에 잘 도착하였는가? 또한 소식은 어떠한가? 짐이 듣건대 너희 나

라는 狛賊(고구려)의 침해를 받았다고 하는데, 마땅히 任那와 함께 힘써 도모하여 전과 같이 막도록 하라"고 하였다.

⑧③ 卷第十九 天國排開廣庭天皇 欽明天皇 九年 閏七月(548년 윤7월 12일)

- 원문 : 閏七月庚申朔辛未 百濟使人掠葉禮等罷歸
- 국역 : 윤7월 12일 백제의 사신 掠葉禮 등이 돌아갔다.

⑧④ 卷第十九 天國排開廣庭天皇 欽明天皇 九年 冬 十月(548년 음10월)

- 원문 : 冬十月 遣三百七十人於百濟 助築城於得爾辛
- 국역 : 겨울 10월 370명을 백제에 보내어 得爾辛에 성을 쌓는 것을 도왔다.

⑧⑤ 卷第十九 天國排開廣庭天皇 欽明天皇 十一年 春 二月(550년 음2월 10일)

- 원문 : 十一年春二月辛巳朔庚寅 遣使詔于百濟*百濟本記云 三月十二日辛酉 日本使人阿比多 率三舟 來至都下 曰 朕依施德久貴・固德馬進文等所上表意 一一教示 如視掌中 思欲具情 冀將盡抱 大市頭歸後 如常無異 今但欲審報辭 故遣使之 又復朕聞 奈率馬武 是王之股肱臣也 納上傳下 甚協王心 而爲王佐 若欲國家無事 長作官家 永奉天皇 宜以馬武爲大使遣朝而已 重詔曰 朕聞 北敵强暴 故賜矢卅具 庶防一處
- 국역 : 11년(550) 봄 2월 10일 백제에 사신을 보내어*『百濟本記』에는 "3월 12일 신유에 일본의 사신 阿比多가 배 세 척을 거느리고 都城 아래에 이르렀다"고 하였다 "짐이, 施德 久貴・固德 馬進文 등이 올린 表의 뜻에 따라 하나하나 교시하여, 손바닥 들여다보듯이 자세하게 생각과 마음을 드러내고자 하였다. 大市頭가 돌아온 뒤로도 평상시와 다름이 없지만, 이제 다만 보고한 말을 밝히고자 하여 사신을 보낸다. 또다시 짐이 듣건대 奈率 馬武는 왕의 아끼는 신하로서 위의 말을 받아 아래에 전하는데 왕의 마음에 매우 흡족하도록 하여 왕을 잘 보좌

한다고 한다. 만일 국가가 무사하여 오랫동안 官家가 되어 길이 천황을 받들려고 한다면 마땅히 馬武를 大使로 삼아 조공토록 하라"고 하였다. 다시 조를 내려 "짐이 듣건대 북쪽의 적이 강하고 사나우므로 화살 30具를 내리니 한 곳 정도는 방어할 수 있을 것이다"라고 하였다.

㊻ 卷第十九 天國排開廣庭天皇 欽明天皇 十一年 夏 四月(550년 음4월 1일)

- 원문 : 夏四月庚辰朔 在百濟日本王人 方欲還之百濟*本記云 四月一日庚辰 日本阿比多還也 百濟王聖明 謂王人曰 任那之事 奉勅堅守 延那斯 麻都之事 問與不問 唯從勅之 因獻高麗奴六口 別贈王人奴一口*皆攻爾林 所禽奴也
- 국역 : 여름 4월 초하루 백제에 있는 일본왕의 사람이 바야흐로 돌아가고자 하였다*『百濟本記』에는 "4월 1일 경진에 日本 阿比多가 돌아갔다"고 하였다. 백제왕 聖明이 왕의 사람에게 "任那의 일은 칙을 받들어 굳게 지키고, 延那斯·麻都의 일은 문책할 것인지와 않을 것인지를 오로지 칙에 따르겠다"라 말하고, 고구려奴 6口를 바치고, 따로 왕의 사람에게 奴 1口를 주었다*모두 爾林을 공격하여 사로잡은 奴이다.

㊼ 卷第十九 天國排開廣庭天皇 欽明天皇 十一年 夏 四月(550년 음4월 16일)

- 원문 : 乙未 百濟遣中部奈率皮久斤·下部施德灼干那等 獻狛虜十口
- 국역 : 16일 백제가 中部 奈率 皮久斤·下部 施德 灼干那 등을 보내어 狛(고구려)의 포로 10口를 바쳤다.

㊽ 卷第十九 天國排開廣庭天皇 欽明天皇 十二年 春 三月(551년 음3월)

- 원문 : 十二年春三月 以麥種一千斛 賜百濟王
- 국역 : 12년(551) 봄 3월 보리 씨앗 1,000斛을 백제왕에게 내려 주었다.

⑱ 卷第十九 天國排開廣庭天皇 欽明天皇 十二年(551년)

• 원문 : 是歲 百濟聖明王 親率衆及二國兵*二國謂新羅・任那也 往伐高麗 獲漢城之地 又進軍討平壤 凡六郡之地 遂復故地

• 국역 : 이해 백제 聖明王이 몸소 군사 및 두 나라의 병사를 거느리고*두 나라는 新羅・任那를 말한다 고구려를 정벌하여 漢城의 땅을 차지하였다. 또 진군하여 平壤을 토벌하였는데, 무릇 옛 땅 6군을 회복하였다.

⑲ 卷第十九 天國排開廣庭天皇 欽明天皇 十三年 五月(552년 음5월 8일)

• 원문 : 五月戊辰朔乙亥 百濟・加羅・安羅 遣中部德率木劦今敦・河內部阿斯比多等奏曰 高麗與新羅 通和幷勢 謀滅臣國與任那 故謹求請救兵 先攻不意 軍之多少 隨天皇勅 詔曰 今百濟王・安羅王・加羅王 與日本府臣等 俱遣使奏狀聞訖 亦宜共任那 幷心一力 猶尙若茲 必蒙上天擁護之福 亦賴可畏天皇之靈也

• 국역 : 5월 8일 百濟・加羅・安羅가 中部 德率 木劦今敦・河內部 阿斯比多 등을 보내어 "고구려가 신라와 화친하고 세력을 합쳐 신의 나라와 임나를 멸하려고 도모합니다. 그러므로 삼가 구원병을 청해 먼저 불시에 공격하고자 합니다. 군사의 많고 적음은 천황의 명령에 따르겠습니다"라고 아뢰었다. 이에 조를 내려 "지금 百濟王・安羅王・加羅王이 日本府의 신하들과 함께 사신을 보내 아뢴 것을 다 들었다. 역시 任那와 마음을 함께하고 힘을 하나로 하는 것이 마땅하다. 이와 같이 한다면 반드시 하늘이 지켜주는 복을 받을 것이며 황공하신 천황의 靈에게 도움을 받을 것이다"라고 하였다.

⑳ 卷第十九 天國排開廣庭天皇 欽明天皇 十三年 冬 十月(552년 음10월)

• 원문 : 冬十月 百濟聖明王*更名聖王 遣西部姬氏達率怒唎斯致契等 獻釋迦佛金銅像一軀・幡蓋若干・經論若干卷 別表 讚流通禮拜功德云 是法於諸

法中 最爲殊勝 難解難入 周公・孔子 尙不能知 此法能生無量無邊福德果報 乃至成辨無上菩提 譬如人懷隨意寶 逐所須用 盡依情 此妙法寶亦復然 祈願依情 無所乏 且夫遠自天竺 爰洎三韓 依教奉持 無不尊敬 由是 百濟王臣明 謹遣陪臣怒唎斯致契 奉傳帝國 流通畿內 果佛所記我法東流 是日 天皇聞已歡喜踊躍 詔使者云 朕從昔來 未曾得聞如是微妙之法 然朕不自決 乃歷問群臣曰 西蕃獻佛相貌端嚴 全未曾看 可禮以不 蘇我大臣稻目宿禰奏曰 西蕃諸國 一皆禮之 豐秋日本豈獨背也 物部大連尾輿・中臣連鎌子 同奏曰 我國家之 王天下者 恒以天地社稷百八十神 春夏秋冬 祭拜爲事 方今改拜蕃神 恐致國神之怒 天皇曰 宜付情願人稻目宿禰 試令禮拜 大臣跪受而忻悅 安置小墾田家 懃脩出世業爲因 淨捨向原家爲寺 於後 國行疫氣 民致夭殘 久而愈多 不能治療 物部大連尾輿・中臣連鎌子 同奏曰 昔日不須臣計 致斯病死 今不遠而復 必當有慶 宜早投棄 懃求後福 天皇曰 依奏 有司乃以佛像流棄難波堀江 復縱火於伽藍 燒燼更無餘 於是 天無風雲 忽炎大殿

• 국역 : 겨울 10월 百濟 聖明王*다른 이름은 聖王이다이 西部의 姬氏 達率 怒唎斯致契 등을 보내어 釋迦佛金銅像 1軀와 幡蓋 약간, 經論 약간 권을 바쳤다. 따로 表를 올려 (佛法을) 유통하고 예배하는 공덕을 찬양하여, "이 법은 여러 법 가운데 가장 뛰어난 것입니다. 이해하기 어렵고 들어가기도 어려우니, 周公과 孔子라도 오히려 알 수 없을 것입니다. 이 법은 헤아릴 수 없고 끝이 없는 福德과 果報를 생겨나게 할 수 있으며, 나아가 위 없는 菩提를 이루게 합니다. 비유하자면 사람이 隨意寶를 품고 있으면 필요한 바에 따라 모두 뜻대로 되는 것과 같습니다. 이 오묘한 법의 보배도 그러하니 기원한 것이 뜻대로 되어 부족한 바 없습니다. 또 멀리 天竺으로부터 三韓에 이르기까지 가르침을 따르고 받들어 지녀 존경하지 않음이 없었습니다. 이로 말미암아 百濟王 臣 (聖)明은 삼가 陪臣 怒唎斯

致契를 보내 황제의 나라에 받들어 전하니, 畿內에 유통하시어 부처가 '나의 법이 동쪽으로 흘러갈 것이다'라고 授記한 것을 이루십시오"라고 하였다. 이날 천황은 표를 보고 뛸듯이 기뻐하며 사신에게 조를 내려 "짐이 예로부터 이와 같이 미묘한 법을 듣지 못하였다. 그러나 짐이 혼자 결정할 수 없다"라 이르고, 여러 신하에게 두루 "서쪽 번국이 바친 불상은 모습이 단아하고 엄숙하다. 일찍이 전혀 없었던 것이니, 예배해야 할 것이 아닌가?"라고 물었다. 蘇我大臣稻目宿禰가 "서쪽 번국 여러 나라가 한결같이 모두 예배하는데, 豐秋 日本이 어찌 홀로 거스르겠습니까"라고 아뢰었다. 物部大連尾輿·中臣連鎌子가 "우리나라가 천하를 다스리는 것은 항상 天地 社稷의 108神을 제사지내고 절하여 섬겼기 때문인데, 바야흐로 이제 바꾸어 번국의 신을 섬긴다면 國神의 노여움을 부를까 두렵습니다"라고 함께 아뢰었다. 천황이 "원하는 사람인 稻目宿禰에 맡겨 시험 삼아 예배하도록 하라"고 하였다. 대신이 무릎 꿇고 받아 기뻐하며 小墾田의 집에 안치하고 삼가 出世間의 業을 닦아 因으로 삼았으며, 向原의 집을 깨끗한 마음으로 희사하여 절로 삼았다. 그 후 나라에 돌림병이 돌아 백성이 죽게 되었는데, 오랜 시간이 지나면서 더욱 많아졌으나 치료할 수 없었다. 物部大連尾輿·中臣連鎌子가 함께 "지난날 臣의 계책을 따르지 않으시더니 이렇게 병들어 죽기에 이르렀습니다. 이제 오래지 않아 바로 돌이킨다면 반드시 경사스러운 일이 있을 것입니다. (불상을) 빨리 던져 버려 삼가 후일의 복을 구해야 합니다"라 아뢰었다. 천황이 "아뢴 대로 하라"고 하였다. 有司가 이에 불상을 難波의 堀江에 던져 버리고, 또 가람에 불을 놓으니, 다 타버려 남은 것이 없었다. 이때 하늘에는 바람과 구름이 없었는데 갑자기 大殿에서 불이 났다.

⑫ **卷第十九 天國排開廣庭天皇 欽明天皇 十三年**(552년)

● 원문 : 是歲 百濟棄漢城與平壤 新羅因此入居漢城 今新羅之牛頭方・尼彌方也 *地名 未詳

● 국역 : 이해 百濟가 漢城과 平壤을 버렸다. 이로 말미암아 新羅가 한성에 들어가 살았으니, 현재 新羅의 牛頭方・尼彌方이다.*지명은 자세하지 않다.

⑬ **卷第十九 天國排開廣庭天皇 欽明天皇 十四年 春 正月**(553년 음1월 12일)

● 원문 : 十四年春正月甲子朔乙亥 百濟遣上部德率科野次酒・杆率禮塞敦等 乞軍兵

● 국역 : 14년 봄 정월 12일 百濟가 上部의 德率 科野次酒・杆率 禮塞敦 등을 보내 군사를 청했다.

⑭ **卷第十九 天國排開廣庭天皇 欽明天皇 十四年 正月**(553년 음1월 15일)

● 원문 : 戊寅 百濟使人中部杆率木刕今敦・河內部阿斯比多等罷歸

● 국역 : 13일 百濟의 사신인 中部의 杆率 木刕今敦과 河內部의 阿斯比多 등이 (使行을) 마치고 돌아갔다.

⑮ **卷第十九 天國排開廣庭天皇 欽明天皇 十四年 六月**(553년 음6월)

● 원문 : 六月 遣內臣*闕名 使於百濟 仍賜良馬二匹・同船二隻・弓五十張・箭五十具 勅云 所請軍者 隨王所須 別勅 醫博士・易博士・曆博士等宜依番上下 今上件色人 正當相代年月 宜付還使相代 又卜書・曆本・種種藥物 可付送

● 국역 : 6월 內臣*이름은 빠져 있다을 百濟에 사신으로 보냈다. 그리고 좋은 말 2필, 同船 2隻, 활 50張, 화살 50具를 주었다. 칙을 내려 "청한 군대는 왕이 바라는 바에 따르겠다"고 하고, 다른 칙을 내려 "醫博士・易博士・曆博士 등은 순번에 따라 교대시켜야 한다. 지금

위에 열거한 사람들은 바로 교대할 때가 되었으니 돌아오는 사신에 딸려 보내 교대시키도록 하라. 또 卜書·曆本과 여러 가지 藥物도 보내라"고 하였다.

⑯ 卷第十九 天國排開廣庭天皇 欽明天皇 十四年 八月(553년 음8월 7일)

- 원문 : 八月辛卯朔丁酉 百濟遣上部奈率科野新羅·下部固德汶休帶山等 上表曰 去年臣等同議 遣內臣德率次酒·任那大夫等 奏海表諸彌移居之事 伏待恩詔 如春草之仰甘雨也 今年忽聞 新羅與狛國通謀云 百濟與任那頻詣日本 意謂是乞軍兵 伐我國歟 事若實者 國之敗亡 可企踵而待 庶先日本兵 未發之間 伐取安羅 絶日本路 其謀若是 臣等聞玆 深懷危卽遣疾使輕舟 馳表以聞 伏願 天慈速遣前軍後軍 相續來救 逮于秋節 以固海表彌移居也 若遲晩者 噬臍無及矣 所遣軍衆 來到臣國 衣糧之費 臣當充給 來到任那 亦復如是 若不堪給 臣必助充 令無乏少 別的臣敬受天勅 來撫臣蕃 夙夜乾乾 勤修庶務 由是 海表諸蕃 皆稱其善 謂當萬歲 肅淸海表 不幸云亡 深用追痛 今任那之事 誰可修治 伏願 天慈速遣其代 以鎭任那 又復海表諸國 甚乏弓馬 自古迄今 受之天皇 以禦强敵 伏願 天慈多貺弓馬
- 국역 : 8월 7일 百濟가 上部의 奈率 科野新羅, 下部의 固德 汶休帶山 등을 보내 표를 올려 "지난해 신들이 함께 의논하여 內臣 德率 次酒·任那 大夫 등을 보내 바다 밖 여러 彌移居(みやけ: 官家)의 일을 아뢰었습니다. 엎드려 은혜로운 조를 기다리기를 .봄에 돋은 풀이 단비를 기다리듯 하였습니다. 올해 문득 들으니 新羅가 狛國(고구려)과 함께 모의하여 '百濟와 任那가 자주 日本에 나아가니, 생각건대 군사를 빌려 우리나라를 치려는 듯하다. 이 일이 만약 사실이라면 나라의 패망은 발꿈치를 들고 기다리는 것과 같을 것이다. 日本의 군대가 떠나기 전에 安羅를 공격해 빼앗아 일본과의 통로를 끊자'

라 하였다고 합니다. 그 계획이 이와 같으니, 신 등이 이를 듣고 두려운 마음을 깊이 품었습니다. 바로 빠른 배로 사신을 보내 표를 올려 아룁니다. 천황께서 빨리 前軍과 後軍을 보내 서로 이어 와서 구원해주기를 원합니다. 가을까지는 바다 밖 彌移居를 굳게 지키겠습니다. 만약 지체하여 늦는다면 후회해도 늦을 것입니다. 보낸 군대가 신의 나라에 도착하면 옷과 식량은 신이 마땅히 공급할 것이고, 任那에 도착하여도 다시 이와 같을 것입니다. 만약 (任那가) 공급을 감당하지 못하면 반드시 신이 도와 충당하여 부족하고 모자라는 일이 없도록 하겠습니다. 따로 的臣이 삼가 천황의 칙을 받들고 와서 신의 나라를 위로하고 일찍부터 늦게까지 쉬지 않고 모든 일에 힘썼습니다. 이 때문에 바다 밖의 蕃들은 그의 훌륭함을 칭송하여 '틀림없이 영원히 바다 밖을 깨끗이 할 것이다'라 하였는데, 불행하게도 죽었다 하니 깊이 추모하여 가슴이 아픕니다. 이제 任那의 일을 누가 다스릴 수 있겠습니까? 천황께서 속히 그를 대신할 사람을 보내 任那를 진정시키기 바랍니다. 또 해외 나라들은 활과 말이 매우 부족한데, 옛날부터 지금까지 그것을 천황에게 받아 강한 적을 막았으니, 천황께서 활과 말을 많이 내려 주시기 바랍니다"라 하였다.

⑰ 卷第十九 天國排開廣庭天皇 欽明天皇 十四年 十月(553년 음10월 20일)

• 원문 : 冬十月庚寅朔己西 百濟王子餘昌*明王子 威德王也 悉發國中兵 向高麗國 築百合野塞 眠食軍士 是夕觀覽 鉅野墳腴 平原瀰迤 人跡罕見 犬聲蔑聞 俄而儵忽之際 聞鼓吹之聲 餘昌乃大驚 打鼓相應 通夜固守 凌晨起見 曠野之中 覆如青山 旌旗充滿 會明有着頸鎧者一騎 挿鐃者*鐃字未詳 二騎 珥豹尾者二騎 幷五騎 連轡到來問曰 小兒等言 於吾野中 客人有在 何得不迎禮也 今欲 早知與吾可以禮問答者姓名年位

餘昌對曰 姓是同姓 位是杆率 年廿九矣 百濟反問 亦如前法 而對答焉 遂乃立標而合戰 於是 百濟以鉾刺 墮高麗勇士於馬斬首 仍刺擧頭於鉾末 還入示衆 高麗軍將 憤怒益甚 是時 百濟歡叫之聲 可裂天地 復其偏將 打鼓疾鬪 追却高麗王於東聖山之上

• 국역 : 겨울 10월 20일 百濟의 왕자 餘昌*明王의 아들 威德王이다 나라 안의 모든 군대를 내어 고구려국을 향했는데, 百合의 들판에 보루를 쌓고 군사들 속에서 함께 먹고 잤다. 이날 저녁 바라보니 커다란 들은 비옥하고 평원은 끝없이 넓은데, 사람의 자취는 드물고 개소리도 들리지 않았다. 얼마 후 갑자기 북치고 피리부는 소리가 들리니 餘昌이 크게 놀라 북을 쳐 대응하였다. 밤새 굳게 지키다가 새벽이 되어 일어나 텅 비었던 들판을 보니 군대가 푸른 산처럼 덮여 있었고 깃발이 가득하였다. 때마침 날이 밝자 목에 頸鎧를 입은 자 1騎, 징을 꼽은 자*'鐃'자는 자세하지 않다 2騎, 표범 꼬리를 끼운 자 2騎 모두 합해 5騎가 말고삐를 나란히 하고 와서 묻기를 "어린 아이들이 '우리 들판에 손님이 있다'고 하였는데 어찌 맞이하는 예를 행하지 않는가. 우리와 더불어 예로써 문답할 만한 사람의 이름과 나이, 관위를 미리 알고자 한다"고 하였다. 餘昌이 "姓은 (고구려 왕실과) 同姓이고 관위는 杆率이며 나이는 29세이다"라고 대답하였다. 百濟 편에서 반문하니 또한 앞의 법식대로 대답하였다. 드디어 표를 세우고 싸우기 시작하였다. 이때 百濟는 고구려의 용사를 창으로 찔러 말에서 떨어뜨려 머리를 베었다. 그리고 머리를 창끝에 찔러 들고 돌아와 군사들에게 보이니, 고구려軍 장수들의 분노가 더욱 심하였다. 이때 百濟軍이 환호하는 소리에 천지가 찢어질 듯하였다. 다시 副將이 북을 치며 달려 나아가 고구려왕을 東聖山 위에까지 쫓아가 물리쳤다.

⑱ **卷第十九 天國排開廣庭天皇 欽明天皇 十五年 春 正月**(554년 음1월 9일)

- 원문 : 丙申 百濟遣中部木刕施德文次・前部施德曰佐分屋等於筑紫 諮內臣・佐伯連等曰 德率次酒・杆率塞敦等 以去年閏月四日到來云 臣等*臣等者謂內臣也 以今年正月到 如此導而未審 來不也 又軍數幾何 願聞若干 預治營壁 別諮 方聞 奉可畏天皇之詔 來詣筑紫 看送賜軍 聞之歡喜 無能比者 此年之役 甚危於前 願遣賜軍 使逮正月 於是 內臣奉勅而答報曰 卽令遣助軍數一千・馬一百匹・船四十隻

- 국역 : 9일 百濟가 中部 木刕施德文次, 前部의 施德 曰佐分屋 등을 筑紫에 보내 內臣・佐伯連 등에게 묻기를 "德率 次酒・杆率 塞敦 등이 지난해 윤달 4일에 와서 '신 등은*신 등은 內臣을 말한다 내년 정월에 도착할 것입니다'고 하였습니다. 이와 같이 말할 뿐 자세하지 않았습니다. 오는 것입니까? 아닙니까? 또 군대의 수는 얼마입니까? (자세한 내용을) 약간이나마 들어 미리 軍營을 쌓고자 합니다"라 하였다. 또 따로 "이제 들으니 '황공하옵신 천황의 조를 받들어 筑紫에 나와서 보내줄 군대를 살펴보내라'고 하였습니다. 그 말을 들은 기쁨은 이루 비교할 수 없습니다. 올해의 싸움은 전보다 매우 위태로우니 보내줄 군대를 정월에 도착하도록 해주기 바랍니다"고 하였다. 이에 內臣이 명령을 받들어 "바로 도와줄 군대 1천, 말 1백 필, 배 40척을 보내도록 하겠다"고 대답하였다.

⑲ **卷第十九 天國排開廣庭天皇 欽明天皇 十五年 二月**(554년 음2월)

- 원문 : 二月 百濟遣下部杆率將軍三貴・上部奈率物部烏等 乞救兵 仍貢德率東城子莫古 代前番奈率東城子言 五經博士王柳貴 代固德馬丁安 僧曇慧等九人 代僧道深等七人 別奉勅 貢易博士施德王道良・曆博士固德王保孫・醫博士奈率王有㥄陀・採藥師施德潘量豊・固德丁有陀・樂人施德三斤・季德己麻次・季德進奴・對德進陀 皆依請代之

• 국역 : 2월 百濟가 下部의 杆率 將軍 三貴와 上部의 奈率 物部烏 등을 보내 구원병을 청했다. 그리고 德率 東城子莫古를 바쳐 전에 番을 섰던 奈率 東城子言을 교대하고, 五經博士 王柳貴로 固德 馬丁安을 대신하고, 僧 曇慧 등 9인으로 승 道深 등 7인을 교대하였다. 따로 명령을 받들어 易博士 施德 王道良, 曆博士 固德 王保孫, 醫博士 奈率 王有㥄陀, 採藥師 施德 潘量豊·固德 丁有陀, 樂人 施德 三斤·季德 己麻次·季德 進奴·對德 進陀를 바쳤는데, 모두 청에 따라 교대하였다.

⑩ **卷第十九 天國排開廣庭天皇 欽明天皇 十五年 三月**(554년 음3월 1일)

• 원문 : 三月丁亥朔 百濟使人中部木刕施德文次等罷歸

• 국역 : 3월 초하루 百濟 사신인 中部의 木刕施德文次 등이 使行을 마치고 돌아갔다.

⑩ **卷等十九 天國排開廣庭天皇 欽明天皇 十五年 夏 五月**(554년 음5월 3일)

• 원문 : 夏五月丙戌朔戊子 內臣率舟師 詣于百濟

• 국역 : 여름 5월 3일 內臣이 수군을 거느리고 百濟에 나아갔다.

⑩ **卷等十九 天國排開廣庭天皇 欽明天皇 十五年 冬 十二月**(554년 음12월)

• 원문 : 冬十二月 百濟遣下部杆率汶斯干奴 上表曰 百濟王臣明 及在安羅諸倭臣等 任那諸國旱岐等奏 以斯羅無道 不畏天皇 與狛同心 欲殘滅海北彌移居 臣等共議 遣有至臣等 仰乞軍士 征伐斯羅 而天皇遣有至臣帥軍以六月至來 臣等深用歡喜 以十二月九日 遣攻斯羅 臣先遣東方領物部莫奇武連 領其方軍士 攻函山城 有至臣所將來民竹斯物部莫奇委沙奇 能射火箭 蒙天皇威靈 以月九日西時 焚城拔之 故遣單使馳船奏聞 別奏 若但斯羅者 有至臣所將軍士亦可足矣 今狛與斯羅 同心戮力

難可成功 伏願 速遣竹斯嶋上諸軍士 來助臣國 又助任那 則事可成 又奏 臣別遣軍士萬人 助任那 幷以奏聞 今事方急 單船遣奏 但奉好錦二匹·毾㲪一領·斧三百口 及所獲城民 男二女五 輕薄追用悚懼 餘昌謀伐新羅 耆老諫曰 天未與 懼禍及 餘昌曰 老矣 何怯也 我事大國 有何懼也 遂入新羅國 築久陀牟羅塞 其父明王憂慮 餘昌長苦行陣 久廢眠食 父玆多闕 子孝希成 乃自往迎慰勞 新羅聞明王親來 悉發國中兵 斷道擊破 是時 新羅謂佐知村飼馬奴苦都*更名谷智 曰 苦都賤奴也 明王名主也 今使賤奴殺名主 冀傳後世 莫忘於口 已而苦都 乃獲明王 再拜曰 請斬王首 明王對曰 王頭不合受奴手 苦都曰 我國法 違背所盟 雖曰國王 當受奴手*一本云 明王乘踞胡床 解授佩刀於谷知令斬 明王仰天 大息涕泣 許諾曰 寡人每念 常痛入骨髓 顧計不可苟活 乃延首受斬 苦都斬首而殺 掘坎而埋*一本云 新羅留理明王頭骨 而以禮送餘骨於百濟 今新羅王埋明王骨於北廳階下 名此廳曰都堂 餘昌遂見圍繞 欲出不得 士卒遑駭 不知所圖 有能射人 筑紫國造 進而彎弓 占擬射落新羅騎卒最勇壯者 發箭之利 通所乘鞍前後橋 及其被甲領會也 復續發箭如雨 彌厲不懈 射却圍軍 由是 餘昌及諸將等 得從間道逃歸 餘昌讚國造射却圍軍 尊而名曰鞍橋君*鞍橋 此云矩羅賦 於是 新羅將等 具知百濟疲盡 遂欲謀滅無餘 有一將云 不可 日本天皇 以任那事 屢責吾國 况復謀滅百濟官家 必招後患 故止之

• 국역 : 겨울 12월 百濟가 下部의 杆率 汶斯干奴를 보내 표를 올려 "百濟王 臣 明과 安羅에 있는 倭臣들, 任那 여러 나라의 旱岐들은 아룁니다. 斯羅가 無道하여 천황을 두려워하지 않고 狛(고구려)과 마음을 함께 하여 바다 북쪽의 彌移居(みやけ: 관가)를 멸망시키려고 합니다. 신들이 함께 의논하기를 有至臣 등을 보내 우러러 군사를 청해 斯羅를 정벌하려고 하였습니다. 이에 천황께서 有至臣을 보내시니, (그가) 군사를 거느리고 6월에 왔으므로 신들은 매우 기뻤습니다. 12월 9일

에 斯羅를 공격하러 보내면서, 신이 먼저 東方의 領인 物部莫奇武連을 보내 자기 方의 군사를 거느리고 函山城을 공격하도록 하였는데, 有至臣이 데리고 온 백성 竹斯 物部莫奇委沙奇가 불화살을 잘 쏘았습니다. 천황의 威靈에 도움을 받아 이달 9일 酉時에 성을 불태우고 빼앗았으므로 한 사람의 사신을 보내 배를 달려 아뢰니다"라고 하였다. 따로 아뢰기를 "만약 新羅 뿐이라면 有至臣이 데리고 온 군사로도 충분할 것입니다. 그러나 狛이 斯羅와 마음을 함께 하고 힘을 합하였으므로 성공하기 어렵습니다. 竹斯島에 있는 군사들을 빨리 보내, (그들이) 와서 신의 나라를 돕고 또 임나를 돕기를 바랍니다. 그렇게 한다면 일을 이룰 수 있을 것입니다"라 하였다. 또 "신이 따로 군사 만 명을 보내 임나를 돕겠습니다. 아울러 아룁니다. 이번 일이 매우 급하여 한 척의 배를 보내 아뢰며, 단지 좋은 비단 2필, 毾㲪 1領, 도끼 300口, 사로잡은 城의 백성 남자 둘과 여자 다섯을 바칩니다. (보낸 물건이) 적어 송구합니다"라 아뢰었다. 餘昌이 新羅를 정벌할 것을 계획하자 耆老가 "하늘이 함께 하지 않으니 화가 미칠까 두렵습니다"라고 간하였다. 餘昌이 "늙었구려! 어찌 겁내시오. 우리는 大國을 섬기고 있으니 어찌 겁낼 것이 있겠소?"라 하고 드디어 新羅國에 들어가 久陀牟羅에 보루를 쌓았다. 그 아버지 明王은 餘昌이 행군에 오랫동안 고통을 겪고 한참 동안 잠자지 못하고 먹지 못했음을 걱정하였다. 아버지의 자애로움에 부족함이 많으면 아들의 효도가 이루어지기 어렵다 생각하고 스스로 가서 위로하였다. 新羅는 明王이 직접 왔음을 듣고 나라 안의 모든 군사를 내어 길을 끊고 격파하였다. 이때 新羅에서 佐知村의 飼馬奴 苦都*다른 이름은 谷智이다에게 "苦都는 천한 奴이고 明王은 뛰어난 군주이다. 이제 천한 노로 하여금 뛰어난 군주를 죽이게 하여 후세에 전해져 사람들의 입에서 잊혀지지 않기를 바란다"고 하였다. 얼마 후 苦都가

明王을 사로잡아 두 번 절하고 "왕의 머리를 베기를 청합니다"라고 하였다. 明王이 "왕의 머리를 奴의 손에 줄 수 없다"고 하니, 苦都가 "우리나라의 법에는 맹세한 것을 어기면 비록 국왕이라 하더라도 奴의 손에 죽습니다"라 하였다*다른 책에는 "明王이 胡床에 걸터 앉아 차고 있던 칼을 谷智에게 풀어주어 베게 했다"고 하였다. 明王이 하늘을 우러러 크게 탄식하고 눈물 흘리며 허락하기를 "과인이 생각할 때마다 늘 고통이 골수에 사무쳤다. 돌이켜 생각해 보아도 구차히 살 수는 없다"라 하고 머리를 내밀어 참수당했다. 苦都는 머리를 베어 죽이고 구덩이를 파묻었다*다른 책에는 "新羅가 明王의 頭骨을 남겨두고 나머지 뼈를 百濟에 예를 갖춰 보냈다. 지금 新羅王이 明王의 뼈를 北廳 계단 아래에 묻었는데, 이 관청을 都堂이라 이름한다"고 하였다. 餘昌은 포위당하자 빠져나오려 하였으나 나올 수 없었는데 사졸들은 놀라 어찌할 줄 몰랐다. 활을 잘 쏘는 사람인 筑紫國造가 나아가 활을 당겨 新羅의 말 탄 군졸 중 가장 용감하고 씩씩한 사람을 헤아려 쏘아 떨어뜨렸다. 쏜 화살이 날카로워 타고 있던 안장의 앞뒤 가로지른 나무(鞍橋)를 뚫었고, 입고 있던 갑옷의 옷깃을 맞추었다. 계속 화살을 날려 비오듯 하였으나 더욱 힘쓰고 게을리 하지 않아 포위한 군대를 활로 물리쳤다. 이로 말미암아 餘昌과 여러 장수들이 샛길로 도망하여 돌아왔다. 餘昌이 (筑紫)國造가 활로 포위한 군대를 물리친 것을 칭찬하고 높여 '鞍橋君'이라 이름하였다*鞍橋는 우리 말로 矩羅賦(くろじ)라 한다. 이때 新羅 장수들이 百濟가 지쳤음을 모두 알고 드디어 멸망시켜 남겨두지 않으려 했다. 한 장수가 "안 된다. 日本 天皇이 任那의 일 때문에 여러 번 우리나라를 책망하였다. 하물며 다시 百濟官家를 멸망시키기를 꾀한다면 반드시 후환을 부르게 될 것이다"라고 하였으므로, 그만두었다.

⑩③ **卷第十九 天國排開廣庭天皇 欽明天皇 十六年 春 二月**(555년 음2월)

• 원문 : 十六年春二月 百濟王子餘昌 遣王子惠*王子惠者 威德王之弟也 奏曰 聖明王爲賊見殺*十五年 爲新羅所殺 故今奏之 天皇聞而傷恨 迺遣使者 迎津慰問 於是 許勢臣問王子惠曰 爲當欲留此間 爲當欲向本鄕 惠答曰 依憑天皇之德 冀報考王之讐 若垂哀憐 多賜兵革 雪垢復讐 臣之願也 臣之去留 敢不唯命是從 俄而蘇我臣問訊曰 聖王妙達天道地理 名流四表八方 意謂 永保安寧 統領海西蕃國 千年萬歲 奉事天皇 豈圖 一旦眇然昇遐 與水無歸 卽安玄室 何痛之酷 何悲之哀 凡在含情 誰不傷悼 當復何咎致茲禍也 今復何術用鎭國家 惠報答之曰 臣禀性愚蒙 不知大計 何況禍福所倚 國家存亡者乎 蘇我卿曰 昔在 天皇大泊瀨之世 汝國爲高麗所逼 危甚累卵 於是 天皇命神祇伯 敬受策於神祇 祝者迺託神語報曰 屈請建邦之神 往救將亡之主 必當國家謐靖 人物乂安 由是請神往救 所以社稷安寧 原夫建邦神者 天地割判之代 草木言語之時 自天降來 造立國家之神也 頃聞 汝國輟而不祀 方今悛悔前過 修理神宮 奉祭神靈 國可昌盛 汝當莫忘

• 국역 : 16년(555) 봄 2월 백제 왕자 餘昌이 왕자 惠*왕자 惠는 威德王의 아우이다를 보내어 "聖明王이 賊에게 죽음을 당했습니다"라고 아뢰었다. *15년에 신라에게 죽음을 당했으므로 지금 그것을 아뢰었다. 천황이 듣고서 가엾고 한스럽게 여겼다. 그래서 使者를 보내어 나루에서 맞이하여 위문하였다. 이에 許勢臣이 왕자 惠에게 "이곳에 머물고자 하는가? 또는 본국으로 돌아가고자 하는가?"라고 묻자, 惠가 "천황의 덕에 기대고 의지하여 돌아가신 父王의 원수를 갚고자 합니다. 만약 불쌍하고 가련하게 여기셔서 兵器를 많이 주신다면 치욕을 씻고 원수를 갚는 것이 저의 바람입니다. 제가 가고 머무르는 것은 오직 명을 좇을 뿐입니다"라고 대답하였다. 잠시 후에 蘇我臣이 찾아와 위문하며 "聖王은 하늘의 道와 땅의 이치에 통달하였고 名聲은 사방

팔방에 퍼졌습니다. 길이 평안함을 지키고 바다 서쪽 蕃國을 통솔하여 千年萬年 천황을 받들어 모실 것으로 생각했는데, 어찌 하루아침에 멀리 승하하시어 물처럼 돌아올 수 없게 되어 묘실에 안치되리라고는 생각이나 했겠습니까? 마음의 고통이 얼마나 심하고 슬픔이 얼마나 크십니까? 무릇 性情을 가지고 있는 사람으로서 누가 슬퍼하지 않겠습니까. 혹시 어떤 허물이 이러한 화를 이르게 했는가. 지금 어떤 방도로 나라를 안정시키겠습니까?"라고 하였다. 惠가 대답하기를 "저는 타고난 성품이 어리석어 큰 계책을 알지 못하니 어찌 하물며 화와 복이 말미암은 바와 나라가 존속하고 망하는 것을 알겠습니까?"라고 하였다. 蘇我卿이 "옛날 大泊瀨天皇때 그대의 나라가 고구려로부터 침략을 받아 위험하기가 鷄卵을 쌓아놓은 것보다 더했습니다. 이에 천황이 神祇伯에게 명하여 공경히 神祇로부터 계책을 받도록 하였습니다. 祝者가 이에 신의 말에 의탁하여 '나라를 세운 신을 請해 모셔와 장차 망하려는 임금을 가서 구하면 나라는 반드시 평온해지고 사람들은 잘 다스려져 편안해질 것이다'라고 보고했습니다. 이로 말미암아 神을 청하여 가서 구원하였으므로 社稷이 평안해졌습니다. 무릇 나라를 세운 신이란 하늘과 땅이 나뉘어 구분되고 풀과 나무가 말을 할 때 하늘에서 내려와 나라를 만들어 세운 신입니다. 지난번에 그대 나라에서는 (祠堂을) 돌보지 않고 제사를 지내지 않는다고 들었는데, 지금이라도 앞의 잘못을 뉘우치고 神宮을 수리하여 神靈을 받들어 제사지내면 나라가 크게 번성할 것입니다. 그대는 나의 말을 절대로 잊지 마십시오"라고 하였다.

⑩④ 卷第十九 天國排開廣庭天皇 欽明天皇 十六年 八月(555년 음8월)

● 원문 : 八月 百濟餘昌 謂諸臣等曰 少子今願 奉爲考王 出家脩道 諸臣百姓

報言 今君王欲得出家修道者 且奉教也 嗟夫前慮不定 後有大患 誰之過歟 夫百濟國者 高麗·新羅之所爭欲滅 自始開國 迄于是歲 今此國宗 將授何國 要須道理分明應教 縱使能用耆老之言 豈至於此 請悛前過 無勞出俗 如欲果願 須度國民 餘昌對曰 諾 卽就圖於臣下 久久遂用相議 爲度百人 多造幡蓋 種種功德 云云

- 국역 : 8월 백제 餘昌이 여러 신하에게 "少子는 이제 돌아가신 父王을 받들기 위하여 출가하여 修道하고자 한다"라고 말하였다. 여러 신하와 백성들이 "지금 임금께서 출가하여 수도하고자 하신다면 우선 왕명을 받들겠습니다. 슬프도다! 前의 생각이 바르지 못하여 후에 큰 근심을 가지게 되었으니 누구의 잘못입니까? 무릇 백제국은 고구려와 신라가 다투어 멸망시키고자 하는 것이 나라를 연 이후부터 지금까지 계속되고 있으니, 지금 이 나라의 종묘 사직을 장차 어느 나라에게 넘겨주려 하십니까? 모름지기 道理는 왕명을 따르는 것이 분명한데, 만약 능히 耆老의 말을 들었다면 어찌 여기에 이르렀겠습니까? 바라건대 앞의 잘못을 뉘우치고서 속세를 떠나는 수고로움은 하지 마십시오. 원하시는 것을 굳이 하고 싶으시다면 나라 백성들을 출가시키는 것이 마땅합니다"라고 하였다. 餘昌이 "좋다"고 대답하고는 곧 나아가 신하들에게 꾀하도록 하였다. 신하들은 마침내 상의하여 100명을 출가시키고 幡蓋를 많이 만들어 여러 가지 공덕을 행하였다고 하였다.

⑩⑤ 卷第十九 天國排開廣庭天皇 欽明天皇 十七年 春 正月(556년 음1월)

- 원문 : 十七年春正月 百濟王子惠請罷 仍賜兵仗良馬甚多 亦頻賞祿 衆所欽歎 於是 遣阿倍臣·佐伯連·播磨直 率筑紫國舟師 衛送達國 別遣筑紫火君 *百濟本記云 筑紫君兒 火中君弟 率勇士一千 衛送彌弖*彌弖津名 因令守津路要害之地焉

• 국역 : 17년(556) 봄 정월 백제 왕자 惠가 돌아가기를 청하자 兵器와 좋은 말을 매우 많이 하사하였다. 또한 빈번히 상으로 물품을 내려 주었으므로 여러 사람들이 부러워하고 찬탄하는 바가 되었다. 이에 阿倍臣, 佐伯連, 播磨直을 보내어 筑紫國의 水軍을 이끌고 그 나라에 도착할 때까지 호위하여 보내 주었다. 별도로 筑紫火君*『百濟本記』에는 筑紫君의 아들 火中君의 아우라 한다을 보내어 용감한 군사 1,000명을 이끌고 彌弖*彌弖는 나루터 이름이다까지 호위하여 보내어 뱃길의 요충지를 지키게 했다.

⑯ **卷第十九 天國排開廣庭天皇 欽明天皇 十七年 冬 十月**(556년 음10월)

• 원문 : 冬十月 遣蘇我大臣稻目宿禰等於倭國高市郡 置韓人大身狹屯倉言韓人者百濟也 高麗人小身狹屯倉 紀國置海部屯倉*一本云 以處處韓人 爲大身狹屯倉田部 高麗人爲小身狹屯倉田部 是卽以韓人・高麗人爲田部 故因爲屯倉之號也

• 국역 : 겨울 10월 蘇我大臣稻目宿禰 등을 왜국 高市郡에 보내어 韓人 大身狹屯倉言韓人이라 한 것은 백제이다, 고구려人 小身狹屯倉을 두고 紀國에 海部屯倉을 두었다.*어떤 책에는 "곳곳에 있던 韓人들로써 大身狹屯倉의 田部로 삼고 고구려人으로써 小身狹屯倉 田部를 삼았다"고 한다. 이는 곧 韓人, 고구려人으로써 田部를 삼았던 까닭에 屯倉이라 이름한 것이다.

⑰ **卷第十九 天國排開廣庭天皇 欽明天皇 十八年 春 三月**(557년 음3월 1일)

• 원문 : 十八年春三月庚子朔 百濟王子餘昌嗣立 是爲威德王

• 국역 : 18년(557) 봄 3월 초하루 백제 왕자 餘昌이 왕위를 이었는데, 이가 威德王이다.

⑱ **卷第十九 天國排開廣庭天皇 欽明天皇 卄二年**(561년)

• 원문 : 卄二年 新羅遣久禮叱及伐干貢調賦 司賓饗遇禮數減常 及伐干忿恨而罷

是歲 復遣奴氐大舍 獻前調賦 於難波大郡 次序諸蕃 掌客額田部連・葛城直等 使列于百濟之下而引導 大舍怒還 不入館舍 乘船歸至穴門 於是 修治穴門舘 大舍問曰 爲誰客造 工匠河內馬飼首押勝欺紿曰 遣問西方無禮使者之所停宿處也 大舍還國 告其所言 故新羅築城於阿羅波斯山 以備日本

• 국역 : 22년(561) 신라가 久禮叱 及伐干을 보내어 調賦를 바쳤다. 司賓이 연회를 베풀었는데 예우가 평상시보다 덜하였다. 及伐干이 분하고 한스럽게 여기며 돌아갔다. 이해 다시 奴氐 大舍를 보내어 지난번의 調賦를 바쳤다. 難波의 大郡에서 여러 蕃國들의 서열을 매겼는데, 掌客 額田部連과 葛城直 등이 백제의 아래쪽 열에 서게 하여 인도했다. 大舍가 화를 내고 돌아가 館舍에 들지 않고 배를 타고 돌아가 穴門에 이르렀다. 이때 穴門舘을 수리하고 있었다. 大舍가 묻기를 "어떤 손님을 위하여 짓는가?"라고 하자 工匠 河內馬飼首押勝이 거짓으로 "西方의 무례한 짓을 문책하러 보낼 사자가 머물 숙소이다"라고 말하였다. 大舍가 나라에 돌아가 그가 말한 것을 고하였다. 그래서 신라는 阿羅의 波斯山에 성을 쌓고서 일본에 대비하였다.

⑲ **卷第十九 天國排開廣庭天皇 欽明天皇** 廿三年 秋 七月(562년 음7월 1일)

• 원문 : 秋七月己巳朔 新羅遣使獻調賦 其使人知新羅滅任那 恥背國恩 不敢請罷 遂留不歸本土 例同國家百姓 今河內國更荒郡鸕鷀野邑新羅人之先也

是月 遣大將軍紀男麻呂宿禰 將兵出哆唎 副將河邊臣瓊缶 出居曾山 而欲問新羅攻任那之狀 遂到任那 以薦集部首登弭 遣於百濟 約束軍計 登弭仍宿妻家 落印書弓箭於路 新羅具知軍計 卒起大兵 尋屬敗亡 乞降歸附 紀男麻呂宿禰 取勝旋師 入百濟營 令軍中曰 夫勝不忘敗 安必慮危 古之善教也 今處疆畔 豺狼交接 而可輕忽 不思變難哉 況復

平安之世刀劍不離於身　蓋君子之武備　不可以已　宜深警戒　務崇斯令　士卒皆委心而服事焉　河邊臣瓊缶　獨進轉鬪　所向皆拔　新羅更擧白旗　投兵降首　河邊臣瓊缶　元不曉兵　對擧白旗　空爾獨進　新羅鬪將曰　將軍河邊臣　今欲降矣　乃進軍逆戰　盡銳遄攻破之　前鋒所破甚衆　倭國造手彦　自知難救　棄軍遁逃　新羅鬪將　手持鉤戟　追至城洫　運戟擊之　手彦因騎駿馬　超渡城洫　僅以身免　鬪將臨城洫而歎曰　久須尼自利*此新羅語 未詳也 於是　河邊臣　遂引兵退　急營於野　於是　士卒盡相欺蔑　莫有遵承　鬪將自就營中　悉生虜河邊臣瓊缶等　及其隨婦　于時父子夫婦不能相恤　鬪將問河邊臣曰　汝命與婦　孰與尤愛　答曰　何愛一女　以取禍乎　如何不過命也　遂許爲妾　鬪將遂於露地　姦其婦女　婦女後還　河邊臣欲就談之　婦人甚以慙恨　而不隨曰　昔君輕賣妾身　今何面目以相遇　遂不肯言　是婦人者　坂本臣女　曰甘美媛　同時所虜調吉士伊企儺　爲人勇烈　終不降服　新羅鬪將　拔刀欲斬　逼而脫褌　追令以尻臀向日本　大號叫叫咷也　曰　日本將　嚙我腹脽*卽號叫　曰　新羅王　啗我腹脽　雖被苦逼　尙如前叫　由是見殺　其子舅子　亦抱其父而死　伊企儺　辭旨難奪皆如此　由此　特爲諸將帥所痛惜　其妻大葉子亦竝見禽　愴然而歌曰　柯羅俱爾能　基能陪儞陀致底　於譜磨故幡　比例甫囉須母　耶魔等陛武岐底　或有和曰　柯羅俱爾能　基能陪儞陀陀志　於譜磨故幡　比禮甫羅須彌喩　那儞婆陛武岐底

• 국역 : 가을 7월 초하루 신라가 사신을 보내어 調賦를 바쳤다. 그 사신이 신라가 임나를 멸망시켰다는 것을 알고 나라(일본)의 은혜를 저버린 것을 부끄럽게 여겨 감히 돌아가기를 청하지 못하고 마침내 머물러 本土에 돌아가지 않았다. (그를) 국가의 백성과 같은 例로 대우하였는데, 지금 河內國 更荒郡 鸕鷀野邑 신라인의 先祖이다.

이달 大將軍 紀男麻呂宿禰를 보내어 군사를 거느리고 哆唎에서 출동하고, 副將軍 河邊臣瓊缶는 居曾山으로부터 출동하도록 하여 신라가 임나를 공격한 상황에 대하여 문책하고자 하였다. 드디어 임나에 도착하여 薦集部首登弭를 백제에 보내어 군사계책을 약속케 했다. 登弭는 처가에 묵었는데, 봉인한 서신과 활과 화살을 길에 떨어뜨렸다. 신라가 군사계획을 모두 알고 갑자기 군사를 크게 일으켰으나 얼마 후에 패하였으므로 항복하여 歸附하기를 빌었다. 紀男麻呂宿禰가 승리를 거두고 나서 군사를 돌려 백제의 군영으로 돌아갔다. 軍中에 명을 내려 "무릇 이겨도 패하는 것을 잊지 말고 편안할 때도 반드시 위험을 생각해야 하는 것은 옛날의 훌륭한 가르침이다. 지금 처해 있는 땅은 들개와 이리와 같이 사나운 무리들과 이웃해 있으니 가볍고 소홀히 하여 변란이 일어날 것을 생각지 않을 수 있으랴. 하물며 또 태평한 시대에도 칼을 몸에서 떼어놓지 않는 법이니, 무릇 군자가 무기를 갖추는 것은 그만둘 수 없는 것이다. 마땅히 깊이 경계하고 이 명령을 받드는 데 힘쓰라"고 하였다. 병졸들은 모두 마음으로부터 복종하고 섬겼다. 河邊臣瓊缶는 홀로 나아가 이곳저곳에서 싸워 가는 곳마다 모두 함락시켰다. 신라가 문득 흰 깃발을 들고 무기를 던져버리며 항복했는데, 河邊臣瓊缶는 원래 軍事에 밝지 못하여 마주 대하여 흰 기를 들고 헛되이 혼자 앞으로 나아갔다. 신라 장군이 "장군 河邊臣이 지금 항복하려고 한다"고 하고는 진군하여 역습하여 싸웠다. 매우 날쌔고 빠르게 공격하여 깨뜨렸는데, 맨 앞선 부대는 敗한 바가 매우 많았다. 倭國造手彦이 구하기 어렵다는 것을 알고 군사를 버리고 도망하였다. 신라 장군이 손에 갈고리창을 쥐고 성의 해자까지 뒤쫓아와 창을 휘두르며 공격하였다. 手彦은 날랜 말을 타고 있었으므로 성의 해자를 뛰어 건너 겨우 죽음을 면하였다. 신라 장군이 성의 해자 가에 서서 "久須尼自利"*이는 신라말로 자세하지 않다라고 탄식하였다. 이에 河邊臣은 마침내 군사를 이끌고 물러나와 들에 급히 군영을 만들었다. 이때 병졸들은 모두 서로 속이고 업신여기며 우러러 따르지 않았다. 신라 장군이 스스로 군영에 나아가 河邊臣瓊缶 등과 그를 따라왔던 부인을 모두 사로잡았다. 이때는 아버지와 아들, 부부 사이에서도 서로 도울 수가 없었다. 신라 장군이 河邊臣에게 "너의 목숨과 부인 중에서 어느 것을 더 아끼는가?"라고 묻자 "어찌하여 한 여자를 아껴 화를 취하겠습니까. 어떤 것도 목숨보다 더한 것은 없습니다"라 대답하고 첩으로 삼기를 허락하였다. (신라) 장군은 마침내 벌판에서 그 여자를 간음하였다. 여자가 후에 돌아가니, 河邊臣이 가서 사정 이야기를 하고자 하였다. 부인은 매우 부끄럽고 한스럽게 여겨 따르지 않고 "옛날에 당신이 저의 몸을 가볍게 팔았는데 지금 무슨 낯으로 서로 만나겠는가?" 하고는 마침내 승락하는 말을 하지 않았다. 이 부인은 坂本臣의 딸인데 이름은 甘美媛이라 한다. 함께 사로잡혔던 調吉士伊企儺은 사람됨이 용맹하여 끝까지 항복하지 않았다. 신라 장군이 칼을 빼서 목을 치려고 하며 억지로 잠뱅이를 벗기고 이어서 엉덩이를 일본으로 향하게 하고 "일본 장군은 내 엉덩이를 물어라"라고 크게 부르짖게 하자*부르짖는다(叫)는 것은 울부짖으며 소리친다는 말이다, 곧 "신라왕은 내 엉덩이를 먹어라"고 소리쳤다. 비록 고통과 핍박을 받았으나 여전히 앞에서와 같이 소리쳤다. 이로 말미암아 죽음을 당하였다. 그의 아들 舅子 역시 그의 아버지를 안고서 죽었다. 伊企儺의 말하고자 하는 바를 빼앗기 어려운 것이 모두 이와 같았다. 이로 말미암아 특히 여러 장수들이 가슴 아파하는 바가 되었다. 그의 아내 大葉子도 역시 잡혔는데 비통하게 노래하기를 "韓國의 城 위에 서서 大葉子는 머리에 쓰는 천을 흔들며 일본으로 향하네"라고 하자, 어떤 사람이 和答하기를 "韓國의 성 위에 서서 大葉子는 머리에 쓰는 천을 흔들어 보이며 난파로 향하네"라고 하였다.

⑪⓪ 卷第十九 天國排開廣庭天皇 欽明天皇 廿三年 八月(562년 음8월)

• 원문 : 八月 天皇遣大將軍大伴連狹手彦 領兵數萬 伐于高麗 狹手彦乃用百濟計 打破高麗 其王踰墻而逃 狹手彦遂乘勝以入宮 盡得珍寶賂・七織帳・鐵屋還來*舊本云 鐵屋在高麗西高樓上 織帳張於高麗王內寢 以七織帳 奉獻於天皇 以甲二領・金飾刀二口・銅鏤鍾三口・五色幡二竿・美女媛*媛名也 幷其從女吾田子 送於蘇我稻目宿禰大臣 於是 大臣遂納二女 以爲妻居輕曲殿*鐵屋在長安寺 是寺 不知在何國 一本云 十一年 大伴狹手彦連 共百濟國驅却高麗王陽香於比津留都

• 국역 : 8월 천황이 대장군 大伴連狹手彦을 보내어 군사 수만 명을 이끌고 고구려를 치게 하였다. 狹手彦은 이에 백제의 꾀를 써서 고구려를 쳐서 깨뜨렸다. 그 왕이 담을 넘어 도망하자 狹手彦은 마침내 승세를 타고 왕궁에 들어가 진귀한 보물과 갖가지 재화, 七織帳, 鐵屋을 모두 얻어 돌아왔다*옛 책에 "鐵屋은 고구려 서쪽의 높은 누각 위에 있으며 織帳은 고구려왕의 내전 침실에 걸려 있다"고 한다. 七織帳은 천황에게 바치고 갑옷 2벌, 금으로 장식한 칼 2자루, 무늬를 새긴 구리종 3개, 五色幡 2竿, 美女 媛*媛은 이름이다 및 그의 시녀 吾田子를 蘇我稻目宿禰 大臣에게 보내었다. 이에 大臣은 두 여자를 맞아들여 처로 삼고 輕의 曲殿에 살게 했다*鐵屋은 長安寺에 있다. 이 절이 어느 나라에 있는지는 알지 못한다. 어떤 책에는 "11년에 大伴狹手彦連이 백제국과 함께 고구려왕 陽香을 比津留都에서 쫓아내었다"고 한다.

⑪① 卷第廿 渟中倉太珠敷天皇 敏達天皇 四年 二月(575년 음2월)

• 원문 : 乙丑 百濟遣使進調 多益恒歲 天皇 以新羅未建任那 詔皇子與大臣曰 莫懶懈於任那之事

• 국역 : 2월 백제가 사신을 보내어 調를 바쳤는데 여느 해보다 더욱 많았다. 천황은 신라가 任那를 세우지 않은 것과 관련하여 皇子와 대신에게

"任那의 일을 게을리 하지 마라"고 명령하였다.

⑫ 卷第廿 渟中倉太珠敷天皇 敏達天皇 四年 夏 四月(575년 음4월 6일)

- 원문 : 夏四月乙酉朔庚寅 遣吉士金子 使於新羅 吉士木蓮子使於任那 吉士譯語彦使於百濟
- 국역 : 여름 4월 6일 吉士金子를 신라에 사신으로 보내고, 吉士木蓮子를 임나에 사신으로 보냈으며, 吉士譯語彦을 백제에 사신으로 보냈다.

⑬ 卷第廿 渟中倉太珠敷天皇 敏達天皇 六年 夏 五月(577년 음5월 5일)

- 원문 : (六年) 夏五月癸酉朔丁丑 遣大別王與小黑吉士 宰於百濟國*王人奉命 爲使三韓 自稱爲宰 言宰於韓 蓋古之典乎 如今言使也 餘皆倣此 大別王未詳所出也
- 국역 : (6년, 577) 여름 5월 5일 大別王과 小黑吉士를 보내어 백제국의 宰로 삼았다*王의 신하로서 명을 받들어 三韓에 使臣으로 갈 때 스스로 宰라고 칭한다. 韓의 宰가 된다고 하는 말은 대개 옛날의 典範인 듯하다. 지금은 使라고 하는데 나머지는 모두 이를 따른다. 大別王은 어디 출신인지 자세하지 않다.

⑭ 卷第廿 渟中倉太珠敷天皇 敏達天皇 六年 冬 十一月(577년 음11월 1일)

- 원문 : 冬十一月庚午朔 百濟國王 付還使大別王等 獻經論若干卷 幷律師・禪師・比丘尼・呪禁師・造佛工・造寺工 六人 遂安置於難波大別王寺
- 국역 : 겨울 11월 초하루 백제국왕이 돌아오는 사신 大別王 등에게 딸려서 經論 약간 卷과 律師・禪師・比丘尼・呪禁師・造佛工・造寺工 6인을 바쳤으므로 難波의 大別王寺에 安置했다.

⑮ 卷第廿 渟中倉太珠敷天皇 敏達天皇 十二年 秋 七月(583년 음7월 1일)

- 원문 : 十二年秋七月丁酉朔 詔曰 屬我先考天皇之世 新羅滅內官家之國*天國排開廣庭天皇廿三年 任那爲新羅所滅 故云新羅滅我內官家也 先考天皇 謀復任那

不果而崩 不成其志 是以 朕當奉助神謀 復興任那 今在百濟火葦北國造阿利斯登子達率日羅 賢而有勇 故朕欲與其人相計 乃遣紀國造押勝與吉備海部直羽嶋 喚於百濟

• 국역 : 12년(583) 가을 7월 초하루 조를 내려 "나의 아버지 천황 때에 신라가 內官家의 나라를 멸망시켰다*天國排開廣庭天皇(欽明天皇) 23년 任那가 신라에게 멸망당하였으므로 신라가 우리 官家를 멸망시켰다고 하였다. 아버지 천황이 임나를 복구하고자 하였으나 실행하지 못하고 돌아가 그 뜻을 이루지 못하였다. 그리하여 朕은 神의 謀策을 도와 任那를 부흥시키고자 한다. 지금 백제에 있는 火葦北國造 阿利斯登의 아들 達率 日羅가 어질고 용맹스럽다고 하므로 朕은 그 사람과 함께 계획하고자 한다"고 말하였다. 이에 紀國造押勝과 吉備海部直羽嶋를 보내어 백제에서 불렀다.

⑯ **卷第廿 渟中倉太珠敷天皇 敏達天皇 十二年 冬 十月**(583년 음10월)

• 원문 : 冬十月 紀國造押勝等 還自百濟 復命於朝曰 百濟國主 奉惜日羅 不肯聽上

• 국역 : 겨울 10월 紀國造押勝 등이 백제로부터 돌아왔다. 조정에 復命하기를 "百濟國主가 日羅를 소중히 여겨 바치려고 하지 않습니다"라 하였다.

⑰ **卷第廿 渟中倉太珠敷天皇 敏達天皇 十二年**(583년)

• 원문 : 是歲 復遣吉備海部直羽嶋 召日羅於百濟 羽嶋旣之百濟 欲先私見日羅 獨自向家門底 俄而有家裏來韓婦 用韓語言 以汝之根 入我根內 卽入家去 羽嶋便覺其意 隨後而入 於是 日羅迎來 把手使坐於座 密告之曰 僕竊聞之 百濟國主 奉疑天朝 奉遣臣後 留而弗還 所以 奉惜不肯奉進 宜宣勅時 現嚴猛色 催急召焉 羽嶋乃依其計 而召日羅 於是 百濟國

主怖畏天朝　不敢違勅　奉遣以日羅・恩率・德爾・餘怒・奇奴知・參官・柁師德率次干德・水手等　若千人　日羅等行到吉備兒嶋屯倉　朝庭遣大伴糠手子連　而慰勞焉　復遣大夫等於難波館　使訪日羅　是時　日羅被甲乘馬　到門底下　乃進廳前　進退跪拜　歎恨而曰　於檜隈宮御寓天皇之世　我君大伴金村大連　奉爲國家　使於海表　火葦北國造刑部靫部阿利斯登之子　臣達率日羅　聞天皇召　恐畏來朝　乃解其甲　奉於天皇　乃營舘於阿斗桑市　使住日羅　供給隨欲　復遣阿倍目臣　物部贄子連・大伴糠手子連　而問國政於日羅　日羅對言　天皇所以治天下政　要須護養黎民何遽興兵　翻將失滅　故今令議者仕奉朝列　臣連二造*二造者　國造伴造也下及百姓　悉皆饒富　令無所乏　如此三年　足食足兵　以悅使民　不憚水火同恤國難　然後　多造船舶　每津列置　使觀客人　令生恐懼　爾乃　以能使使於百濟　召其國王　若不來者　召其太佐平・王子等來　卽自然心生欽伏後應問罪　又奏言　百濟人謀言　有船三百　欲請筑紫　若其實請　宜陽賜予然則百濟　欲新造國　必先以女人小子　載船而至　國家　望於此時　壹伎・對馬　多置伏兵　候至而殺　莫翻被詐　每於要害之所　堅築壘塞矣　於是恩率參官　臨罷國時*舊本　以恩率爲一人　以參官爲一人也　竊語德爾等言　計吾過筑紫許　汝等偸殺日羅者　吾具白王　當賜高爵　身及妻子　垂榮於後德爾・余奴　皆聽許焉　參官等遂發途於血鹿　於是　日羅自桑市村　遷難波館德爾等晝夜相計　將欲殺　時日羅身光　有如火焰　由是　德爾等恐而不殺遂於十二月晦　候失光殺　日羅更蘇生曰　此是我驅使奴等所爲　非新羅也言畢而死*屬是時　有新羅使　故云爾也　天皇詔贄子大連・糠手子連　令收葬於小郡西畔丘前　以其妻子水手等　居于石川　於是　大伴糠手子連議曰聚居一處　恐生其變　乃以妻子　居于石川百濟村　水手等居于石川大伴村收縛德爾等　置於下百濟河田村　遣數大夫　推問其事　德爾等伏罪言信　是恩率參官　敎使爲也　僕等爲人之下　不敢違矣　由是　下獄　復命於朝庭乃遣使於葦北　悉召日羅眷屬　賜德爾等　任情決罪　是時　葦北君等　受

而皆殺 投彌賣嶋*彌賣嶋 蓋姫嶋也 以日羅移葬於葦北 於後 海畔者言 恩率之船 被風沒海 參官之船 漂泊津嶋 乃始得歸

• 국역 : 이해 다시 吉備海部直羽嶋를 보내어 백제에서 日羅를 불렀다. 羽嶋가 백제에 가서 먼저 사사로이 日羅를 보려고 혼자 집 문 근처에 갔다. 얼마 후 집안에서 韓婦가 나와서 韓語로 "너의 몸을 나의 몸 안으로 들여보내라" 하고 집안으로 들어가 버렸다. 羽嶋가 곧 그 뜻을 깨닫고 뒤따라 들어갔다. 이에 日羅가 나와서 손을 잡고 자리에 앉게 하고 비밀스럽게 말하기를 "내가 적이 들으니 百濟國主는, 天朝가 臣을 보낸 뒤에 억류하여 되돌려 보내지 않을까 하고 의심한 까닭에 (저를) 소중히 여기고 바치지 않으려고 합니다. 칙을 선포할 때 마땅히 엄하게 하여 매우 급하게 부르십시오"라 하였다. 羽嶋가 그 계책에 따라 日羅를 불렀더니 百濟國主는 天朝를 두려워하여 감히 칙을 거스르지 못하고, 日羅와 恩率 德爾·餘怒·奇奴知·參官·柁師 德率 次干德, 水手 등 약간인을 보냈다. 日羅 등이 吉備兒嶋 屯倉에 이르자 朝庭에서는 大伴糠手子連을 보내어 위로하고, 다시 大夫 등을 難波館에 보내어 日羅를 찾아보게 했다. 이때 日羅는 갑옷을 입고 말을 타고 문 앞에 이르러서 곧 政廳으로 나아갔다. 나아가고 물러나면서 무릎을 꿇고 절하며 한탄하기를 "檜隈宮御寓天皇(宣化天皇) 때에 우리 君 大伴金村大連과 국가를 위하여 바다 밖에 사신으로 갔던 火葦北國造 刑部靫部 阿利斯登의 아들 臣 達率 日羅는 천황의 부름을 받고 두려워하며 來朝했습니다"라 하며, 갑옷을 벗어 천황에게 바쳤다. 阿斗桑市에 館舍를 지어 日羅를 머물게 하고 바라는 대로 공급해 주었다. 또 阿倍目臣과 物部贄子連·大伴糠手子連을 보내어 日羅에게 國政을 물었다. 日羅가 대답하기를 "천황이 천하를 다스리는 바의 정치는 반드시 백성을 보호하고 기르는 데 있습니다. 어찌 갑자기 군사를 일으켜 도리어

멸망에 이르려 하십니까? 그러므로 지금 논의하는 자들로서 조정에 있는 臣・連의 두 造로부터*二造란 國造와 伴造이다 아래로 백성에 이르기까지 모두 부유하게 하고 부족함이 없게 하십시오. 이렇게 3년을 하면 양식과 병사가 풍족하고 백성이 즐겁다면 물불을 꺼리지 않고 國難을 함께 구할 것입니다. 그런 다음에 선박을 많이 만들어 津마다 줄지어 두고 客人들이 보게 하여 두려운 마음을 일으키게 하십시오. 그리고 유능한 사신을 백제에 보내어 그 국왕을 부르되 만일 오지 않으면 太佐平・王子 등을 부르십시오. 그러면 저절로 복종할 마음이 우러나올 것이니, 그런 뒤에 죄를 물으십시오"라 하였다. 또 "백제인이 꾀하여 '배 3백 척으로 筑紫에 가 살고자 합니다'라 하였는데 만약 그것이 진실로 청하는 것이라면 겉으로는 (筑紫를) 내려주십시오. 그러면 백제는 새로 나라를 세우려고 반드시 먼저 여자들과 아이들을 배에 싣고 올 것입니다. 국가에서는 이때를 대비하여 壹伎・對馬에 伏兵을 많이 두었다가 이르는 것을 기다려 죽이십시오. 오히려 속지 말고 중요한 곳마다 튼튼한 요새를 쌓으십시오"라 아뢰었다. 이에 恩率・參官이 나라로 되돌아갈 때에 *옛 책에는 恩率을 한 사람, 참관을 한 사람이라 하였다 몰래 德爾 등에게 "내가 筑紫를 지나갈 때쯤을 헤아려 너희가 몰래 日羅를 죽인다면 내가 왕에게 모두 아뢰어 높은 벼슬을 내리도록 하고 자신과 처자식들에게도 후에 영예를 내리도록 하겠다"라 하였다. 德爾・余奴가 모두 허락했다. 參官 등은 드디어 血鹿에서 출발하였다. 이때 日羅는 桑市村으로부터 難波館으로 옮겼다. 德爾 등이 밤낮으로 서로 모의하여 죽이고자 하였는데 이때에 日羅의 몸에서 빛이 나 불꽃 같았으므로 德爾 등은 두려워서 죽이지 못하였다. 그러다가 12월 그믐에 빛을 잃기를 기다려 죽였다. 그런데 日羅가 다시 살아나서 "이는 내가 부리던 奴 등의 짓이지 신라가 아니다"라는 말을 마치고 죽었다*마침 이때에 신라 사신이 있었기 때문에 그렇게 말한 것이다. 천황이 贄子大連과 糠手子連에게 명하여 小郡의 서쪽 부근 언덕 앞에 거두어서 장사지내게 하고, 그 처자식과 水手 등은 石川에 살게 했다. 이에 大伴糠手子連이 논의하여 "한곳에 모여서 살면 변고가 생길까 두렵다"라 하였으므로 처자식들은 石川 百濟村에 살게 하고 水手 등은 石川 大伴村에 살게 했다. 德爾 등을 붙잡아 下百濟 河田村에 두고 몇몇 大夫를 보내어 그 일을 따져 물었다. 德爾 등이 죄를 자백하여 "진실로 이는 恩率·參官이 시켜서 한 짓입니다. 우리는 그 밑에 있기 때문에 감히 거스를 수 없었습니다"라 하였다. 이 때문에 옥에 가두고 조정에 복명했다. 葦北에 사신을 보내어 日羅의 권속을 다 불러 德爾 등을 주어서 뜻대로 죄를 판결하게 했다. 이때 葦北君 등이 (德爾 등을) 받아서 모두 죽여 彌賣嶋에 던져버리고 *彌賣嶋는 아마 姫嶋(ひめしま)일 것이다 日羅를 葦北에 移葬시켰다. 그 후 바닷가에 있는 사람들이 "恩率의 배는 바람을 만나 바다에 빠졌고, 參官의 배는 津嶋에서 떠돌아다니다가 비로소 돌아갈 수 있었다"라 하였다.

⑱ 卷第廿 渟中倉太珠敷天皇 敏達天皇 十三年 秋 九月(585년 음9월)

- 원문 : 秋九月 從百濟來鹿深臣*闕名字 有彌勒石像一軀 佐伯連*闕名字 有佛像一軀
- 국역 : 가을 9월 백제에서 온 鹿深臣*이름이 빠졌다이 彌勒石像 1軀를 가지고 있었고 佐伯連*이름이 빠졌다이 佛像 1軀를 가지고 있었다.

⑲ 卷第廿一 橘豐日天皇 用明天皇 二年, (泊瀨部天皇 崇峻卽位前紀) /六月 (587년 음6월 21일)

- 원문 : 甲子 善信阿尼等 謂大臣曰 出家之途 以戒爲本 願向百濟 學受戒法

• 국역 : 21일 善信阿尼 등이 大臣에게, "出家의 길은 戒를 근본으로 하는 것이니, 백제에 가서 受戒法을 배우고자 합니다"라고 말하였다.

⑫⓪ 卷第廿一 泊瀨部天皇 崇峻天皇 二年 六月(587년 음6월)

• 원문 : 是月 百濟調使來朝 大臣謂使人曰 率此尼等 將渡汝國 令學戒法 了時發遣 使人答曰 臣等歸蕃 先道國主 而後發遣 亦不遲也

• 국역 : 이달 백제의 調使가 와서 조알하였다. 大臣이 사신에게, "이 비구니들을 데리고 너희 나라에 가서 戒法을 배우게 하여 다 마치면 보내라"고 말하였다. 사신이 "신 등이 저희 나라에 돌아가 먼저 국왕에게 아뢴 뒤에 보내도 늦지 않을 것입니다"라고 대답하였다.

⑫① 卷第廿一 泊瀨部天皇 崇峻天皇 元年(588년)

• 원문 : 是歲 百濟國遣使幷僧惠總・令斤・惠寔等 獻佛舍利 百濟國遣恩率首信・德率蓋文・那率福富味身等 進調幷獻佛舍利 僧聆照律師・令威・惠衆・惠宿・道嚴・令開等 寺工太良未太・文賈古子 鑪盤博士將德白昧淳 瓦博士麻奈文奴・陽貴文・㥄貴文・昔麻帝彌 畫工白加 蘇我馬子宿禰 請百濟僧等 問受戒之法 以善信尼等 付百濟國使恩率首信等發遣學問 壞飛鳥衣縫造祖樹葉之家 始作法興寺 此地名飛鳥眞神原亦名飛鳥苫田

• 국역 : 이해 백제국에서 사신과 승려 惠總・令斤・惠寔 등을 보내어 佛舍利를 바쳤다. 백제국이 恩率 首信・德率 蓋文・那率 福富味身 등을 보내어 調를 진상하고 아울러 佛舍利, 승려 聆照 律師・令威・惠衆・惠宿・道嚴・令開 등과 寺工 太良未太・文賈古子, 鑪盤博士 將德 白昧淳, 瓦博士 麻奈文奴・陽貴文・㥄貴文・昔麻帝彌, 畫工 白加를 바쳤다. 蘇我馬子宿禰가 백제 승려들을 초청하여 受戒의 법을 묻고, 善信尼 등을 백제국 사신 恩率 首信 등에게 부탁하여

보내어 學問을 배우도록 하였다. 飛鳥衣縫造의 선조 樹葉의 집을 허물어 비로소 法興寺를 지었다. 이 땅은 飛鳥眞神原이라 이름하기도 하고, 또한 飛鳥苫田이라고도 일컫는다.

⑫2 **卷第廿一 泊瀨部天皇 崇峻天皇 三年** (590) **春 三月** (590년 음3월)

- 원문 : 三年春三月 學問尼善信等 自百濟還 住櫻井寺
- 국역 : 3년(590) 봄 3월 학문을 배우러 간 비구니 善信 등이 백제로부터 돌아와, 櫻井寺에 머물렀다.

⑫3 **卷第廿二 豊御食炊屋姬天皇 推古天皇 三年 五月**(595년 음5월 10일)

- 원문 : 五月戊午朔丁卯 高麗僧慧慈歸化 則皇太子師之
  是歲 百濟僧慧聰來之 此兩僧 弘演佛教 竝爲三寶之棟梁
- 국역 : 5월 10일 고구려 승려 慧慈가 귀화하자, 황태자의 스승으로 삼았다. 이해 백제의 승려 慧聰이 왔다. 이 두 승려는 불교를 널리 펴서 모두 三寶의 棟梁이 되었다.

⑫4 **卷第廿二 豊御食炊屋姬天皇 推古天皇 五年 夏 四月**(597년 음4월 1일)

- 원문 : 五年夏四月丁丑朔 百濟王遣王子阿佐朝貢
- 국역 : 5년(597) 여름 4월 초하루 백제왕이 왕자 阿佐를 보내어 조공하였다.

⑫5 **卷第廿二 豊御食炊屋姬天皇 推古天皇 七年 秋 九月**(599년 음9월 1일)

- 원문 : 秋九月癸亥朔 百濟貢駱駝一匹・驢一匹・羊二頭・白雉一隻
- 국역 : 가을 9월 초하루 백제가 낙타 한 필, 나귀 한 필, 양 두 마리, 흰 꿩 한 마리를 바쳤다.

⑯ 卷第廿二 豊御食炊屋姫天皇 推古天皇 九年 三月(601년 음3월 5일)

- 원문 : 三月甲申朔戊子 遣大伴連囓于高麗 遣坂本臣糠手于百濟 以詔之曰 急救任那
- 국역 : 3월 5일 大伴連囓을 고구려에 보내고, 坂本臣糠手를 백제에 보내어 "급히 任那를 구원하라"고 조를 내렸다.

⑰ 卷第廿二 豊御食炊屋姫天皇 推古天皇 十年 六月(602년 음6월 3일)

- 원문 : 六月丁未朔己酉 大伴連囓・坂本臣糠手 共至自百濟 是時 來目皇子 臥病以不果征討
- 국역 : 6월 3일 大伴連囓・坂本臣糠手가 함께 백제로부터 도착하였다. 이때 來目皇子는 병으로 누워 결국 (신라를) 토벌하지 못하였다.

⑱ 卷第廿二 豊御食炊屋姫天皇 推古天皇 十年 冬 十月(602년 음10월)

- 원문 : 冬十月 百濟僧觀勒來之 仍貢曆本及天文地理書 并遁甲方術之書也 是時 選書生三四人 以俾學習於觀勒矣 陽胡史祖玉陳習曆法 大友村主高聰學天文遁甲 山背臣日立學方術 皆學以成業
- 국역 : 겨울 10월 백제 승려 觀勒이 왔다. 이에 曆本과 天文・地理書 및 遁甲・方術書를 바쳤다. 이때 書生 3, 4명을 선발하여 관륵에게 배우도록 하였다. 陽胡史의 선조인 玉陳은 曆法을 익혔고, 大友村主 高聰은 天文・遁甲을 배웠으며, 山背臣 日立은 方術을 배워, 모두 배움에 성취가 있었다.

⑲ 卷第廿二 豊御食炊屋姫天皇 推古天皇 十六年 六月(608년 음6월 15일)

- 원문 : 六月壬寅朔丙辰 客等泊于難波津 是日 以餙船卅艘 迎客等于江口 安置新舘 於是 以中臣宮地連摩呂・大河內直糠手・船史王平爲掌客 爰妹子臣奏之曰 臣參還之時 唐帝以書授臣 然經過百濟國之日 百濟人探

以掠取 是以不得上 於是 群臣議之曰 夫使人雖死之 不失旨 是使矣何怠之 失大國之書哉 則坐流刑 時天皇勅之曰 妹子雖有失書之罪 輙不可罪 其大國客等聞之 亦不良 乃赦之 不坐也

• 국역 : 6월 15일 사신들이 難波津에 정박하였다. 이날 飾船 30척으로 사신들을 강 입구에서 맞이하여 新舘에 안치하였다. 이에 中臣宮地連摩呂・大河內直糠手・船史王平을 掌客으로 삼았다. 그러자 妹子臣이, "(臣이) 돌아올 때에 당나라 황제가 서찰을 신에게 주었습니다. 그러나 백제를 지나올 때에 백제인이 조사하여 빼앗았으므로 올릴 수 없게 되었습니다"라고 아뢰었다. 이에 군사들이 의논하여, "무릇 사신이란 비록 죽을지라도 소임을 잃지 않아야 하는 법인데, 이 사신은 어찌 그렇게 태만하여 대국의 서찰을 잃어버렸는가?"라 하고, 유배형에 처하였다. 그때 천황이 칙을 내려, "妹子는 비록 서찰을 잃어버린 죄가 있으나, 경솔하게 이를 처벌할 수는 없다"라고 하였다. 그 대국의 사신들도 이를 듣고 또한 좋지 않다고 하므로, 죄를 용서하여 처벌하지 않았다.

⑬⓪ **卷第卄二 豊御食炊屋姫天皇 推古天皇 十七年 夏 四月**(609년 음4월 4일)

• 원문 : 十七年夏四月丁酉朔庚子 筑紫大宰奏上言 百濟僧道欣・惠彌爲首 一十人俗人七十五人 泊于肥後國葦北津 是時 遣難波吉士德摩呂・船史龍 以問之曰 何來也 對曰 百濟王命以遣於吳國 其國有亂不得入 更返於本鄕 忽逢暴風 漂蕩海中 然有大幸 而泊于聖帝之邊境 以歡喜

• 국역 : 17년(609) 여름 4월 4일 筑紫大宰가, "百濟의 승려 道欣, 惠彌를 비롯한 열 사람과 俗人 75명이 肥後國의 葦北津에 머물고 있습니다"라 아뢰었다. 이때 難波吉士德摩呂, 船史龍을 보내어 "어떻게 해서 오게 되었는가?"라고 물으니, "百濟王의 명으로 吳나라에 가게 되었는데, 그 나라에 난리가 나는 바람에 들어갈 수가 없었습니다.

다시 본국으로 돌아오는데 갑자기 폭풍을 만나 바다 가운데에서 떠돌아다니다가 다행히 聖帝의 변경에 도착하게 되어 기뻐하고 있습니다"라고 대답하였다.

⑬ **卷第廿二 豊御食炊屋姫天皇 推古天皇 十七年 五月**(609년 음5월 16일)

• 원문 : 五月丁卯朔壬午 德摩呂等復奏之 則返德摩呂・龍 二人 而副百濟人等送本國 至于對馬 以道人等十一 皆請之欲留 乃上表而留之 因令住元興寺

• 국역 : 5월 16일 德摩呂 등이 돌아와 보고하였다. 곧 德摩呂와 龍 두 사람을 다시 보내어 百濟人들을 돌보아 본국으로 보내는데, 對馬에 이르러 道人 등 11사람이 모두 머물기를 청하자, 表를 올려 머물게 하였다. 이에 元興寺에 있게 하였다.

⑬ **卷第廿二 豊御食炊屋姫天皇 推古天皇 廿年**(612년)

• 원문 : 是歲 自百濟國有化來者 其面身皆斑白 若有白癩者乎 惡其異於人 欲棄海中嶋 然其人曰 若惡臣之斑皮者 白斑牛馬 不可畜於國中 亦臣有小才 能構山岳之形 其留臣而用 則爲國有利 何空之棄海嶋耶 於是聽其辭以不棄 仍令構須彌山形及吳橋於南庭 時人號其人 曰路子工 亦名芝耆摩呂 又百濟人味摩之歸化 曰 學于吳 得伎樂儛 則安置櫻井而集少年 令習伎樂儛 於是 眞野首弟子・新漢濟文 二人習之傳其儛 此今大市首・辟田首等祖也

• 국역 : 이해 百濟에서 귀화하여 온 사람이 있었는데, 그 얼굴과 몸에 모두 흰 반점이 있어서 혹 白癩病者 같았다. 그가 다른 사람들과 다르게 생긴 것을 싫어하여 바다 가운데의 섬에 버리려고 하였다. 그러자 그 사람이, "만일 저의 얼룩진 피부가 보기 싫다면 얼룩소나 말을 나라 안에서 기를 수도 없을 것입니다. 또 저에게는 조

그만 재주가 있는데 山岳의 모형을 잘 만들 수 있습니다. 그러므로 저를 머물게 하고 써 주시면 나라에 이로움도 있을 것입니다. 어찌 헛되이 바다의 섬에 버리려 하십니까?"라고 말하였다. 이에 그 말을 듣고 버리지 않았다. 그리고 남쪽 뜰에 須彌山의 모형과 吳橋를 만들 것을 명하였다. 당시 사람들은 그 사람을 路子工이라 불렀다. 다른 이름은 芝耆摩呂라 한다. 또 百濟人 味摩之가 귀화하였는데, "吳나라에서 배워서 伎樂의 춤을 출 수 있다"고 말하였다. 곧 櫻井에 안치하고, 소년을 모아 伎樂의 춤을 배우게 하였다. 이때 眞野首弟子・新漢濟文 두 사람이 그것을 배워 그 춤을 전하였는데, 이들이 지금의 大市首・辟田首 등의 선조이다.

⑬ **卷第廿二 豊御食炊屋姬天皇 推古天皇** 廿三年 **秋 九月**(615년 음9월)

- 원문 : 廿三年秋九月 犬上君御田鍬・矢田部造 至自大唐 百濟之使 則從犬上君 而來朝
- 국역 : 23년(615) 가을 9월 犬上君御田鍬와 矢田部造가 唐에서 돌아왔다. 百濟의 사신이 犬上君을 따라 來朝하였다.

⑭ **卷第廿二 豊御食炊屋姬天皇 推古天皇** 廿三年 **十一月**(615년 음11월 2일)

- 원문 : 十一月己丑朔庚寅 饗百濟客
- 국역 : 11월 2일 百濟 사신에게 향응을 베풀었다.

⑮ **卷第廿二 豊御食炊屋姬天皇 推古天皇** 卅一年(623년)

- 원문 : 是歲 新羅伐任那 任那附新羅 於是 天皇將討新羅 謀及大臣 詢于群卿 田中臣對日 不可急討 先察狀 以知逆後擊之不晚也 請試遣使覩其消息 中臣連國曰 任那是元我內官家 今新羅人伐而有之 請戒戎旅征伐新羅 以取任那 附百濟 寧非益有于新羅乎 田中臣曰 不然百濟是多反覆之國

道路之間尙詐之 凡彼所請皆非之 故不可附百濟 則不果征焉 爰遣吉士磐金於新羅 遣吉士倉下於任那 令問任那之事 時新羅國主 遣八大夫啓新羅國事於磐金 且啓任那國事於倉下 因以約曰 任那小國 天皇附庸何新羅輒有之 隨常定內官家 願無煩矣 則遣奈末智洗遲 副於吉士磐金復以任那人達率奈末遲 副於吉士倉下 仍貢兩國之調 然磐金等 未及于還卽年 以大德境部臣雄摩侶・小德中臣連國爲大將軍 以小德河邊臣禰受小德物部依網連乙等・小德波多臣廣庭・小德近江脚身臣飯蓋・小德平群臣宇志・小德大伴連*闕名・小德大宅臣軍爲副將軍 率數萬衆 以征討新羅 時磐金等 共會於津 將發船以候風波 於是 船師滿海多至 兩國使人 望瞻之愕然 乃還留焉 更代堪遲大舍 爲任那調使而貢上 於是 磐金等相謂之曰 是軍起之 旣違前期 是以任那之事 今亦不成矣 則發船而渡之 唯將軍等始到任那而議之 欲襲新羅 於是 新羅國主 聞軍多至而豫慴之請服 時將軍等 共議以上表之 天皇聽矣

• 국역 : 이해 新羅가 任那를 공격하여 任那가 新羅에 복속되었다. 이에 天皇은 장차 新羅를 치고자 大臣들에게 묻고 여러 卿들과 의논하였다. 田中臣은, “서둘러 치는 것은 좋지 않습니다. 먼저 상황을 살펴서 (新羅의) 반역을 알아본 뒤에 공격하여도 늦지 않을 것입니다. 청컨대 시험삼아 사자를 보내어 그 사정을 엿보게 하십시오”라고 대답하였다. (그러나) 中臣連國은, “任那는 원래 우리나라의 內官家였는데 오늘날 新羅人이 그것을 쳐서 소유하였습니다. 청컨대 군대를 정비하여 新羅를 정벌하고 任那를 취하여 百濟에 부속시키십시오. (그것이) 新羅에 소속되어 있는 것보다 이익이 아니겠습니까” 하고 말하였다. 田中臣은, “그렇지 않습니다. 百濟는 배반함이 많은 나라로 길가는 잠깐 사이에도 오히려 속임수를 씁니다. 무릇 그가 청한 바는 다 잘못된 것이므로 (任那를) 百濟에 부속시켜서는 안 됩니다”라고 말하였다. 그래서 결국 정벌하지 않기로 하였다. 그리고

吉士磐金을 新羅에 보내고 吉士倉下를 任那에 보내어 任那의 일을 묻게 하였다. 이때 新羅의 國王은 8명의 大夫를 파견하여 新羅國의 일을 磐金에게 아뢰고 또한 任那國의 사정을 倉下에게 아뢰었다. 그리고 "任那는 작은 나라이지만 천황의 부용국이다. 어찌 新羅가 함부로 그것을 영유하겠는가? 평상시대로 內官家로 정할 것이니 원컨대 걱정하지 마라"라고 약속하고, 奈末 智洗遲를 吉士磐金에게 딸려 보내고, 또한 任那人 達率 奈末遲를 吉士 倉下에 딸려 보내어 두 나라의 調를 바쳤다. 그러나 磐金 등이 아직 돌아가지 않았는데, 그 해에 大德 境部臣雄摩侶·小德 中臣連國을 大將軍으로 하고, 小德 河邊臣禰受·小德 物部依網連乙等·小德 波多臣廣庭·小德 近江脚身臣飯蓋·小德 平群臣宇志·小德 大伴連*이름은 빠졌다·小德 大宅臣軍을 副將軍으로 하여, 수만의 군대를 거느리고 新羅를 정벌하게 하였다. 그때 磐金 등은 모두 항구에 모여서 배를 띄우려 바람과 파도를 살피고 있었는데, 바로 이때에 군대를 실은 배가 바다를 가득 채우며 수없이 들어오고 있었다. 두 나라의 使人은 멀리서 그것을 바라보고 깜짝 놀라 돌아가 머무르며, 대신에 堪遲大舍를 任那의 조공 사신으로 삼아 바치게 하였다. 이때에 磐金 등은, "이렇게 군대를 일으키는 것은 이전의 약속에 어긋나는 것이다. 이 때문에 任那의 일은 이번에도 성공할 수 없게 되었다"라 서로 말하고, 배를 내어 건너갔다. 장군들은 처음에 任那에 도착해 의논하여 新羅를 습격하고자 하였다. 그러나 新羅 국왕은 많은 군대가 이르렀다는 말을 듣고 미리 두려워하여 항복을 청하였다. 이에 장군들이 함께 의논하여 表를 올리니, 천황이 허락하였다.

⑬⑥ 卷第廿二 豊御食炊屋姬天皇 推古天皇 卅二年 夏 四月(624년 음4월 3일)

- **원문** : 卅二年夏四月丙午朔戊申 有一僧 執斧毆祖父 時天皇聞之召大臣 詔之曰

夫出家者頓歸三寶 具懷戒法 何無懺忌 輒犯惡逆 今朕聞 有僧以毆祖父 故悉聚諸寺僧尼 以推問之 若事實者 重罪之 於是 集諸僧尼而推之 則惡逆僧及諸尼 病將罪 於是 百濟觀勒僧 表上以言 夫佛法 自西國至于漢 經三百歲 乃傳之至於百濟國 而僅一百年矣 然我王聞日本天皇之賢哲 而貢上佛像及內典 未滿百歲 故當今時 以僧尼未習法律 輒犯惡逆 是以 諸僧尼惶懼 以不知所如 仰願 其除惡逆者以外僧尼 悉赦而勿罪 是大功德也 天皇乃聽之

壬戌 以觀勒僧爲僧正 以鞍部德積爲僧都 卽日 以阿曇連*闕名爲法頭

• 국역 : 32년(624) 여름 4월 3일 어떤 승려가 도끼를 가지고 祖父를 쳤다. 이때 천황은 그 말을 듣고 大臣을 불러 놓고 詔를 내려, "대저 출가한 자는 머리숙여 三寶에 귀의하고 갖추어 계율을 지녀야 한다. 어찌 뉘우치고 꺼리는 바 없이 경솔하게 악역을 저지르겠는가? 이제 짐이 들으니 어떤 승려가 祖父를 쳤다고 한다. 그러므로 모든 절의 승려들을 모두 모아서 심문하고 만약 사실이라면 중벌을 내리도록 하라"고 명하였다. 이에 모든 승려들을 모아 심문하고 악역을 행한 승려 및 여러 승려들을 모두 벌하려 하였다. 그때 百濟의 승려 觀勒이 表를 올려, "대저 佛法은 西國(印度)로부터 漢(中國)에 이르러 3백 년이 지나 百濟國에 전해져 이르게 되었습니다. 그리고 겨우 백 년이 되었을 때에, 우리 왕은 일본천황이 지혜가 깊고 사리에 밝다는 것을 듣고 불상과 경전을 바쳤는데 아직 백 년이 못 되었습니다. 그러므로 이러한 때에 승려가 아직 법과 계율을 잘 익히지 못하여 문득 악역의 죄를 범하였습니다. 이 때문에 모든 승려들은 당황하고 두려워하며 어찌할 바를 모르고 있습니다. 바라건대 악역을 범한 자를 제외한 나머지 승려들은 다 용서하고 벌하지 말아 주십시오. 이것은 큰 공덕일 것입니다"라고 말하였다. 천황이 이에 그 말을 좇았다.

壬戌 승려 觀勒을 僧正으로 삼고 鞍部 德積을 僧都로 삼았다. 이날 阿曇連*이름은 빠졌다을 法頭로 삼았다.

⑬⑦ **卷第卄三 息長足日廣額天皇 舒明天皇 二年 三月**(630년 음3월 1일)

- 원문 : 三月丙寅朔 高麗大使宴子拔・小使若德 百濟大使恩率素子・小使德率 武德 共朝貢
- 국역 : 3월 초하루 高句麗의 大使 宴 子拔, 小使 若德과 백제의 大使 恩率 素子, 小使 德率 武德이 함께 조공하였다.

⑬⑧ **卷第卄三 息長足日廣額天皇 舒明天皇 二年 秋 八月**(630년 음8월 8일)

- 원문 : 庚子 饗高麗百濟客於朝
- 국역 : 8일 고구려와 백제의 사신에게 朝堂에서 잔치를 베풀었다.

⑬⑨ **卷第卄三 息長足日廣額天皇 舒明天皇 二年 九月**(630년 음9월 4일)

- 원문 : 九月癸亥朔丙寅 高麗百濟客歸于國
- 국역 : 9월 4일 고구려와 백제의 사신이 자기 나라로 돌아갔다.

⑭⓪ **卷第卄三 息長足日廣額天皇 舒明天皇 三年 三月**(631년 음3월 1일)

- 원문 : 三月庚申朔 百濟王義慈入王子豐璋爲質
- 국역 : 3월 초하루 백제왕 義慈가 왕자 豐璋을 일본에 들여 보내어 볼모로 삼았다.

⑭① **卷第卄三 息長足日廣額天皇 舒明天皇 七年 夏 六月**(635년 음6월 10일)

- 원문 : 夏六月乙丑朔甲戌 百濟遣達率柔等朝貢
- 국역 : 여름 6월 10일 백제가 達率 柔等을 보내어 조공하였다.

⑭² 卷第廿三 息長足日廣額天皇 舒明天皇 七年 秋 七月(635년 음7월 7일)

• 원문 : 秋七月乙未朔辛丑 饗百濟客於朝

• 국역 : 가을 7월 7일 백제 사신에게 朝堂에서 잔치를 베풀었다.

⑭³ 卷第廿三 息長足日廣額天皇 舒明天皇 十年(638년)

• 원문 : 是歲 百濟新羅任那 竝朝貢

• 국역 : 이해 백제·신라·임나가 나란히 조공하였다.

⑭⁴ 卷第廿三 息長足日廣額天皇 舒明天皇 十二年 冬 十月(640년 음10월 11일)

• 원문 : 冬十月乙丑朔乙亥 大唐學問僧清安·學生高向漢人玄理 傳新羅而至之 仍百濟·新羅朝貢之使 共從來之 則各賜爵一級

• 국역 : 겨울 10월 11일 당에서 학문을 배우던 승려 清安, 학생 高向漢人 玄理가 신라를 거쳐 이르렀다. 백제·신라의 조공사신이 함께 따라 왔는데, 그들에게 각각 官爵 1級을 주었다.

⑭⁵ 卷第廿四 天豐財重日足姫天皇 皇極天皇 元年 春 正月(642년 음1월 29일)

• 원문 : 乙酉 百濟使人大仁阿曇連比羅夫 從筑紫國 乘驛馬來言 百濟國 聞天皇崩奉遣弔使 臣隨弔使 共到筑紫 而臣望仕於葬 故先獨來也 然其國者 今大亂矣

• 국역 : 29일 백제에 사신으로 갔던 大仁 阿曇連比羅夫가 筑紫로부터 驛馬를 타고 달려와 "백제국이 천황이 죽었다는 말을 듣고 弔問使를 받들어 보냈는데, 저는 조문사를 따라 함께 筑紫國에 도착하였습니다. 그러나 저는 장례식에 奉仕하고자 하여 혼자서 먼저 왔습니다. 그런데 그 나라는 지금 매우 어지럽습니다"라고 하였다.

⑭⑥ **卷第廿四 天豐財重日足姬天皇 皇極天皇 元年 二月**(642년 음2월 2일)

- **원문** : 二月丁亥朔戊子 遣阿曇山背連比良夫・草壁吉士磐金・倭漢書直縣 遣百濟弔使所 問彼消息 弔使報言 百濟國主謂臣言 塞上恒作惡之 請付還使 天朝不許 百濟弔使人等言 去年十一月 大佐平智積卒 又百濟使人 擲崑崙使於海裏 今年正月 國主母薨 又弟王子兒翹岐及其母妹女子四人 內佐平岐味 有高名之人册餘 被放於嶋
- **국역** : 2월 2일 阿曇山背連比良夫, 草壁吉士磐金, 倭漢書直縣을 백제 조문사의 處所에 보내어 그 쪽 소식을 물었다. 조문사가 대답하기를 "백제국왕이 저희들에게 '塞上은 항상 나쁜 짓을 하므로 돌아오는 사신에 딸려 보내주기를 청하더라도 日本 조정에서 허락하지 마십시오'라고 하였습니다"라고 하였다. 백제 조문사의 從者 등이 "지난해 11월 大佐平 智積이 죽었습니다. 또 백제 사신이 崑崙의 사신을 바다에 던졌습니다. 금년 정월에 국왕의 어머니가 죽었고, 또 아우 왕자의 아들 翹岐와 누이동생 4명, 內佐平 岐味 그리고 이름높은 사람 40여 명이 섬으로 추방되었습니다"라고 하였다.

⑭⑦ **卷第廿四 天豐財重日足姬天皇 皇極天皇 元年 二月**(642년 음2월 22일)

- **원문** : 戊申 饗高麗・百濟客於難波郡 詔大臣曰 以津守連大海可使於高麗 以國勝吉士水鷄可使於百濟*水鷄 此云倶毗那 以草壁吉士眞跡可使於新羅 以坂本吉士長兄可使於任那
- **국역** : 22일 고구려・백제의 사신에게 難波郡에서 잔치를 베풀었다. 大臣에게 조를 내려, "津守連大海는 고구려에 보낼 사신으로 삼을 만하고 國勝吉士水鷄는 백제에 보낼 사신으로 삼을 만하다*水鷄는 우리말로 倶毗那(くひな)라 한다. 草壁吉士眞跡은 신라에 보낼 사신으로 삼을 만하며, 坂本吉士長兄은 임나에 보낼 사신으로 삼을 만하다"라고 하였다.

⑭⑧ **卷第卄四 天豐財重日足姬天皇 皇極天皇 元年 二月**(642년 음2월 25일)

• 원문 : 辛亥 饗高麗・百濟客

• 국역 : 25일 고구려・백제의 사신에게 잔치를 베풀었다.

⑭⑨ **卷第卄四 天豐財重日足姬天皇 皇極天皇 元年 二月**(642년 음2월 27일)

• 원문 : 癸丑 高麗使人・百濟使人 竝罷歸

• 국역 : 27일 고구려 사신과 백제 사신이 함께 돌아갔다.

⑮⓪ **卷第卄四 天豐財重日足姬天皇 皇極天皇 元年 四月**(642년 음4월 10일)

• 원문 : 乙未 蘇我大臣 於畝傍家 喚百濟翹岐等 親對語話 仍賜良馬一匹・鐵卄鋌 唯不喚塞上

• 국역 : 10일 蘇我大臣이 畝傍家에서 백제 翹岐 등을 불러 직접 이야기를 나누고 좋은 말 1필과 鐵鋌 20개를 하사하였다. 오직 塞上은 부르지 않았다.

⑮① **卷第卄四 天豐財重日足姬天皇 皇極天皇 元年 五月**(642년 음5월 16일)

• 원문 : 庚午 百濟國調使船與吉士船 俱泊于難波津*蓋吉士前奉使於百濟乎

• 국역 : 16일 백제국 調使의 배와 吉士의 배가 함께 難波津에 다다랐다 *무릇 吉士는 앞서 백제에 사신으로 간 사람이다.

⑮② **卷第卄四 天豐財重日足姬天皇 皇極天皇 元年 五月**(642년 음5월 18일)

• 원문 : 壬申 百濟使人進調 吉士服命
乙亥 翹岐從者一人死去

• 국역 : 18일 백제 사신이 調를 바치고 吉士가 복명하였다.
乙亥 翹岐의 從者 한 사람이 죽었다.

⑮③ 卷第廿四 天豐財重日足姬天皇 皇極天皇 元年 五月(642년 음5월 22일)

• 원문 : 丙子 翹岐兒死去 是時 翹岐與妻 畏忌兒死 果不臨喪 凡百濟・新羅 風俗 有死亡者 雖父母兄弟夫婦姉妹 永不自看 以此而觀 無慈之甚 豈別禽獸

• 국역 : 22일 翹岐의 아들이 죽었다. 이때 翹岐와 그의 처는 아들이 죽은 것을 두려워하고 꺼려 喪에 나아가지 않았다. 무릇 백제와 신라의 풍속에 죽은 사람이 있을 경우, 비록 부모 형제 부부 자매라 할지라도 절대로 스스로 보지 않는다. 이로 보건대 자애롭지 못하고 이 심한 정도가 어찌 禽獸와 다르겠는가.

⑮④ 卷第廿四 天豐財重日足姬天皇 皇極天皇 元年 七月(642년 음7월 22일)

• 원문 : 乙亥 饗百濟使人大佐平智積等於朝*或本云 百濟使人大佐平智積及兒達率 闕名 恩率軍善 乃命健兒 相撲於翹岐前 智積等 宴畢而退 拜翹岐門

• 국역 : 22일 백제 사신 大佐平 智積 등에게 朝堂에서 잔치를 베풀었다*어떤 기록에는 백제 사신 대좌평 智積과 그의 아들 達率 某, 恩率 軍善이라 하였다. 이에 건강한 장정에게 명하여 翹岐 앞에서 씨름을 하게 했다. 智積 등은 잔치가 끝난 후 물러나와 翹岐의 門前에 절하였다.

⑮⑤ 卷第廿四 天豐財重日足姬天皇 皇極天皇 元年 八月(642년 음8월 6일)

• 원문 : 己丑 百濟使參官等罷歸 仍賜大舶與同船三艘*同船 母慮紀舟 是日夜半 雷鳴於西南角而風雨 參官等所乘船舶 觸岸而破

• 국역 : 6일 백제의 사신 參官 등이 돌아감에 큰 배와 同船*同船을 母慮紀舟(もろきふね)라 한다 3척을 주었다. 이날 한밤중에 서남쪽에서 천둥소리가 울렸으며 바람이 불고 비가 왔다. 參官 등이 탄 배가 해안에 부딪혀 부서졌다.

⑮156 卷第廿四 天豐財重日足姬天皇 皇極天皇 元年 八月(642년 음8월 13일)

- 원문 : 丙申 以小德授百濟質達率長福 中客以下 授位一級 賜物各有差
- 국역 : 13일 백제의 볼모 達率 長福에게 小德의 관위를 주고 中客 이하에게는 官位 1급씩을 주었다. 물건을 내려 주었는데 각기 차등이 있었다.

⑮157 卷第廿四 天豐財重日足姬天皇 皇極天皇 元年 八月(642년 음8월 15일)

- 원문 : 戊戌 以船賜百濟參官等發遣
- 국역 : 15일 백제 參官 등에게 배를 하사하고 떠나보냈다.

⑮158 卷第廿四 天豐財重日足姬天皇 皇極天皇 元年 八月(642년 음8월 26일)

- 원문 : 己酉 百濟・新羅使人罷歸
- 국역 : 26일 백제・신라 사신이 돌아갔다.

⑮159 卷第廿四 天豐財重日足姬天皇 皇極天皇 二年 三月(643년 음3월 13일)

- 원문 : 三月辛亥朔癸亥 災難波百濟客館堂與民家屋
- 국역 : 3월 13일 難波의 백제 客館과 민가에 화재가 났다.

⑯160 卷第廿四 天豐財重日足姬天皇 皇極天皇 二年 夏 四月(643년 음4월 21일)

- 원문 : 庚子 筑紫大宰 馳驛奏曰 百濟國王兒翹岐・弟王子 共調使來
- 국역 : 21일 筑紫의 大宰府에서 역마를 달려 아뢰기를 "백제 국왕의 아들 翹岐와 아우 왕자가 調使와 함께 왔습니다"라고 하였다.

⑯161 卷第廿四 天豐財重日足姬天皇 皇極天皇 二年 六月(643년 음6월 23일)

- 원문 : 辛丑 百濟進調船 泊于難波津
- 국역 : 23일 백제에서 調를 바치는 배가 難波津에 다다랐다.

⑯2 卷第廿四 天豐財重日足姫天皇 皇極天皇 二年 七月(643년 음7월 3일)

- 원문 : 秋七月己酉朔辛亥 遣數大夫於難波郡 檢百濟國調與獻物 於是 大夫問調使曰 所進國調欠少前例 送大臣物 不改去年所還之色 送群卿物 亦全不將來 皆違前例 其狀何也 大使達率自斯・副使恩率軍善 俱答諮曰 卽今可備 自斯 質達率武子之子也
- 국역 : 가을 7월 3일 몇 명의 대부를 難波郡에 보내어 백제국의 調와 바치는 물건을 살피게 했다. 이에 대부가 調使에게 "백제국에서 바치는 調는 종전의 예에 비하여 조금 모자란다. 대신에게 보내는 물건은 지난해에 돌려보낸 品目을 바꾸지 않고 그대로이며, 여러 卿들에게 보내는 물건은 전혀 가지고 오지 않았다. 모두 종전의 사례에 어긋나니 어찌된 일인가?"라고 물었다. 大使 達率 自斯와 副使 恩率 軍善이 그 물음에 대하여 모두 "지금 즉시 갖추겠습니다"라고 대답하였다. 自斯는 볼모인 달솔 武自의 아들이다.

⑯3 卷第廿四 天豐財重日足姫天皇 皇極天皇 二年(643년)

- 원문 : 是歲 百濟太子餘豐 以蜜蜂房四枚 放養於三輪山 而終不蕃息
- 국역 : 이해 太子 餘豐이 벌통 4개를 가져와 三輪山에 놓아 길렀으나 끝내 번식시키지 못하였다.

⑯4 卷第廿五 天萬豐日天皇 孝德天皇 大化元年 秋 七月(645년 음7월)

- 원문 : 丙子 高麗・百濟・新羅 並遣使進調 百濟調使 兼領任那使 進任那調 唯濟大使佐平緣福 遇病留津館 而不入於京 巨勢德太臣 詔於高麗使曰 明神御宇日本天皇詔旨 天皇所遣之使 與高麗神子奉遣之使 既往短而將來長 是故 可以溫和之心 相繼往來而已 又詔於百濟使曰 明神御宇日本天皇詔旨 始我遠皇祖之世 以百濟國 爲內官家 譬如三絞之綱 中間以任那國 屬賜百濟 後遣三輪栗隈君東人 觀察任那國堺 是故 百濟

王隨勅悉示其堺 而調有闕 由是 却還其調 任那所出物者 天皇之所明覽 夫自今以後 可具題國與所出調 汝佐平等 不易面來 早須明報 今重遣三輪君東人・馬飼造*闕名 又勅 可送遣鬼部達率意斯妻子等

• 국역 : 10일 고구려・백제・신라가 함께 사신을 보내 調를 바쳤다. 백제의 調使가 任那의 사신을 겸하여 임나의 조를 바쳤다. 다만 백제의 大使인 佐平 緣福만이 병에 걸려 (難波)津의 館에 머물러 있고 서울에 들어오지 못했다. 巨勢德太臣이 고구려의 사신에게 詔를 내려 "明神御宇日本天皇의 詔旨이다. 과거는 짧으나 앞날은 길다. 그러므로 천황이 보낸 사신과 고구려의 神의 아들이 받들어 보낸 사신은 온화한 마음으로 서로 이어 왕래할 만하다"고 하였다. 또 백제 사신에게 詔를 내려 "明神御宇日本天皇의 詔旨이다. 과거 우리의 먼 조상의 시대에 백제국은 內官家가 되었으니, 비유하자면 세 개로 묶은 그물과 같았다. 중간에 임나국을 백제에 속하도록 주었고, 후에 三輪栗隈君東人을 보내 임나국의 경계를 살피게 하였다. 그러므로 백제왕은 칙명에 따라 그 경계를 다시 보여주었으나, 調에 빼놓은 것이 있었다. 이로 말미암아 그 調를 돌려보냈다. 임나에서 나는 물건은 천황이 환히 아는 것이니, 앞으로는 나라와 (그 나라에서) 나오는 물건을 갖추어 적어야 할 것이다. 너희 좌평 등은 얼굴도 바뀌지 않고 왔으니, 빨리 분명하게 보고해야 할 것이다. 이제 거듭 三輪君 東人・馬飼造*이름이 빠져 있다를 보낸다. 또 명하여 鬼部의 達率인 意斯의 처자 등을 보내겠다"고 하였다.

⑯⑤ **卷第廿五 天萬豐日天皇 孝德天皇 大化元年 八月**(645년 음8월 8일)

• 원문 : 癸卯 遣使於大寺 喚聚僧尼 而詔曰 於磯城嶋宮御宇天皇十三年中 百濟明王 奉傳佛法於我大倭 是時 群臣俱不欲傳 而蘇我稻目宿禰 獨信其法 天皇乃詔稻目宿禰 使奉其法 於譯語田宮御宇天皇之世 蘇我馬子

宿禰 追遵考父之風 猶重能仁之教 而餘臣不信 此典幾亡 天皇 詔馬子宿禰 而使奉其法 於小墾田宮御宇天皇之世 馬子宿禰 奉爲天皇 造丈六繡像・丈六銅像 顯揚佛教 恭敬僧尼 朕更復思崇正教 光啓大猷 故以沙門狛大法師 福亮・惠雲・常安・靈雲・惠至寺主・僧旻・道登・惠隣・惠妙 而爲十師 別以惠妙法師 爲百濟寺寺主此十師等 宜能教導衆僧 修行釋教 要使如法 凡自天皇至于伴造 所造之寺 不能營者 朕皆助作 今拜寺司等與寺主 巡行諸寺 驗僧尼・奴婢・田畝之實 而盡顯奏 卽以來目臣*闕名 三輪色夫君 額田部連甥 爲法頭

• 국역 : 8일 사신을 大寺에 보내 僧尼들을 불러 모으고 조를 내려 "磯城嶋宮御宇天皇(欽明天皇) 13년(552, 성왕 30)에 백제의 明王(聖王)이 우리 倭에 佛法을 전했다. 이때 모든 신하가 전하는 것을 원하지 않았으나 蘇我稻目宿禰가 홀로 그 법을 믿었다. 천황이 이에 稻目宿禰에게 명하여 그 법을 받들게 했다. 譯語田宮御宇天皇(敏達天皇)의 시대에 蘇我稻目宿禰가 아버지의 가르침을 따라 석가의 가르침을 존중하였고, 다른 신하들은 믿지 않아 이 법도가 거의 없어지게 되었으므로 천황이 馬子宿禰에게 명하여 그 법을 받들게 하였다. 小墾田宮御宇天皇(推古天皇)의 시대에 馬子宿禰가 천황을 위해 丈六繡像・丈六銅像을 만들고 불교를 드날렸으며 僧尼를 공경하였다. 나는 다시 바른 가르침을 숭상하고 큰 도리를 널리 열 것을 생각하였다. 그러므로 沙門狛大法師 福亮・惠雲・常安・靈雲・惠至寺主・僧旻・道登・惠隣・惠妙를 10師로 삼는다. 특별히 혜묘법사를 백제사의 사주로 삼는다. 이 10사들은 마땅히 뭇 승려들을 가르침으로 인도하고 석가의 가르침을 수행하는 것을 법답게 해야 한다. 무릇 천황으로부터 伴造에 이르기까지 세워야 할 절을 세울 수 없는 경우 내가 모두 도와 짓겠다. 이제 寺司들과 寺主를 임명하니, 여러 절을 순행하여 僧尼・奴婢・토지에 대한 사실을 조사하여 모두 아뢰라"고 하였다. 곧 來

目臣*이름이 빠져 있다 三輪色夫君・額田部連甥을 法頭로 삼았다.

⑯⑥ **卷第廿五 天萬豐日天皇 孝德天皇 大化元年 二月**(646년 음2월 15일)

• 원문 : 二月甲午朔戊申 … 高麗・百濟・任那・新羅 竝遣使 貢獻調賦

• 국역 : 2월 15일 … 고구려・백제・임나・신라가 함께 사신을 보내 調賦를 바쳤다.

⑯⑦ **卷第廿五 天萬豐日天皇 孝德天皇 白雉元年 二月**(650년 음2월 15일)

• 원문 : 甲申 朝庭隊仗 如元會儀 左右大臣百官人等 爲四列於紫門外 以粟田臣飯蟲等四人 使執雉輿 而在前去 左右大臣 乃率百官及百濟君豐璋・其弟塞城・忠勝・高麗侍醫毛治・新羅侍學士等 至中庭 …

• 국역 : 15일 조정의 의장대가 元旦에 모이는 儀禮와 같았다. 좌우의 대신과 百官들이 紫門 밖에서 네 줄로 늘어섰다. 粟田臣飯蟲 등 4명이 꿩을 태운 수레를 잡고 앞서서 갔다. 좌우의 대신들은 백관과 百濟君 豐璋, 그 아우 塞城・忠勝, 고구려의 侍醫 毛治, 新羅의 侍學士 등을 거느리고 中庭에 이르렀다. …

⑯⑧ **卷第廿五 天萬豐日天皇 孝德天皇 白雉元年 夏 四月**(650년 음4월)

• 원문 : 夏四月 新羅遣使貢調*或本云 是天皇世 高麗・百濟・新羅 三國 每年遣使貢獻也

• 국역 : 여름 4월 新羅가 사신을 보내 調를 바쳤다. *어떤 책에는 "이 천황 때에 고구려・백제・신라 3국이 해마다 사신을 보내 바쳤다"고 하였다.

⑯⑨ **卷二五 白雉元年 是歲**(650년)

• 원문 : 是歲 漢山口直大口奉詔刻千佛像 遣倭漢直縣 白髮部連鐙 難波吉士胡床於安藝國使百濟船二雙

• 국역 : 이해 漢山口直大口가 천황의 명령을 받고 千佛像을 조각하였다.

倭漢直縣, 白髮部連鐙, 難波吉士胡床을 安藝國에 파견하여 백제선 2척을 만들었다.

⑰⓪ **卷第廿五 天萬豐日天皇 孝德天皇 白雉二年 夏 六月**(651년 음6월)

- 원문 : 夏六月 百濟・新羅 遣使貢調獻物
- 국역 : 여름 6월 百濟・新羅가 사신을 보내 調와 물건을 바쳤다.

⑰① **卷第廿五 天萬豐日天皇 孝德天皇 白雉三年 夏 四月**(652년 음4월)

- 원문 : 是月 … 新羅・百濟 遣使貢調獻物
- 국역 : 이달 … 新羅・百濟가 사신을 보내 調와 물건을 바쳤다.

⑰② **卷第廿五 天萬豐日天皇 孝德天皇 白雉四年 夏 六月**(653년 음6월)

- 원문 : 六月 百濟・新羅 遣使貢調獻物 …
- 국역 : 6월 百濟・新羅가 사신을 보내 調와 물건을 바쳤다. …

⑰③ **卷第廿五 天萬豐日天皇 孝德天皇 白雉五年 秋 七月**(654년 음7월 24일)

- 원문 : 秋七月甲戌朔丁酉 西海使吉士長丹等 共百濟・新羅送使 泊于筑紫
- 국역 : 가을 7월 24일 西海使 吉士長丹 등이 百濟・新羅가 보낸 사신과 함께 筑紫에 이르렀다.

⑰④ **卷第廿五 天萬豐日天皇 孝德天皇 白雉五年**(654년)

- 원문 : 是歲 高麗・百濟・新羅 竝遣使奉弔
- 국역 : 이해 고구려・백제・신라가 함께 사신을 보내 조문하였다.

⑰⑤ **卷第廿六 天豐財重日足姬天皇 齊明天皇 元年 秋 七月**(655년 음7월 11일)

- 원문 : 秋七月己巳朔己卯 於難波朝 饗北北越蝦夷九十九人 東東陸奧蝦夷九

十五人 幷設百濟調使一百五十人 …

• 국역 : 가을 7월 11일 難波의 조정에서 北北越蝦夷 99명, 東東陸奧蝦夷 95명에게 잔치를 베풀었다. 아울러 百濟의 調使 150명에게도 베풀었다. …

⑰⑥ 卷第廿六 天豐財重日足姬天皇 齊明天皇 元年(655년)

• 원문 : 是歲 高麗·百濟·新羅 竝遣使進調百濟大使西部達率餘宜受 副使東部恩率調信仁 凡一百餘人 … 新羅 別以及飡彌武爲質 以十二人 爲才伎者 彌武 遇疾而死

• 국역 : 이해 고구려·백제·신라가 함께 사신을 보내 調를 바쳤다. 百濟의 大使는 西部의 達率 餘宜受이고, 副使는 東部의 恩率 調信仁으로 모두 100여 명이었다. … 新羅는 따로 及飡 彌武를 볼모로 삼고 才伎者 12명을 바쳤는데, 彌武는 병으로 죽었다.

⑰⑦ 卷第廿六 天豐財重日足姬天皇 齊明天皇 二年(656년)

• 원문 : 是歲 於飛鳥岡本 更定宮地 時 高麗·百濟·新羅 竝遣使進調 爲張紺幕於此宮地 而饗焉 … 西海使佐伯連栲繩*闕位階級 小山下難波吉士國勝等自百濟還 獻鸚鵡一雙 …

• 국역 : 이해 飛鳥의 岡本에 다시 宮 터를 정했다. 이때 고구려·백제·신라가 함께 사신을 보내 調를 바쳤다. (그들을 위해) 이 궁터에 紺色 장막을 치고 잔치를 베풀었다. … 西海使 佐伯連栲繩(관위와 계급은 빠져 있다) 小山下 難波吉士國勝 등이 百濟로부터 돌아와 鸚鵡 1쌍을 바쳤다. …

⑰⑧ 卷第廿六 天豐財重日足姬天皇 齊明天皇 三年(657년)

• 원문 : 是歲 使使於新羅曰 欲將沙門智達·間人連御廐 依網連稚子等 付汝國使令送到大唐 新羅不肯聽送 由是 沙門智達等還歸 西海使小花下阿曇連頰

垂·小山下津臣傴僂*傴僂此云俱豆磨 自百濟還 獻駱駝一箇·驢二箇 …

• 국역 : 이해 사신을 新羅에 보내 "沙門 智達, 間人連御廐, 依網連稚子 등을 너희 나라 사신에 딸려 唐에 보내려고 한다"고 말하였는데, 新羅가 그 말을 따르지 않아 (그들을) 보내지 못했다. 이로 말미암아 沙門 智達 등이 돌아왔다. 西海使 小花下 阿曇連頰垂, 小山下 津臣 *傴僂傴僂는 우리 말로 俱豆磨(くつま)라 한다가 百濟로부터 돌아와 駱駝 1마리, 당나귀 2마리를 바쳤다. …

⑰⑨ **卷第廿六 天豐財重日足姬天皇 齊明天皇 五年 秋 七月**(659년 음7월 3일)

• 원문 : 秋七月丙子朔戊寅 遣小錦下坂合部連石布·大仙下津守連吉祥 使於唐國 仍以道奧蝦夷男女二人 示唐天子尹吉連博德書曰 同天皇之世 小錦下坂合部石布連·大仙下津守吉祥連等二船 奉使吳唐之路 以己未年七月三日發自難波三津之浦 八月十一日 發自筑紫大津之浦 九月十三日 行到百濟南畔之嶋 嶋名毋分明 以十四日寅時 二船相從 放出大海 十五日日入之時 石布連船 橫遭逆風 漂到南海之嶋 嶋名爾加委 仍爲嶋人所滅 便東漢長直阿利麻·坂合部連稻積等五人 盜乘嶋人之船 逃到括州 州縣官人送到洛陽之京 十六日夜半之時 吉祥連船 行到越州會稽縣須岸山 東北風 風太急 廿二日 行到餘姚縣 所乘大船及諸調度之物 留着彼處 潤十月一日 行到越州之底 十五日 乘驛入京 廿九日 馳到東京 天子在東京 … 事了之後 勅旨 國家 來年 必有海東之政 汝等倭客 不得東歸 遂匿西京幽置別處 … 因苦經年 …

• 국역 : 가을 7월 3일 小錦下 坂合部連石布, 大仙下 津守連吉祥이 唐에 사신으로 갔다. 그리고 道奧蝦夷의 남녀 2명을 당의 천자에게 보였다. 尹吉連博德의 書에서는 "같은 천황 시대에 小錦下 坂合部石布連, 大仙下 津守連吉祥連 등이 두 척의 배로 吳唐의 길을 통해 사신으로 갔다. 기미년(659) 7월 3일에 難波 三津浦로부터 출발하였다. 8월

11일에 筑紫 大津浦를 출발하였다. 9월 13일에 사신의 행렬이 百濟 남쪽 해안의 섬에 이르렀는데, 섬의 이름은 분명하지 않다. 14일 寅時에 두 배가 서로 이어 大海로 나왔다. 15일 해가 질 때에 石布連의 배가 역풍을 만나 南海의 섬에 표류했는데, 섬의 이름은 爾加委이다. 이에 (그들은) 섬사람들에게 죽임을 당했다. 문득 東漢長直阿利麻·坂合部連稻積 등 5명이 섬사람의 배를 훔쳐 타고 도망하여 括州에 이르렀다. 주현의 관리들이 보내주어 洛陽京에 도착하였다. 16일 밤에 吉祥連의 배가 越州 會稽縣 須岸山에 도착하자, 동북풍이 불었는데 바람이 매우 심했다. 22일에 행렬이 餘姚縣에 이르러, 타고 온 큰 배와 여러 調度物은 그곳에 남겨두었다. 윤10월 1일에 행렬이 越州 부근에 이르렀다. 15일 驛馬를 타고 서울(장안)에 들어갔다. 29일 달려가 東京(낙양)에 이르렀는데, 천자가 동경에 있었기 때문이었다. … 일을 마친 후 勅旨로 '국가가 내년에 반드시 海東을 정벌하는 일이 있을 것이다. 너희 倭의 사신들은 동쪽으로 돌아갈 수 없다'고 하였다. 드디어 西京에 숨겨 특별한 곳에 가두어 두었다. … 고통을 겪은 지 해가 지났다 …"고 하였다.

⑱⓪ **卷第廿六 天豐財重日足姬天皇 齊明天皇 六年 夏 五月**(660년 음5월)

- 원문 : 是月 … 又 擧國百姓 無故持兵 往還於道*國老言 百濟國失所之相乎
- 국역 : 이달 … 또 온 나라 백성들이 까닭 없이 무기를 들고 길을 왔다 갔다 했다.*國老가 "百濟國이 땅을 잃을 징조인가?"라고 하였다.

⑱① **卷第廿六 天豐財重日足姬天皇 齊明天皇 六年 秋 七月**(660년 음7월 16일)

- 원문 : 秋七月庚子朔乙卯 高麗使人乙相賀取文等罷歸 … 高麗沙門道顯日本世記曰 七月云云 春秋智 借大將軍蘇定方之手 挾擊百濟亡之 或曰 百濟自亡 由君大夫人妖女之無道 擅奪國柄 誅殺賢良故 召斯禍矣 可不愼歟 可不愼歟 其注云 新羅春秋智

不得願於內臣蓋金 故亦使於唐 捨俗衣冠 請媚於天子 投禍於隣國 而構斯意行者也 伊吉連博德書云 庚申年八月 百濟已平之後 九月十二日 放客本國 十九日 發自西京 十月十六日 還到東京 始得相見阿利麻等五人 十一月一日 爲將軍蘇定方等所捉 百濟王以下 太子隆等 諸王子十三人 大佐平沙宅千福・國辨成以下卅七人 幷五十許人 奉進朝堂 急引趨向天子 天子恩勅 見前放着 十九日 賜勞 廿四日 發自東京

• 국역 : 가을 7월 16일 고구려의 사신 乙相 賀取文 등이 사행을 마치고 돌아갔다. … 고구려의 沙門 道顯의 『日本世記』에 "7월에 이르기를, 春秋智가 大將軍 蘇定方의 손을 빌려 백제를 협공하여 멸망시켰다"고 했다. 어떤 사람은 "백제가 스스로 망하였다. 임금의 大夫人이 요사스럽고 간사한 여자로, 무도하여 마음대로 국가의 권력을 빼앗아 훌륭하고 어진 신하들을 죽였기 때문에 이러한 화를 불렀다. 삼가지 않을 수 있겠는가! 삼가지 않을 수 있겠는가!"라 하였다. 그 注에 "신라의 春秋智는 (고구려의) 內臣 蓋金에게 청한 것이 받아들여지지 않자 唐에 사신으로 가서 자기 나라 풍속의 衣冠을 버리고 천자에게 따를 것을 청하여, 이웃 나라에 화를 끼치고 그 의도를 이루었다"고 하였다. 伊吉連博德의 書에 "경신년(660) 8월 백제를 이미 평정한 후 9월 12일 본국(唐)에서 사신들을 풀어주었다. 19일에 西京으로부터 출발하였다. 10월 16일 東京에 돌아와 비로소 阿利麻 등 5인을 만나볼 수 있었다. 11월 1일에 將軍 蘇定方 등이 사로잡은 百濟王 이하 太子 隆 등 여러 왕자 13명, 大佐平 沙宅千福・國辨成 이하 13명, 모두 50여 명을 朝堂에 바쳤다. 급히 인도하여 천자에게 나아가니, 천자는 은혜로운 칙명으로 보자마자 풀어주었다. 19일에 수고한 사람들에게 하사하였다. 24일에 동경으로부터 출발하였다"고 하였다.

⑱² 卷第廿六 天豐財重日足姬天皇 齊明天皇 六年 秋 九月(660년 음9월 5일)

• 원문 : 九月己亥朔癸卯 百濟遣達率*闕名 沙彌覺從等 來奏曰*或本云 逃來告難 今年七月 新羅恃力作勢 不親於隣 引構唐人 傾覆百濟 君臣總俘 略無噍類*或本云 今年七月十日 大唐蘇定方 率船師 軍于尾資之津 新羅王春秋智率兵馬

軍于怒受利之山 夾擊百濟 相戰三日 陷我王城 同月十三日 始破王城 怒受利山百濟之東堺也 於是 西部恩率鬼室福信 赫然發憤 據任射岐山*或本云 北任敍利山也 達率餘自進 據中部久麻怒利城*或本云 都都岐留山 各營一所 誘聚散卒 兵盡前役 故 以棓戰 新羅軍破 百濟奪其兵 旣而百濟兵翻銳 唐不敢入 福信等遂鳩集同國 共保王城 國人尊曰 佐平福信 佐平自進 唯福信起神武之權 興旣亡之國

- 국역 : 9월 5일 백제가 達率*이름은 빠져 있다 · 沙彌 覺從 등을 보내었는데, 와서 *어떤 책에는 도망해 와서 어려움을 고했다고 하였다. "금년 7월에 신라가 힘을 믿고 勢를 이루어서 이웃 나라를 친하게 여기지 않고, 당나라 사람을 끌어들여 백제를 멸망시켰다. 임금과 신하가 모두 포로가 되고 백성도 거의 없어지게 되었다. *어떤 책에는 "금년 7월 10일에 唐의 蘇定方이 수군을 거느리고 尾資津에 주둔하였다. 新羅王 春秋智가 兵馬를 거느리고 怒受利山에 주둔하여 백제를 협공하여 서로 3일을 싸워 우리 왕성(부여)이 함락되었다. 같은 달 13일에 처음으로 왕성을 깨뜨렸다. 怒受利山은 百濟의 동쪽 경계이다. 이에 西部 恩率 鬼室福信이 매우 화가 나서 任射岐山*어떤 책에는 北任敍利山이라 하였다에 웅거하고, 達率 餘自進은 中部 久麻怒利城*어떤 책에는 都都岐留山이라 하였다에 웅거하여 각각 한 곳에 진을 치고 흩어진 군졸을 불러 모았다. 무기가 전의 싸움에서 다 없어졌으므로 막대기를 들고 싸워 신라군을 물리쳤다. 백제군이 그 무기를 빼앗았으므로 얼마 후 백제 군사들이 다시 날쌔져, 唐이 감히 들어오지 못하였다. 福信 등이 드디어 같은 나라 사람들을 모아 함께 왕성을 지켰다. 나라 사람들이 그들을 높여 '佐平 福信, 佐平 自進'이라고 한다. 오직 福信만이 신기하고 용감한 꾀를 내어 이미 망한 나라를 부흥시켰다"고 아뢰었다.

⑱③ 卷第廿六 天豐財重日足姬天皇 齊明天皇 六年 冬 十月(660년 음10월)

• 원문 : 冬十月 百濟佐平鬼室福信 遣佐平貴智等 來獻唐俘一百餘人 今美濃國不破・片縣 二郡唐人等也 又乞師請救 幷乞王子餘豐璋曰*或本云 佐平貴智・達率正珍也 唐人率我蝥賊 來蕩搖我疆場 覆我社稷 俘我君臣*百濟王義慈 其妻恩古 其子隆等 其臣佐平千福・國辨成・孫登等 凡五十餘 秋七月十三日 爲蘇將軍所捉 而送去於唐國 蓋是 無故持兵之徵乎 而百濟國遙賴天皇護念 更鳩集以成邦 方今謹願 迎百濟國遣侍天朝王子豐璋 將爲國主云云 詔曰 乞師請救 聞之古昔 扶危繼絶 著自恒典 百濟國 窮來歸我以本邦喪亂 靡依靡告 枕戈嘗膽 必存拯救 遠來表啓 志有難奪 可分命將軍 百道俱前 雲會雷動 俱集沙喙 翦其鯨鯢 紓彼倒懸 宜有司具爲與之 以禮發遣 云云*送王子豐璋及妻子 與其叔父忠勝等 其正發遣之時見于七年 或本云 天皇 立豐璋爲王 立塞上爲輔 而以禮發遣焉

• 국역 : 겨울 10월 百濟의 佐平 鬼室福信이 佐平 貴智 등을 보냈는데, 와서 唐의 포로 100여 명을 바쳤으니, 지금의 美濃國 不破・片縣 2郡의 唐人들이다. 또 군대를 빌고 구원을 청했다. 아울러 王子 餘豐璋*어떤 책에는 佐平 貴智・達率 正珍이라 했다을 청하여 "唐나라 사람들이 우리의 벌레 같은 적을 거느리고 와서 우리 영토를 흔들이 우리의 사직을 전복시키고 우리 임금과 신하를 포로로 하였다*百濟王 義慈, 그 妻 恩古, 그 아들 隆 등, 그 신하 佐平 千福, 國辨成, 孫登 등 모두 50여 명이 가을 7월 13일에 蘇將軍에게 사로잡혀 唐에 보내졌다. 아마도 이것은 까닭 없이 무기를 들고 다닌 징험일 것이다. 그런데 百濟國은 멀리서 천황께서 돌보아주는 데 힘입어 다시 (백성을) 모아 나라를 이루었다. 이제 百濟國이 천황을 시위케 했던 왕자 豐璋을 맞아 장차 國主로 삼기를 원합니다"고 운운하였다. 조를 내려 "군대를 빌고 구원을 청하는 것을 옛날에 들었다. 위험에 빠진 것을 도와주고 끊어진 것을 잇는 것은 항상 법도에 나타나 있다. 百濟國이 곤궁에

빠져 와서 우리나라에 귀의하며 '본국에 화란이 있으나, 의지하여 알릴 곳이 없다. 창을 베고 자며 쓸개를 핥는다. 반드시 구원해 달라'고 멀리서 와 표를 올려 아뢰니 뜻을 빼앗기 어렵다. 장군들에게 나누어 명하여 여러 길로 함께 나아가게 하라. 구름처럼 모이고 번개처럼 움직여 함께 沙喙에 모여, 악한 무리를 베고 저 위급한 나라를 도우라. 마땅히 有司들은 함께 참여하여 예를 갖추어 출발시켜 보내라"고 하였다*왕자 豐璋 및 처자와 그 숙부 忠勝 등을 보냈다. 그들이 떠난 때는 7년조에 보인다. 어떤 책에는 "천황이 豐璋을 세워 왕을 삼았으며 塞上을 세워 輔로 삼고, 예를 갖추어 떠나보냈다"고 하였다.

⑱ 卷第廿六 天豐財重日足姬天皇 齊明天皇 六年(660년)

- 원문 : 是歲 欲爲百濟 將伐新羅 乃勅駿河國造船 已訖 挽至續麻郊之時 其船夜中無故 艫舳相反 衆知終敗 科野國言 蠅群向西 飛踰巨坂 大十圍許高至蒼天 或知救軍敗績之怪 有童謠曰 …
- 국역 : 이해 百濟를 위해 장차 新羅를 정벌하려고 駿河國에 배를 만들도록 명령하였다. (배를) 다 만든 후 續麻郊에 끌어왔을 때, 그 밤중에 까닭 없이 배의 머리와 꼬리가 흔들렸다. 뭇 사람들이 마침내 패할 것을 알았다. 科野國에서 "파리 떼가 서쪽을 향해 巨坂을 날아서 지나갔는데, 크기가 10아름쯤이고 높이는 하늘까지 닿았다"고 말하였다. 어떤 사람들은 구원군이 패배할 징조임을 알았다. 童謠가 있었는데 …

⑱ 卷第廿六 天豐財重日足姬天皇 齊明天皇 七年 夏 四月(661년 음4월)

- 원문 : 夏四月 百濟福信 遣使上表 乞迎其王子糺解*釋道顯日本世記曰 百濟福信獻書 斯其君糺解於東朝 或本云 四月 天皇遷居于朝倉宮
- 국역 : 여름 4월 百濟의 福信이 사신을 보내 표를 올려 그 왕자 糺解를

맞아가기를 청했다*釋道顯의 『日本世記』에서는 "百濟의 福信이 글을 올려 그 임금 糾解를 東朝(일본)에 구했다"고 하였다. 어떤 책에는 "4월에 천황이 朝倉宮으로 옮겼다"고 했다.

⑱⑥ 卷第廿七 天命開別天皇 天智天皇 即位前紀(齊明天皇 七年) 秋 八月 (661년 음8월)

- 원문 : 八月 遣前將軍大花下阿曇比邏夫連・小花下河邊百枝臣等 後將軍大花下阿倍引田比邏夫臣・大山上物部連態・大山上守君大石等 救於百濟 仍送兵仗・五穀*或本 續此末云 別使大山下狹井檳榔・小山下秦造田來津 守護百濟
- 국역 : 8월 前將軍 大花下 阿曇比邏夫連, 小花下 河邊百枝臣 등과 後將軍 大花下 阿倍引田比邏夫臣, 大山上 物部連態, 大山上 守君大石 등으로 하여금 百濟를 구원하게 했다. 그리고 무기와 5곡을 보냈다. *어떤 책에는 이 끝부분에 이어서 "따로 大山下 狹井連搗檳榔, 小山下 秦造田來津으로 하여금 百濟를 지키게 했다"고 하였다.

⑱⑦ 卷第廿七 天命開別天皇 天智天皇 即位前紀(齊明天皇七年) 秋 九月 (661년 음9월)

- 원문 : 九月 皇太子御長津宮 以織冠 授於百濟王子豐璋 復以多臣蔣敷之妹妻之焉 乃遣大山下狹井連檳榔・小山下秦造田來津 率軍五千餘 衛送於本鄉 於是 豐璋入國之時 福信迎來 稽首奉國朝政 皆悉委焉
- 국역 : 9월 皇太子가 長津宮에서 織冠을 百濟 왕자 豐璋에게 주고, 또 多臣蔣敷의 누이를 아내로 삼게 하였다. 그리고 大山下 狹井連檳榔, 小山下 秦造田來津을 보내 군사 5천여 명을 거느리고 본국에 호위하여 보내 주었다. 이에 豐璋이 나라(백제)에 들어갈 때 福信이 맞이하러 와서 머리를 조아리고 나라의 정사를 모두 맡겼다.

⑱⑧ 卷第卄六 天豐財重日足姬天皇 齊明天皇 七年 冬 十一月(661년 음11월 7일)

• 원문 : 十一月壬辰朔戊戌 以天皇喪 殯于飛鳥川原 *… 日本世記云 十一月 福信所獲唐人續守言等 至于筑紫 或本云 辛酉年 百濟佐平福信所獻唐俘一百六口 居于近江國墾田 庚申年旣云福信 獻唐俘 故 今存注 其決焉

• 국역 : 11월 7일 천황이 죽었으므로, 飛鳥의 川原에 관을 안치했다. *…『日本世記』에 “11월에 福信이 사로잡은 당나라 사람 續守言 등이 筑紫에 이르렀다”고 했다. 어떤 책에는 “辛酉年에 百濟의 佐平 福信이 바친 포로 106명을 近江國 墾田에 살게 하였다”고 했다. 庚申年에 이미 福信이 唐의 포로를 바쳤다고 했으므로, 지금은 注로 두니 결정하라.

⑱⑨ 卷第卄七 天命開別天皇 天智天皇 即位前紀(齊明天皇七年) 冬 十二月 (661년 음12월)

• 원문 : 十二月 高麗言 惟十二月 於高麗國 寒極浿凍 故唐軍 雲車衝輣 鼓鉦吼然 高麗士卒 膽勇雄壯 故更取唐二壘 唯有二塞 亦備夜取之計 唐兵抱膝而哭 銳鈍力竭 而不能拔 噬臍之恥非此而何*釋道顯云 言春秋之志正起于高麗 而先聲百濟 百濟近侵甚苦急 故爾也

• 국역 : 12월 고구려가 말하기를 “오직 고구려國에서는 추위가 매우 심해 浿水가 얼어붙는다. 그러므로 唐의 군대가 雲車·衝輣으로 북과 징을 시끄럽게 치며 공격해왔다. 고구려의 사졸들이 용감하고 씩씩하였으므로 다시 唐의 진지 2개를 빼앗았다. 단지 2개의 요새만이 남았으므로 다시 밤에 빼앗을 계책을 마련하였다. 唐의 군사들이 무릎을 끌어안고 곡을 하였다. (고구려군의) 날카로움이 무디어지고 힘이 다하여 빼앗을 수 없었으니, 후회해도 어찌할 수 없는 부끄러움이 이것이 아니면 무엇이겠는가?”라 하였다*釋 道顯은 ‘(金)春秋의 생각으로는 바로 고구려를 공격하는 것이었는데, 먼저 백제를 공격하였으니 이 무렵 백제의 침입이 잦아 고통이 심했으므로 그러한 것이다’라고 하였다.

⑲⓪ 第廿七 天命開別天皇 天智天皇 即位前紀(齊明 七年)(661년)

• 원문 : 是歲 … 又日本救高麗軍將等 泊于百濟加巴利濱 而燃火焉 灰變爲孔有細響 如鳴鏑 或曰 高麗・百濟終亡之徵乎

• 국역 : 이해 … 또 일본에서 고구려를 구하러 간 軍의 장수들이 百濟 加巴利의 해안에 배를 대고 불을 피웠다. 재가 변해 구멍이 되어 작은 소리가 났는데 화살이 날며 우는 소리와 같았다. 어떤 사람이 "고구려・백제가 끝내 망할 징조인가?"라고 하였다.

⑲① 第廿七 天命開別天皇 天智天皇 元年 春 正月(662년 음1월 27일)

• 원문 : 元年春正月辛卯朔丁巳 賜百濟佐平鬼室福信矢十萬隻・絲五百斤・綿一千斤・布一千端・韋一千張・稻種三千斛

• 국역 : 원년(662) 봄 정월 27일 百濟의 佐平 鬼室福信에게 화살 10만 개, 絲 500斤, 綿 1천 斤, 布 1천 端, 부드러운 가죽(韋) 1천 장, 볍씨(稻種) 3천 斛을 주었다.

⑲② 第廿七 天命開別天皇 天智天皇 元年 春 三月(662년 음3월 4일)

• 원문 : 三月庚寅朔癸巳 賜百濟王布三百端

是月 唐人・新羅人 伐高麗 高麗久久乞救國家 仍遣軍將據疏留城 由是唐人不得略其南堺 新羅不獲輸其西壘

• 국역 : 3월 4일 百濟王에게 布 300端을 주었다.

이달 唐人과 신라인이 고구려를 정벌했다. 고구려가 우리나라에 구원을 청했으므로 軍將을 보내 疏留城에 웅거하게 했다. 이로 말미암아 唐人들이 그 남쪽 경계를 침략할 수 없었으므로, 신라가 서쪽 진지를 옮기지 않을 수 없었다.

⑲ 第卄七 天命開別天皇 天智天皇 元年 夏 五月(662년 음5월)

- 원문 : 五月 大將軍大錦中阿曇比邏夫連等 率船師一百七十艘 送豐璋等於百濟國 宣勅 以豐璋等使繼其位 又予金策於福信 而撫其背 褒賜爵祿 于時 豐璋等與福信 稽首受勅 衆爲流涕
- 국역 : 5월 大將軍 大錦中 阿曇比邏夫連 등이 水軍과 배 170척을 거느리고 豐璋 등을 백제국에 보내주었다. 칙명을 내리 "豐璋 등으로 하여금 그 왕위를 잇게 하였다. 또 福信에게 金策을 주어 그 등을 두드려 위로하고 爵祿을 상으로 준다"고 하였다. 이때에 豐璋 등은 福信과 더불어 머리를 조아리고 칙명을 받았으며 사람들은 눈물을 흘렸다.

⑲ 第卄七 天命開別天皇 天智天皇 元年 夏 六月(662년 음6월 28일)

- 원문 : 六月己未朔丙戌 百濟遣達率萬智等 進調獻物
- 국역 : 6월 28일 百濟가 達率 萬智 등을 보내 調와 물건을 바쳤다.

⑲ 第卄七 天命開別天皇 天智天皇 元年 冬 十二月(662년 음12월 1일)

- 원문 : 冬十二月丙戌朔 百濟王豐璋 其臣佐平福信等 與狹井連*闕名 朴市田來津議曰 此州柔者 遠隔田畝 土地磽确 非農桑之地 是拒戰之場 此焉久處 民可飢饉 今可遷於避城 避城者西北帶以古連旦涇之水 東南據深泥巨堰之防 繚以周田 決渠降雨 華實之毛 則三韓之上腴焉 衣食之源 則二儀之隩區矣 雖曰地卑 豈不遷歟 於是 朴市田來津獨進而諫曰 避城與敵所在之間 一夜可行 相近玆甚 若有不虞 其悔難及者矣 夫飢者後也 亡者先也 今敵所以不妄來者 州柔設置山險 盡爲防禦 山峻高而谿隘 守易而攻難之故也 若處卑地 何以固居 而不搖動 及今日乎 遂不聽諫 而都避城
- 국역 : 겨울 12월 초하루 百濟王 豐璋, 그 신하 佐平 福信 등은 狹井連* 이름은 빠져 있다 · 朴市田來津과 의논하기를 "이 州柔는 농토와 멀리

떨어져 있고 토지가 척박하여 농업과 양잠에 적합하지 않은 땅이나, 방어하기 좋아 싸울 만한 곳이다. 그러나 여기에서 오래 머문다면 백성들이 굶주릴 것이니 이제 避城으로 옮기는 것이 좋겠다. 避城은 서북쪽으로는 띠를 두르듯 古連旦涇이 흐르고 동남쪽으로는 깊은 수령과 커다란 둑으로 된 제방이 자리하고 있으며, 땅으로 둘러싸여 있고 도랑을 터뜨리면 물이 쏟아진다. 꽃과 열매가 있는 나무에서 얻는 토산물은 三韓에서 가장 기름질 것이며, 옷과 음식의 근원은 천지 사이에 숨어 있는 곳일 것이다. 비록 낮은 땅(평지)이라고 하지만 어찌 옮기지 않겠는가?"라고 하였다. 이에 朴市田來津이 혼자 나아가 "避城과 적이 있는 곳과의 거리는 하룻밤이면 갈 수 있습니다. 서로 이렇게 매우 가까우니 만약 예기하지 못한 일이 생기면 후회해도 소용이 없을 것입니다. 굶는 것은 나중의 일이고 망하는 것에의 대비가 먼저입니다. 지금 적이 함부로 오지 않는 것은 州柔가 산이 험한 곳에 있어 모두 방어물이 되며, 산이 높고 계곡이 좁아 지키기 쉽고 공격하기 어렵기 때문입니다. 만약 낮은 땅에 머물면 어찌 굳건히 살겠으며 흔들리지 않음이 오늘날에 미치겠습니까"라고 간하였다. 끝내 (백제왕은) 간하는 말을 따르지 않고 避城에 도읍하였다.

⑲⑥ 第廿七 天命開別天皇 天智天皇 元年(662년)

- 원문 : 是歲 爲救百濟 修繕兵甲 備具船舶 儲設軍糧
- 국역 : 이해 百濟를 구원하기 위해 무기를 수리하고 선박을 갖추었으며, 軍糧을 비축하였다.

⑲⑦ 第廿七 天命開別天皇 天智天皇 二年 春 二月(663년 음2월 2일)

- 원문 : 二年春二月乙酉朔丙戌 百濟遣達率金受等進調 新羅人燒燔百濟南畔四州

幷取安德等要地 於是 避城去賊近 故勢不能居 乃還居於州柔 如田來津之所計

• 국역 : 2년(663) 봄 2월 2일 百濟가 達率 金受 등을 보내 調를 바쳤다. 新羅人이 백제의 남쪽 경계에 있는 4州를 불태우고, 아울러 安德 등의 중요 지역을 빼앗았다. 이에 避城이 적과 거리가 가까웠으므로 형세가 머물 수 없어 州柔에 돌아와 살았으니, 田來津이 헤아린 바와 같았다.

⑱ **第廿七 天命開別天皇 天智天皇 二年 夏 六月**(663년 음6월)

• 원문 : 六月 前將軍上毛野君稚子等 取新羅沙鼻岐奴江二城 百濟王豐璋 嫌福信有謀反心 以革穿掌而縛 時難自決 不知所爲 乃問諸臣曰 福信之罪旣如此焉 可斬以不 於是 達率德執得曰 此惡逆人 不合放捨 福信卽唾於執得曰 腐狗癡奴 王勒健兒 斬而醢首

• 국역 : 6월 前將軍 上毛野君稚子 등이 新羅의 沙鼻岐奴江 2개의 성을 빼앗았다. 百濟王 豐璋은 福信이 모반하려는 마음을 가졌다고 의심하여 손바닥을 뚫고 가죽으로 묶었다. 이때 스스로 결정하기 어려워 할 바를 알지 못했으므로, 여러 신하에게 "福信의 죄가 이미 이와 같으니 목을 베는 것이 좋겠는가? 아닌가?"하고 물었다. 이에 達率 德執得이 "이 악한 반역 죄인은 풀어주어서는 안 됩니다"고 하였다. 福信이 곧 執得에게 침을 뱉으며 "썩은 개와 같은 어리석은 놈"이라고 하였다. 왕이 시종하는 병졸들로 하여금 목을 베어 머리를 소금에 절이도록 하였다.

⑲ **卷第廿七 天命開別天皇 天智天皇 二年 秋 八月**(663년 음8월 13일)

• 원문 : 秋八月壬午朔甲午 新羅 以百濟王斬己良將 謀直入國先取州柔 於是 百濟知賊所計 謂諸將曰 今聞 大日本國之救將廬原君臣 率健兒萬餘 正

當越海而至 願諸將軍等 應預圖之 我欲自往待饗白村

• 국역 : 가을 8월 13일 新羅는 百濟王이 자기의 훌륭한 장수를 목베었으므로 곧장 百濟에 들어가 먼저 州柔를 빼앗을 것을 계획하였다. 이에 百濟(왕)는 적이 계획한 바를 알고 여러 장수들에게 "지금 듣건대 日本國에서 구원하러 온 장수인 廬原君臣이 씩씩한 군사 만여 명을 거느리고 바로 바다를 건너왔다고 한다. 여러 장군들은 미리 도모하기를 바란다. 나는 직접 가 白村에서 기다려 연회를 베풀고자 한다"고 하였다.

⑳⓪ **卷第廿七 天命開別天皇 天智天皇 二年 秋 八月**(663년 음8월 28일)

• 원문 : 己酉 日本諸將 與百濟王 不觀氣象 而相謂之曰 我等爭先 彼應自退 更率日本亂伍 中軍之卒 進打大唐堅陣之軍 大唐便自左右夾船繞戰 須臾之際 官軍敗續 赴水溺死者衆 艫舳不得廻旋 朴市田來津 仰天而誓 切齒而嗔 殺數十人 於焉戰死 是時 百濟王豐璋 與數人乘船 逃去高麗

• 국역 : 28일 日本의 장수들이 百濟王과 더불어 날씨를 살피지 않고 서로 "우리들이 선두를 다투어 싸운다면 그들이 스스로 물러날 것이다"라 하였다. 다시 日本의 이지러운 軍伍와 中軍의 군졸들을 이끌고 나아가 굳게 진치고 있는 唐의 군대를 쳤다. 唐(의 선박들)이 바로 좌우에서 배를 협공하여 에워싸고 싸우니 잠깐 사이에 (日本의) 官軍이 계속 패하여, 물에 빠져 죽는 사람이 많고 배의 앞뒤를 돌릴 수 없었다. 朴市田來津이 하늘을 우러러 보며 맹세하고 분하여 이를 갈며 성을 내고 수십 인을 죽이고 전사했다. 이때 百濟王 豐璋이 여러 사람과 배를 타고 고구려로 도망했다.

201 **卷第廿七 天命開別天皇 天智天皇 二年 秋 九月**(663년 음9월 7일)

• 원문 : 九月辛亥朔丁巳 百濟州柔城 始降於唐 是時 國人相謂之曰 州柔降矣

事無奈何 百濟之名絶于今日 丘墓之所 豈能復往 但可往於弖禮城 會日本軍將等 相謀事機所要 遂教本在枕服岐城之妻子等 令知去國之心

- 국역 : 9월 7일 百濟의 州柔城이 비로소 唐에 항복했다. 이때 나라 사람들이 서로 "州柔가 항복하였으니, 일을 어찌할 수가 없게 되었다. 百濟의 이름이 오늘에 끊어지게 되었다. 조상의 무덤이 있는 곳에 어떻게 다시 갈 수 있겠는가. 다만 弖禮城에 가서 日本의 軍將들과 만나 서로 현 상황에서 필요한 것을 도모할 수밖에 없다"라고 하였다. 드디어 처음부터 枕服岐城에 있는 妻子들로 하여금 나라를 떠나려는 마음을 알게 하였다.

⑳ 卷第廿七 天命開別天皇 天智天皇 三年 春 三月(664년 음3월)

- 원문 : 三月 以百濟王善光王等 居于難波 …
- 국역 : 3월 百濟王 善光王 등을 難波에 살게 했다. …

㉓ 卷第廿七 天命開別天皇 天智天皇 三年 夏 五月(664년 음5월 17일)

- 원문 : 夏五月戊申朔甲子 百濟鎭將劉仁願 遣朝散大夫郭務悰等 進表函與獻物
- 국역 : 여름 5월 17일 百濟에 주둔하고 있던 (唐의) 장군 劉仁願이 朝散大夫 郭務悰 등을 보내 表文을 담은 函을 올리고 물건을 바쳤다.

㉔ 卷第廿七 天命開別天皇 天智天皇 四年 春 二月(665년 음2월)

- 원문 : 是月 勘校百濟國官位階級 仍以佐平福信之功 授鬼室集斯小錦下*其本位達率 復以百濟百姓男女四百餘人 居于近江國神前郡
- 국역 : 이달 百濟國의 官位와 계급을 대조하였다. 그리고 佐平 福信의 공으로 鬼室集斯에게 小錦下를 제수했다*그 본래의 관위는 達率이다. 다시 百濟의 백성 남녀 400여 인을 近江國 神前郡에 살게 했다.

㉕ 卷第卄七 天命開別天皇 天智天皇 四年 春 三月(665년 음3월)

- 원문 : 是月 給神前郡百濟人田
- 국역 : 이달 神前郡의 百濟人에게 토지를 지급했다.

㉖ 卷第卄七 天命開別天皇 天智天皇 四年 秋 九月(665년 9월 23일)

- 원문 : 九月庚午朔壬辰 唐國遣朝散大夫沂州司馬上柱國劉德高等等謂右戎衛郎將上柱國百濟禰軍・朝散大夫上柱國郭務悰 凡二百五十四人 七月廿八日 至于對馬九月廿日 至于筑紫 廿二日 進表函焉
- 국역 : 9월 23일 唐이 朝散大夫 沂州司馬 上柱國 劉德高 등을 보냈다*等이라 하는 것은 右戎衛郎將 上柱國 百濟禰軍, 朝散大夫 柱國 郭務悰을 말하는데 모두 254명이다. 7월 28일에 對馬에 이르렀다. 9월 20일에 筑紫에 이르렀고, 22일 表가 든 函을 올렸다.

㉗ 卷第卄七 天命開別天皇 天智天皇 五年(666년)

- 원문 : 是冬 京都之鼠 向近江移 以百濟男女二千餘人 居于東國 凡不擇緇素起癸亥年 至于三歲竝賜官食 倭漢沙門知由 獻指南車
- 국역 : 이해 겨울 京都에 쥐들이 近江을 향해 옮겨 갔다. 百濟의 남녀 2천여 인이 東國에 살았는데, 승려와 속인을 가리지 않고 모든 사람에게 癸亥年부터 3년 동안 모두 官食을 주었다. 倭漢 沙門 知由가 指南車를 바쳤다.

㉘ 卷第卄七 天命開別天皇 天智天皇 六年 春 二月(667년 음2월 27일)

- 원문 : 六年春二月壬辰朔戊午 … 是日 以皇孫大田皇女 葬於陵前之墓 高麗・百濟・新羅 皆奉哀於御路 …
- 국역 : 6년(667) 봄 2월 27일 … 이날 皇孫 大田皇女를 능 앞의 묘에 장사지냈다. 고구려・백제・신라가 모두 장례지내는 길에 슬픔을 표했다. …

⑳9 **卷第廿七 天命開別天皇 天智天皇 六年 冬 十一月**(667년 음11월 9일)

- 원문 : 十一月丁巳朔乙丑 百濟鎭將劉仁願 遣熊津都督府熊山縣令上柱國司馬法聰等 送大山下境部連石積等於筑紫都督府
- 국역 : 11월 9일 百濟에 주둔하고 있는 장군 劉仁願이 熊津都督府 熊山縣令 上柱國 司馬法聰 등을 보내고, 大山下 境部連石積 등을 筑紫都督府에 보냈다.

⑳10 **卷第廿七 天命開別天皇 天智天皇 七年 夏 四月**(668년 음4월 6일)

- 원문 : (七年) 夏四月乙卯朔庚申 百濟遣末都師父等進調
- 국역 : (7년, 668) 여름 4월 6일 百濟가 末都師父 등을 보내 調를 바쳤다.

⑳11 **卷第廿七 天命開別天皇 天智天皇 十年 春 一月**(671년 음1월 13일)

- 원문 : 辛亥 百濟鎭將劉仁願 遣李守眞等上表
- 국역 : 13일 百濟에 주둔하고 있는 장군 劉仁願이 李守眞 등을 보내 표를 올렸다.

⑳12 **卷第廿七 天命開別天皇 天智天皇 十年 春 二月**(671년 음2월 23일)

- 원문 : 二月戊辰朔庚寅 百濟遣臺久用善等進調
- 국역 : 2월 23일 百濟가 臺久用善 등을 보내 調를 바쳤다.

⑳13 **卷第廿七 天命開別天皇 天智天皇 十年 夏 六月**(671년 음6월 4일)

- 원문 : 六月丙寅朔己巳 宣百濟三部使人所請軍事
- 국역 : 6월 4일 百濟의 3部 使人이 청한 군사에 대해 말씀하셨다.

⑳14 **卷第廿七 天命開別天皇 天智天皇 十年 夏 六月**(671년 음6월 15일)

- 원문 : 庚辰 百濟遣羿眞子等進調

• 국역 : 15일 百濟가 羿眞子 등을 보내 調를 바쳤다.

㉑⑤ **卷第廿七 天命開別天皇 天智天皇 十年 秋 七月**(671년 음7월 11일)

• 원문 : 秋七月丙申朔丙午 唐人李守眞等 百濟使人等 竝罷歸

• 국역 : 가을 7월 11일 唐나라 사람 李守眞 등이 百濟의 使人 등과 함께 마치고 돌아갔다.

㉑⑥ **卷第廿八 天渟中原瀛眞人天皇 上 天武天皇 元年 夏 六月**(673년 음6월 29일)

• 원문 : 己丑 天皇往和暫 命高市皇子 號令軍衆 天皇亦還于野上而居之 是日 大伴連吹負 密與留守司坂上直熊毛議之 謂一二漢直等曰 我詐稱高市皇子 率數十騎 自飛鳥寺北路 出之臨營 乃汝內應之 旣而繕兵於百濟家 自南門出之 … 天皇大喜之 因乃令吹負拜將軍 …

• 국역 : 29일 천황이 和暫에 가서 高市皇子에게 명해 군인들을 호령하게 했다. 천황이 다시 野上에 돌아와 머물렀다. 이날 大伴連吹負가 몰래 留守司 坂上直 熊毛와 의논하고 한두 명의 漢直들에게 "내가 高市皇子를 사칭하고 수십 騎를 데리고 飛鳥寺의 북쪽 길로 나아가 군영에 도착하면 너희들이 내응하라"고 하였다. 얼마 후 百濟의 집에서 무기를 정비하고 남문으로 나왔다. … 천황이 크게 기뻐하여 吹負를 장군으로 임명하였다. …

㉑⑦ **卷第廿八 天渟中原瀛眞人天皇 下 天武天皇 二年 閏六月**(674년 윤6월 6일)

• 원문 : 閏六月乙酉朔庚寅 大錦下百濟沙宅昭明卒 爲人聰明叡智 時稱秀才 於是 天皇驚之 降恩以贈外小紫位 重賜本國大佐平位

• 국역 : 윤6월 6일 庚寅 大錦下 百濟沙宅昭明이 죽었다. 사람됨이 총명하고 밝은 슬기를 지녀 당시 사람들이 秀才라 칭하였다. 이에 천황이 놀라며 은혜를 베풀어 外小紫位를 추증하고 本國에 大佐平의 위계

도 거듭 추증하였다.

㉑⑧ 卷第卄八 天渟中原瀛眞人天皇 下 天武天皇 六年 夏 五月(678년 음5월 3일)

• 원문 : (五月 壬戌朔) 甲子 勅大博士百濟人率母 授大山下位 因以封卅戶 …

• 국역 : (5월 壬戌 초하루) 甲子 大博士 百濟人 率母에게 칙명으로 大山下의 관위를 주었다. 인하여 30戶를 봉하였다. …

㉑⑨ 卷第卄八 天渟中原瀛眞人天皇 下 天武天皇 十二年 春 正月(684년 음1월 18일)

• 원문 : 丙午 … 是日 奏小墾田儛及高麗·百濟·新羅三國樂於庭中

• 국역 : 18일 … 이날 小墾田 儛와 고구려·백제·신라 3국의 음악을 조정에서 연주했다.

㉒⓪ 卷第卄八 天渟中原瀛眞人天皇 下 天武天皇 十二年 秋 七月(684년 음7월)

• 원문 : 是月 始至八月 旱之 百濟僧道藏 雩之得雨

• 국역 : 이달 처음부터 8월에 이르기까지 가물었다. 百濟의 승려 道藏이 기우제를 지내니 비가 왔다.

㉒① 卷第卄八 天渟中原瀛眞人天皇 下 天武天皇 十三年 夏 五月(685년 음5월 14일)

• 원문 : 五月辛亥朔甲子 化來百濟僧尼及俗 男女幷卄三人 皆安置于武藏國

• 국역 : 5월 14일 귀화해 온 百濟의 僧尼 및 속인, 남녀 합해 23인을 모두 武藏國에 안치했다.

㉒② 卷第卄八 天渟中原瀛眞人天皇 下 天武天皇 十三年 冬 十二月(685년 음12월 6일)

• 원문 : 癸未 大唐學生土師宿禰甥·白猪史實然 及百濟役時沒大唐者猪使連子首·筑紫三宅連得許 傳新羅至 則新羅遣大那末金物儒 送甥等於筑紫

• 국역 : 6일 唐에 보냈던 學生 土師宿禰甥·白猪史實然과 百濟의 戰役 때

唐의 포로가 된 사람인 猪使連子首·筑紫三宅連得許가 新羅를 거쳐 왔다. 新羅는 大那末 金物儒 등을 보내 甥 등을 筑紫까지 호송하였다.

㉓ **卷第廿八 天渟中原瀛眞人天皇 下 天武天皇 十四年 春 二月**(686년 음2월 4일)

- 원문 : (十四年) 二月丁丑朔庚辰 大唐人·百濟人·高麗人 幷百卌十七人賜爵位
- 국역 : (14년, 686) 2월 4일 唐人·百濟人·고구려人 모두 147인에게 작위를 주었다.

㉔ **卷第廿八 天渟中原瀛眞人天皇 下 天武天皇 十四年 冬 十月**(686년 음10월 4일)

- 원문 : 冬十月癸酉朔丙子 百濟僧常輝封卅戶 是僧壽百歲
- 국역 : 겨울 10월 4일 百濟의 승려 常輝에게 30戶를 봉했는데, 이 승려는 나이가 100세였다.

㉕ **卷第廿八 天渟中原瀛眞人天皇 下 天武天皇 十四年 冬 十月**(686년 음10월 8일)

- 원문 : 庚辰 遣百濟僧法藏·優婆塞益田直金鍾於美濃 令煎白朮 因以賜絁綿布
- 국역 : 8일 百濟의 승려 法藏과 優婆塞 益田直金鍾을 美濃에 보내 白朮을 달이게 했다. 그것으로 인하여 絁·綿·布를 주었다.

㉖ **卷第廿八 天渟中原瀛眞人天皇 下 天武天皇 朱鳥 元年 夏 五月**
(686년 음5월 9일)

- 원문 : 五月庚子朔戊申 … 是日 侍醫百濟人億仁病之臨死 則授勤大壹位 仍封一百戶
- 국역 : 5월 9일 … 이날 侍醫인 百濟人 億仁이 병이 들어 죽으려 하므로, 勤大壹位를 제수하고 100戶를 봉했다.

㉗ **卷第卅 高天原廣野姬天皇 持統天皇 元年 冬 閏十二月**(686년 윤12월)

- 원문 : 閏十二月 筑紫大宰 獻三國高麗・百濟・新羅百姓男女 幷僧尼六十二人
- 국역 : 윤12월 筑紫의 大宰가 고구려・백제・신라 3國의 남녀 百姓과 僧尼 62명을 바쳤다.

㉘ **卷第卅 高天原廣野姬天皇 持統天皇 二年 夏 五月**(688년 음5월 8일)

- 원문 : 五月戊午朔乙丑 以百濟敬須德那利 移甲斐國
- 국역 : 5월 8일 百濟의 敬須德那利를 甲斐國으로 옮겼다.

㉙ **卷第卅 高天原廣野姬天皇 持統天皇 二年 秋 七月**(688년 음7월 20일)

- 원문 : 丙子 命百濟沙門道藏請雨 不崇朝 遍雨天下
- 국역 : 20일 百濟가 沙門 道藏에게 명해 비가 내리기를 청하도록 했다. 오전이 지나지 않아 온 나라에 비가 두루 왔다.

㉚ **卷第卅 高天原廣野姬天皇 持統天皇 四年 夏 五月**(690년 음5월 10일)

- 원문 : 乙酉 百濟男女卄一人歸化
- 국역 : 10일 百濟의 남녀 21명이 귀화했다.

㉛ **卷第卅 高天原廣野姬天皇 持統天皇 四年 春 十月**(690년 10월 22일)

- 원문 : 乙丑 詔軍丁筑後國上陽咩郡人大伴部博麻曰 於天豐財重日足姬天皇七年 救百濟之役 汝爲唐軍見虜 洎天命開別天皇三年 土師連富杼・氷連老・筑紫君薩夜麻・弓削連元寶兒 四人 思欲奏聞唐人所計 緣無衣糧 憂不能達 於是 博麻謂土師富杼等曰 我欲共汝 還向本朝 緣無衣糧 俱不能去 願賣我身 以充衣食 富杼等 依博麻計 得通天朝 汝獨淹滯 他界 於今卅年矣 朕嘉厥尊朝愛國 賣己顯忠 故賜務大肆 幷絁五匹・緜一十屯・布三十端・稻一千束・水田四町 其水田及至曾孫也 免三

族課役 以顯其功

• 국역 : 22일 軍丁인 筑後國의 上陽咩郡人 大伴部博麻에게 조서를 내려 "天豐財重日足姬天皇(齊明天皇) 7년 百濟를 구원하기 위한 싸움에서, 너는 唐軍의 포로가 되었다. 天命開別天皇(天智天皇) 3년에 이르러 土師連富杼·氷連老·筑紫君薩夜麻·弓削連元寶의 아이 등 4명이 唐나라 사람들이 꾀하는 바를 아뢰려고 생각했지만, 옷과 식량이 없었기 때문에 이를 수 없음을 걱정하였다. 이때 博麻가 土師富杼 등에게 '나는 너희와 함께 본국으로 돌아가려고 하지만, 옷과 식량이 없기 때문에 함께 갈 수가 없다. 원컨대 내 몸을 팔아 옷과 식량에 충당하라'고 하였다. 富杼 등이 博麻의 계책에 따라 조정에 돌아올 수 있었다. 너 홀로 다른 나라에 머문 것이 지금까지 30년이었다. 짐은 (그대가) 조정을 높이고 나라를 사랑하며 자신을 팔아 충성을 드러낸 것을 아름답게 여겨 務大肆 및 絁 5필, 緜 10屯, 布 30端, 稻 1천 束, 水田 4町을 준다. 그 水田은 증손에게까지 미칠 것이며, 3族의 課役을 면제하여 그 공을 드러낸다"고 하였다.

㉜ 卷第卅 高天原廣野姬天皇 持統天皇 五年 春 正月(691년 음1월 7일)

• 원문 : 己卯 賜公卿飮食衣裳 優賜正廣肆百濟王餘禪廣·直大肆遠寶·良虞與南典各有差

• 국역 : 7일 公卿에게 음식과 의상을 주었다. 正廣肆 百濟王餘禪廣, 直大肆 遠寶·良虞·南典에게 넉넉히 주었는데, 각각 차등이 있었다.

㉝ 卷第卅 高天原廣野姬天皇 持統天皇 五年 春 正月(691년 음1월 13일)

• 원문 : 乙酉 增封 皇子高市二千戶 通前三千戶 … 正廣肆百濟王禪廣百戶 通前二百戶 直大壹布勢御主人朝臣與大伴御行宿禰八十戶 通前三百戶

其餘增封 各有差

• 국역 : 13일 封을 더해주었는데, 皇子高市는 2,000戶로 앞의 것과 합하면 3,000호 … 正廣肆 百濟王禪廣은 100호로 앞의 것과 합하면 200호, 直大壹 布勢御主人朝臣과 大伴御行宿禰는 80호로 전과 합하면 300호이다. 그 나머지 사람에게도 封을 더해 주었는데 각각 차등이 있었다.

㉞ **卷第卅 高天原廣野姬天皇 持統天皇 五年 夏 五月**(691년 음5월 21일)

• 원문 : 五月辛未朔辛卯 褒美百濟淳武微子壬申年功 賜直大參 仍賜絁布

• 국역 : 5월 21일 百濟淳武微子에게 壬申年의 공을 포상하여 直大參을 주었다. 그리고 絁·布를 주었다.

㉟ **卷第卅 高天原廣野姬天皇 持統天皇 五年 秋 九月**(691년 음9월 4일)

• 원문 : 九月己巳朔壬申 賜音博士大唐續守言·薩弘恪 書博士百濟末士善信 銀人廿兩

• 국역 : 9월 4일 초하루 壬申 音博士인 唐나라 사람 續守言·薩弘恪, 書博士인 百濟 사람 末士善信에게 銀 20兩을 각각 주었다.

㊱ **卷第卅 高天原廣野姬天皇 持統天皇 八年 春 三月**(694년 음3월 16일)

• 원문 : 己亥 詔曰 粵以七年歲次癸巳 醴泉涌於近江國益須郡都賀山 諸疾病人停宿益須寺 而療差者衆 … 賜其初驗醴泉者 葛野羽衝·百濟土羅羅女人絁二匹·布十端·鍬十口

• 국역 : 16일 조서를 내려 "7년 계사년에 醴泉이 近江國 益須郡 都賀山에서 솟았다. 병에 걸린 사람들이 益須寺에 머물러 묵으며 치료하여 차도가 있는 사람이 많았다. … 처음 醴泉을 징험한 사람인 葛野羽衝과 百濟土羅羅女에게 각각 絁 2필, 布 10端, 鍬 10口를 주라"고

하였다.

위의 백제와 일본의 관계에 관한 기사를 다시 정리하면 다음과 같이 될 것이다.

① A.D. 200년 10월 3일 고구려·백제 두 나라 왕은 (중략) 앞으로는 영원히 西蕃이라 칭하고 조공을 그치지 않겠다고 말하였다.

② A.D. 209년 3월 1일 백제왕이 백제로 간 일본 사인에게 5색 채견과 철정 등을 주었다.

③ A.D. 247년 4월 백제왕이 조공하였다. 그때 신라의 조공사도 같이 갔다. 두 나라 진상품을 조사하니 신라의 것은 좋았지만, 백제의 것은 좋지 않았다.

④ A.D. 249년 3월 백제왕이 영원히 조공하겠다고 말하였다.

⑤ A.D. 250년 5월 왕후인 神功皇后가 백제에서 돌아온 일본인에게 한국은 이미 그대의 나라에게 주었다고 말하였다.

⑥ A.D. 251년 3월 백제왕이 또 조공하였다.

⑦ A.D. 251년 백제왕 父子가 이마를 땅에 대고 천황의 은혜를 잊지 않겠다고 말하였다.

⑧ A.D. 255년 백제 肖古王이 죽었다(『삼국사기』는 214년에 죽었다고 기록하고 있다).

⑨ A.D. 256년 백제 왕자 貴須가 왕이 되었다.

⑩ A.D. 262년 일본의 침략을 받고 백제로 도망간 加羅國의 인민을 백제가 후대하였다.

⑪ A.D. 264년 264년에 백제의 貴須王이 죽고, 왕자 침류왕(枕流王)이 즉위하였다.

⑫ A.D. 265년 백제 침류왕이 죽고, 왕자 阿花가 어렸으므로 숙부 辰斯가 왕위를 빼앗아 즉위하였다(『삼국사기』는 385년에 즉위하였다고 기록

하고 있다).

⑬ A.D. 272년 백제국은 일본에 무례한 辰斯王을 죽였으며, 일본인이 阿花를 왕으로 삼았다.

⑭ A.D. 276년 9월 고구려인·임나인·신라인 등 3국이 함께 조공하였다.

⑮ A.D. 277년 3월 阿花王이 일본에게 무례한 짓을 했다.

⑯ A.D. 283년 2월 백제왕이 縫衣工女를 바쳤다.

⑰ A.D. 283년 백제의 왕족이 귀화하였다.

⑱ A.D. 284년 8월 6일 백제왕이 좋은 말 2필을 바쳤다.

⑲ A.D. 285년 2월 일본에 간 왕인(王仁)에게 일본 태자가 공부하였다.

⑳ A.D. 294년 백제의 直文王이 죽어서 왕자 久爾辛이 왕위에 올랐다.

㉑ A.D. 308년 2월 백제의 直文王이 누이를 보내 섬기게 하였다.

㉒ A.D. 353년 3월 백제 왕족이 무례하여 사람을 보내 백제왕을 질책했다.

㉓ A.D. 355년 9월 1일 천황이 백제 왕족(酒君)을 불렀다.

㉔ A.D. 458년 7월 백제의 여자(池津媛)는 천황이 장차 동침하려는 것을 거스리고 다른 남자와 정을 통했다.

㉕ A.D. 461년 4월 백제의 왕족이 동생에게 일본에 가서 천황을 섬기라고 말하였다.

㉖ A.D. 461년 6월 1일 임신한 부인이 아이를 낳았다. 이 아이를 본국으로 보냈는데, 이가 武寧王이다.

㉗ A.D. 463년 천황은 사람을 백제에 보내 뛰어난 자를 바치라고 하였다.

㉘ A.D. 465년 3월 천황이 고구려의 조공을 방해하고 백제의 성을 병탄한 신라를 정벌하라고 말하였다.

㉙ A.D. 465년 5월 백제왕은 일본의 장수들이 사소한 일로 틈이 벌어졌음을 듣고 사람을 시켜 나라의 경계를 살펴보라고 하였다.

㉚ A.D. 467년 7월 백제로부터 도망해 온 자가 있었다.

㉛ A.D. 476년 겨울 고구려왕이 군사를 일으켜 백제를 쳐서 없앴다.

㉜ A.D. 477년 3월 백제가 고구려에게 패배했음을 듣고 천황은 久麻那利를 백제 末多王에게 하사하였다.

㉝ A.D. 479년 4월 백제의 文斤王이 죽었다. 천황이 昆支王의 둘째 아들을 왕(東城王)으로 삼았다.

㉞ A.D. 479년 이해 백제가 바친 조공품이 평상시보다 많았다.

㉟ A.D. 487년 임나가 계책을 써서 백제 사람을 죽였다. 그래서 백제가 임나인 300여 인을 죽였다.

㊱ A.D. 501년 11월 백제의 왕족이 죽어서 일본에서 장사지냈다.

㊲ A.D. 502년 백제의 末多王이 무도하여 나라사람들이 嶋王을 왕(武寧王)으로 삼았다.

㊳ A.D. 504년 10월 백제가 조공을 하였다.

㊴ A.D. 505년 4월 백제왕이 일본에 조공을 바쳤다.

㊵ A.D. 508년 12월 탐라 사람이 처음으로 백제와 통교하였다.

㊶ A.D. 509년 2월 백제에 사신을 보냈다.

㊷ A.D. 512년 4월 6일 백제에 사신을 보냈다.

㊸ A.D. 512년 12월 백제가 조공을 하였다.

㊹ A.D. 513년 6월 백제가 백제 장군과 오경박사 등을 바쳤다

㊺ A.D. 513년 8월 26일 백제 태자 淳陀가 죽었다.

㊻ A.D. 513년 11월 5일 조정에서 백제장군 등을 불러 두 곳의 땅을 하사하였다.

㊼ A.D. 515년 2월 4일 백제 사신이 물러가기를 청하였다.

㊽ A.D. 516년 5월 백제가 사람을 파견하였다.

㊾ A.D. 516년 9월 백제가 장군, 오경박사를 파견하고 오경박사를 교대하고자 하여 소원대로 바꾸었다.

⑤⓪ A.D. 516년 9월 14일 백제가 장군을 보내어 우호를 맺었다.
⑤① A.D. 523년 5월 백제의 무령왕이 죽었다.
⑤② A.D. 524년 1월 백제의 태자 명(明)이 즉위하였다.
⑤③ A.D. 527년 6월 3일 筑紫의 國造가 고구려·백제·신라·임나가 매년 보내는 조공선을 속여 탈취했다.
⑤④ A.D. 529년 3월 다사진(多沙津)을 백제왕에게 하사하였다.
⑤⑤ A.D. 529년 4월 일본이 신라·백제 두 나라의 왕을 불렀다.
⑤⑥ A.D. 530년 9월 신라와 백제에 사인을 보냈다.
⑤⑦ A.D. 534년 5월 1일 백제가 조공하였다.
⑤⑧ A.D. 537년 10월 1일 천황이 백제를 구하였다.
⑤⑨ A.D. 540년 2월 백제인이 귀화하였다.
⑥⓪ A.D. 540년 8월 고구려·백제·신라·임나 네 나라가 동시에 조공하였다.
⑥① A.D. 540년 9월 5일 백제가 청을 하여 이를 허락하였다.
⑥② A.D. 541년 4월 백제왕이 천황에게 충성하는 것이 좋다고 말하였다.
⑥③ A.D. 541년 7월 백제왕이 천황을 섬기어 강적을 막고 국가를 지키어 오늘에 이르렀다고 말하였다.
⑥④ A.D. 543년 4월 백제의 관리들이 물러갔다.
⑥⑤ A.D. 543년 9월 백제왕이 재물과 노(奴)를 바쳤다.
⑥⑥ A.D. 543년 11월 8일 일본인을 보내 천황이 백제에게 지시하였다.
⑥⑦ A.D. 543년 12월 백제왕이 다시 앞서의 천황의 지시를 여러 신하에게 널리 보였다.
⑥⑧ A.D. 544년 1월 백제는 사신을 보내 日本府의 집사를 불렀다.
⑥⑨ A.D. 544년 2월 일본에 보낸 백제 사신들이 일본에서 일본왕의 명령(詔書)을 가져왔다.
⑦⓪ A.D. 544년 3월 백제의 관인 등이 臣의 나라에 와서 천황의 명령

서(詔書)를 읽었다.

⑪ A.D. 544년 10월 백제인이 귀국하였다.

⑫ A.D. 544년 11월 백제왕은 천황의 명령서를 보이며 백제 관리를 보내 일본에 조공하였다.

⑬ A.D. 545년 3월 백제에 사신을 보냈다.

⑭ A.D. 545년 5월 백제가 관리를 보내 表를 올렸다.

⑮ A.D. 545년 9월 백제가 불상을 만들어 천황이 다스리는 나라가 행복하다는 願文을 만들었다.

⑯ A.D. 545년 11월 일본인이 백제에서 돌아왔다.

⑰ A.D. 546년 1월 3일 백제 사인에게 良馬 70필과 선박 10척을 하사했다.

⑱ A.D. 546년 6월 12일 백제가 조공하였다.

⑲ A.D. 547년 4월 백제가 구원병을 청하였다.

⑳ A.D. 548년 1월 3일 백제 사인에게 구원병을 반드시 보내겠다고 말하였다.

㉑ A.D. 548년 4월 3일 백제가 사인을 파견하여 천황의 勅을 받고 귀국하였다.

㉒ A.D. 548년 6월 2일 백제에 사인을 보내 지시(詔)하였다.

㉓ A.D. 548년 윤7월 12일 백제 사인이 귀국하였다.

㉔ A.D. 548년 10월 370명을 백제에 보내 성 쌓는 것을 도왔다(왜곡 여부를 알 길이 힘들다).

㉕ A.D. 550년 2월 10일 천황을 섬기려면 백제인 아무개를 일본에 파견하라고 말했다.

㉖ A.D. 550년 4월 1일 백제왕이 일본 천황의 지시(勅)에 따르겠다고 말하였다.

㉗ A.D. 550년 4월 16일 백제가 고구려인 포로를 바쳤다.

⑱ A.D. 551년 3월 보리 종자 1,000석을 백제왕에게 하사하였다.

⑲ A.D. 551년 백제왕이 백제·신라·임나 3국의 병사를 거느리고 고구려를 쳤다.

⑳ A.D. 552년 5월 8일 백제가 일본에 구원병을 청하고 군의 많고 적음은 천황의 명령에 따르겠다고 말했다.

㉑ A.D. 552년 10월 백제왕이 불상 釋迦를 바쳤다.

㉒ A.D. 552년 백제가 한성을 버렸다.

㉓ A.D. 553년 1월 12일 백제가 일본에게 군사를 청했다.

㉔ A.D. 553년 1월 15일 백제 사인이 귀국하였다.

㉕ A.D. 553년 6월 백제에 좋은 말, 선박, 활, 화살 등을 하사하였다.

㉖ A.D. 553년 8월 7일 백제가 천황에게 활과 말을 많이 내려 주시기를 바란다고 말하였다.

㉗ A.D. 553년 10월 20일 백제가 고구려왕을 쫓아냈다.

㉘ A.D. 554년 1월 9일 백제가 군대 파견을 요청하였다.

㉙ A.D. 554년 2월 백제가 구원군을 요청했다.

⑩ A.D. 554년 3월 1일 백제 사신이 귀국하였다.

⑩ A.D. 554년 5월 3일 일본이 수군을 거느리고 백제로 갔다.

⑩ A.D. 554년 12월 백제가 (일본에) 신(臣)의 나라를 도와달라고 말하였다.

⑩ A.D. 555년 2월 백제 왕자가 천황의 덕에 기대어 아버지 원수를 갚고 싶다고 말하였다.

⑩ A.D. 555년 8월 고구려와 신라가 백제를 멸망시키고자 하였다.

⑩ A.D. 556년 1월 백제 왕자가 귀국하기를 청하자 병기와 말을 많이 하사하였다.

⑩ A.D. 556년 10월 蘇我를 왜국 高市郡에 파견하여 백제의 둔창(屯倉)을 설치하였다.

⑩⑦ A.D. 557년 3월 1일 봄 백제 왕자가 위덕왕이 되었다.

⑩⑧ A.D. 561년 여러 나라의 사인을 안내할 때 접대역이 신라를 백제의 하위(下位)에 서게 하여 신라의 사인이 화를 냈다.

⑩⑨ A.D. 562년 7월 1일 일본 대장군이 승리를 거두고 군사를 돌려 백제의 군영에 들어갔다.

⑪⓪ A.D. 562년 8월 일본의 대장군이 백제의 꾀를 써서 고구려를 격파했다.

⑪① A.D. 575년 2월 백제가 조공을 하였다.

⑪② A.D. 575년 4월 6일 신라 · 임나 · 백제에 각각 사신을 보냈다.

⑪③ A.D. 577년 5월 5일 사람을 보내 백제국의 宰(미고도 모찌)로 삼았다.

⑪④ A.D. 577년 11월 1일 백제왕이 귀국하는 일본 사신에게 율사 · 선사 · 비구니 · 주금사 · 조불공 · 조사공을 바쳤다.

⑪⑤ A.D. 583년 7월 1일 천황이 日羅와 함께 계획하고자 한다고 말하였다.

⑪⑥ A.D. 583년 10월 귀국한 일본 사인이 백제왕이 日羅를 소중히 여기지 않는다고 보고하였다.

⑪⑦ A.D. 583년 귀국한 日羅가 백제왕이 천황이 두려워 명령을 거스르지 못한다고 말하였다.

⑪⑧ A.D. 585년 9월 백제에서 돌아온 일본인이 미륵석상 1구를 가져왔다.

⑪⑨ A.D. 587년 6월 21일 여승들이 大臣에게 백제에 가서 受戒法을 배우고 싶다고 말하였다.

⑫⓪ A.D. 587년 6월 백제의 조공사가 왔다.

⑫① A.D. 588년 백제가 사신과 승려 등을 보내 불사리를 바쳤다.

⑫② A.D. 590년 3월 여승 등이 백제에서 귀국했다.

⑫③ A.D. 595년 5월 10일 백제의 승려 혜총이 왔다.

⑫④ A.D. 597년 4월 1일 백제왕이 조공하였다.

⑫⑤ A.D. 599년 9월 1일 백제가 낙타, 나귀 등을 바쳤다.

⑫⑥ A.D. 601년 3월 5일 사인을 고구려와 백제에 보냈다.

⑫⑦ A.D. 602년 6월 3일 고구려에 간 사인과 백제에 간 사인이 함께 귀국했다.

⑫⑧ A.D. 602년 10월 백제의 승려가 왔다. 달력, 책, 천문, 지리서 등을 바쳤다.

⑫⑨ A.D. 608년 6월 15일 당나라 사인이 백제를 지날 때 당나라 황제가 준 서찰을 약탈했다고 말하였다.

⑬⓪ A.D. 609년 4월 4일 筑紫大宰가 백제의 승려 등과 일반인이 肥後의 항구에 정박해 있다고 말했다.

⑬① A.D. 609년 5월 16일 백제인들을 본국으로 돌려보냈다.

⑬② A.D. 612년 이해 백제에서 일본으로 귀화해 온 사람이 있었다.

⑬③ A.D. 615년 9월 백제의 사신이 당나라 파견 일본 사신을 따라 입국하였다.

⑬④ A.D. 615년 11월 2일 백제 사신에게 잔치를 베풀었다.

⑬⑤ A.D. 623년 백제는 종종 표변하는 나라이다.

⑬⑥ A.D. 624년 4월 3일 백제 승려가 백제왕이 천황이 현명하다는 것을 듣고 불상과 불전을 바쳤다고 말하였다.

⑬⑦ A.D. 630년 3월 1일 고구려 대사와 백제 대사가 조공하였다.

⑬⑧ A.D. 630년 8월 8일 고구려와 백제 사신에게 잔치를 베풀었다.

⑬⑨ A.D. 630년 9월 4일 고구려 사신과 백제 사신이 귀국하였다.

⑭⓪ A.D. 631년 3월 1일 백제왕이 왕자를 보내 볼모로 삼았다.

⑭① A.D. 635년 6월 10일 백제가 조공하였다.

⑭② A.D. 635년 7월 7일 백제 사신에게 잔치를 베풀었다.

⑭③ A.D. 638년 백제 · 신라 · 임나 세 나라가 나란히 조공하였다.

⑭④ A.D. 640년 10월 11일 백제 · 신라의 조공 사신이 당나라 파견 일

본 유학생을 따라 일본에 왔다.

⑭⑤ A.D. 642년 1월 29일 백제 파견 일본 사인이 달려와 백제가 천황이 죽었다는 말을 듣고 조문사를 파견하였다고 말하였다.

⑭⑥ A.D. 642년 2월 2일 백제 조문사는 백제 왕자가 귀국편에 따라가고자 하여도 천황이 허락하지 말아 달라고 청하였다.

⑭⑦ A.D. 642년 2월 22일 고구려·백제 사신에게 잔치를 베풀었다.

⑭⑧ A.D. 642년 2월 25일 고구려·백제 사신에게 잔치를 베풀었다.

⑭⑨ A.D. 642년 2월 27일 고구려 사신과 백제 사신이 함께 귀국하였다.

⑮⓪ A.D. 642년 4월 10일 蘇我가 백제 왕자를 불러 선물을 사하였다.

⑮① A.D. 642년 5월 16일 백제의 조공사가 도착했다.

⑮② A.D. 642년 5월 18일 백제가 조공하였다.

⑮③ A.D. 642년 5월 22일 백제 왕자(교기)의 아들이 죽었다.

⑮④ A.D. 642년 7월 22일 백제 사신에게 조당(朝堂)에서 잔치를 베풀었다.

⑮⑤ A.D. 642년 8월 6일 백제의 사신이 돌아감에 3척의 배를 하사하였다.

⑮⑥ A.D. 642년 8월 13일 백제의 볼모에게 관위를 주었다.

⑮⑦ A.D. 642년 8월 15일 백제의 사인에게 배를 하사하여 떠나보냈다.

⑮⑧ A.D. 642년 8월 26일 백제·신라 사신이 귀국하였다.

⑮⑨ A.D. 643년 3월 13일 難波의 백제 객관에 불이 났다.

⑯⓪ A.D. 643년 4월 21일 백제 왕자와 조공사가 함께 일본에 왔다.

⑯① A.D. 643년 6월 23일 백제 조공사의 배가 도착하였다.

⑯② A.D. 643년 7월 3일 백제의 조공품을 점검하고 종래의 조공품보다 적다고 하였다.

⑯③ A.D. 643년 백제의 태자가 일본에서 벌을 길렀다.

⑯④ A.D. 645년 7월 고구려·백제·신라 세 나라가 함께 조공하였다.

⑯⑤ A.D. 645년 8월 8일 전에 백제왕이 倭에 불교를 전했다.

⑯ A.D. 646년 2월 15일 고구려·백제·신라 세 나라가 함께 조공하였다.

⑯ A.D. 650년 2월 15일 대신들이 백제 왕자들을 거느리고 도착했다.

⑯ A.D. 650년 4월 고구려·백제·신라 3국이 해마다 조공하였다.

⑯ A.D. 650년 백제 선박 2척을 만들었다.

⑰ A.D. 651년 6월 백제·신라가 조공하였다.

⑰ A.D. 652년 4월 신라·백제가 조공하였다.

⑰ A.D. 653년 6월 백제·신라가 조공하였다.

⑰ A.D. 654년 7월 24일 백제·신라가 보낸 사신과 함께 筑紫에 이르렀다.

⑰ A.D. 654년 고구려·백제·신라 세 나라가 사신을 보내 조문하였다.

⑰ A.D. 655년 7월 11일 백제의 조공사 150명에게 잔치를 베풀었다.

⑰ A.D. 655년 고구려·백제·신라 세 나라가 함께 조공하였다.

⑰ A.D. 656년 고구려·백제·신라 세 나라가 함께 조공하였다.

⑰ A.D. 657년 백제에서 돌아와 낙타 1마리와 당나귀 2마리를 바쳤다.

⑰ A.D. 659년 7월 3일 일본 사신의 행렬이 백제 남쪽 해안에 이르렀다.

⑱ A.D. 660년 5월 한 國老가 백제가 땅을 잃을 징조인가라고 하였다.

⑱ A.D. 660년 7월 16일 蘇定方 등이 사로잡은 백제왕 이하 50여 명을 朝堂에 바쳤다.

⑱ A.D. 660년 9월 5일 福信 등이 왕성을 지켰다.

⑱ A.D. 660년 10월 백제의 福信이 당나라 포로 100여 명을 (일본에) 바쳤다.

⑱ A.D. 660년 백제를 위해 장차 신라를 정벌하려고 배를 만들도록 명령하였다.

⑱ A.D. 661년 4월 백제의 福信이 表를 올렸다.

⑱ A.D. 661년 8월 일본의 장군들로 하여금 백제를 구원하게 했다.

⑱ A.D. 661년 9월 일본이 백제 왕자에게 일본의 관위를 주었다.

⑱ A.D. 661년 11월 7일 백제의 福信이 바친 당나라 포로 106명을 近江國에 살게 하였다.

⑱ A.D. 661년 12월 고구려를 공격하는 것이었는데, 먼저 백제를 공격하였다.

⑲ A.D. 661년 일본에서 고구려를 구하러 간 군의 장수들이 백제 해안에 갔다.

⑲ A.D. 662년 1월 27일 일본이 백제 장군에게 화살 등을 하사하였다.

⑲ A.D. 662년 3월 4일 백제왕에게 布 300단을 하사하였다.

⑲ A.D. 662년 5월 천황의 명령으로 豐璋이 백제 왕위를 계승하게 했다.

⑲ A.D. 662년 6월 28일 백제가 조공하였다.

⑲ A.D. 662년 12월 1일 백제왕이 간하는 말을 듣지 않았다.

⑲ A.D. 662년 백제를 구원하기 위해 무기를 수리하였다.

⑲ A.D. 663년 2월 2일 백제가 조공하였다.

⑲ A.D. 663년 6월 백제왕이 병사에게 명하여 福信의 목을 베었다.

⑲ A.D. 663년 8월 13일 백제왕이 大日本國의 구원 장군이 온다고 말하였다.

⑳ A.D. 663년 8월 28일 일본의 장군들과 백제왕이 날씨를 살피지 않았다.

⑳ A.D. 663년 9월 7일 일본의 군장들과 만나 금후의 처지를 상담하고자 했다.

⑳ A.D. 664년 3월 백제왕을 難波에 살게 했다.

⑳ A.D. 664년 5월 17일 백제에 주둔하고 있던 당의 장군이 일본에 물건을 바쳤다.

⑳ A.D. 665년 2월 백제의 백성을 일본(近江國)에 살게 했다.

⑳ A.D. 665년 3월 일본 神前郡의 백제인에게 토지를 지급했다.

⑳ A.D. 665년 9월 23일 백제인(郭務悰)이 表와 函을 올렸다.

⑳ A.D. 666년 백제인 2,000인에게 3년 간 국비로 官食을 하사하였다.

㉘ A.D. 667년 2월 27일 고구려·백제·신라 세 나라가 모두 노상에서 (일본왕후의) 장례에 대해 슬픔을 표했다(奉哀).

㉙ A.D. 667년 11월 9일 당나라 장군 劉仁願이 백제에 주둔하였다.

⑩ A.D. 668년 4월 6일 백제가 조공하였다.

⑪ A.D. 671년 1월 13일 백제에 주둔하는 당나라 장군이 表를 올렸다.

⑫ A.D. 671년 2월 23일 백제가 조공하였다.

⑬ A.D. 671년 6월 4일 백제의 사인이 청한 군사에 대해 천황이 말씀하였다.

⑭ A.D. 671년 6월 15일 백제가 조공하였다.

⑮ A.D. 671년 7월 11일 당나라 사람과 백제의 사인이 함께 귀국하였다.

⑯ A.D. 673년 6월 29일 백제의 집에서 무기를 정비하였다.

⑰ A.D. 674년 윤6월 6일 일본의 관위(大錦下)를 가진 백제인이 죽었다.

⑱ A.D. 678년 5월 3일 백제 사람에게 관위를 주었다.

⑲ A.D. 684년 1월 18일 고구려·백제·신라 3국의 음악을 연주하였다.

⑳ A.D. 684년 7월 백제의 승려가 기우제를 지냈다.

㉑ A.D. 685년 5월 14일 귀화한 백제 사람들을 무사시(武藏國) 지방에 살게 했다.

㉒ A.D. 685년 12월 6일 신라가 당에 보냈던 학생들과 당의 포로들을 筑紫까지 호송하였다.

㉓ A.D. 686년 2월 4일 당나라인·백제인·고구려인에게 작위를 주었다.

㉔ A.D. 686년 5월 9일 주치의인 백제인이 병사하므로 관위를 수여하였다.

㉕ A.D. 686년 10월 4일 백제 승려에게 30호를 봉(封)하였다.

㉖ A.D. 686년 10월 8일 백제 승려를 지방에 보내 백출(한약)을 달이게 했다.

㉗ A.D. 686년 윤12월 筑紫의 일본인이 고구려·백제·신라 3국의 사람을 바쳤다.

㉘ A.D. 688년 5월 8일 백제 사람을 지방(甲斐國)에 옮겼다.

㉙ A.D. 688년 7월 20일 백제의 승려에게 비가 내리기를 청하였다.

㉚ A.D. 690년 5월 10일 백제의 남녀 21명이 귀화하였다.

㉛ A.D. 690년 10월 22일 백제 전쟁 때 당나라의 포로가 된 사람에게 관위와 많은 물품을 주었다.

㉜ A.D. 691년 1월 7일 백제 왕족들에게 음식과 의상을 주었다.

㉝ A.D. 691년 1월 13일 백제 왕족에게 인민을 주었다.

㉞ A.D. 691년 5월 21일 백제인에게 壬申년 전쟁 때의 공을 포상하여 관위와 물품을 하사했다.

㉟ A.D. 691년 9월 4일 당나라 사람과 백제 사람에게 은(銀)을 주었다.

㊱ A.D. 694년 3월 16일 천황이 샘(泉)을 발견한 일본 남자와 백제 여자에게 귀한 물품을 하사하라고 말하였다.

위의 백제와 일본에 관한 기사 가운데 대표적인 기사 몇 가지를 제시하면 다음과 같다.

① 백제왕이 일본을 조공하였다.

② 백제는 일본에 무례한 辰斯王을 죽였다.

③ 백제왕 부자가 땅에 이마를 박고 천황의 은혜를 잊지 않겠다고 말하였다.

④ 백제의 왕족이 귀화하였다.

⑤ 천황이 땅(久麻那利)을 백제왕에게 하사하였다.

⑥ 일본이 신라·백제 두 나라의 왕을 불렀다.

⑦ 백제왕이 천황을 섬기었으므로 강적을 막고 국가를 지키어 오늘에 이르렀다고 말하였다.

⑧ 백제왕이 일본 천황의 지시를 따르겠다고 말하였다.

⑨ 일본이 신라·백제 두 나라의 사신을 불렀다.

⑩ 백제왕이 왕자를 보내 볼모로 삼았다.

⑪ 백제 · 고구려 · 신라 · 임나가 동시에 조공하였다.
⑫ 백제왕이 천황의 지시를 여러 신하에게 알렸다.
⑬ 백제가 일본에 신(臣)의 나라를 도와달라고 말하였다.
⑭ 천황이 사인을 보내 지시(詔)하였다.
⑮ 백제의 福信이 表를 올렸다.
⑯ 백제가 천황에게 많은 무기를 달라고 말하였다.
⑰ 일본이 백제왕자에게 일본 관위(官位)를 주었다.
⑱ 백제 사신과 고구려 사신이 함께 조공하였다.
⑲ 고구려 · 백제 · 신라 세 나라가 모두 노상에서 (일본 왕족의) 장례에 대해 슬픔을 표하였다.
⑳ 일본왕이 백제왕에게 布 300단을 하사하였다.

위에 서술한 백제와 일본의 관계를 한마디로 요약하면 백제는 일본의 직할 영토이다. 그러나 이러한 두 나라 관계는 제1부에서 서술한 백제와 일본의 관계와는 거의 정반대의 것이었다. 즉 제1부에서는 일본왕은 일본에 있는 백제천(百濟川)변에 왕궁을 세운 백제 사람이었고 또 백제인이 일본을 통치한 내용, 일본의 지명은 한국(백제)에서 유래되었을 뿐만 아니라 일본의 여러 사물의 명칭도 한국에서 유래된 것으로 되어 있다. 그러나 여기서는 백제왕이 일본에 조공하였으며 백제 왕족이 일본에 귀화하였다고 서술되어 있다. 또 일본은 백제왕을 호출하였을 뿐만 아니라 일본천황이 백제왕자로 하여금 백제 왕위에 오르게 하였다고 적고 있다. 그리고 또 제1부에서는 일본천황(齊明)이 백제 왕족인 福信의 지시에 따라 일본 왕도(難波宮)에서 멀리 규슈(九州)까지 달려갔다고 되어 있는데 여기서는 백제왕족인 福信이 일본 천황에 表를 올렸다고 기록하고 있다. 도대체 어찌 된 일인가?

여기서 우리는 『일본서기』가 수많은 왜곡된 기사들을 합리화시키기 위하여 오랜 기간 동안 여러 사람에 의해 여러 각도에서 서술된 것이라고 한 일본 사학자의 말을 상기하게 된다.

그리고 백제와 일본의 관계 기사 가운데 가장 심하게 왜곡된 기사의 하나는 백제 무령왕(501~522년 재위)이 백제 왕족·백제 장군·오경박사 등을 파견하여 일본을 경영한 사실, 백제 성왕(523~553년 재위)이 백제 관리·오경박사·승려·易박사·曆박사·醫박사·採藥師·樂人 등을 파견하여 일본을 경영한 사실, 그리고 백제 위덕왕(554~597년 재위)이 律師·禪師·비구니·呪禁師·造佛工·造寺工·승려·백제관리·瓦博士·畫工 등을 파견하여 일본을 경영한 사실 등을 은폐한 사실일 것이다. 그러나 일본 법륭사(法隆寺)의 비불(秘佛)인 관음상(觀音像)이 백제 위덕왕이 부왕인 성왕을 연모 갈망하여 만든 성왕유상(聖王遺像)이라는 점을 상기한다면 『일본서기』의 고대한일관계 왜곡기사는 설 땅을 잃을 것이다.

또한 1971년 공주에서 발견된 무령왕릉의 지석(誌石)은 무령왕의 죽음이 왕이나 왕자의 죽음을 뜻하는 '훙(薨)'이 아니라 천자나 황제의 죽음을 뜻하는 '붕(崩)'이었다. 이렇게 볼 때 무령왕은 황제나 천자로서 일본을 경영한 백제왕임이 더욱 뚜렷해진다고 할 수 있겠다. 참고로 무령왕의 관(棺)은 일본에서만 생산되는 나무로 만들어졌다.

앞에서 본 바와 같이 제1부는 사실을 기록한 기사이고 제2~5부까지의 기사는 사실을 왜곡하거나 조작한 기사이다. 그런데 제2~5부까지의 370여 쪽에 이르는 방대한 지면의 왜곡·조작기사도 일본왕이 한국인(백제인)이고 일본의 지명과 사물의 명칭이 모두 한국에서 유래되었다는 제1부의 역사적 사실을 말살하거나 은폐할 수 없음을 알게 된다.

또 제1부의 역사적 사실에 비추어 보아도 한반도의 한 나라(고구려·신라·백제 등)가 일본에 조공사를 파견하였다는 주장은 허구임이 분명하다. 이는 종주국이 식민지에 조공하였다는 논리이다. 거기에다 또 『일본서기』는 한반도의 여러 나라가 동시에 일본에 조공하였다고 주장한다. 한반도에 있는 여러 나라 가운데 두 나라, 또는 세 나라, 심지어는 네 나라가 동시에 일본에 조공하였다고 하니 이를 어찌 설명하면 좋단 말인가? 폭소나 분반(噴飯)을 넘어 아연할 따름이다. 또 고구려와 중국(吳)이 함께 일본에 조공하였다는 서술은 또 어떻게 설명해야 할 것인가? 그리고 여러 나라가 동시에 함께 조공을 하는 일은 불가능한 일이지만 설사 그것이 가능하다는 가정 하에서의 여러 나라의 동시 조공은 또 어떻게 설명해야 할 것인가? 한반도의 여러 나라가 동시에 함께 조공하려면 그 여러 나라(고구려 · 백제 · 신라)가 한 부락 내에 존재함과 동시에 그들이 언제나 한마음을 가지고 있다는 조건하에서만 가능할 것이다. 일본의 『일본서기』 집필자는 이것(다수국 동시 조공)이 가능하다고 생각하고 그렇게 서술하였는가? 지금 한반도의 여러 나라가 동시에 일본에 조공하였다는 『일본서기』의 기사의 내용은 표 1과 같다.

표 1_ 한반도의 두 나라 이상의 국가가 동시에 함께 일본에 조공했다고 한 사례(일본서기)

기년	고구려	신라	백제	임나	吳
276	○	○	○	○	
376	○				○
540	○	○	○	○	
623		○		○	
630	○		○		
638		○	○		
645	○	○	○		
646	○	○	○	○	
647	○	○			
650	○	○	○		
651		○	○		
652		○	○		
653		○	○		
654	○	○	○		
655	○	○	○		
656	○	○	○		
675		○	○		
676	○	○			

요컨대 제1부 사실을 기록한 기사와 위배되는 기사는 모두 왜곡되고 조작된 기사이다.

끝으로 한 마디 부언하겠다. 미국의 국사교과서가 미국의 역사는 영국의 식민지부터 시작했다고 하듯이, 일본의 국사교과서가 본서의 제1부의 내용을 싣든가 그렇지 않으면 적어도 6세기에 백제왕이 파견한 백제 관리들이 일본을 경영한 사실을 실어야 할 것이다. 그렇게 해야만 일본은 역사적 사실에 근거한 민주주의를 애호함과 동시에 이웃 나라도 사랑하는 국가라는 평을 받게 될 것이다.

제5부 한반도의 여러 나라(고구려·신라·백제·임나)가 함께 일본에 조공을 바쳤다고 왜곡한 기사

『일본서기』는 앞에서 본 바와 같이 고구려·백제·신라가 단독으로 일본에 조공을 하였다고 왜곡하기도 하였지만 고구려 · 백제 · 신라 · 임나 등의 여러 나라가 함께 일본에 조공사를 파견하였다고 왜곡하고 있다. 한반도에 있는 백제 · 신라 · 고구려 · 임나(임나는 한반도에 없다) 등의 두 나라, 또는 세 나라, 또는 네 나라가 어떻게 함께 동시에 조공할 수 있겠는가? 이런 예를 『일본서기』에서 제시하면 다음과 같다.

① 欽明 元년(540) 8월, 고구려 · 백제 · 신라 · 임나 4국이 동시에 일본에 조공

② 舒明 10년(638) 이해 백제 · 신라 · 임나 3국이 함께 조공

③ 大化 3년(647) 1월 15일, 고구려 · 신라 두 나라가 함께 조공

④ 白雉 원년(650) 4월, 고구려 · 백제 · 신라 3국이 매년 함께 조공

⑤ 孝德白雉 2년(651) 6월, 백제 · 신라 두 나라가 함께 조공

⑥ 孝德白雉 3년(652) 4월, 신라 · 백제 두 나라가 함께 조공

⑦ 孝德白雉 4년(653) 6월, 백제 · 신라 두 나라가 함께 조공

⑧ 孝德白雉 5년(654) 이해 고구려 · 백제 · 신라 3국이 함께 조문

⑨ 斉明 元년(655) 이해 고구려·백제·신라 3국이 함께 조공

⑩ 天智 6년(667) 2월 27일, 고구려·백제·신라 3국이 함께 장례 슬픔을 표시

⑪ 天武 4년(675) 8월 28일, 신라사인·고구려사인 두 나라 사람이 함께 筑紫도착

⑫ 應神 7년(276) 9월, 고구려인·백제인·임나인·신라인 네 나라 사람이 함께 일본에 옴(여기서는 조공하였다고 하지 않고 함께 왔다고만 함)

⑬ 仁德 58년(370) 10월, 吳·고구려가 함께 조공

⑭ 欽明 원년(540) 8월, 고구려·백제·신라·임나 네 나라가 함께 조공

⑮ 舒明 2년(630) 3월 1일, 고구려사인·백제사인 두 나라 사람이 함께 조공

⑯ 大化 2년(646) 2월 15일, 고구려·백제·임나·신라 네 나라가 함께 조공

⑰ 大化 3년(647) 1월 15일, 고구려·신라 함께 사인을 보내 조공

⑱ 白雉 원년(650) 4월, 고구려·백제·신라 3국이 해마다 조공

⑲ 白雉 5년(654) 고구려·백제·신라 세 나라가 함께 사신을 보내 조문

⑳ 齊明 元년(655) 이해 고구려·백제·신라가 세 나라가 함께 조공

㉑ 齊明 2년(656) 고구려·백제·신라 세 나라가 함께 조공

㉒ 天武 10년(682) 9월 3일, 고구려사인과 신라의 사인이 함께 와서 조정에 인사했다.

위에 나타나 있는 바와 같이 한반도의 여러 나라가 함께 일본에 조공을 하였다는 기사가 무려 22사례나 된다. 교통이 편리한 오늘날에도 평양 사람과 경주 사람, 공주 사람과 부여 사람이 같이 모여 의견의 일치를 보고 함께 일본으로 가는 일은 매우 어려울 것이다. 도보로 수천 리를 걸어 다녀야 하는 당시의 사정으로서는 4국의 대표가 함께 일본에 간다는 것은 어

린이의 만화가 아니고서는 불가능하다. 한반도에 있는 한 나라의 사람들이 일본으로 가는 것도 어려운 것이거늘 어떻게 세 나라나 네 나라의 조공사들이 함께 일본에 갔다고 『일본서기』 집필자는 집필하였을까 그것이 궁금하다.

그리고 AD 400년경부터 663년까지 일본은 백제의 지배하에 있었고, 664년부터 672년까지는 당나라의 지배하에 있었으며, 727년부터는 통일신라와 발해 양국의 지배하에 있었는데 어떻게 백제 · 신라 · 고구려 · 발해가 함께 일본에 조공사를 파견하였다고 『일본서기』는 기술하고 있는 것일까? 이는 역사 왜곡을 해서라도 일본이 백제 · 신라 · 발해의 지배하고 있었다는 역사적 사실을 희석 내지 은폐하고자 하는 심산에서 취해진 소위가 아닌가 한다.

제6부 탐라와 일본의 관계를 왜곡한 기사

끝으로 탐라와 일본의 관계를 왜곡한 기사를 살펴보자. 『일본서기』에서 탐라(제주도)와 일본의 관계에 관한 기사를 뽑아서 제시하면 다음과 같다.

① 繼體 2년(508) 12월, 南海中耽羅人 初通 百濟國

② 齊明 7년(661) 5월 23일, 耽羅始遣王子 阿波伎等貢獻

③ 天智 4년(665) 8월, 耽羅通使來朝

④ 天智 5년(666) 1월 11일, 耽羅獻王子姑如等貢獻

⑤ 天智 6년(669) 7월 11일, 耽羅獻佐平椽磨等貢獻

⑥ 天智 8년(669) 3월 11일, 耽羅獻王子 久麻伎等貢獻

⑦ 天智 8년(669) 3월 18일, 耽羅獻王 五穀種

⑧ 天武 2년(673) 윤6월 8일, 耽羅遣王子久麻藝・都羅・宇麻等朝貢

⑨ 天武 2년(674) 8월 25일, 喚賀騰極使 金承元等 中客以上廿七人於京 因命大宰 詔耽羅使人曰 天皇新平天 下 初之即位 由是 唯除賀使以外 不召 則汝等親所見 亦時寒浪嶮 之淹油留之 還爲汝愁 故宜疾歸 仍左國王及大使者久麻藝等 肇賜爵位 (중략) 則自筑紫返之

⑩ 天武 4년(675) 8월 1일, 耽羅調使王子之麻伎泊筑紫

⑪ 天武 4년(675) 9월 27일, 耽羅王姑如到難波

⑫ 天武 5년(676) 2월 24일, 耽羅客 賜船一艘

⑬ 天武 5년(676) 7월 8일, 耽羅客歸國

⑭ 天武 6년(677) 8월 28일, 耽羅遣王子都羅朝貢

⑮ 天武 7년(678) 1월 22일, 耽羅人向京

⑯ 天武 8년(679) 9월 23일, 遣高麗使人 遣耽羅使人等返之共拜朝庭

⑰ 天武 13년(684) 10월 3일, 縣犬養連手繦爲大使 川原連加尼爲小使遣耽羅

⑱ 天武 14년(686) 8월 20일, 遣耽羅使人等還之

⑲ 持統 2년(688) 8월 25일, 耽羅王遣佐平加羅 耒獻方物

⑳ 持統 2년(688) 9월 23일, 饗耽羅佐平加羅等於筑紫館賜物名有差

㉑ 持統 7년(693) 11월 7일, 賜耽羅王子佐平等各有差

위의 사료를 우리말로 요약하면 다음과 같이 될 것이다.

① 508년(繼體 2년) 12월, 남해의 탐라인이 처음으로 백제와 통교하였다.

② 661년(齊明 7년) 5월 23일, 탐라가 왕자를 보내 일본에 조공하였다.

③ 665년(天智 4년) 8월, 탐라가 사인을 보내 조공하였다.

④ 666년(天智 5년) 1월 11일, 고구려가 사인을 보내 조공하고, 탐라는 왕자를 보내 조공하였다.

⑤ 667년(天智 6년) 7월, 탐라가 조공하였다.

⑥ 669년(天智 8년) 3월 11일, 탐라가 왕자를 보내 조공하였다.

⑦ 669년(天智 8년) 3월 18일, 탐라왕에게 5곡의 종자를 하사하였다.

⑧ 673년(天武 2년) 윤6월 8일, 탐라가 왕자를 보내 조공하였다.

⑨ 674년(天武 3년) 8월 25일, 천황의 등극을 축하하는 사신을 왕경에 불렀다. 작위를 하사하였다.

⑩ 675년(天武 4년) 8월 1일, 탐라의 조공사가 筑紫에서 숙박했다.

⑪ 675년(天武 4년) 9월 27일, 탐라왕 고여(姑如)가 難波에 도착했다.

⑫ 676년(天武 5년) 2월 24일, 탐라 사신에게 배 1척을 하사하였다.
⑬ 676년(天武 5년) 7월 8일, 탐라 사신이 귀국하였다.
⑭ 677년(天武 6년) 8월 28일, 탐라 왕자를 보내 조공하였다.
⑮ 678년(天武 7년) 1월 22일, 탐라 사람이 왕경으로 갔다.
⑯ 679년(天武 8년) 9월 23일, 고구려에 파견한 사임과 탐라에 파견한 사인이 돌아왔다.
⑰ 684년(天武 13년) 10월 3일, 탐라에 대사(大使)와 소사(小使)를 파견했다.
⑱ 686년(天武 14년) 8월 20일, 탐라에 보낸 사인이 귀국하였다.
⑲ 688년(持統 2년) 8월 25일, 탐라왕이 방물(方物)을 바쳤다.
⑳ 688년(持統 2년) 9월 23일, 탐라 사인에게 筑紫館에서 잔치를 베풀고 물품을 하사하였다.
㉑ 693년(持統 7년) 11월 7일, 탐라 왕자와 사인(佐平) 등에 문건을 하사하였다.

위의 내용을 요약하면 탐라는 일본에 조공하고 일본 왕은 탐라에 물품을 하사하는 것이 되겠다.

그런데 664년부터 672년까지 8년간은 당나라의 도독부(都督府)가 일본을 통치하였으므로[1] 당나라 도독부의 통치를 받고 있던 일본에 ③~⑦까지의 기사는 허구임이 분명해진다. 또 이와 거의 같은 시기인 664~670년까지는 나・당 연합군에 패한 백제의 지배층이 일본으로 후퇴(일본이 백제의 식민지가 아니고서는 이런 일이 일어날 수 없다)하여 나・당 연합군의 침공에 대비하여 대마도에서 세도내해(瀨户內海)를 거쳐 나라(奈良)에 이르기까지 백제 산성을 구축하였다[2](지금도 그 유적이 남아있다). 이러한 국제적으로 긴박한 시기에 ③~⑦와 같은 사건이 일어날 수 없다. 더욱 엄격하게 말하면 이 시기는 조공

1. 최재석, <고대한일관계와 일본서기>, 2001(서울 : 일지사), PP. 225~237.
2. 최재석, 앞의 책 PP. 207~215.

은 물론이고 일반 국제적 교류도 일어날 수 없는 시기였다. 그리고 또 탐라가 왕자를 일본에 보내 조공하였다는 ②, ⑥, ⑧, ⑭기사도 허구이며, 일본이 천황의 등극을 축하하는 탐라 사신을 일본 왕경으로 호출하였다는 기사 ⑨도 허구이고, 그리고 또 탐라 사신에게 일본이 하사였다는 ⑫기사도 허구이다. 탐라가 일본의 식민지가 아닌데 어떻게 일본이 탐라 사신을 일본에 호출할 수 있겠는가? 이 기사도 허구이다. 그리고 또 일본은 조선 및 항해 수준이 매우 유치하여 신라의 도움 없이 일본 단독으로는 중국은 물론 신라에도 갈 수 없었으므로[3] 일본이 탐라 사인에게 선박을 주었다는 기사도 허구일 수밖에 없다. 또 고구려에 파견한 사인과 탐라에 파견한 사인이 동시에 귀국하였다는 ⑯의 기사도 어린이의 눈에도 조작 기사임이 분명하다. 이렇게 볼 때 탐라가 일본에 조공하였다는 기사는 백제가 탐라와 일본의 관계기사는 신라와 일본의 관계기사, 고구려와 일본의 관계기사, 백제와 일본의 관계기사와는 달리 661년부터 693년까지 불과 32년간 계속된다는 것도 왜곡 내지 조작되어 있다는 의혹을 자아내게 한다.

또 32년간이라는 짧은 기간에 탐라가 무려 9회의 조공사를 일본에 파견하였다는 기사, 일본이 탐라와 사신을 호출하였다는 기사, 그리고 또 고구려에 파견한 일본 사인과 탐라에 파견한 일본 사인이 함께 귀국하였다는 기사도 모두 그러한 의혹을 자아내게 한다.

앞에서 살펴본 바와 같이 『일본서기』는 고대 한국(신라 · 고구려 · 백제 · 탐라)이 일본에 조공한 것이 수백 건에 이른다고 적고 있다. 그러나 일본(인)이 한국(인)에 대하여 행동을 취하였다고 하건, 한국(인)이 일본(인)에 대하여 행동을 취하였다고 하건 그 행동의 시말을 구체적으로 서술한 기사는 하나도 없다. 수백 건의 기사 거의 전부는 한국이 일본에 조공을 하였다는 식의 한줄 정도의 서술이고 조공의 내용을 구체적으로 밝힌 기사는 하나도 없다.

3. 최재석, 앞의 책 PP. 87~88 『일본서기』, 舒明 11년 9월.

그런데 일본이 한국에 대하여 얼마나 열등의식을 가졌기에 신라·고구려·백제 3국의 일본 조공설도 부족하여 탐라까지 일본에 조공하였다고 주장하는 것일까? 한국이 일본을 통치하였다는 『일본서기』의 기사(제1부 참조)가 그렇게도 일본인의 자존심을 상하게 하였단 말인가? 그렇지 않고서야 신라와 고구려와 백제가, 그것으로도 부족해서 탐라까지 포함시켜 모두 4국이 일본에 조공을 하였다고 허구의 말을 하는 것인가?

그런데 한국의 역사서인 『삼국사기』에는 『일본서기』식으로 간략하게 조공하였다는 식의 기사는 하나도 없고 모두 구체적으로 그 내용을 밝히고 있다. 예를 들어 『삼국사기』에는 804년과 816년의 일본의 조공 기사를 다음과 같이 구체적으로 기록하고 있다. 즉 『삼국사기』에는 신라 애장왕 5년(804) 5월 조에 일본 국사가 황금 300냥을 진상(進)하였다고 기록하고 있고[4] 또 헌강왕 7년(887) 4월에는 일본 국왕이 사인을 파견하여 역시 황금 300냥과 명주 10개를 진상하였다고 기록하고 있다.[5] 고대 한국이 진정 일본에 조공을 하였다면 의당 위의 『삼국사기』의 구체적 기록처럼 『일본서기』에도 남겼어야 했을 것이다. 어쨌든 일본이 아무리 고대 한국이 일본에 조공하였다고 주장하여도 제1부의 진실은 말살되지 않을 것이다.

4. 『삼국사기』 애장왕 5년 5월 조
5. 『삼국사기』 헌강왕 7년 4월 조

1. 가야와 미마나[任那]는 동일국인가

—가야·미마나 관계 재론—

Ⅰ. 머리말

저자가 1985년에 논문 〈삼국사기 초기기록은 과연 조작되었는가〉를 발표하였으니,[1] 올해로 만 20년이 된다. 이 글은 ≪삼국사기≫의 초기기록은 조작되었다고 하는 일본인들의 주장을 한국 고대 사학자가[2] '근대적 학문적 비판'이라고 추켜세우면서 받아들인 것을 비판한 글이었다. 그러나 ≪삼국사기≫ 초기기록이 조작되었다고 주장한 일본인 사학자들이나 한국의 고대 사학자들로부터 지금까지 아무런 회답을 접하지 못하고 있다.

또 저자는 1988년에 가야와 미마나를 동일시하는 일본사학들을 비판하였으며, 1996년에는 가야와 미마나를 동일국가시하는 한국 고대 사학자들을 비판한 바 있는데,[3] 이 역시 그들로부터 아무런 회답이나 반박문을 접하지 못하고 있다.[4] 저자가 본고를 抄하게 된 것은 한국의 고대 사학자들이 아직도

1. 최재석, 〈≪三國史記≫ 초기기록은 과연 조작되었는가〉 ≪韓國學報≫ 38, 1985 : ≪韓國古代社會史方法論≫, 一志社, 1987.
2. ≪三國史記≫ 초기기록 조작설을 받아들인 한국사학자는 이병도·이홍직·이기백·김철준·천관우·이기동·문경현 등이다.
3. 최재석, 〈池內 宏의 日本古代史 비판〉 ≪人文論執≫ 33, 1988 ; 〈末松保和의 日本上代史論 비판〉 ≪韓國學報≫ 53, 1988 ; 〈加耶연구에서의 加耶와 미마나(任那)의 혼동〉 ≪한국민족학연구≫ 창간호, 1996 ; ≪古代韓國과 日本列島≫, 一志社, 2000.
4. 가야와 미마나를 동일시하는 한국학자는 이병도, 이기동, 김현구 등 12명에 이른다. 주 3)의 세 번째 논고 참조.

≪삼국사기≫의 초기기록을 조작으로 보고 있는 것인지, 아니면 저자의 비판을 받아들이고 있는 것인지, 혹은 아직도 일본인들의 주장에 따라 가야와 미마나를 동일국으로 간주하고 있는 것인지, 아니면 가야와 미마나는 별개의 나라라는 저자의 견해를 따르는 것인지 분명한 회답을 바라서였다. 계속 침묵만 지켜서는 학문하는 태도라고 말할 수 없을 것이다.

加耶는 한국의 역사서인 ≪삼국사기≫에 나오는 한반도 남쪽에 자리 잡은 고대 국가의 명칭이고, 미마나[任那]는 일본의 역사서인 ≪일본서기≫에 나오는 지명이다. 그런데 미마나에 대하여 언급한 사람은 거의 전부 가야와 미마나를 동일국가시하고 있다. 이러한 한국인의 견해는 모두 일본학계의 주장을 따르고 있으므로 먼저 일본인의 견해부터 살펴보고 실제로 가야와 미마나가 동일국인지 아닌지를 여기서 다시 살펴보고자 한다.

II. 가야와 미마나의 관계에 관한 일본학계의 주장

가야와 미마나의 관계에 관한 한국 고대 사학자들의 견해를 살피기 전에 한국학계에 영향을 준 일본사학자들의 견해를 살펴보기로 한다. 모든 일본 고대사학자들의 견해를 살필 수 없으므로 여기서는 대표적인 사학자들의 견해를 살펴보는 것이 좋을 것이다.

일본에서는 이미 1848년에 반 노부토모[伴信友]부터 시작하여 1880년대의 일본 육군 참모본부를 거쳐 오늘날에 이르기까지 가야와 미마나를 동일국으로 고집하였는데,[5] 일본의 고대 사학자들은 거의 전부 이 주장을 받아들이고 있다. 알려진 바와 같이 1880년대는 일본이 한국 침략을 진행하던 시기였으므로 학자가 아닌 일본 육군의 참모본부가 이 문제에 깊숙이 관여하였다는 것 자체가 당시 일본이 한국 침략을 준비하고 진행하였다는 반증의 하나가 될 것이다.

5. 최재석, 〈任那歪曲史비판〉 ≪겨레문화≫ 6, 1992 ; ≪통일신라, 발해와 日本의 관계≫, 일지사, 1993.

실제로 1880년대에 일본 육군 참모본부와 그 참모본부에 동원된 사람이 간행한 한국관계저서는 ≪廣開土王碑文稻本≫, 1883 등 12권에 이른다.[6]

A. 반 노부토모[伴信友]의 주장

1848년 그는 미마나[任那]라는 명칭은 일본 천황 崇神(B.C. 95~B.C. 33)의[7] 이름에서 연유되었는데, 이때 이미 일본은 한국에 진출하여 그곳을 통치하였으며, 한국의 역사서인 ≪삼국사기≫는 거짓 기술과 과장이 많아서 믿을 수 없다고 주장하였다. 또 그는 일본을 '위대한 천황의 나라[大皇國]'라 칭하였으며 한국뿐만 아니라 중국에까지 진출하여 그곳을 통치하였다고 주장한다. 1945년 일본이 항복할 때까지 일본은 일본의 군대를 천황의 군대라는 뜻의 '皇軍', 일본국을 천황의 나라인 '皇國'이라 칭하였는데, 이것은 1848년의 반 노부토모에서 연유되었음을 알 수 있다.

B. 일본 육군 참모본부의 음모

일본 육군 참모본부는 1882년에 ≪任那稿考≫, ≪任那名考≫ 등 미마나에 관한 두 권의 저서를 간행하였다. 1882년은 일본이 인천 앞바다에 군함을 이끌고 와서 강제로 한국을 개항시킨 1876년의 6년 후에 해당하는 해이며, 청일전쟁이 일어난 1894년의 12년 전에 해당하는 해이다. 1882년에 미마나에 관한 왜곡 해석을 낸 일본 육군 참모본부는 그들이 비밀리에 파견한 군인간첩인 사코 가게노부[酒勾景信] 중위가 1년 후인 1883년에 중국에서 광개토왕 비문의 탁본을 가져오자 다수의 한학자를 동원하여 비문의 해독과 왜곡작업에 집중하였다. 다시 말하면 일본은 1876년과 1882년에 고대 한일관계와 미마나에 관한 조작 저서를 간행하고, 다시 2년 후인 1884년에 광개토왕비문의 해독과 그 왜곡에 주력하였으며, 다시 그로부터 10년

6. 주 5) 참조
7. 日本天皇의 기년은 W.G. Aston의 것을 따랐다.

후인 1894년에 청일전쟁을 일으켜 한국을 일본의 지배하에 두려고 하였다. 이렇게 볼 때, 일본은 메이지[明治]시대에 들어서면서 일본 육군의 참모본부가 중심이 되어 한국 침략의 계획을 은밀히 진행시키고 있었음을 알 수 있다. 그 후의 일본사학자들의 고대 한일관계사의 왜곡과 미마나사 왜곡서술은 직접적으로나 간접적으로나 이 일본 육군의 참모본부가 저술한 세 권의 책을 토대로 한 것임을 알 수 있을 것이다.

C. 칸 마사토모[菅政友]의 주장

1893년 한국의 사료는 믿을 수 없다고 전제한 다음 미마나·백제·신라는 모두 일본의 식민지였으며, 일본의 王이 백제의 왕을 임명하였다고 주장하였다. 또 그는 일본의 군대가 고구려의 수도인 평양을 공격하여 이를 함락시켰다는 주장을 하였으며, 백제로부터의 대규모 집단 이주기사인 應神 14년과 동 20년 9월 기사는 백제 반란자들의 일본 귀순기사라고 주장하였다.

D. 나카 미치요[那珂通世]의 주장

1894년부터 1896년 사이에 나카 미찌요는 한국의 사서인 ≪삼국사기≫는 조작되어 믿을 수 없으며, 神功皇后(A.D. 201~269)가 신라를 정벌하였다고 주장하였으며, 또한 垂仁天皇(B.C. 29~A.D. 70)으로부터 그 명칭을 하사받은 미마나와 가야는 동일국이며 일본의 통제를 받았다고 주장하였다.[8]

E. 구로이다 가쓰미[黑板勝美]의 주장

1908년 구로이다는 미마나라는 이름은 이미 垂仁天皇이 가야국에 하사한 국호이며, 일본이 가야를 지배한 것은 垂仁(B.C. 29~A.D. 70) 내지 神功皇后時代(A.D. 201~269)라고 주장하였다. 일본이 舊韓末에 한국에 설치한

8. A·B·C·D의 주장은 주 5) 참조

統監府와 유사한 기구인 任那日本府를 가야에 설치하였다고 주장하였는데,[9] 구한말 일본의 한국 강점을 합리화시키려 함을 보게 된다.

F. 쓰다 소우기지[津田左右吉]의 주장

쓰다는 1913년 ≪일본서기≫의 기사는 거의 전부 조작되었다고 주장하면서도 다른 한편에서는 그러한 기사들 거의 전부는 역사적 사실이라는 모순된 주장을 하였다. 또 그는 ≪삼국사기≫의 가야와 ≪일본서기≫의 加羅는 동일국이며, 미마나의 위치를 기록한 崇神 65년의 기사는 과장된 것이라고 주장하였다. 이 기사는 미마나가 대마도임을 암시하는 기사이다. 또한 일본은 4세기 후반에 가야에 日本府를 설치하여 그곳을 통치하였는데, 한국 사서(≪삼국사기≫)의 가야기사는 모두 조작된 것이라는 주장하였다.[10]

G. 이마니시 류우[今西 龍]의 주장

일본 고대 사학자 가운데 스에마쓰 야스가즈[末松保和]와 함께 고대 한일 관계사를 가장 왜곡한 사람 가운데 한 사람이다. 그는 1919년에 미마나와 가야국은 동일국이라는 점을 여러 번 반복하여 주장함과 동시에 가야는 일본의 직할영토라고 주장하였다.

任那日本府의 명칭은 일본인에 의해서가 아니라 백제인에 의해서 만들어진 것이라고 하여, 역시 왜곡의 책임을 한국인에 돌리고 있음을 보게 된다.[11] 아주 지능적인 왜곡이라 하겠다.

---

9. 최재석, 〈黑板勝美의 日本古代史論 비판〉 ≪정신문화연구≫ 38, 1990 ; ≪일본고대사연구비판≫, 1990.
10. 최재석, 〈津田左右吉의 日本古代史論비판〉 ≪民族文化硏究≫ 33, 1989 ; ≪일본고대사연구비판≫, 1990.
11. G · H · I · J · K · L 등의 주장은 주 5) 참조

H. 아유가이 후사노신[鮎貝房之進]의 주장

아유가이는 1937년에 신라와 가야의 초대 왕은 모두 일본인이지만 통일신라가 그 사실을 말살하였으며, 한국 사서에 나오는 가야라는 국명은 조작된 것이라고 주장하였다. 또한 가야, 즉 미마나는 神功皇后時代의 1910~1945년에 한국에 설치한 日本總督府와 같은 것이었고, 이 任那日本府가 가야국의 실권을 장악하였다고 주장하였다.

I. 스에마쓰 야스가즈[末松保和]의 주장

1949년에 스에마쓰는 한국역사서인 ≪삼국사기≫와 ≪삼국유사≫의 가야기사는 모두 조작된 것이라고 반복하여 강조하였으며, 任那에 넓고 좁은 두 가지 뜻이 있고, 가야에도 넓고 좁은 두 가지 뜻이 있다고 함과 동시에, 任那와 가야는 동일국이라고 주장을 하였다. 또 그는 369년에 일본군이 바다를 건너가서 신라와 가야를 평정하였으며, 391년에 백제・任那・신라에 군대를 파견하여 그 나라들을 일본의 臣下 나라로 삼았고, 4세기 말 북쪽의 고구려와 남쪽의 강국인 일본이 한반도에서 항쟁하였으며, 또한 가야에 설치한 미마나 일본부는 가야의 徵稅, 군사・소송권을 장악하였다고 주장하였다.

스에마쓰는 1956년 그의 저서 ≪任那興亡史≫에서 가야만이 任那가 아니라 지금의 경상남도・전라남도・전라북도 전역과 경상북도 일부, 충청남도 일부 등에 걸쳐 있었다고 주장하였다. 상식으로는 도저히 생각할 수 없는 허구의 주장임을 알 수 있다. 지금 그가 주장하는 미마나의 범위를 지도로 표시하면 다음과 같이 될 것이다.

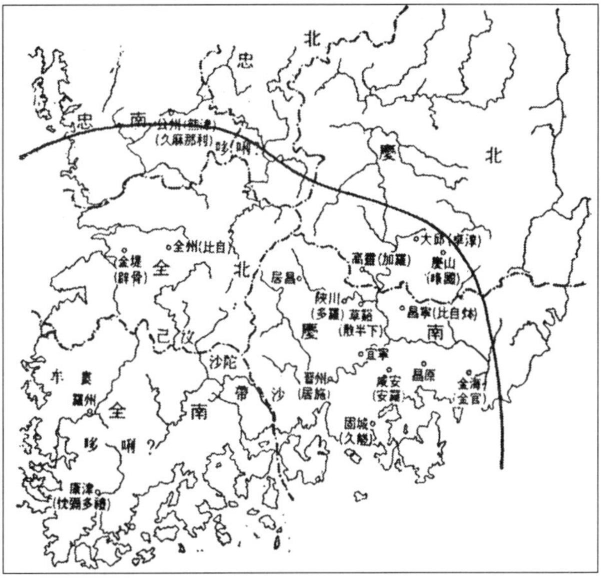

그림 1_ 미마나(任那)의 영역(末松保和)

비고 : 線 이남 전 지역이 미마나라는 주장이다

J. 미지나 아키히데[三品彰英]의 주장

미지나는 1962년에 수진·수이닌시대(B.C. 97~A.D. 70)부터 일본은 가야를 경영하였으며, 465년에 일본군과 신라군이 慶山의 땅을 둘러싸고 쟁탈전을 벌였다고 주장하였다. 미지나는 가야 땅에 설치된 日本府는 532년 金海에서 고령으로 옮겼으며, 任那라는 이름은 崇神天皇의 이름에서 유래되었다고 주장하였다.

K. 이케우찌 히로시[池內宏]의 주장

1970년 이케우찌는 가야에도 넓고 좁은 두 가지 뜻이 있고, 미마나에도 넓고 좁은 두 가지 뜻이 있으며, 광개토왕비와 ≪삼국사기≫ 强首傳 및 ≪宋書≫·≪南齊書≫의 任那加羅(가야)는 가라(가야)라는 한 나라를 뜻하며, ≪일본서기≫

崇神 65년조의 任那는 金海를 뜻한다고 주장하였다.

여기서 〈任那加羅〉에 대하여 한마디 해둘 필요가 있을 것 같다. ≪宋書≫·≪南齊書≫에는 任那와 加羅를 서로 다른 두 나라로 명기되어 있는데, 이케우찌는 근거의 제시도 없이 任那加羅를 한 나라로 간주하였다.

L. 이노우에 히데오[井上秀雄]의 주장

이노우에는 1978년, 미마나와 가야는 동일국이라는 전제하에서 4세기 후반에 일본은 가야에 일본부를 설치하여 그곳을 통치하였으며, 391년부터 407년 사이에 신라를 서로 뺏으려고 고구려와 일본이 전투를 하였다고 주장하였다. 또한 일본부의 기능은 가야의 외교 군사권의 장악, 가야 일본부의 郡縣統治, 현지 일본부의 물자징발이었다고 주장함과 동시에, 일본부 세력의 주체는 일본에 있는 일본인이 아니라 가야에 거주하는 일본인이었다고 주장하였다.

위에 적은 이러한 주장들이 사실과 전혀 다르다고 하더라도 가야는 인도인이 개국하였으며, 한국 남부의 문화는 인도의 문화라고 주장한 하야시 야스스케[林泰輔]의 주장에[12] 비하면 그래도 나은 편이라 할 수 있겠다.

위의 주장들 가운데 A부터 D까지는 1880~1890년대의 주장이고, E부터 H까지는 1908년부터 1945년까지의 주장이며, I서 L까지는 1945년 이후의 주장이다. 그러나 시대에 관계없이 가야와 미마나가 동일국이라는 일본사학자들의 주장에는 변함이 없음을 알게 된다.

일본인들은 그들의 역사조작에 방해되는 ≪삼국사기≫나 ≪삼국유사≫는 조작으로 몰고, 가야와 미마나가 전혀 별개의 나라라는 증거는 있을지언정 (다음절 참조) 같은 나라라는 증거는 아무 데도 없음에도 가야와 미마나가 동

12. 林泰輔, 〈加羅の起源〉 ≪史學雜誌≫ 25, 1891 ; <加羅の起源 續考> ≪史學雜誌≫ 5권 2호, 1894.

일국이라는 주장에는 변함이 없다. 게다가 가야와 미마나가 동일국이라는 증거를 하나도 제시하지 않으면서 말로만 가야와 미마나는 동일국이라고 하는 일본인들의 주장에 어찌하여 한국 사학자들도 무조건 동조하며 가야와 미마나가 동일국이라고 주장하는지 모르겠다. 또 일본인들은 가야와 미마나의 관계에 대하여 논할 때 보통 가야와 미마나는 동일국이라고 주장함과 동시에 일본이 가야를 지배하였다고 주장한다. 그런데 또 어찌하여 한국의 고대사학자들은 후자인 일본이 가야(한국)를 지배하였다는 주장에 대해서는 놀라울 정도로 침묵을 지키면서 전자인 가야와 미마나가 동일국이라는 대목에만 관심을 가져서 이것을 받아들이는지 모르겠다.

이러한 경향은 ≪삼국사기≫의 초기기록 조작설에 대해서도 나타나고 있다. 일본인들은 ≪삼국사기≫의 초기기록이 조작되었다고 주장하면서 고대 한국은 일본의 식민지였다고 주장하였다. 이 경우에도 한국 고대 사학자들은 고대 한국은 일본의 식민지였다는 주장에 대해서는 침묵을 지킨 채 ≪삼국사기≫가 조작되었다는 부분에만 관심을 보여 ≪삼국사기≫가 조작되었다는 일본인들의 주장을 받아들이고 있다.[13]

객관적인 증거를 제시하였다면 의당 가야와 미마나는 동일국이라고 하겠지만, 한 가지 증거의 제시도 없이 가야와 미마나는 동일국이라고 주장하는데도 왜 한국 고대 사학자들이 그 주장을 받아들이는지 알 수 없는 수수께끼이다.

그들은 한결같이 증거의 제시 없이 가야와 미마나는 동일국이라는 전제하에 한국사서인 ≪삼국사기≫와 ≪삼국유사≫의 기사는 조작되었다고 주장하고, ≪일본서기≫의 기사라 할지라도 그들의 주장에 어긋나면 예를 들어 미마나의 위치를 뚜렷이 밝힌 崇神 65년의 기사는 과장된 것이라고 주장한다. 가야와 미마나가 각기 넓고 좁은 두 가지 뜻이 있다고 주장한 것도 가야와

13. 주 1) 참조

미마나가 동일국이라고 주장하기 위한 저의에서 비롯된 것이다. 가야도 미마나도 각각 모두 한 가지 뜻이 있을 뿐이고 두 가지 뜻이 있는 것도 아니다. 두 가지 뜻이 있다는 주장은 허구이다.

앞에서 살펴본 바와 같이 일본인들은 시종일관 가야와 미마나는 동일국가라고 함과 동시에 가야는 일본이 경영한 식민지라고 주장한다. 백제로부터의 대규모집단 이주기사인 應神 14년과 20년의 기사는 백제반란자들의 일본 귀순기사라고 주장한다. 일본[야마토 왜]이 아직 형성되지 않았던 시기였으므로 歸順이 있을 수 없고 고도의 문화를 가진 백제인들에 의한 개척 사업만이 있을 따름이었다.

그들은 가야와 미마나는 동일국이며 가야와 일본의 식민지였다는 것을 주장하기 위하여 '미마나'라는 명칭은 崇神天皇(B.C. 95~B.C. 33)의 이름에서 연유한다고 주장하기도 하고, 垂仁時代(B.C. 29~A.D. 70)에 垂仁天皇이 가야에 하사한 국호라고 주장하기도 한다. B.C. 95년부터 神功皇后時代까지의 이른바 숭신·수인시대는 일본(야마토 왜)이 출현하기 훨씬 이전 시기이다. 또 수인시대(B.C. 29~A.D. 70) 내지 神功皇后時代(A.D. 201~269)에 일본이 가야를 지배하였다고 주장하기도 하고, 신공황후시대부터 일본의 식민지였다고 주장하는 사람도 있다. 한편 또 4세기 후반에 일본이 가야에 日本府를 설치하며 통치하였다고 주장하는 사람도 있다. 이렇게 일본인들이 근거의 제시 없이 마음 내키는 대로 주장을 하다 보니 결국 서로 다른 4종의 주장을 하게 된 것이다.

또 일본의 역사 왜곡은 비단 일본의 고대 사학자뿐만 아니라 일본의 국립대학도 동일하다. 東京大學이 편찬한 역사교재에서도 일본이 고대 한국을 지배하였다 주장하고 있다. 1961년에 도쿄대학에서 간행한 ≪日本史槪說≫은 종래의 일본사학자 개개인의 주장과 꼭 같은 주장을 하고 있다. 지금 그 역사 교과서 서술의 일례를 제시하면 다음과 같다.

이른바 '任那日本府'에 대해서는 "종래 여러 설이 난립하여 정설이 없는 상태"라고 그럴듯하게 말하면서도, "야마토 왜는 미마나에 '미마나일본부'를 설치하여 한반도 경략(지배)의 발판으로 삼아 백제와 신라에 압력을 가함과 동시에 대거 남하한 고구려와 싸웠으며, 5세기에 이르러 신라와 고구려가 야마토 왜를 압박하자 야마토 왜의 5인의 왕은 중국에 사신을 보내 이 곤경을 외교 교섭을 통해 호전시키려 하였다"고 기술하고 있다.

"562년에 신라가 미마나를 완전히 병합하였으므로 수세기 동안 한반도 지배의 실마리였던 '미마나일본부'는 소멸하였지만 야마토 왜의 세력은 한반도에서 완전히 손을 뗀 것은 아니며, 신라는 야마토 왜의 국력을 두려워하여 '미마나'가 행하던 조공을 여전히 계속하여 보내왔다"고 기술하고 있다.

전혀 별개의 나라인 가야와 미마나를 동일국가시해 야마토 왜가 한반도를 지배했다는 서술도 전적으로 허구이며 역사를 왜곡한 일본 사학자의 주장을 그대로 옮긴 데 불과하다. 6세기에 백제가 야마토 왜 경영팀을 파견하여 야마토 왜를 경영하였다는 ≪일본서기≫의 기록에 대해서는 일언반구의 언급도 없다.

앞에서 저자는 한국 고대 사학자들이 ≪삼국사기≫가 조작되었다는 일본인들의 주장을 근대적 학문적 비판이라고 칭찬하면서도 일본인들이 동시에 주장한 고대 한국이 일본의 식민지였다는 주장에는 침묵만을 지켜왔다는 점을 지적하였으며, 또한 한국 고대 사학자들은 가야와 미마나가 동일국이라는 일본인들의 주장에만 관심을 나타냈으나 그때 일본인들이 동시에 주장한 고대 한국이 일본의 식민지였다는 주장에는 언급조차 하지 않았음을 지적한 바 있다.

일본이 한국에 건너와서 그곳을 식민지로 삼으려면 적어도 조선, 항해수준, 王權의 정도, 일본의 강역 등의 조건이 충족되어야 한다. 이러한 조건의 고려가 없는 주장은 허구이거나 허구일 수밖에 없다. 다시 말하면 일본이 한국을 식민지로 삼으려면 우선 일본의 조선 및 항해 수준이 발달해야 하며, 일본의 강역도 적어도 독립국을 유지할 수 있을 정도로 넓어야 하며,

또한 일본이 강력한 왕권을 가진 고대 국가라는 것이 전제되어야 한다.

그런데 일본은 7세기에도 조선 및 항해 수준이 유치하여 일본 단독으로는 해외로 갔다 올 수 없었으며, 신라의 도움에 의해서만이 한국이나 중국에 갔다 올 수 있었다.[14] 또 일본 국왕의 왕권은 미약하기 짝이 없었다. 즉 일본국왕의 가옥은 같은 지역에 거주하는 한 호족의 그것보다도 견고하지 못하였으며, 그 호족은 일본국왕의 보물을 전하지 않고 착복한 사실, 일본 국왕이 거주하는 지역의 바로 이웃인 가와찌[河內]에 거주하는 한 호족이 비옥한 良田을 달라는 일본 국왕의 청을 거절한 사실 등[15]에 의해서도 일본국왕은 왕권은 고사하고 일반 평민과 다름없는 존재였음을 알 수 있다.

일본은 조선 및 항해 수준이 매우 유치하여 7세기 중엽에도 당나라에 파견할 사신을 신라에 보내 중국에 갈 신라 사인의 선박에 편승할 것을 청하였다. 그러나 신라가 이를 거절하여 당나라에 파견될 일본사신이 신라에서 그대로 일본으로 돌아왔다.[16] 이러한 사정은 8, 9세기까지도 계속되었다.[17] 따라서 일본이 선박을 타고 와서 고대 한국을 식민지로 삼았다는 일본인들의 주장은 허구임이 분명해진다.

Ⅲ. 가야와 미마나는 동일국인가

≪일본서기≫ 수진[崇神] 65년 기사, 가야와 미마나의 멸망시기와 開國年, 가야와 미마나의 소속 지명의 비교, 미마나의 존립과 멸망의 반복기사 등에 의하여 가야와 미마나가 동일국인가 아닌가를 알아보고자 한다.[18]

---

14. 舒明 11년(639) 9월 ; 齊明 3년(657) 이해.
15. 雄略 14년조 ; 安閑 원년 7월조
16. 주 14)의 두 번째 사료 참조
17. ≪續日本紀≫ 天平寶字 6년(762) 4월 17일 ; ≪續日本後記≫ 承和 7년(840) 9월 15일.
18. 이병도 · 이기동 · 김현구 등 16명의 고대 사학자가 가야와 미마나를 동일시하고 있다. 주 3)의 세 번째 논고 참조

1. 수전[崇神] 65년의 기사

수진 65년의 기사, 즉 "任那者 去筑紫國二千餘里 北阻海以左鷄林之西南"을[19] 우리말로 풀이하면 다음과 같이 될 것이다. 즉 "미마나는 북큐슈[北九州]에서 2천여 리 떨어져 있으며, 북쪽은 바다로 막혀 있고, 미마나는 鷄林 즉 新羅의 서남쪽에 있다"고 해석될 것이다. 이 기사는 다음 세 부분으로 나누어진다.

① 미마나는 北九州에서 2천여 리 떨어져 있다.
② 북쪽은 바다로 막혀 있다.
③ 미마나는 신라의 서남쪽에 있다.

≪三國志≫ 倭人傳에 狗邪에서 쓰시마[對馬島]까지 1천여 리, 그곳에서 一支國(臺岐島)까지 1천여 리, 다시 末盧國(北九州)까지 1천여 리라 하였으니, 결국 북큐수에서 2천여 리 떨어져 있는 미마나는 대마도임을 알 수 있다. 이렇게 볼 때 위의 첫 부분은 대마도임을 나타낸다.

위의 두 번째 부분인 북쪽은 바다로 막혀 있다는 내용은 더욱 그 지점이 대마도임을 알 수 있게 한다.

다음 세 번째 부분인 미마나는 신라의 서남쪽에 있다는 내용은 좀 모호한 것으로도 볼 수 있으나, 그 당시의 방향감각이나 지리적 지식으로 보아 대마도가 신라의 남쪽이 아니라 서남쪽에 있다고 하여도 첫 번째 내용이나 두 번째 내용을 결정적으로 바꿀 조건은 되지 못한다고 생각한다. 이렇게 볼 때, 수진[崇神] 65년의 위의 기사는 대마도를 가리킨다고 보아야 할 것이다.

2. 가야와 미마나의 멸망 시기

지금 미마나의 존재시기를 ≪일본서기≫에서 제시하면 다음과 같다.

19. ≪日本書紀≫ 崇神 65년조

A ① 欽明 23년 7월 1일, 신라 사인이 신라가 미마나를 멸망시킨 것을 알았다.
② 推古 8년 2월, 신라와 미마나가 서로 공격하였다.
③ 推古 8년 이해, 신라 미마나 두 나라가 사인을 보냈다(朝貢이라 표현).
④ 推古 8년 이해, 신라 또 미마나를 침공하였다.
⑤ 推古 18년 7월, 신라 사인 沙啄部 奈未 竹世士, 미마나의 사인 啄部 大舍 首智買가 쓰구시[筑紫]에 도착하였다.
⑥ 推古 18년 9월, 사인을 보내 신라 · 미마나의 사인을 불렀다.
⑦ 推古 18년 10일 8일, 신라 · 미마나의 使人이 王京에 도착하였다. 이날 額田部連比羅夫를 신라 손님을 영접하는 莊馬(여러 가지 馬具를 달아 장식한 말)의 우두머리로 임명하였다. 膳臣大伴을 미마나의 손님을 영접하는 장마의 우두머리로 하였다. 즉 아도[阿斗]의 河邊館에 安置하였다.
⑧ 推古 18년 10월 9일, 손님들이 조정에 왔다. 泰造河勝 · 土部連菟로 하여금 신라의 안내자로 하고, 間人連鹽蓋 · 阿閉臣大龍을 미마나의 안내자로 하였다. 함께 안내하여 南門으로 들어와서 조정 외마당에 섰다. 그때 大伴咋連 · 蘇我豊浦蝦夷臣 · 坂本糖手臣 · 阿倍鳥子臣이 함께 앞으로 나가 마당에서 엎드렸다. 두 나라의 손님들이 각각 再拜하여 사인의 뜻을 전하였다. 4인의 大夫가 앞으로 나가 大臣에게 말하였다. 그때 대신이 일어나서 廳舍 앞에서 서서 경청하였다. 여러 손님에게 祿을 주었다. 각각 차이가 있었다.
⑨ 推古 18년 10월 17일, 사인들을 위해 조정에서 향응하였다. 河內漢直贄을 신라의 共食者로 하고 錦織首久僧을 미마나의 공식자로 하였다.
⑩ 推古 19년 8월, 신라가 沙啄部 奈未 北叱智를 파견하고, 미마나가 習部 大舍 親智周智를 파견하였다(朝貢으로 표현함).
⑪ 推古 31년 7월, 신라가 大使 奈末 智洗爾를 파견하고, 미마나가 達率 奈未智를 파견하여 함께 訪日하였다.
⑫ 推古 31년 이 해, 신라가 미마나를 쳐서 미마나는 신라에 종속되었다.

같은 해, 야마토 왜가 吉士磐金을 신라에 파견하고 吉士倉下를 미마나에 파견하였다.

⑬ 舒明 10년, 백제 · 신라 · 미마나가 함께 사인을 倭에 보냈다(朝貢으로 표현함).

⑭ 皇極 원년 2월, 야마토 왜왕이 坂本吉士長兄을 미마나에 파견하라고 말씀하였다.

⑭ 大化 2년 2월, 고구려 · 백제 · 미마나 · 신라가 함께 사인을 야마토 왜에 파견하였다(朝貢으로 표현함).

우리는 특히 앞의 사료 A⑦에 의하여 倭[日本]가 미마나의 사인을 신라의 사인과 똑같이 후대하였음을 알 수 있다. 이해의 편의를 얻기 위하여 위의 사료를 표로 제시하면 〈표 1〉과 같다.

표 1_ 加耶와 미마나의 멸망 시기

연 대			加耶 멸망 (三國史記)	미마나 존재 시기와 주요 역사적 사건 (日本書紀)
A	法興 19	532	加耶 멸망	
B	欽明 21	560		미마나 멸망(欽明 23년 分註)
C	眞興 23, 欽明 23	562	大加耶 討平	신라가 미마나의 일본 官家를 쳐 없앰
D	推古 8. 2	600		신라와 미마나가 서로 공격
E	推古 8, 이해	600		신라 · 미마나가 倭에 사신을 부냄(朝貢이라 표현)
F	推古 8, 이해	600		신라가 또 미마나를 침공
G	推古 18. 7	610		신라의 使臣 · 미마나의 사신(喙部大含首智買)이 筑紫 도착
H	推古 18. 9	610		사람을 보내 신라 · 미마나의 사신을 초대
I	推古 18. 10. 8	610		倭가 膳臣大伴을 裝飾馬部隊長으로 임명하고 미마나 사신 영접
J	推古 18. 10. 9	610		倭의 間人連鹽蓋 · 阿閉臣大籠이 미마나 사신의 인도자가 되어 朝廷으로 안내
K	推古 18. 10. 17	610		倭가 錦織首久僧을 미마나 사신의 共食者로 임명
L	推古 18. 10.	610		미마나의 사신 귀국길에 오르다
M	推古 19. 8	611		미마나가 사신(習部大舍親智周智)을 倭에 파견
N	推古 31. 7	623		미마나가 사신(達率奈末智)을 倭에 파견

O	推古 31 이해	623		신라가 미마나를 공격
P	推古	623		倭가 吉士磐金을 신라에, 吉士倉下를 미마나에 파견
Q	舒明 10	638		백제 · 신라 · 미마나가 사신을 倭에 보내다
R	皇極 1. 2	642		倭王이 坂本吉士長兄을 미마나에 파견
S	大化 2. 2	646		고구려 · 백제 · 미마나 · 신라가 사신을 倭에 파견

〈표 1〉에 나타나 있는 바와 같이 가야는 532년에 멸망하였다. 그런데 562년의 大加耶 討平의 기사를 가야 멸망으로 간주하더라도 가야는 562년까지만 존재한 한 국가임을 알 수 있다. 그러나 미마나는 646년까지 존재한 나라로 ≪일본서기≫는 기술하고 있으니 멸망한 해의 시각에서도 가야와 미마나는 동일국가가 될 수 없다. 미마나에 관하여 좀더 상세하게 살펴보자.

〈표 1〉에 나타나 있는 바와 같이 562년부터 646년까지의 기사는 크게 세 가지 범주로 나눌 수 있다. 하나는 미마나가 倭에 사신을 보낸 기사(E · G · M · N · Q · S)이고, 둘째는 신라와 미마나가 싸움을 한 기사(D · F · O)이며, 셋째는 왜가 미마나에 사신을 파견한 기사이다(P · R). 600년부터 646년까지 여섯 번이나 미마나가 왜에 사신을 보내고, 600년부터 623년 사이에 신라와 미마나가 세 번씩이나 싸움을 하였으며, 이것만으로도 562년(가정)에 신라에 멸망한 가야가 이 미마나와는 별개의 나라라는 것을 알 수 있다. 그리고 623년(P)과 642년(R)에 2회에 걸쳐 왜가 미마나에 사신을 파견하였으니 미마나가 646년까지 존재한 것은 엄연한 역사적 사실이다. 562년에 가야가 멸망한 것으로 가정하더라도 미마나는 646년까지 존재하였으니 가야 멸망 후 미마나는 84년 이상 존재한 셈이 된다. 이렇게 562년에 가야가 멸망했다고 가정하더라도 가야는 646년까지 구체적인 수많은 역사적 사건을 통해 그 존재가 증명된 임나와는 별개의 국가임이 확인되는 것이다.

그리고 신라와 미마나 두 나라가 동시에 조공 사인을 왜에 파견하였다는 E · G의 기사, 백제 · 신라 · 미마나의 3국이 동시에 조공 사인을 왜에 파견하였다는 Q의 기사, 고구려 · 신라 · 백제 · 미마나의 4국이 동시에 조공 사인을 파견하였다는 S의 기사 가운데 '조공'이라는 표현은 물론 조작이지만, 여러 나라가 동시에 일본에 사인을 파견하였다는 것은 조작이 아니고서는 현실적으로는 가능한 일이 아니다. 이 문제는 여기서는 더 논하지 않기로 한다.

〈표 1〉 기사 가운데 G부터 L까지의 기사는 서기 610년에 왜를 방문한 미마나의 사신에 대한 왜의 극진한 대접, 즉 唐의 사인이나 신라의 사인에 대한 대접과 거의 꼭 같은 대접을 한 것을 나타내는 기사이다. 532년에 가야가 망했다면 그로부터 68년 후, 그리고 562년에 망했다고 가정한다면, 그로부터 38년 후에 미마나는 사신을 왜에 파견하고 왜는 미마나의 사신에게 강대국 사신과 같은 대접을 하였던 것이다.

3. 가야와 미마나가 개국한 해

알려져 있는 바와 같이 가야가 개국한 해는 42년이지만 미마나의 개국한 해는 명확하지 않다. 지금 ≪일본서기≫에서 미마나의 개국한 해의 추정에 참고가 되는 기년을 제시하면 다음과 같다. 다음은 미마나 기사가 존재하는 ≪일본서기≫의 기년이다.[20]

① 崇神 6년(B.C. 33)
② 垂仁 2년(B.C. 28)
③ 神功 49년(249)
④ 神功 62년(262)
⑤ 應神 14년(283)
⑥ 應神 16년(285)
⑦ 雄略 7년(463)
⑧ 雄略 8년(464)

20. 기년 계산은 W.G.Aston을 따랐다.

⑨ 雄略 21년(477)

⑩ 顯宗 3년(487)

미마나에 관한 기사는 ≪일본서기≫ 崇神 65년조에 최초로 보이며, 그 후 수이닌[垂仁] 2년에 한 번 나타났으나 그 후 270여 년 동안 공백으로 있다가 진고·오진조에 이르러 다시 네 번 정도 나타난다. 그 후 다시 60년 동안 공백으로 있다가 유랴쿠[雄略]조에 이르러 다시 미마나 기사가 이어지면서 그 후부터는 빈번히 나타난다. 오진[應神] 이전의 기년은 조작되었을 가능성이 크다는 점과 또한 미마나 기사의 공백 기간 등을 고려할 때 미마나는 5세기 후반 유라쿠 때에 개국되었을 가능성이 크다고 하겠다. 이렇게 볼 때, 가야와 미마나의 개국년도 같지 않다. 설사 최초의 미마나 기사가 나타나는 수진 65년을 마마나의 개국년으로 간주하더라도 가야의 개국년과는 다르다.

4. 가야와 미마나의 각 지명 비교

끝으로 그들이 행한 미마나의 지명 비정을 살펴봄으로써 미마나가 가야국이 될 수 있는가를 알아보고자 한다. 阿羅·加羅·多羅·卓淳·南加羅·伴跛國 등에 대해 살펴보고자 한다.

〈표 2〉에 보이듯이 '6가야'의 지명과 '미마나 10국'의 지명은 서로 다르다. 그런데 미마나 10국 가운데 加羅가 포함된 점에 유의하며 이것을 왜곡하여 종래 일본사학자들이 미마나에 광의의 미마나와 협의의 미마나가 존재하였다고 주장한 것이다. 되풀이하거니와 미마나에 廣狹 두 가지 뜻이 있는 것은 아니다. 加羅는 〈표 2〉에 나타나 있는 바와 같이 미마나 10국의 하나이다. 加羅는 미마나 10국의 하나일 뿐 가야는 아니다. 또 阿羅(安羅)가 6가야와 미마나 10국에 포함된 것은 우연일 뿐, 가야와 미마나가 동일국이라는 증거는 되지 못한다.

표 2_ 가야 · 미마나 소속 각 지명

나라 이름	≪삼국유사≫	≪일본서기≫
	6가야	미마나 10국
金官(金海)	○	
阿羅(咸安)	○	○安羅
小伽耶(固城)	○	
大伽耶(高靈)	○	
星山 또는 碧珍(星州)	○	
高靈(咸寧)	○	
比子炑		
南加羅		
喙國		
多羅		○
卓淳		
加羅		○
斯二岐		○
卒麻		○
古嵯		○
子他		○
散半下(奚)		○
乞湌		○
稔禮		○

5. 미마나의 존립과 멸망의 반복기사

≪삼국사기≫에 의하면 가야는 532년, 즉 법흥왕 19년에 망했으며 진흥왕 23(562)년 대가야에 반란이 일어났으나 그 해에 진압되었다. 그러나 미마나는 562년 이후에도 계속 존립하여 한편으로 신라와 전쟁을 함과 동시에 倭와 서로 사인을 교환 파견하였으며 642년인 皇極 원년에는 왜왕이 사인을 미마나에 파견한 사실이 앞 절에서 제시한 ≪일본서기≫에 나타나 있다. 그 후 미마나가 언제까지 존립하였는지 기록하지 않아 확실치 않으나 645년(大化 원년)까지는 존립한 것으로 기록하고 있어 가야가 멸망한 후 100년 이상 존속해 있었던 것은 사실이다. 가야가 멸망한 지 80년 이상 존립한 셈이 된다.

또 강역의 시각에서 보아도 미마나와 가야는 동일 지역이 아니다. 앞에 제시한 수진[崇神] 65년 기사에 나타나 있는 바와 같이 미마나는 筑紫國에서 2천여 리 떨어진 거리에 있으며 북쪽은 바다를 사이에 두고 鷄林[경주·신라]의 서남쪽에 있다는 ≪일본서기≫의 기사는 미마나가 분명히 한반도에 존재하지 않음을 보여주는 기사라 하겠다. 그러나 일본 학계는 이 기사를 거의 전적으로 무시하고 있다.

그런데 이러한 기사보다도 우리를 당황하게 하는 것은 미마나가 여러 번 멸망하고 또한 여러 번 재건되었다는 기사이다. 이에 관한 자료를 앞 절에서 제시한 ≪일본서기≫의 사료에서 뽑아서 제시하면 다음과 같다.

B ① 繼體 23년(529) 4월 7일, 미마나왕이 訪日하여 미마나의 구조를 청하였다.

② 宣化 2년(537) 10월 1일, 신라가 미마나를 침범하므로 天皇은 磐과 狹手彦을 보내 미마나를 도와주었다.

③ 欽明 2년(541) 7월, 백제는 신라에 간 미마나의 執事를 불러 미마나를 일으킬 것을 도모하였다.

④ 欽明 4년(543) 11월 8일, 津守 連을 파견하여 … 詔書를 가지고 가게 하고 "그대는 미마나를 세운다고 말한 지 10여 년이 되었는데 아직 이루어지지 않았다"고 하였다.

⑤ 欽明 5년(544) 2월, 백제는 日本府의 卿과 미마나의 旱岐 등에 미마나국을 세우는 것은 天皇의 위엄을 빌리지 않고서는 할 수 없다고 하였다.

⑥ 欽明 6년(545) 9월, 백제가 中部의 護德[固德]·菩提 등을 미마나에 파견하였다.

⑦ 欽明 9년(8) 6월 2일, 백제에 사인을 보내 미마나와 함께 고구려를 방어하라고 하였다.

⑧ 欽明 13년(552) 5월 8일, 백제·加羅·安羅가 사인을 보내 奏上하기를 "고구려·신라가 연합하며 백제와 미마나를 멸망시킬 계획을 하고

있으니 구원병을 청합니다"고 하였다.

⑨ 欽明 23년(562) 정월, 신라가 미마나를 쳐 없었다(一書에 欽明 21년에 미마나가 망했다고 한다).

⑩ 欽明 32년(571) 3월 5일, 일본이 신라에 사인을 보내 미마나를 망하게 한 것을 문책하였다.

⑪ 欽明(571) 4월 15일, 天皇이 중병으로 누워서 신라를 쳐서 미마나를 세우라고 하였다.

⑫ 敏達 4년(575) 2월 乙丑(2월에는 乙丑이 없다), 天皇은 신라가 아직 미마나를 세우지 않으므로 皇子와 大臣에 지시하여 "미마나의 일을 게을리하지 마라"고 하였다.

⑬ 敏達 4년(575) 4월 6일, 일본이 신라·미마나·백제에 각각 사인을 보냈다.

⑭ 敏達 12년(583) 7월 1일, 父王(欽明)이 미마나 회복의 뜻을 이루지 못하였으니 본인이 미마나를 부흥시키려고 한다고 말하였다.

⑮ 敏達 14년(585) 3월 30일, 천황은 미마나를 세우려 생각하고 坂田耳子王을 사인으로 삼았다.

⑯ 崇峻 4년(591) 8월 1일, 천황이 군신에게 "나는 미마나를 세우려고 한다. 경들은 어떠한가"라고 하였다.

⑰ 崇峻 4년(591) 11월 4일, 신라와 미마나에 각각 使人을 보내 미마나 일을 묻게 하였다.

⑱ 推古 8년(600) 2월, 신라와 미마나가 서로 공격하였다.

⑲ 推古 9년(601) 3월 5일, 사인을 고구려와 백제에 보내 미마나를 구하라고 하였다.

⑳ 推古 18년(610) 7월, 신라 사인과 미마나 사인이 筑紫에 왔다.

㉑ 推古 19년(611) 8월, 신라와 미마나의 사인이 조공하였다.

㉒ 推古 31년(623) 7월, 신라와 미마나의 사인이 來朝하였다.

㉓ 推古 31년(623) 이 해, 신라가 미마나를 쳤으며 미마나가 신라에 복종하였다.

㉔ 舒明 10년(638) 이 해, 백제 · 신라 · 미마나가 나란히 조공하였다.

㉕ 皇極 원년(642) 2월 22일, 大臣에 詔하며 고구려 · 백제 · 신라 · 미마나에 사인을 보내라고 하였다.

㉖ 大化 원년(645) 7월 10일, 백제의 조공사는 미마나의 사인을 겸하여 미마나의 조공을 하였다.

위의 사료 B에서 미마나를 구원한다, 구원을 청하다 등의 기사는 미마나가 존립해 있음을 뜻한다. 그리고 미마나를 일으켜야 한다, 세워야 한다 등의 기사는 미나나가 멸망되어 있는 상태를 뜻하는 것이다. 이런 점을 고려에 넣고 위의 사료 B를 표로 제시하면 〈표 3〉과 같다.

표 3_ 미마나의 존립과 멸망의 반복기사(≪日本書紀≫)

연대	미마나 멸망	미마나 존립
529(繼體 23)		○
537(宣化 2)		○
541(欽明 2)	○	
543(欽明 4)	○ (10여 년 전부터 미마나 망)	
544(欽明 5)	○	
545(欽明 6)		○
548(欽明 9)		○
552(欽明 13)		○
562(欽明 23)	○	
571(欽明 32)	○	
575(敏達 4)	○(2월)	○(4월)
583(敏達 12)	○	

585(敏達 14)	○	
591(崇峻 4)	○(8월)	○(11월)
600(推古 8)		○
601(推古 9)		○
610(推古 18)		○
611(推古 19)		○
623(推古 31)		○
638(舒明 10)		○
642(皇極 元)		○
645(大化 元)		○

*위의 〈표 3〉을 정리하면 다음과 같이 될 것이다.

529년(繼體 23)~537년(宣化 2)	9년 동안 미마나 존립
541년(欽明 2)~544년(欽明 5)	4년 동안 미마나 멸망
545년(欽明 6)~552년(欽明13)	8년 동안 미마나 존립
562년(欽明23)~575년(敏達 4) 2월	약 13년간 미마나 멸망
575년(敏達 4) 4월~583년(敏達 12)	약 8년 동안 존립
583년(敏達12)~591년(崇峻 4) 8월	약 8년 동안 멸망
591년(崇峻 4) 11월~645년(大化 원년)	약 54년 동안 미마나 존립

9년 동안 존립 → 4년 동안 멸망 → 8년 동안 존립 → 약 13년 동안 멸망 →

약 8년 동안 존립 → 약 8년 동안 멸망 → 약 54년 동안 존립

그림 2_ 미마나의 존립과 멸망의 반복

529년부터 645년까지 116년 동안에 미마나는 멸망과 再生을 7번이나 반복하고 있음을 위의 〈표 3〉을 통하여 알게 된다. 왜 이런 일이 생겨났는가? 저자는 이 문제를 일본 학계에 문의하고자 한다. 지금까지 일본 학계에서는 이러한 기사의 내용에 대해서는 전혀 언급하지 않은 채 다만 미마나는 加耶이고 가야는 大和倭의 식민지였다고 주장하였고, 또한 주장하고 있다. 또 敏達 4(575)년과 崇峻 4(591)년은 각각 모두 한편에서는 미마나가 멸망한 시기라 하면서 다른 한편에서는 미마나가 존립한 시기라고 하니(〈표 3〉 참조), 이 또한 어떻게 받아들여야 할지 모를 일이다. 앞 2절에서 한반도의 한 나라와 미마나가 또는 한반도의 두 나라와 미마나가 또는 한반도의 세 나라가 미마나가 동시에 일본에 사인을 파견하였다는 조작기사와 관련시켜볼 때 이 기사도 조작기사치고는 아주 서투른 조작이라고 할 수밖에 없을 것이다. 또 설사 미마나가 7회나 흥망을 되풀이한 것을 사실로 받아들인다 하더라도 이것은 형성과 멸망이 각각 한 번밖에 없는 가야와 미마나가 별개의 나라라는 이유는 될지언정 동일국이라는 근거는 되지 못한다.

그리고 일본인들은 미마나에 日本府가 있다는 것만 강조할 뿐 미마나 관리가 신라 관위와 백제 관위를 사용한 사실에 대하여는 전혀 언급하지 않고 있다. 미마나가 신라와 백제의 관위를 사용하였다는 것은 미마나가 신라와 백제의 식민지였다는 것을 뜻한다.

표 4_ 미마나에서의 신라의 관위 사용과 백제의 관위 사용(≪日本書紀≫)

연대	신라 관	백제
610년 7월	신라 관위 사용	·
611년 8월	신라 관위 사용	·
623년	신라에 복종	·
623년 7월	·	백제 관위 사용

IV. 맺음말

일본인 사학자들의 고대 한국이 일본의 식민지라는 그들의 역사 왜곡에 방해가 되는 ≪삼국사기≫를 조작으로 몰아붙인 것을 간파하지 못한 한국 고대 사학자들 가운데는 일본인들의 주장을 그대로 받아들이거나 한술 더 떠서 '근대적 학문적 비판'이라고 높게 평하였다.[21] 말하자면 강도에게 훈장을 달아준 셈이 된다.

한국의 사학자들은 또 일본사학자들이 가야 내지 고대 한국이 일본의 식민지였다는 것을 주장하기 위하여 만들어낸 가야·미마나 동일국가설도 간파하지 못하고 그대로 받아들이고 있다. ≪일본서기≫에는 日本府에 관한 기사가 12개소 있지만 그중 11개는 긴메이[欽明] 2년(541) 4월부터 동 13년(552) 5월 8일까지 11년 사이에 존재한다.[22] 이 일본부는 미마나에 존재하는 것으로 되어 있으므로 미마나를 가야라 할 경우 가야에 일본의 일본부가 존재하는 것이 되고 따라서 바로 일본이 가야를 지배·통치한 것이 된다. 바로 이 점에 주목한 일본은 150여 년 전인 19세기 중엽부터 지금까지 그렇게도 끈질기게 가야는 미마나라는 주장을 해온 것이다. 일본 육군의 참모본부가 중심이 된 일본의 국가적 차원의 저의를 간파하지 못하고 한국의 고대 사학자들은 한결같이 가야와 미마나는 동일국이라는 일본의 주장을 받아들인 것이다.

일본학계가 아무런 근거 없이 주장하는 허구의 주장을 제외하고는 가야와 미마나가 동일하다는 증거는 아무 데도 없다. ≪일본서기≫ 수진[崇神] 65년의 기사, 가야와 미마나의 멸망년과 開國年, 가야와 미마나 소속의 각 지명의 비교, 미마나의 존재를 의심케 하는 미마나의 존립과 멸망의 반복기

---

21. 주 1) 참조
22. 欽明 2년 4월, 7월; 4년 11월, 12월; 5년 정월, 2월, 3월, 11월; 6년 9월; 9년 4월 3일; 13년 5월 8일.

사 등 어느 시각에서도 가야와 미마나는 동일국이 아니었고 또한 동일국이 될 수 없었다.

저자는 두 번에 걸쳐 가야와 미마나는 동일국이 아니라는 견해를 피력하였다. 한국의 고대 사학자들은 별개의 나라라는 증거는 있을지언정, 동일국이라는 증거는 아무 곳에도 존재하지 않는데도, 여전히 가야와 미마나는 동일국이라고 주장하는지 자기 견해를 분명히 밝혀야 할 것이다. 그리고 저자가 ≪삼국사기≫의 초기기록이 조작되었다고 평한 한국 고대 사학자들을 비판한 지도 20년이 지났으나 아직도 회답을 받지 못하고 있다. 이 문제에 대해서도 침묵으로 일관할 것이 아니라 빠른 시일 안에 회답이나 비판이 있기를 바란다.[23]

일본인들은 ≪삼국사기≫의 초기기록이 조작되었다고 할 때도, 가야와 미마나가 동일국이라고 주장할 때도 고대 한국은 일본의 식민지였다고 주장하였다. 한국 고대사학자들은 ≪삼국사기≫의 초기기록 조작설과 가야 미마나 동일국설은 받아들이면서도 그때 동시에 일본인들이 주장한 고대 한국이 일본의 식민지였다는 주장에 대해서는 아무런 언급이 없이 침묵만 지키고 있다. 침묵은 반대가 아니라 시인을 뜻한다는 사회 통념을 알고 있었는지 궁금할 따름이다. 가야와 미마나가 동일국가라고 주장하는 사람들에게 지금도 여전히 가야와 미마나가 동일국이라고 주장하고 있는 것인지 다시 질문한다.[24]

23. ≪삼국사기≫ 초기기록이 조작되었다는 조작설을 주장한 이병도·이기백 등은 이미 세상을 떠났지만, 아직도 건강하게 학문활동을 하는 사학자도 있으니, 의당 저자의 질문에 회답해야 할 것이다.

24. 일본인들의 주장을 받아들여 ≪삼국사기≫는 조작되었으며, 가야와 미마나〔任那〕는 동일국이며, 또한 암묵적으로 고대 한국은 일본의 식민지였음을 자인하는 자신은 실증사학자라고 자칭하고, ≪삼국사기≫는 조작되지 않았고, ≪일본서기≫의 분석에 의하면 고대 한국이 일본의 식민지가 아니라 반대로 고대 일본이 한국의 식민지였으며, 또한 가야와 미마나는 동일국이 아니라 별개의 나라라는 증거를 제시하는 사람은 편협된 국수주의자라고 평한 사람이 존재한다는 현실을 어떻게 받아들여야 할 것인가 난감할 따름이다.

2. 고대 한국(신라 · 고구려 · 백제 등)의 왕들이 일본에 조공(朝貢)하였다고 『일본서기』가 조작한 기사

① 間城入彦五十瓊殖天皇 崇神天皇 六十五年 秋 七月(기원전 33년 7월)

- 원문 : 六十五年秋七月 任那國遣蘇那曷叱知 令朝貢也 (下略)
- 국역 : 65년 가을 7월 任那國이 蘇那曷叱知를 보내어 조공하였다. (하략)

② 氣長足姫票 神功皇后 五年 三月 七日(195년 음 3월 7일)

- 원문 : 五年春三月 癸卯朔乙酉 新羅王遣汙禮斯伐 · 毛麻利叱智 · 富羅母智等 朝貢
- 국역 : 5년 봄 3월 7일 신라왕이 汙禮斯伐 · 毛麻利叱智 · 富羅母智 등을 파견하여 조공하였다.

③ 神功皇后 攝政前紀 仲哀天皇 九年 十月(200년 9월)

- 원문 : (前略) 爰新羅王波沙寐錦 卽以微叱己知波珍干岐爲質 仍齎金銀彩色及綾 羅 縑絹 載于八十艘船 令從官軍 是以 新羅王 常以八十船之調 貢于日本國 其是之緣也 於是高麗 百濟二國王 聞新羅收圖籍 降於日本國 (下略)
- 원문 : (전략) 신라왕 波沙寐錦은 微叱己知波珍干岐를 인질로 하여 금 · 은, 彩色 및 綾 · 羅 · 縑絹을 80척의 배에 실어 관군에 따라가게 하였다. 이렇게 신라왕은 항상 80척의 배의 調貢을 일본국에 바친다. 이것이

그 연유다. 이에 고구려·백제 두 나라의 왕은 신라가 지도와 호적을 거두어 일본국에 항복하였다는 것을 들었다. (하략)

④ **氣長足姬尊 神功皇后 五年 春 三月**(205년 음3월 7일)

- 원문 : 五年春三月癸卯朔己酉 新羅王遣汚禮斯伐·毛麻利叱智·富羅母智等朝貢 (下略)
- 국역 : 5년 봄 3월 癸卯 초하루 己酉 신라왕이 汚禮斯伐과 毛麻利叱智, 富羅母智 등을 보내어 조공하였다. (하략)

⑤ **氣長足姬尊 神功皇后 卌七年 夏 四月**(247년 음4월)

- 원문 : 卌七年夏四月 百濟王使久氐·彌州流·莫古 令朝貢
- 국역 : 47년 여름 4월 백제왕이 久氐·彌州流·莫古를 보내어 조공하게 했다.

⑥ **氣長足姬尊 神功皇后 五十一年 春 三月**(251년 음3월)

- 원문 : 五十一年春三月 百濟王亦遣久氐朝貢
- 국역 : 51년 봄 3월 백제왕이 또 久氐를 보내어 조공하였다.

⑦ **氣長足姬尊 神功皇后 五十二年 秋 九月**(252년 음9월 10일)

- 원문 : 五十二年秋九月丁卯朔丙子 (前略) 自是後 每年相續朝貢焉
- 국역 : 52년 가을 9월 丁卯 초하루 丙子 (전략) 이후로 해마다 계속하여 조공하였다.

⑧ **譽田天皇 應神天皇 廿八年 秋 九月**(297년 음9월)

- 원문 : 廿八年秋九月 高麗王遣使朝貢 (下略)
- 국역 : 28년 가을 9월 高句麗王이 사신을 보내어 조공하였다. (하략)

⑨ **大鷦鷯天皇 仁德天皇 十一年**(323년)

- 원문 : (十一年) 是歲 新羅人朝貢 (下略)
- 국역 : (11년) 이해 新羅人이 조공하였다. (하략)

⑩ **大鷦鷯天皇 仁德天皇 五十八年 冬 十月**(370년 음10월)

- 원문 : (五十八年) 冬十月 吳國·高麗國 竝朝貢
- 국역 : (58년) 겨울 10월 吳國·高句麗國이 함께 朝貢하였다.

⑪ **豐御食炊屋姬天皇 推古天皇 五年 夏 四月**(597년 음4월 1일)

- 원문 : 五年夏四月丁丑朔 百濟王遣王子阿佐朝貢
- 국역 : 5년(597) 여름 4월 정축 초하루 백제왕이 왕자 阿佐를 보내어 조공하였다.

⑫ **豐御食炊屋姬天皇 推古天皇 十九年 秋 八月**(611년 음8월)

- 원문 : (十九年) 秋八月 新羅遣沙喙部奈末北叱智 任那遣習部大舍親智周智 共朝貢
- 국역 : (19년, 611) 가을 8월 新羅가 沙喙部 奈末 北叱智를 보내고, 任那가 習部 大舍 親智周智를 보내어 함께 조공하였다.

⑬ **豐御食炊屋姬天皇 推古天皇 廿六年 秋 八月**(618년 음8월 1일)

- 원문 : 廿六年秋八月癸酉朔 高麗遣使貢方物 (下略)
- 국역 : 26년(618) 가을 8월 癸酉 초하루 高句麗가 사신을 보내어 방물을 바쳤다. (하략)

⑭ **豐御食炊屋姬天皇 推古天皇 廿九年**(621년)

- 원문 : 是歲 新羅遣奈末伊彌買朝貢 (下略)

• 국역 : 이해 新羅가 奈末 伊彌買를 보내어 조공하였다. (하략)

⑮ **息長足日廣額天皇 舒明天皇 二年 三月**(630년 음3월 1일)

• 원문 : (二年) 三月丙寅朔 高麗大使宴子拔・小使若德 百濟大使恩率素子・小使德率武德 共朝貢

• 국역 : (2년, 630) 3월 丙寅 초하루 高句麗의 大使 晏子拔, 小使 若德과 백제의 大使 恩率 素子, 小使 德率 武德이 함께 조공하였다.

⑯ **息長足日廣額天皇 舒明天皇 七年 夏 六月**(635년 음6월 10일)

• 원문 : (七年) 夏六月乙丑朔甲戌 百濟遣達率柔等朝貢

• 국역 : (7년, 635) 여름 6월 乙丑 초하루 甲戌 백제가 達率 柔等을 보내어 조공하였다.

⑰ **息長足日廣額天皇 舒明天皇 十年**(638년)

• 원문 : (十年) 是歲 百濟・新羅・任那 竝朝貢

• 국역 : (10년, 638) 이해 백제・신라・임나가 나란히 조공하였다.

⑱ **息長足日廣額天皇 舒明天皇 十二年 冬 十月**(640년 음10월 11일)

• 원문 : (十二年) 冬十月乙丑朔乙亥 (前略) 仍百濟・新羅朝貢之使 共從來之 (下略)

• 국역 : (12년, 640) 겨울 10월 11일 (전략) 백제・신라의 조공사신이 함께 따라왔다. (하략)

⑲ **天渟中原瀛眞人天皇 下 天武天皇 二年 閏六月**(674년 윤6월 8일)

• 원문 : 壬辰 耽羅遣王子久麻藝・都羅・宇麻等朝貢

• 국역 : 8일 耽羅가 왕자 久麻藝・都羅・宇麻 등을 보내 조공하였다.

⑳ **天渟中原瀛眞人天皇 下 天武天皇 二年 秋 八月**(674년 음8월 20일)

- 원문 : 癸卯 高麗遣上部位頭大兄邯子・前部大兄碩干等朝貢
- 국역 : 20일 高句麗가 上部의 位頭大兄 邯子・前部 大兄 碩干 등을 보내 조공하였다.

㉑ **天渟中原瀛眞人天皇 下 天武天皇 四年 春 三月**(676년 음3월)

- 원문 : 是月 高麗遣大兄富干・大兄多武等朝貢
- 국역 : 이달 高句麗가 大兄 富干, 大兄 多武 등을 보내 조공하였다.

㉒ **天渟中原瀛眞人天皇 下 天武天皇 五年 冬 十一月**(677년 음11월 23일)

- 원문 : 丁亥 高麗遣大使後部主簿阿于・副使前部大兄德富朝貢 (下略)
- 국역 : 23일 高句麗가 大使인 後部의 主簿 阿于, 副使인 前部의 大兄 德富를 보내 조공하였다. (하략)

㉓ **天渟中原瀛眞人天皇 下 天武天皇 六年 秋 八月**(678년 음8월 28일)

- 원문 : 戊午 耽羅遣王子都羅朝貢
- 국역 : 28일 耽羅가 왕자 都羅를 보내 조공하였다.

㉔ **天渟中原瀛眞人天皇 下 天武天皇 八年 春 二月**(680년 음2월 1일)

- 원문 : 二月壬子朔 高麗遣上部大相桓父・下部大相師需婁等朝貢
- 국역 : 2월 초하루 高句麗가 上部의 大相 桓父, 下部의 大相 師需婁 등을 보내 조공하였다.

㉕ **天渟中原瀛眞人天皇 下 天武天皇 八年 冬 十月**(680년 음10월 17일)

- 원문 : 甲子 新羅遣阿湌金項那・沙湌薩虆生朝貢也 (下略)

• 국역 : 17일 新羅가 阿飡 金項那, 沙飡 薩虆生을 보내 조공하였다.. (하략)

㉖ **天渟中原瀛眞人天皇 下 天武天皇 九年 夏 五月**(681년 음5월 13일)

• 원문 : 丁亥 高麗遣南部大使卯問·西部大兄俊德等朝貢 仍新羅遣大奈麻考那送高麗使人卯問等於筑紫

• 국역 : 13일 高句麗가 南部의 大使 卯問, 西部의 大兄 俊德 등을 보내 조공하였다. 그래서 新羅가 大奈末 考那를 보내 高句麗의 사신 卯問 등을 筑紫까지 호송하였다.

3. 고대 한국(신라 · 고구려 · 백제) 사람들이 개척지 일본으로 이주한 사실을 귀화(歸化 · 來歸 · 化來 · 投化)하였다고 왜곡한 기사

① **譽田天皇 應神天皇 十四年**(283년)

- 원문 : 是歲 弓月君自百濟來歸
- 국역 : 이해 弓月君이 百濟로부터 와서 귀화하였다.

② **應神天皇 二十年 九月**(289년 음9월)

- 원문 : 廿年秋九月 倭漢直祖阿知使主 其子都加使主 並率己之黨類十七縣而來歸焉
- 국역 : 20년 秋 9월, 倭漢直의 선조 阿知使主와 그 아들 都加使主가 그의 무리 17縣을 거느리고 내귀하였다.

③ **譽田天皇 應神天皇 卌九年 春 二月**(308년 음2월)

- 원문 : 卌九年春二月 百濟直支王 遣其妹新齊都媛以令仕 爰新齊都媛 率七婦女 而來歸焉
- 국역 : 39년 봄 2월 百濟의 直支王이 누이 新齊都媛을 보내어 섬기게 하였다. 新齊都媛은 7명의 여자를 이끌고 와서 귀화하였다.

④ **大泊瀬幼武天皇 雄略天皇 十一年 秋 七月**(467년 음7월)

- 원문 : (十一年) 秋七月 有從百濟國逃化來者 (下略)
- 국역 : 11년(467) 가을 7월 百濟國으로부터 도망해 온 자가 있었는데 (하략)

⑤ **天國排開廣庭天皇 欽明天皇 元年 二月**(540년 음2월)

- 원문 : (元年) 二月 百濟人己知部投化
- 국역 : (원년, 540) 2월 百濟人 己知部가 투화하였다.

⑥ **天國排開廣庭天皇 欽明天皇 廿六年 夏 五月**(565년 음5월)

- 원문 : 廿六年夏五月 高麗人頭霧唎耶陛等投化於筑紫 置山背國 今畝原・奈羅・山村高麗人之先祖也
- 국역 : 26년(565) 여름 5월 고구려인 頭霧唎耶陛 등이 筑紫에 投化하였으므로 山背國에 안치하였다. 지금의 畝原, 奈羅, 山村의 고구려인 선조이다.

⑦ **豐御食炊屋姬天皇 推古天皇 三年 五月**(595년 음5월 10일)

- 원문 : (三年) 五月戊午朔丁卯 高麗僧慧慈歸化
- 국역 : (3년, 595) 5월 10일 고구려 승려 慧慈가 귀화하였다.

⑧ **豐御食炊屋姬天皇 推古天皇 十年 閏十月**(602년 윤10월 15일)

- 원문 : 閏十月乙亥朔己丑 高麗僧僧隆 雲聰 共來歸
- 국역 : 윤10월 15일 고구려 승려 僧隆・雲聰이 함께 와서 귀화하였다.

⑨ **豐御食炊屋姬天皇 推古天皇 十六年**(608년)

- 원문 : 是歲 新羅人多化來
- 국역 : 이해 新羅人이 많이 귀화하여 왔다.

⑩ **卷第廿二 豐御食炊屋姫天皇 推古天皇 廿年**(620년)

- 원문 : 是歲 自百濟國有化來者
- 국역 : 이해 百濟에서 귀화하여 온 사람이 있었다.

⑪ **天渟中原瀛眞人天皇 下 天武天皇 十年 秋 八月**(682년 음8월 10일)

- 원문 : 丙子 詔三韓諸人曰 先日復十年調稅旣訖 且加以歸化初年俱來之子孫竝課役悉免焉
- 국역 : 10일 三韓의 사람들에게 조를 내려 과거에 10년간의 調稅를 면제해 주었는데, 이미 (그 기간이) 끝났다. 또 더하여 귀화한 첫해에 함께 온 자손도 아울러 役의 부과를 모두 면제한다고 하였다.

⑫ **天渟中原瀛眞人天皇 下 天武天皇 十三年 夏 五月**(685년 음5월 14일)

- 원문 : 五月辛亥朔甲子 化來百濟僧尼及俗 男女幷廿三人 皆安置于武藏國
- 국역 : 5월 14일 귀화해 온 百濟의 僧尼 및 속인, 남녀 합해 23인을 모두 武藏國에 안치했다.

⑬ **天渟中原瀛眞人天皇 下 天武天皇 十四年 秋 九月**(686년 음9월 27일)

- 원문 : 庚午 化來高麗人等 賜祿各有差
- 국역 : 27일 귀화해 온 高句麗人들에게 祿을 주었는데 각각 차등이 있었다.

⑭ **高天原廣野姫天皇 持統天皇 元年 夏 三月**(687년 음3월 15일)

- 원문 : 三月乙丑朔己卯 以投化高麗五十六人 居于常陸國 (下略)
- 국역 : 3월 15일 投化한 高句麗人 56명을 常陸國에 살게 했다. (하략)

⑮ **高天原廣野姬天皇 持統天皇 元年 春 三月**(687년 음3월 22일)

- 원문 : 丙戌 以投化新羅十四人 居于下毛野國 (下略)
- 국역 : 22일 투화한 新羅人 14명을 下毛野國에 살게 했다. (하략)

⑯ **卷第卅 高天原廣野姬天皇 持統天皇 元年 夏 四月**(687년 음4월 10일)

- 원문 : 夏四月甲午朔癸卯 筑紫大宰獻投化新羅僧尼及百姓男女廿二人 居于武藏國 (下略)
- 국역 : 여름 4월 10일 筑紫의 大宰가 투화한 新羅의 僧尼와 남녀 백성 22명을 바치니, 武藏國에 살게 했다. (하략)

⑰ **高天原廣野姬天皇 持統天皇 元年 夏 四月**(687년 음4월 10일)

- 원문 : 夏四月甲午朔癸卯 筑紫大宰獻投化新羅僧尼及百姓男女廿二人 居于武藏國 (下略)
- 국역 : 여름 4월 10일 筑紫의 大宰가 투화한 新羅의 僧尼와 남녀 백성 22명을 바치니, 武藏國에 살게 했다. (하략)

⑱ **高天原廣野姬天皇 持統天皇 四年 春 二月**(690년 음2월 11일)

- 원문 : 戊午 新羅沙門詮吉·級湌北助知等五十人歸化
- 국역 : 11일 新羅의 沙門 詮吉과 級湌 北助知 등 50명이 귀화하였다.

⑲ **高天原廣野姬天皇 持統天皇 四年 春 二月**(690년 음2월 25일)

- 원문 : 壬申 以歸化新羅韓奈末許滿等十二人 居于武藏國
- 국역 : 25일 귀화한 新羅의 韓奈末 許滿 등 12명을 武藏國에 살게 했다.

⑳ **高天原廣野姬天皇 持統天皇 四年 夏 五月**(690년 음5월 10일)

- 원문 : 乙酉 百濟男女廿一人歸化
- 국역 : 10일 百濟의 남녀 21명이 귀화했다.

㉑ **高天原廣野姬天皇 持統天皇 四年 秋 八月**(690년 음8월 11일)

- 원문 : 乙卯 以歸化新羅人等 居于下毛野國
- 국역 : 11일 귀화한 新羅人들을 下毛野國에 살게 했다.

4. 고대 한국(신라·고구려·백제)이 일본에 세금(調)을 바쳤다고 『일본서기』가 조작한 기사

① 雄朝津間稚子宿禰天皇 允恭天皇 卌二年 春 正月(453년 음1월 14일)

- 원문 : 卌二年春正月乙亥朔戊子 天皇崩 時年若干 於是 新羅王聞天皇既崩 而驚愁之 貢上調船八十艘 及種種八十(下略)
- 국역 : 42년 봄 정월 14일 천황이 죽었다. 이때 나이는 若干이었다. 이에 신라왕은 천황이 이미 죽었다는 소식을 듣고 놀라고 슬퍼하여 배 80의(많은) 세금 선박과 각종 樂人 80명을 바쳤다. (하략)

② 卷第十四 大泊瀨幼武天皇 雄略天皇 廿三年(479년)

- 원문 : 是歲 百濟調賦 益於常例 (下略)
- 국역 : 이해 百濟에서 바친 調賦가 평상시보다 많았다. (하략)

③ 卷第十六 小泊瀨稚鷦鷯天皇 武烈天皇 六年 冬 十月(504년 음10월)

- 원문 : (六年) 冬十月 百濟國遣麻那君進調 (下略)
- 국역 : (6년, 504) 겨울 10월 백제국이 麻那君을 보내어 調를 바쳤다. (하략)

④ 卷第十六 小泊瀨稚鷦鷯天皇 武烈天皇 七年 夏 四月(505년 음4월)

- 원문 : (七年) 夏四月 百濟王遣斯我君進調 (下略)

• 국역 : (7년, 505) 여름 4월 백제왕이 斯我君을 보내어 調를 바쳤다. (하략)

⑤ **男大迹天皇 繼體天皇 六年 冬 十二月**(512년 음12월)

• 원문 : 冬十二月 百濟遣使貢調 (下略)

• 국역 : 겨울 12월 백제가 사신을 보내어 調를 바쳤다. (하략)

⑥ **廣國押武金日天皇 安閑天皇 元年 五月**(534년 음5월)

• 원문 : (元年) 五月 百濟遣下部脩德嫡德孫・上部都德己州己婁等 來貢常調 別上表

• 국역 : (元年, 534) 5월 백제가 下部의 修德 嫡德孫과 上部의 都德 己州己婁 등을 보내어 常例의 調를 바치고 따로 表를 올렸다.

⑦ **天國排開廣庭天皇 欽明天皇 七年 夏 六月**(546년 음6월 12일)

• 원문 : 夏六月壬申朔癸未 百濟遣中部奈率掠葉禮等獻調

• 국역 : 여름 6월 12일 백제가 中部 奈率 掠葉禮 등을 보내어 調를 바쳤다.

⑧ **天國排開廣庭天皇 欽明天皇 廿一年 秋 九月**(560년 음9월)

• 원문 : 廿一年秋九月 新羅遣彌至己知奈末獻調賦 (下略)

• 국역 : 21년(560) 가을 9월 신라가 彌至己知 奈末을 보내어 調賦를 바쳤다. (하략)

⑨ **天國排開廣庭天皇 欽明天皇 廿二年**(561년)

• 원문 : 廿二年 新羅遣久禮叱及伐干貢調賦

• 국역 : 22년(561) 신라가 久禮叱 及伐干을 보내어 調賦를 바쳤다.

⑩ **天國排開廣庭天皇 欽明天皇 廿三年 秋 七月**(562년 음7월 1일)

- 원문 : 秋七月己巳朔 新羅遣使獻調賦 (下略)
- 국역 : 가을 7월 초하루 신라가 사신을 보내어 調賦를 바쳤다. (하략)

⑪ **天國排開廣庭天皇 欽明天皇 廿三年 冬 十一月**(562년 음11월)

- 원문 : 冬十一月 新羅遣使獻 幷貢調賦 (下略)
- 국역 : 겨울 11월 신라가 사신을 보내고 아울러 調賦를 바쳤다. (하략)

⑫ **渟中倉太珠敷天皇 敏達天皇 元年 五月**(572년 음5월 1일)

- 원문 : 五月壬寅朔 天皇問皇子與大臣曰 高麗使人 今何在 大臣奉對曰 在於相樂館 (中略) 乃遣群臣相樂館 檢錄所獻調物 (下略)
- 국역 : 5월 초하루 천황이 皇子와 大臣에게 "高句麗 使人이 지금 어디에 있느냐?"고 물었다. 大臣이 "相樂館에 있습니다"라 대답하였다. (중략) 이에 여러 신하를 相樂館에 보내어 調로 바치는 물건을 조사하여 기록하였다. (하략)

⑬ **渟中倉太珠敷天皇 敏達天皇 元年 六月**(572년 음6월)

- 원문 : 六月 高麗大使謂副使等曰 磯城嶋天皇時 汝等違吾所議 被欺於他 妄分國調 輒與微者 (下略)
- 국역 : 6월 高句麗大使가 副使 등에게 "磯城嶋天皇(欽明天皇) 때에 너희들은 나와 상의한 바를 어기고 다른 사람에게 속아서 함부로 국가의 調를 나누어 천한 사람에게 주었으냐?"라고 하였다. (하략)

⑭ **渟中倉太珠敷天皇 敏達天皇 三年 十一月**(574년 음11월)

- 원문 : 十一月 新羅遣使進調
- 국역 : 11월 신라가 사신을 보내어 調를 바쳤다.

⑮ **渟中倉太珠敷天皇 敏達天皇 四年 二月**(575년 음2월)

• 원문 : (四年二月) 乙丑 百濟遣使進調 (下略)

• 국역 : (4년, 575 2월) 乙丑 백제가 사신을 보내어 調를 바쳤다. (하략)

⑯ **渟中倉太珠敷天皇 敏達天皇 四年 六月**(575년 음6월)

• 원문 : 六月 新羅遣使進調 (下略)

• 국역 : 6월 신라가 사신을 보내어 調를 바쳤다. (하략)

⑰ **渟中倉太珠敷天皇 敏達天皇 八年 冬 十月**(579년 음10월)

• 원문 : 八年冬十月 新羅遣枳叱政奈末進調 (下略)

• 국역 : 8년(579) 겨울 10월 신라가 枳叱政 奈末을 보내어 調를 바쳤다. (하략)

⑱ **渟中倉太珠敷天皇 敏達天皇 九年 夏 六月**(580년 음6월)

• 원문 : 九年夏六月 新羅遣安刀奈末·失消奈末進調 (下略)

• 국역 : 9년(580) 여름 6월 신라가 安刀 奈末과 失消 奈末을 보내어 調를 바쳤다. (하략)

⑲ **渟中倉太珠敷天皇 敏達天皇 十一年 冬 十月**(582년 음10월)

• 원문 : 十一年冬十月 新羅遣安刀奈末·失消奈末進調 (下略)

• 국역 : 11년(582) 겨울 10월 신라가 安刀 奈末과 失消 奈末을 보내어 調를 바쳤다. (하략)

⑳ **橘豊日天皇 用明天皇, 泊瀨部天皇 崇峻天皇 元年**(588년)

• 원문 : (元年) 是歲 (中略) 百濟國遣使幷僧惠總·令斤·惠寔等 獻佛舍利 百濟國遣恩率首信·德率蓋文·那率福富味身等 進調

• 국역 : (원년, 588) 이해 (중략) 백제국이 恩率 首信 · 德率 蓋文 · 那率 福富 味身 등을 보내어 調를 진상하였다.

㉑ 豐御食炊屋姬天皇 推古天皇 八年(600년)

• 원문 : (前略) 爰新羅 · 任那 二國遣使貢調 (下略)

• 국역 : (전략) 이에 新羅 · 任那 두 나라가 사신을 보내어 調를 바쳤다. (하략)

㉒ 豐御食炊屋姬天皇 推古天皇 卅一年(623년)

• 원문 : 是歲(中略) 則遣奈末智洗遲 副於吉士磐金 復以任那人達率奈末遲 副於吉士倉下 仍貢兩國之調 (下略)

• 국역 : 이해(中略) 奈末 智洗遲를 吉士磐金에게 딸려 보내고, 또한 任那人 達率奈末遲를 吉士 倉下에 딸려 보내어 두 나라의 調를 바쳤다. (하략)

㉓ 豐御食炊屋姬天皇 推古天皇 卅一年 冬 十一月(623년 음11월)

• 원문 : 冬十一月 磐金 · 倉下等 至自新羅 時大臣問其狀 對曰 新羅奉命 以驚懼之 則竝差專使 因以貢兩國之調 (下略)

• 국역 : 겨울 11월 磐金 · 倉下 등이 新羅에서 귀국하였다. 이때 大臣이 그 상황을 물으니, "新羅는 (천황의) 명령을 받들고는 놀라고 두려워하며 나란히 사자를 파견하여 (新羅 · 任那) 두 나라의 調를 바치려고 하였습니다. (하략)

㉔ 天豐財重日足姬天皇 皇極天皇 元年 五月 壬申(642년 음5월 18일)

• 원문 : 壬申 百濟使人進調 (下略)

• 국역 : 18일 백제 사신이 調를 바쳤다. (하략)

㉕ **天豐財重日足姬天皇 皇極天皇 二年 六月**(643년 음6월 23일)

- 원문 : 辛丑 百濟進調船 泊于難波津
- 국역 : 辛丑 백제에서 調를 바치는 배가 難波津에 다다랐다.

㉖ **天豐財重日足姬天皇 皇極天皇 二年 秋 七月己酉朔辛亥 七月**
(643년 음7월 3일)

- 원문 : 秋七月己酉朔辛亥 遣數大夫於難波郡 檢百濟國調與獻物 (下略)
- 국역 : 가을 7월 3일 몇명의 대부를 難波郡에 보내어 백제국의 調와 바치는 물건을 살피게 했다. (하략)

㉗ **天豐財重日足姬天皇 皇極天皇 四年 六月**(645년 음6월 8일)

- 원문 : 六月丁酉朔甲辰 中大兄密謂倉山田麻呂臣曰 三韓進調之日 必將使卿讀唱其表 (下略)
- 국역 : 6월 8일 中大兄이 倉山田麻呂臣에게 몰래 이르기를 "三韓이 調를 바치는 날에 반드시 卿으로 하여금 그 표문을 낭독하도록 하겠다"고 하였다. (하략)

㉘ **大化 元年 七月 丙子**(645년 음7월 10일)

- 원문 : 丙子 高麗 百濟 新羅 並遣使進調 百濟調使兼領任那使 進任那調
- 국역 : 丙子(10일) 고구려·백제·신라가 같이 사신을 보내 조공을 올렸다. 백제의 조공사는 任那의 사신을 겸하여 任那의 조공도 올렸다.

㉙ **大化 三年 正月 壬寅**(647년 음1월 15일)

- 원문 : 三年春正月戊子朔壬寅 (中略) 是日 高麗 新羅並遣使 貢獻調賦
- 국역 : 3년 春正月 15일, (중략) 이날 고구려·신라가 나란히 사신을 보내 조부를 공헌하였다.

㉚ 白雉 元年 四月(650년 음4월)

- 원문 : 夏四月 新羅遣使貢調
- 국역 : 夏 4월 신라가 사신을 보내 조공을 바쳤다.

㉞ 天豐財重日足姬天皇 齊明天皇 元年(655년)

- 원문 : 是歲 高麗 · 百濟 · 新羅 竝遣使進調 (下略)
- 국역 : 이해 高句麗 · 百濟 · 新羅가 함께 사신을 보내 調를 바쳤다. (하략)

㉟ 天豐財重日足姬天皇 齊明天皇 二年 秋 八月(656년 음8월 8일)

- 원문 : 二年秋八月癸巳朔庚子 高麗 遣達沙等進調
- 국역 : 2년(656) 가을 8월 8일 高句麗가 達沙 등을 보내 調를 바쳤다.

㊱ 天豐財重日足姬天皇 齊明天皇 二年(656년)

- 원문 : 是歲 (中略) 高麗 · 百濟 · 新羅 竝遣使進調 (下略)
- 국역 : 이때 (중략) 高句麗 · 百濟 · 新羅가 함께 사신을 보내 調를 바쳤다. (하략)

㊲ 天智天皇 元年 六月 丙戌(662년 음6월 28일)

- 원문 : 六月己未朔丙戌 百濟遣達率萬智等進調獻物
- 국역 : 6월 28일 백제는 達率 萬智 등을 보내 조를 올리고 물건을 바쳤다.

㊴ 天命開別天皇 天智天皇 五年 春 正月(666년 음1월 11일)

- 원문 : 五年春正月戊辰朔戊寅 高麗遣前部能婁等進調 (下略)
- 국역 : 5년(666) 봄 정월 11일 戊寅 高句麗가 前部 能婁 등을 보내 調를 바쳤다. (하략)

㊵ **天命開別天皇 天智天皇 五年 冬 十月**(666년 음10월 26일)

- 원문 : 冬十月甲午朔己未 高麗遣臣乙相奄鄒等進調
- 국역 : 겨울 10월 26일 高句麗가 臣 乙相 奄鄒 등을 보내 調를 바쳤다.

㊶ **天命開別天皇 天智天皇 七年 夏 四月**(668년 음4월 6일)

- 원문 : (七年) 夏四月乙卯朔庚申 百濟遣末都師父等進調
- 국역 : (7년, 668) 여름 4월 6일 百濟가 末都師父 등을 보내 調를 바쳤다.

㊷ **天命開別天皇 天智天皇 七年 秋 七月**(668년 음7월)

- 원문 : 秋七月 高麗從越之路 遣使進調 (下略)
- 국역 : 가을 7월 高句麗가 越의 길로 사신을 보내 調를 바쳤다. (하략)

㊸ **天命開別天皇 天智天皇 七年 秋 九月**(668년 음9월 12일)

- 원문 : 秋九月壬午朔癸巳 新羅遣沙喙級湌金東嚴等進調
- 국역 : 가을 9월 12일 新羅가 沙喙(部) 汲湌 金東嚴 등을 보내 調를 바쳤다.

㊹ **天命開別天皇 天智天皇 八年 秋 九月**(669년 음9월 11일)

- 원문 : 九月丁丑朔丁亥 新羅遣沙湌督儒等進調
- 국역 : 9월 11일 新羅가 沙湌 督儒 등을 보내 調를 바쳤다.

㊺ **天命開別天皇 天智天皇 十年 春 正月**(671년 음1월 9일)

- 원문 : (十年春正月) 丁未 高麗遣上部大相可婁等進調
- 국역 : (10년, 671 봄 정월) 9일 高句麗가 上部 大相 可婁 등을 보내 調를 바쳤다.

㊻ 天命開別天皇 天智天皇 十年 春 二月(671년 음2월 23일)

- 원문 : 二月戊辰朔庚寅 百濟遣臺久用善等進調
- 국역 : 2월 23일 百濟가 臺久用善 등을 보내 調를 바쳤다.

㊼ 天命開別天皇 天智天皇 十年 夏 六月(671년 음6월 15일)

- 원문 : 庚辰 百濟遣羿眞子等進調
- 국역 : 15일 百濟가 羿眞子 등을 보내 調를 바쳤다.

㊽ 天命開別天皇 天智天皇 十年 夏 六月(671년 음6월)

- 원문 : 是月 … 新羅遣使進調 (下略)
- 국역 : 이달 … 新羅가 사신을 보내 調를 바쳤다. (하략)

㊾ 天命開別天皇 天智天皇 十年 冬 十月(671년 음10월 7일)

- 원문 : 冬十月甲子朔庚午 新羅遣沙飡金萬物等進調
- 국역 : 겨울 10월 7일 新羅가 沙飡 金萬物 등을 보내 調를 바쳤다.

㊿ 天渟中原瀛眞人天皇 上 天武天皇 元年 夏 五月(673년 음5월 28일)

- 원문 : (元年夏五月 辛卯朔) 戊午 高麗遣前部富加抃等進調
- 국역 : (원년, 673년 여름 5월 辛卯 초하루) 28일 高句麗가 前部의 富加抃 등을 보내 調를 바쳤다.

51 天渟中原瀛眞人天皇 下 天武天皇 四年 春 二月(676년 음2월)

- 원문 : (二月) 是月 新羅遣王子忠元・大監級飡金比蘇・大監奈末金天沖・第監大麻朴武摩・第監大舍金洛水等進調 (下略)
- 국역 : (2월) 이달 新羅가 왕자 忠元, 大監 級飡 金比蘇, 大監 奈末 金天沖,

第監 大麻 朴武摩, 第監 大舍 金洛水 등을 보내 調를 바쳤다. (하략)

⑫ **天渟中原瀛眞人天皇 下 天武天皇 四年 春 三月**(676년 음3월)

- 원문 : 是月 高麗遣大兄富干・大兄多武等朝貢 新羅遣級湌朴勤修・大奈末金美賀進調
- 국역 : 이달 高句麗가 大兄 富干, 大兄 多武 등을 보내 조공하였다. 新羅는 級湌 朴勤修, 大奈末 金美賀 등을 보내 調를 바쳤다.

⑬ **天渟中原瀛眞人天皇 下 天武天皇 五年 冬 十一月**(677년 음11월 3일)

- 원문 : (十一月 乙丑朔) 丁卯 (前略) 汲湌金好儒・第監大舍金欽吉等進調 (下略)
- 국역 : (11월 乙丑 초하루) 3일 (전략) 아울러 汲湌 金好儒, 第監 大舍 金欽吉 등을 보내 調를 바쳤다. (하략)

⑭ **天渟中原瀛眞人天皇 下 天武天皇 七年**(679년)

- 원문 : 是年 (前略) 新羅王遣汲湌金消勿・大奈末金世世等 貢上當年之調 (下略)
- 국역 : 이 해 (전략) "新羅王이 汲湌 金消勿, 大奈末 金世世 등을 보내 올해의 調를 바쳤다. (하략)

⑮ **天渟中原瀛眞人天皇 下 天武天皇 九年 冬 十一月**(681년 음11월 24일)

- 원문 : 乙未 新羅遣沙湌金若弼・大奈末金原升進調 (下略)
- 국역 : 24일 新羅가 沙湌 金若弼, 大奈末 金原升을 보내 調를 바쳤다. (하략)

⑯ **天渟中原瀛眞人天皇 下 天武天皇 十年 冬 十月**(682년 음10월 20일)

- 원문 : (冬十月 丙寅朔) 乙酉 新羅遣沙喙一吉湌金忠平・大奈末金壹世貢調 (下略)
- 국역 : (겨울 10월 丙寅 초하루) 20일 新羅가 沙喙(部)의 一吉湌 金忠平, 大奈末 金壹世를 보내 調를 바쳤다. (하략)

⑰ 天渟中原瀛眞人天皇 下 天武天皇 十二年 冬 十一月(684년 음11월 13일)

- 원문 : 丙申 新羅遣沙飡金主山・大那末金長志進調
- 국역 : 13일 新羅가 沙飡 金主山, 大那末 金長志를 보내 調를 바쳤다.

⑱ 天渟中原瀛眞人天皇 下 天武天皇 十四年 冬 十一月(686년 음11월 27일)

- 원문 : 己巳 新羅遣波珍飡金智祥・大阿飡金健勳請政 仍進調
- 국역 : 27일 新羅가 波珍飡 金智祥과 大阿飡 金健勳을 보내 정치를 물었다. 그리고 調를 바쳤다.

⑲ 朱鳥 元年 四月 戊子(686년 음4월 19일)

- 원문 : 戊子 新羅進調從筑紫貢上 (下略)
- 국역 : 19일, 신라가 바친 물건이 筑紫에서 왔다. (하략)

⑳ 朱鳥 元年 七月 壬寅(686년 음7월 4일)

- 원문 : 壬寅 半減天下之調 仍悉免徭役
- 국역 : 壬寅(4일), 天下의 조를 반감하였다. 徭役을 모두 면제하였다.

㉑ 持統 元年 九月 甲申(687년 음9월 23일)

- 원문 : 甲申 新羅遣王子金霜林 (中略) 大舍蘇陽信等奏請國政 且獻調賦 (下略)
- 국역 : 23일, 신라가 왕자 金霜林, (중략) 大舍 蘇陽信을 보내 국정을 보고하였다. 또 조부를 올렸다. (하략)

㉒ 高天原廣野姬天皇 持統天皇 二年 春 二月(688년 음2월 2일)

- 원문 : 二月庚寅朔辛卯 大宰獻新羅調賦 (下略)
- 국역 : 2월 2일 大宰가 新羅의 調賦를 바쳤다. (하략)

5. 일본 고대 사학자들의 고대 한일관계사 연구 비판 논문 제목

일본 고대 사학자들은 거의 전부(30여명) 『삼국사기』 초기기록은 전설 또는 조작 기사로 간주하거나 그러한 전제하에서 고대 한국은 일본의 식민지였다고 주장한다. 이는 본인의 다음과 같은 논고들에 의하여 밝혀졌다.

지면 관계로 논문의 내용을 싣지 못하고 논문 제목만 여기에 게재한다.

① 최재석, 스에마스 야스가즈(末松保和)의 신라상고사론 비판, 「한국학보」 43, 1986.

② _____, 미시나 아키히데(三品彰英)의 한국고대사회신화론 비판, 「민족문화연구」 20, 1987.

③ _____, 이마니시 류(今西 龍)의 한국고대사론 비판, 「한국학보」 46, 1987.

④ _____, 스에마스 야스가즈(末松保和)의 일본상대론 비판, 「한국학보」 53, 198.

⑤ _____, 이케우찌 히로시(池內 宏)의 일본상고사론 비판, 「인문논집」 33, 1988.

⑥ _____, 오오따 마코도(太田 亮)의 일본고대사론 비판, 「일본학」 8·9 합집(동국대), 1989.

⑦ _____, 쓰다 소오끼찌(津田左右吉)의 일본고대사론 비판, 「민족문화연구」

23, 1989.
⑧ ______, 구로이다 가쓰미(黑板勝美)의 일본고대사론 비판, 「정신문화연구」 38, 1990.
⑨ ______, 사까모도 다로(坂本太郎)외 3인의 『일본서기』 비판, 「한국정통문화연구」 6, 1990.
⑩ ______, 히라노 구니오(平野邦雄)의 일본고대정치과정연구비판」(최재석), 1990, 「일본고대사연구비판」
⑪ ______, 오늘날의 일본고대사연구비판 : 에가미 나미오(江上波夫)외 13인의 일본고대사연구비판, 「한국학보」 60, 1990.
⑫ ______, 한국 내 일본연구지에서의 한국고대사 서술 : 일본인의 경우, 「박성수교수회갑기념논총」, 1991.
⑬ ______, 에가미 나미오(江上波夫)의 기마민족설 비판, 「한국문화교류세미나논문집」, 1991.
⑭ ______, 스즈끼 야스다미(鈴木靖民)의 통일신라·발해와 일본의 관계사연구 비판, 「정신문화연구」 50, 1993.
⑮ ______, 미시나 아끼히데(三品彰英)의 『일본서기』 연구비판 —『일본서기 조선관계기사 고증』을 중심으로—, 「동방학지」 77·78·79합집호, 1993.
⑯ ______, 다무라 엔쪼(田村圓澄)의 고대한일불교관계사 연구 비판, 「민족문화」 19, 1996.
⑰ ______, 고대한일부상관계연구비판 —마츠하라(松原三郎)와 모리(毛利久)의 주장을 중심으로, 「한국학보」 85, 1996.
⑱ ______, 스즈키 히데오(鈴木英夫)의 고대한일관계사연구비판, 「백제연구」 29, 1999.
⑲ ______, 스즈끼 야스다미(鈴木靖民)의 고대한일관계사 연구 비판, 「민족문화」 25, 2002.

⑳ ______, 1892년의 하야시 야스스케(林泰輔)의 조선사 비판 —고대 한·일 관계사를 중심으로—, 「선사와 고대」 18, 2003.

㉑. ______, 이노우에 히데오(井上秀雄)의 고대한일관계사 연구 비판, 「민족 문화」 26, 2003.

㉒ ______, 1880년의 일본참모본부의 황조병사(皇朝兵史) 비판 : 고대 한일관계를 중심으로, 「민족문화연구」 46.

㉓ ______, 다무라 엔쪼(田村圓澄)의 고대한일관계사 연구 비판, 「민족문화」 35, 2010.

일찍히 1880년 일본의 참모본부가 고대 한일 관계사를 왜곡한 이후 거의 모든 일본고대사학자가 오늘날까지 고대 한일 관계사를 왜곡한 것이 위의 논고에 나타나 있다.

6. 서구학자들의 고대 한일관계사 연구 비판 논문 제목

① 최재석, E. F. Fenollosa의 동양미술론비판 : 고대한일관계사를 중심으로, 『미술사 논단』 16, 17합집(한국미술연구소), 2003.

② ______, Dietrich Seckel의 불교미술론비판 : 고대한일관계사를 중심으로, 『아세아 연구』 46-4, 2003.

③ ______, A Criticism of the History of Ancient Korea–Japan Relations As Descriled Dietrich Seckel's The Art of Buddhism 『박문관지』 B(강원대학교), 2006.

④ ______, A Criticism of John Whitney Hall's Study on Ancient Korea–Japan Relations, International Journal of Korean History, vol, 13 2009.

⑤ ______, John W. Hall의 『일본사』에 나타난 고대한일관계사비판, 『고대한일관계사 연구비판』, 경인문화사, 2010.

⑥ ______, Edwai O. Reischaues의 고대한일관계사 서술 비판, 『고대한일관계사 연구비판』, 경인문화사, 2010.

⑦ ______, A Criticism of Edwin O. Reischauers Study on Ancient Korea–Japan Relations, International Journal of Korean History, vol, 16. No 1. 2011.

서구학자들도 일본인들이 주장을 받아들여 고대 한국이 일본의 식민지였다고 주장하고 있다.

비고 : 같은 내용의 것을 영문 논문과 국문 논문 두 종으로 발표한 것은
　　　전자는 외국학자 후자는 영문을 잘 모르는 국내학자를 위해서이다.

ㄱ

ㅁ

ㅂ

ㅅ

ㅈ

최재석(崔在錫)

—서울대학교 사회학과 문학사 및 문학석사
—고려대학교 사회학과 문학박사
—하버드대학교 교환교수
—중앙대학교 교수, 고려대학교 교수 역임
—현재 고려대학교 명예교수
—제1회 한국사회학회 학술상, 제46회 3·1문화상 등 수상

A. 연구저서(한국사회사 분야)

① 『한국인의 사회적 성격』, 서울: 민조사, 1965. 5. (종서 186면)
수정 『한국인의 사회적 성격』, 서울: 개문사, 1976. 10. (횡서 202면)
수정3판 『한국인의 사회적 성격』, 서울: 현음사, 1994. 10. (횡서 212면)
② 『한국가족연구』, 서울: 민중서관, 1966. 7. (종서 706면)
개정 『한국가족연구』, 서울: 일지사, 1982. 3. (횡서 582면)
③ 『한국농촌사회연구』, 서울: 일지사, 1975. 2. (횡서 634면)
④ 『제주도의 친족조직』, 서울: 일지사, 1979. 9. (횡서 342면)
⑤ 『현대가족연구』, 서울: 일지사, 1982. 11. (횡서 486면)
⑥ 『한국가족제도사연구』, 서울: 일지사, 1983. 9. (횡서 784면)
⑦ 『한국고대사회사방법론』, 서울: 일지사, 1987. 5. (횡서 526면)
⑧ 『한국고대사회사연구』, 서울: 일지사, 1987. 11. (횡서 706면)
⑨ 『한국농촌사회변동연구』, 서울: 일지사, 1988. 8. (횡서 606면)
⑩ 『한국 초기사회학과 가족의 연구』, 서울: 일지사, 2002. 6. (횡서 369면)
⑪ 『한국사회사의 탐구』, 서울: 경인문화사, 2009. 10. (횡서 516면)
⑫ 『한국의 가족과 사회』, 서울: 경인문화사, 2009. 11. (횡서 424면)
⑬ *Social Structure of Korea*, 서울: 지문당, 2011. (횡서 265면)

B. 연구저서(고대한일관계사 분야)

① 『백제의 야마토왜와 일본화과정』, 서울: 일지사, 1990. 8. (횡서 454면)
② 『일본고대사연구비판』, 서울: 일지사, 1990. 11. (횡서 362면)
③ 『통일신라·발해와 일본의 관계』, 서울: 일지사, 1993. 9. (횡서 626면)
④ 『정창원 소장품과 통일신라』, 서울: 일지사, 1996. 1. (횡서 645면)
⑤ 『고대한일불교관계사』, 서울: 일지사, 1998. 6. (횡서 545면)
⑥ 『고대한국과 일본열도』, 서울: 일지사, 2000. 3. (횡서 550면)
⑦ 『고대한일관계와 일본서기』, 서울: 일지사, 2001. 4. (횡서 446면)
⑧ 수정증보 『일본고대사의 진실』, 서울: 경인문화사, 2010. 12. (횡서 344면)
⑨ 『고대한일관계사 연구 비판』, 서울: 경인문화사, 2010. 12. (횡서 413면)
⑩ 『고대한일관계사 연구』, 서울: 경인문화사, 2010. 12. (횡서 300면)
⑪ *Ancient Korea-Japan Relations and the Nihonshoki* (Oxford: The Bardwell Press), 2011.
⑫ 『일본서기의 사실기사와 왜곡기사 -고대한일관계를 중심으로-』, 서울: 집문당, 2012. (횡서 470면)

『일본서기』의 사실기사와 왜곡기사
- 고대 한일관계를 중심으로 -

2012년 7월 30일 1판 1쇄
2021년 10월 30일 1판 2쇄

저자 | 최재석
발행인 | 임동규
발행처 | **(주)집문당**
등록 | 1971. 3. 23. 제2012-000069호
주소 | 03134 서울시 종로구 돈화문로 82, 5층
전화 | +82-1811-7567
이메일 | sale@jipmoon.com
홈페이지 | www.jipmoon.com

ISBN 978-89-303-1553-1 93900

가격 30,000원

(주)집문당 이순신돋움체B (저작권자 아산시, 무료글꼴)